KB104198

망우리공원 인물열전

망우리공원
인물열전

정종배 지음

대한민국
근현대사를 꿰뚫는
낙이망우
사색의 인문학

대한민국 근현대사 주의자들의 못자리

— 이이화(역사학자)

망우리에는 어머님이 잠들어 계시기에 아치울에 살면서 틈나는 대로 올랐다. 1960년대부터 망우리의 가치와 중요성을 신문에 기고하고 대중들에게 알리려 노력했다. 대한민국 근현대사의 선구자들은 물론이고 현재 우리가 누리는 민주주의 올곧은 길을 연 주의자들이 망우리에 잠들어 있다. 누구는 남아 있고, 누구는 현충원에 이장했다. 일신의 영달을 멀리하고 오롯이 나라와 민족을 위해 헌신적인 삶을 산 이들의 해원을 풀어야 한다. 오기만, 김사국 박원희 부부, 장덕수, 조봉암, 최백근, 조용수, 박동훈 등 한 분 한 분 맵고 짠 삶의 여정에 박수를 보낼 수밖에 없다. 청소년들의 나라 사랑과 몸과 마음을 맘껏 펼칠 수 있는 낙이망우 망우리공원 사색의 길이 거듭나길 빌면서, 세계 어디에도 없는 화수분을 오래 기억하고 배움의 장소이길 손 모아 기도한다.

정종배 시인은 대학 과 후배에다 야산 이달 주역 공부 그리고 망우리에 대한 공부 등으로 몇 겹의 인연이다. 20여 년에 걸쳐 청소년들과 함께 봉사활동, 체험활동 등을 통해 망우리 인물들의 정신을 심고 가꿔오고 있으니 참으로 고마운 일이다.

대한민국 역사문화를 한눈에 읽을 수 있는 망우리

— 이근배(시인, 대한민국 예술원 회장)

서울의 동쪽 해돋이를 제일 먼저 맞을 수 있는 망우리. 대한민국 근현대사 역사 문화 예술 교육 사회 의료 등 나라와 민족을 위한 선구자들이 잠들어 있는 곳입니다. 종두법의 송촌 지석영, 서화 및 감식안 민족의 어른 위창 오세창, 어린이 벗 소파 방정환, 조선심 조선혼의 호암 문일평, 시인 승려 독립지사 만해 한용운, 시인 김동명 김영랑 김상용 박인환, 소설가 최학송 김말봉 계용묵 김이석, 극작가 함세덕 이광래, 아동문학 강소천 최신복 외에 정치 경제 교육 학자 등 교과서에서 뵙는 작가와 인물들을 통해 대한민국 미래를 이끌어가는 법고창신 못자리이길 빕니다. 특히 근현대사 거인으로 만해 한용운의 정신이 꽃 피는 계기가 되길 바랍니다. 대한민국 서예의 계보 위창 오세창 청강 김규진 일중 김충현 소전 손재형 여초 김응현 시암 배길기 학남 정환섭 원곡 김기승 등 새긴 글을 감상할 수 있는 비문의 중요성을 일깨우기 위하여 망우리공원 주요 인물들의 묘비 탁본 전시회가 열리길 기대합니다.

정종배 시인이 20여 년 발품을 팔아 출간하는 이 책을 통해 학생들의 삶에 올곧은 정신이 살아나길 빕니다. 망우리공원이 새롭게 바뀌어 시민들이 자유롭게 드나들며 자랑스런 역사문화의 보고로 거듭나길 기대합니다.

대한민국 근현대사를 꿰뚫고 있는 망우리공원

— 김종규(삼성출판박물관장, 문화유산국민신탁 이사장)

지난 5월 초 정종배 시인으로부터 해강 김규진과 청강 김영기 부자의 묘역이 망우리에 있다는 사실을 알았습니다. 때마침 해강 인물 사진과 천연당 사진관에서 1912년에 찍은 청강 김영기 돌 사진을 전시회에 출품하기 위해 수장고에서 꺼내어 준비 중이었습니다. 망우리에는 위창 오세창, 호암 문일평, 만해 한용운 그리고 아사카와 다쿠미 등 문화재와 관련된 인물들이 계십니다. 문화유산국민신탁과 박물관협회와 일을 하면서 더욱 망우리 인물들의 중요성을 알게 되었습니다. 간송 전형필 선생의 멘토와 서화 감식의 집안 내력 그리고 독립운동 등 우리 민족의 어른인 위창 오세창과 우리 문화와 '조선심'을 강조한 호암 문일평, 일본인이지만 한국의 산과 한국인의 마음속에 살다 한국의 흙이 된 아사카와 다쿠미 선생 등 제가 맡은 일에 더욱 힘을 실어주고 있습니다. 앞으로 망우리공원과 관련짓게 될 중랑망우공간과 추진하는 일에 대해 기대하며 대한민국 근현대사를 한눈에 읽을 수 있는 교육의 장으로 거듭나길 기대합니다.

이 책을 내는 정종배 선생은 20여 년 넘게 망우리공원 사색의 길을 걸으며 삶과 사랑 그리고 제자들과 함께했습니다. 특히 아사카와 다쿠미 선생을 알고 난 뒤 삶의 방향을 달리하여 활동하고 있습니다. 아사카와 다쿠미 행사와 여러 활동을 통해 학생들에게 디아스포라 삶을 가르치는 모습에서 한국의 미래를 엿보았습니다. 망우리 곳곳에 서린 얼을 올곧게 펼칠 수 있는 기회가 있기를 바라며 거듭 출간을 축하합니다.

민족문화사의 화수분 망우리 묘역의 비사들을 파헤친 실록
─ 임헌영(민족문제연구소 소장)

38년간 중·고교 교직에 몸담았던 정종배 시인이 오랫동안 심혈을 기울여온 망우리 묘역의 실록 르포인 이 저서는 근대민족 운동사와 문화사를 총괄하는 '묘지를 통해 본 인문학의 빛나는 결실'이다.

독립운동가 안창호, 오세창, 한용운, 정치인 장덕수, 조봉암, 이기붕, 사회주의 독립운동가 오기만, 김사국, 박원희, 의사 지석영, 오긍선, 시인 한용운, 김동명, 김영랑, 박인환, 김상용, 작가 김말봉, 최학송, 계용묵, 김이석, 아동문학가 방정환, 강소천, 희곡작가 함세덕, 이광래, 영화인 나운규, 작곡가 채동선, 함이영, 화가 이인성, 이중섭, 조각가 차근호, 권진규 등 130여 인사를 중심으로 꼼꼼하게 답사한 정 시인은 특히 작가 최학송에 각별한 관심을 가져 그의 아내가 시조시인 조운의 누이(조분녀)이며, 후손은 평양에 생존해 있다고도 밝혀준다.

정 시인은 자진해서 이 망우리 묘지 유지와 연구 개발에 나서서 봉사하고 있어 더욱 이 저서는 이채롭게 빛난다.

대한민국 근현대사 낙이망우 망우리공원
종합예술로 승화하기 위하여
― 표재순(중랑문화재단 이사장)

2020년 8월 12일 출범한 중랑문화재단 이사장으로 중랑구와 인연을 맺었습니다. 아니 그 이전부터 익히 알고 있었습니다. 망우리공동묘지에 묻히셨다 이장한 석영 안석주 선생의 넷째 병준이와 중·고·대학 동기로 어릴 때부터 동무였습니다. 또한 망우리에는 연극 영화 연출 등 대한민국 음악과 무대와 영상 분야 선구자인 채동선, 함이영, 안석영, 나운규, 노필, 함세덕, 이광래, 방정환, 박인환 등이 잠들어 계십니다.

중랑문화재단 이사장 자리를 맡아 부담이 되지만 한편으로 큰 기쁨입니다. 그 외 독립지사 사회문화 교육 의료 과학 산업 등 대한민국 모든 분야에 있어 선구자로 활동하신 분들의 삶과 작품 및 사상과 활동 등이 영상 및 노래와 춤 등의 종합예술로 거듭날 수 있도록 노력하겠습니다. 망우리공원이 대한민국의 근심과 걱정을 잊어버릴 문화예술로 승화할 수 있는 종합예술의 장으로 꽃피길 바랍니다. 특히 파주 청아공원 납골당에 계신 안석영 선생과 묘비를 망우리공원에 다시 모시고 세울 수 있는 일을 추진하겠습니다.

2020년 8월 14일 유경애 중랑문화재단 대표와 망우리공원 인물들 참배하는 가운데 만해 한용운 유택에서 38년 교직 퇴임식을 마치고 사색의 길을 걸으며 제2인생 서막을 여는 정종배 선생과 마주하여 앞으로 망우리공원 인물들의 못다 한 이야기를 새롭게 펼쳐가길 다짐했습니다. 20여 년 답사하고 탐구한 낙이망우 망우리공원 책 출간을 다시 한 번 축하합니다.

걸어온 거리가 다른 삶을 비교 말고 존중하자

삶은 길이다. 무겁고 미끄러운 길이다. 춥거나 병들고 생계가 막막한 길은 노력하면 어느 정도 벗어날 수 있다. 황폐하고 시달리며 우울한 마음의 길은 다 달라 각자가 평생을 벗 삼아 손잡아 주어야 한다. 온유하고 겸손한 마음으로 부드러운 말과 미더운 행동은 길의 무게를 덜어내고 발걸음 소리가 가볍다. 기준을 어디에 두느냐에 길의 거리는 다르다. 재산을 재벌의 수준으로 놓거나, 100세 너머 무병장수의 건강에 집착한다면, 발길은 팍팍하고 미끄러져 넘어질 수밖에 없다. 우리 마음과 삶의 결핍은 꿈의 세계에 올려놓고 보면, 한 번도 행복한 적이 없다. 걸음을 잠시 멈춰, 평범한 일상에 감사하라. 연약하게 태어나 비천하게 살다가 처참하게 죽지 않으려면, 그 어떤 삶도 사랑도 비교하지 말라. 달항아리 내 사랑아.

1974년 5월. 필자가 고등학교 2학년 때, 면목동에 살던 친구로 강원도 횡성군 둔내 출신에 형제들끼리 나이가 동갑인 류성진과 망우리공동묘지를 두 번 다녀왔다. 지금도 만해 한용운, 죽산 조봉암, 설산 장덕수의 유택이 기억 속에 뚜렷이 남아 있다.

2000년 4월 첫 토요일 오후. 아사카와 다쿠미 선생의 유택에 오른 이후, 내 삶의 방향은 달라졌다. 그때부터 20여 년 학생 및 지인과 낙이망우 망우리공원 '사색의 길'을 걸었다. 망우리공원 유택을 마련한 선인들이 걸었던 가족과 민족을 위한 삶과 정신을 이야기했고, 학생들과 함께 체험 및 봉사활동을 하며 소통해왔다.

그동안 '낙이망우 사색의 길'에서 만난 모든 분의 격려와 사랑을 깊이 받아들이며 살아왔다.

1970년 학다리중학교 입학 전, 전남 함평군 학교면 면장 아들인 내 친구 정병인의 큰형님이 미국으로 이민을 가면서 고향집에 책을 내려 보냈다. 그중에 내가 빌려 읽은 책은 신동엽의 시집 『금강』과 서해 최학송의 소설집 『탈출기』 두 권이었다.

40여 년이 지나 2010년 망우리공원에 잠든 소설가 서해 최학송의 묘지 관리인이 됐다. 2012년 '서해 최학송기념사업회'를 결성하여 사무국장으로서 책임을 지고, 소중한 인연을 맺으며 제자들과 함께 활동하고 있다.

'아사카와 노리타카 다쿠미 형제 추모회' 이사와 망우리공원에 묻혀 한국의 흙이 된 일본인 아사카와 다쿠미 선생의 '인간의 가치 실현'으로 시작된 '청리은하숙 세계시민학교' 숙장대행도 역임했다. 삶의 향기를 잡기 위해 동행하는 이들과 '사색의 길'을 한 바퀴 돌면서 선인들과 대화를 나누고, 삶의 지침을 풀어간다.

한국내셔널트러스트 망우분과 위원장인 김영식 작가, 위원인 한철수 시인, 김수종 작가, 박종평 작가, 김금호 국장, 정유진 간사, 류민수, 이서경, 문지혜, 최기창 위원들과 (재)수림문화재단 유진룡 이사장, 신경호 상임이사, 김정본 국장, 조정현, 윤정혜 팀장 등과 관계자분들께서 '사색의 길'을 걷는 데 힘을 실어주었다. 청리은하숙 세계시민학교를 주관한 (사)중랑문화연구소 남화창 이사장, 이수종 상임이사, 하정웅 숙장, 박전열 교장선생님, 박상인, 오병학, 박정기, 김시우, 류호성, 선생님과 최학송기념사업회 제자들인 고일, 문광명, 박훈정, 박재철, 승영현, 오충렬, 이석, 이화용, 정헌조, 최남일, 최영석, 최원일, 강남욱, 김성일, 박혁, 서일호, 이원근, 정우영, 조성원, 조성호, 조출현, 권혁남, 김도형, 박재성, 윤병석, 이승환, 이의행, 최재호, 양맹모, 윤동근, 권순효, 김도균, 김규진, 임채훈, 장성호, 김천수, 문은석, 이영인, 김영만, 홍희문, 임대균, 최재철, 김기현, 양믿음, 최영실, 김만수, 김영돈, 김용덕, 김용섭, 김용환, 김형규, 노현명, 문용석, 양종현, 엄민용, 오상준, 윤정택, 이동훈, 이용민, 이종오, 정훈민, 최준혁, 김문성, 박윤민, 서동민, 신동빈, 송종석, 송재민, 권정재, 조호철, 금중혁, 김민성, 송성경, 박성훈, 장윤기, 조우상, 최준호, 김남규, 윤현우, 이승철, 이정훈, 조용관, 김범준, 정용, 최락천, 황병강, 강민우, 김태호, 백동선, 신다빛, 윤건혁, 이예찬, 임명락, 최원준, 김강민, 홍우혁 등과 김완숙 선생님, 류시경 신부님, 박경란 선생님, 박현자 음식연구가, 윤인석 교수님, 이순미 선생님 등이 든든한 배경으로 응원해주어 고맙다.

이 책이 나오는 길을 열고 끝까지 밀어준 지노출판 도진호 사장의 출판의 길이 풍성하게 이어지길 기원한다. 망우리공원 사색의 길을 따뜻하게 함께해준 학생들과 제자들 그리고 묵묵히 지켜주는 식구들의 건강과 앞길이 훤히 트이길 두 손 모아 기도한다.

망우리공원 낙이망우 사색의 길 4.7km 돌고 돌면 돌멩이는 구르지만 바위는 꿈쩍 않는다.

시냇물은 봇둑을 넘지만 바닷물은 넘치지 않는다. 소인은 다우(多愚)하고 대인은 망우(忘憂)한다.

2021년 10월

정종배

망우리공원에 대하여

낙이망우(樂而忘愚) 망우리공원(忘憂里公園), 배움이 즐거워 근심 걱정 잊어버린 '사색의 길'

서울에서 가장 먼저 해돋이를 맞을 수 있는 곳이 망우리공원이다. 아니 망우산이다. 예전에는 아차산이라 불렀다. 조선 왕조 수도인 한양의 외사산인 아차산(동)·덕양산(서)·관악산(남)·북한산(북) 중 아차산은 서울의 동쪽을 병풍처럼 둘러쳤다. 아차산은 주요한 요새였다. 아차산에서 동쪽을 바라보면 한강이 서해로 흐른다. 한강 건너편 현 강동구와 송파구는 위례백제 한성 지역이었다. 고구려군은 이곳 아차산까지 내려와 진을 치고 백제와 전투를 벌였다. 그런 까닭에 아차산은 곳곳이 성터였다. 온달장군이 전사했다는 전설도 전해오고 있는 곳이다. 지금도 아차산성 보루와 토성이 남아 있는 유적지다. 현재 아차산은 용마산·망우산·봉화산으로 각각 나눠 부르고 있다.

서울시 중랑구 망우본동 산 57번지 망우리공원. 1933년 망우리공동묘지로 묘를 쓰기 시작하여 1973년 만장으로 폐장됐다. 1991년 서울시시설공단이 관리를 맡아 망우리묘지라 하였다. 1977년 망우리공동묘지에서 망우묘지공원으로 명칭이 변경되었으며 가족과 후손들의 발길이 이어졌다. 1990년대 망우리공원에 묻힌 위인들의 얼을 기리자는 움직임이 이어지면서 1992년과 1998년 두 번에 걸쳐 독립운동가와 문학인 등 15명 위인의 무덤 주변에 연보비가 세워졌고, 1998년 망우리공원으로 명칭을 변경하였다. 2013년 서울시 미래유산으로 선정되는가 하면, 2016년 망우리 인문학길 사잇길의 2개 코스가 조성되면서 근현대인문학의 보고가 되었다.

망우리공원의 망우의 연원에 관해서는 다음 두 가지 이야기가 있다.

첫째 "우리 태조대왕께서 신승 무학과 더불어 친히 수장을 잡으셨으니, 곧 건원릉이 이것이었습니다. 태조께서는 '자손들이 뒤따라 장사 지낼 곳이 20개소까지 많게 된다면 내가 이로부터 근심을 잊겠다'고 하였습니다. 그러므로 그곳의 가장 서쪽 한 가닥의 산봉우리를 이름하여 망우리라 하였습니다. 그렇다면 즉 그곳이 길지인 것을 알 수가 있습니다."(『숙종실록』 제14권 숙종 9년 3월 25일 정묘 '봉조하 송시열이 차자로 숙배하다' 중에서)

이에 관련되어 태조가 물맛이 좋아 몇 번이나 마셨다 하여 양원수(養源水, 良源水)라 하였다. 지금의 중앙선 양원역 역명도 이에 유래한다. 원래 망우리고개는 북부간선도로와 포천고속도로 IC 교차지점 구리국군병원과 56사단 정문 부근이다. 56사단에서 1990년 6월 1일 '망우고개유래비'를 위병소 입구에 세웠다.

북부간선도로를 타고 구리시에서 신내나들목으로 들어오며 펼쳐지는 전망은 혼자서 보기가 아깝다. 도봉산과 북한산의 빼어난 능선과 봉우리가 한눈에 들어온다. 저녁노을 물들어가는 하늘이면 더욱 좋다. 구리시에서 '구리둘레길'을 조성하여 놓았다. 사계절 다 좋지만, 나뭇잎이 떨어진 늦가을부터 신록이 물들기 전 4월 말까지 '서울둘레길 제2구간'인 망우리공원 '사색의 길'과 이어지는 구리시 '구리둘레길'을 걸어서 '건원릉'을 탐방하는 코스를 권하고 싶다.

둘째, 태조 이성계가 불망기(不忘記)를 써주었다는 유래이다. 태조는 원래 개국공신 남재가 장지로 잡아놓은 터가 명당이라 생각했다. 남재에게 원래 예정지(현 별내 신도시)와 자리를 바꿀 것을 제의했다. 하지만 남재는 왕릉 예정지였던 곳에 자신이 묻히게 되면 불경죄가 될 것을 염려했다. 그러자 태조는 불망기를 써주며 이것으로 증빙을 삼으라고 하였다. 그래서 불망기로써 근심을 잊으라는 뜻에서 '망우(忘憂)'가 되었다는 설이다. 현재 의령 남씨 선산이 태조 이성계가 왕릉 예정지로 정하였던 별내 신도시 뒤 불암산 산자락에 남아 있다.

현재 회자되는 이 망우의 연원 외로 '망우'는『논어』에서 근거를 찾을 수 있다.『논어』의 술이편 제18장에 이렇게 써 있다.

"배움을 좋아하여 알고자 하는 마음이 생겨나면 밥 먹는 것도 잊고, (깨달음을 얻어) 즐거이 근심을 잊으며 늙음이 닥쳐오는 것도 알지 못한다(發憤忘食 樂以忘憂 不知老之將至云爾발분망식 낙이망우 부지노지장지운이)"는 것이다. 낙이망우(樂而忘憂)의 지역이다.

조선조 사가정 서거정 선생이 사가정(四佳亭, 매화·대나무·연꽃·해당화) 별서를 짓고 말년을 보냈다. 현재 7호선 사가정역 역명도 이에 유래한다. 또한 오성과 한음의 오성 백사 이항복 대감도 동강정사(東岡精舍)라는 별서를 짓고 '동강노인'이라며 유유자적한 곳이다. 사가정과 동강정사의 정확한 위치는 아직 알 수 없지만, 망우리 지역의 어느 곳으로 추정한다. 지금도 '신선이 된 두 분이 해질녘에 종종 용마산과 망우산 및 중랑천 강둑을 따라 걷는다'는 이야기가 전해올 만큼 유서 깊고 경승이 빼어난 곳이다. 이렇듯 망우리는 지명 자체가 이미 역사와 철학과 설화적 의미를 담고 있다.

우리나라에 공동묘지가 처음 생겨난 것은 일제강점기다. 1910년대에는 경성부에 미아리·이문동·이태원·만리동·여의도·연희동 등 모두 19개소의 공동묘지가 있었으나 도시가 개발되면서 없어졌다. 망우리 공동묘지가 1933년부터 서울시의 공동묘지로 사용되어 오늘에 이르렀다. 이곳에는 1973년까지 40여 년 동안 이태원무연분묘합장묘 2만 8,000여 기를 포함 4만 8,000여 기(실제는 5만여 기 이상)가 모셔졌으나, 이후 이장과 납골을 장려하면서 2021년 7월 현재 7,000여 기로 줄었다. 지난해 윤달인 4월에도 200여 기가 이장하였다.

일제강점기 경성부가 이곳에 경성부 부립공동묘지 분묘 단지를 조성하려는 했던 이유는 늘어나는 주택 수요를 충당하기 위해서였다. 이면에는 조선 왕조 건원릉의 맥을 끊고 훼손하기 위함으로 아차산 망우리에 공동묘지를 정하였다. 경기도로부터 아차산 일대 75만 평(약 2,479,338m²)을 매입하고, 1933년부터 이 중 63만 평에 묘지를 조성하였다. 서울을 경기도 경성부로 격하시키고, 조선조 건원릉이 있는 망우리면을 망우리로 낮추었다.

방정환, 이중섭도 홍제동 화장터를 거쳐 망우리공원으로 왔다. 한용운은 일제가 운영하는 홍제동을 마땅치 않게 여겨 미아리의 작은 화장터에서 장례를 치르고 망우리에 안장되었는데 그의 일제에 대한 저항정신과 부합된다. 1970년 9월 1일 벽제로 옮길 때까지 40년간 홍제동은 화장터의 마을로 낙인찍혔고, 지금도 그 소리를 싫어한다. 그 자리에는 고은초등학교가 들어서 재잘거리는 아이들의 소리로 가득하다. 1937년부터 1973년까지 등재한 묘적부를 열람하여 보았다. 유명인사 중 망우리공동묘지에 묘지 기록이 되지 않은 분이 많았다. 망우리공원이 변화를 맞이한다. 1990년대 중반 조성된 지 60년 만에 무연고 묘를 정리하면서부터다. 1990년대 후반에는 5.2km(4.7km)의 순환로를 '사색의 길'로 명명하고 정비했다. 중랑구에서 민족을 위해 헌신한 15인의 연보비를 세우면서 망우리공원에 대한 인식이 바뀌기 시작했다.

2006년 4월 당시 유홍준 문화재청장은 문화재 위원들과 함께 망우리공원을 답사했다. "독립운동, 역사, 정치, 의학, 교육, 문화, 사회사업, 문학, 미술, 체육, 음악, 연극, 영화, 일본인 등 다양한 역사적 인물들이 잠들어 있는 망우리공원에 대한 역사적 평가를 거쳐 '문화재' 등록을 본격 추진하겠다"라는 것이 당시 문화재청의 입장이었다.

2012년 독립유공자 만해 한용운에 이어 2017년 오세창, 문일평, 방정환, 오기만, 서광조, 서동일, 오재영, 유상규 등 8인의 독립유공자 묘역도 등록문화재로 등록됐다. 이렇게 등록문화재로 지정하여 독립유공자들의 나라사랑 정신과 삶과 저서를 널리 알리고, 홍보와 교육프로그램을 확충하는 데 도움을 줄 뿐 아니라, 체계적으로 관리하여 답사하는 이들의 이해를 도울 것이다. 이면에는 유명인사의 고향 및 연고 지자체에서 관광과 홍보를 위하여 적극적으로 이장을 추진하던 상황이 벌어졌다. 그것을 멈추거나 늦추기 위하여 등록문화재 등록을 추진했다. 독립유공자 외에 사회, 문화, 예술 등 각 분야 인물들의 묘역도 등록하여 관리하면 인문학 보고의 공원으로 거듭날 것이다. 박원순 전 서울시장도 다섯 번이나 방문하여 세계문화유산에 등재하는 문제를 관계 전문가들과 연구하며 이곳에 묻힌 필부필부 및 우리나라 근현대사 인물들의 활동을 탐구했고, 시민들이 망우리공원을 찾아 삶의 의미를 깨닫는 장소가 될 방안을 찾았다.

해외 묘지공원 중 발자크, 이브 몽땅, 카사노바 등이 잠들어 있는 프랑스 파리의 페르라세즈(Père Lachaise) 묘지가 수많은 관광객이 몰리는 관광지가 되었다. 그리고 스웨덴 스톡홀름 시에 있는 스코그스키르코가르덴(Skogskyrkogården)은 숲을 해치지 않고 묘지를 조성하였다. 이곳의 영어 명칭은 'Woodland Cemetery'인데 우리말로 '숲속의 공원 묘원'으로 해석될 수 있다. 이곳은 1994년 "공동묘지 목적에 이상적으로 부합하는 풍경을 창출하는 문화적 공간의 성공적인 예로 전 세계 묘지 디자인에 깊은 영향을 전달했다"는 이유로 유네스코 세계문화유산에 당당히 등재됐다.

2016년 서울시 시설관리공단에서 망우리공원을 대대적으로 정비하고 인문학길 조성에 10억 5,000만 원의 예산을 투입하여 공사를 마쳤다. 2021년 4월 27일 '중랑망우공간' 건립 착공식을 치렀다. 올 연말 개관하여 청소년 및 시민 교육 장소로 사용을 기대한다. '중랑구 방정환교육지원센터'를 상봉역과 망우역 사이 상봉지하차도 삼거리에 교육도시 중랑구 교육 발전의 기틀을 마련하기 위해 2021년 5월 4일 개관했다. 올 7월 1일자로 중랑구청 망우리공원과가 설립되고, 망우리고개 도로 정상 양쪽에 버스정류장이 설치되어 방문하는 데 한결 수월해졌다.

망우리공원의 근현대사 당대 최초 최고 인물을 소개하면 다음과 같다.

현재 유택이 있는 분은 독립운동가 오세창 문일평 유상규 박희도 서동일 서광조 오재영 유관순 이병홍 이영학 김기만 김분옥 허연 나우 김중석, 종두법 지석영, 시인 한용운 김상용 박인환, 소설가 최학송 계용묵 김말봉 김이석, 아동문학 방정환 강소천 최신복, 희곡 함세덕 이광래, 영화 노필, 미술 김규진 김영기 이인성 이중섭 권진규, 선각자 설태희, 언론인 설의식 임병철, 정치인 조봉암 장덕수 이영준, 사회주의 독립운동가 오기만의 아버지 오세형과 제수인 김명복, 가수 차중락, 조선조 영의정 신경진, 공주 명온공주와 부마 김현근, 변호사 한글학자 박승빈, 기상학자 국채표, 콩박사 김호직, 식물학자 장형두, 교육자 사회사업 오긍선, 여성운동가 이경숙, 교육자 박은혜, 학병운동 삼학병, 대한중석초대 사장 안봉익, 기업인 이영찬, 목사 장석인, 방송인 1호 노창성 아나운서 1호 이옥경 부부, 숙부인 허씨, 한성 판윤 6회 문신 변원규, 서울여자학원 창립이사 최경국, 이갑성 부인 차숙경, 군수 홍재설, 일본군 소좌 윤상필, 일본인 아사카와 다쿠미 사이토 오토사쿠 등이다.

이장하신 분은 독립운동가 안창호 박찬익 나용환 박동완 이종일 홍병기 송진우 서병호 강학린 김병진 김봉성 김사국 김승민 김진성 문명훤 박승룡 박원희 백대진 서병호 이탁 이태건 조종완 신명균, 작가 안석영 김영랑 김동명, 작곡가 채동선 함이영, 영화인 나운규, 민속학자 송석하, 건축가 박길룡, 국악인 임방울, 체육인 이영민, 조각가 차근호, 화가 함대정, 목사 오기선, 정치인 이기붕 손봉환, 교육자 김활란 박마리아, 간호사 이정애, 통일운동가 최백근, 민족일보 조용수, 4.19혁명 박동훈 이종량 진영숙 전한승 열사, 6.3항쟁 이윤식, 대령 이양, 정치경찰 곽영주, 정치깡패 이정재 임화수, 석가장 전투 통역병 장해윤 등이다.

현재 남아 있는 시설물은 중랑구에 세운 연보비 15분 박인환 서동일 오재영 서광조 장덕수 조봉암 한용운 서병호 오세창 문일평 방정환 오긍선 문명훤 유상규 지석영 등과 면목동 양지마을 산치성터, 남촌(응달말)마을 산신제단, 이태원묘지무연분묘합장묘 및 합장비 유관순 열사 분묘합장 표지비, 최학송 문학비, 아사카와 다쿠미 표지비, 경서노고산천골취장비, 국민강녕탑, 한국일보사 순직사원 합동묘비 등이다.

오늘 낙이망우 망우리공원의 인물들을 통해 현대 우리 시대를 성찰하고 발전하는 계기를 마련하였으면 한다. 개화기, 동학혁명, 의병, 경술국치, 3.1혁명, 관동대지진, 일제강점기 독립운동 및 친일문제, 한글 운동, 8.15해방, 해방정국 이념대립, 남북분단, 6.25한국전쟁, 4.19혁명, 5.16군사쿠데타, 6.3항쟁, 국가보안법, 산업화와 독재정권 민주화 등 대한민국 기틀과 아픔을 망우리공원 관련 인물들과 장삼이사의 생애와 작품 및 일화를 중심으로 시대정신을 밝혀 후손들 삶의 지표이길 빌어본다. 우리 민족이 나아가야 할 방향을 탐구하고 기록 정리하여 후대의 지남차로 삼았으면 하는 바람이다. 한 분 한 분 깊고 높이 우러르며 글을 쓰고, 독자들과 탐구 및 답사도 함께하며 오래오래 기렸으면 한다.

차례

1부 /
나라사랑 독립운동 숭고한 나날들

2부 /
제노사이드 관동대지진

3부 /
친일문제와 극복의 길

4부 /
대한민국 근현대를 그려낸 그리운 풍정과 문학의 산실

5부 /
한 걸음 더 나은 사회를 위한 맵찬 걸음

6부 /
아픔과 고독을 이기고 자신을 불태운 예술혼

7부 /
국가와 민족의 삶의 질을 높인 사연마다
고개 숙이는 굽이길

8부 /
기독교 및 흥사단 정신의 부활

9부 /
망우리와 맺은 인연 뿌리 찾기

1부.

나라사랑 독립운동
숭고한 나날들

3.1혁명 102주기 및 유관순 순국 101주기

2021년은 3.1혁명 102주기 및 유관순 순국 101주기이다. 2020년 유관순 순국 100주기를 맞이하며 망우리공원 이태원묘지무연분묘합장묘에 유관순 유해가 함께 묻혔으리라 추정하여 합장분묘와 분묘합장비 및 유관순 열사 분묘 합장 표지비를 서울시와 중랑구청에서 묘역을 단장하고 진입로를 데크로 길을 내고 안내판을 설치하여 누구나 참배할 수 있도록 하였다.

망우리공원에 독립유공자는 50여 분이다. 현재 유택이 있는 분은 15여 분이다. 대한(무오)독립선언 39인 중 도산 안창호와 남파 박찬익 두 분이었다. 안창호 선생은 1973년 도산공원, 박찬익 선생은 1993년 국립서울현충원으로 이장했다. 독립운동가 나우는 39인 외에 서명하였으리라 추정하는 6인 중 한 분으로 현재 망우리공원에 유택이 남아 있다.

3.1혁명 민족대표 33인 중 7분이 묻혔다가 나용환, 박동완, 홍병기, 이종일 등 4분은 1966년에 국립서울현충원에 이장하고, 현재 3분 위창 오세창, 만해 한용운, 박희도 유택이 남아 있다. 그 외 현재 망우리공원에 계신 분은 방정환, 장덕수, 이영학, 김중석, 유관순, 김분옥, 문일평, 오기만, 서광조, 서동일, 조봉암, 유상규, 이병홍, 오재영 등이다.

대한민국 건국훈장 대한민국장을 서훈받은 왕산 허위, 도산 안창호, 만해 한용운, 유관순 열사 등 4분이다.

망우리공원에 안장된 독립운동가와 3.1혁명가에는 민족대표 33인 7인과 안창호, 방정환, 조봉암, 송진우, 장덕수, 유상규, 김봉성, 이병홍, 이영학, 문명훤, 김영랑, 나운규, 강학린, 김정규, 김중석, 유관순, 김분옥, 변성옥 등이 있다.

안창호, 박찬익, 나용환, 박동완, 이종일, 홍병기, 김영랑, 김진성, 나운규, 송진우,

강학린, 조종완, 백대진, 문명훤, 박원희, 김사국, 박승룡, 서병호, 김승민, 김정규, 이탁, 이태건, 김봉성, 최백근, 김병진, 김진성 등은 현충원, 공원묘지, 개인묘지 등으로 이장했다. 신명균 묘지는 2003년 무연고로 용미리 시립공원묘지로 합장 이장하였으나, 그 장소를 누구도 몰라 안타까운 현실이다. 박희도, 장덕수는 친일인명사전에 수록됐다.

떼 한 장 덮지 못한 안동읍내 시장.
3.1혁명 주도한 독립운동가

김병진

金秉軫, 1895~1964

김병진은 1895년 9월 6일 경북 안동군 임북면 마리 833번지에서 태어나 1964년 8월 25일 별세했다. 1919년 3월 18일 오후 4시 경북 안동군 안동읍내 시장에서 유동붕, 송기식의 지도 아래 군중들과 함께 대한독립만세를 부르며 시위를 전개하였다. 시위 후 체포된 김병진은 1919년 5월 2일 대구복심법원, 1919년 6월 5일 고등법원에서 소위 보안법위반으로 징역 6월을 받고 옥고를 치렀다. 정부는 2006년에 대통령표창을 추서하였다.

망우리공원 독립운동가 묘역 중 가장 안타까운 상황이었다. 부부 각각

이전하기 전 김병진 묘역

묘지 봉분은 살아 있으나 떼 한 장 잔디 한 뿌리 살아 있지 않고, 맨흙으로 묘지가 무너지는 가운데 가까스로 봉분이 유지되고 있었다. 묘비도 없었다. 묘지번호 108076만 보였다. 독립지사의 묘역으론 정말 부끄러웠다. 가장 먼저 김병진의 독립운동 내용을 요약하여 안내판을 세우면 좋겠다.

사색의 길 삼거리에서 일방통행 길 방향으로 직진하여 화장실을 지나 용마산 쪽으로 들어서면, 오른쪽에 용마산자락길 2.2킬로미터 무장애데크가 시작된다. 그 지점에서 300미터 정도 도로를 걸어가면 왼쪽에 남촌(옹달말) 산신제단 터가 나온다. 바위에 '산신제단'이라고 한자로 새겼다. 오른쪽에 철제 울타리 둘러친 산신제 모시는 곳이 자리 잡고 있다. 자연석 바위 앞에 제단을 마련했다. 그 사이 나무계단을 오르는 망우산 제1보루 0.5킬로미터 안내판이 서 있다.

둘레길 오른쪽 안내문에 김병진 묘소 40미터, 서일대학 0.65킬로미터 거리가 나타나 있다. 야자매트 깔린 길을 내려가면 김병진 묘소 10미터 안내문이 나온다. 왼쪽 묘역에 들어서면 독립운동가의 묘지라는 안내 표지판이 부끄러울 정도였다. 겨울에는 더욱 을씨년스럽다. 풀 한 포기 나무 한 그루 없이 맨땅이 드러나 있었다. 한여름이면 키가 크고 우거진 나무로 둘러싸여 햇살 한 점 들어오지 않는 그늘이었다. '중랑구청 영원한 기억 봉사단'과 중랑구청 관계자와 더불어 묘역 주변 나무를 베어내 잔디가 살 수 있는 환경을 조성하여 주는 것이 급선무였다. 독립운동하면 3대가 망한다는 말이 펼쳐졌다. 후손들의 부와 효와 정성 문제를 떠나 국가에서 묘비나 묘지 관리 안내문 설치 등을 당장 해야 하지 않았을까. 홈페이지에 올리고 페이스북에 내용을 올렸더니 중랑구청과 서울시, 문화재청, 보훈처 등을 비난하고 나무라는 내용의 댓글이 줄줄이 달렸다. 그래도 묘역은 변함없이 쓸쓸했다.

중랑구 망우본동 주민자치위원회 서정복 회장을 비롯하여 분과 위원장과 답사하며 수목을 베는 것보다 봉분을 대리석으로 바꾸는 것도 고려해볼 수 있지 않은가? 하는 의견이 제시되었다. 유족과 관계 기관 등의 협의를 통해 상생할 수 있는 길을 모색하기로 하였다.

　중랑구청 홍보담당관 영상미디어팀 김미성 주무관님과 2년 전 봄날 2시간 정도 찾아 돌고 돌며 헤매다 포기하고 돌아선 김병진 묘역의 현실은 안타까웠다. 서울 둘레길 제2코스 용마아차산 코스로 올라서면 왼쪽에 경아 서경조 독립운동가 연보비가 서 있다. 그곳에서 200미터 더 걸으면 왼쪽 길 위쪽에 극작가 온재 이광래 유택이 자리 잡고 있다. 그곳에서 다시 300미터 가면 사가정역으로 가는 길 시작점 오른쪽에 독립지사 이택 묘비를 볼 수 있다.

　2020년 7월 30일 후손들이 중랑구청 관계자들의 만류에도 불구하고 부인은 그대로 남겨두고 김병진 독립운동가만 국립서울현충원 납골당(108실 187호)에 안장했다.

3.1혁명 전날 6인 결사대.
초대 여자경찰국장

김분옥

金芬玉, 1903~1966

이화여고 1학년 유점선, 노예달, 신특실, 유관순, 서명학, 김분옥 등은 3.1혁명 전날 6인 결사대를 조직하였다. 그중에 한 분인 김분옥 여사 묘역의 소재를 망우리공원 안에서 파악했다. 6인 중 유점선·노예달·신특실·유관순 네 분은 국가에서 독립운동가로 인정하여 서훈을 추서했다. 서울특별시 우리 동네 3.1만세운동 참여자 명단에 김분옥(남대문역전 시위, 3월 5일, 『독립운동사』 2권 1부(편) 1장 2절)이 수록되었다.

필자는 2018년 1학기 학교 일과 중 목요일 오전 수업이 없었다. 망우리

김분옥 묘역

공원을 한 바퀴 돌면서 유명인사 묘지를 참배하며 삶을 성찰하고 마음을 정리하고 학생들의 봉사활동·체험활동을 통해 나라사랑 및 미래 삶의 방향 잡기 등의 자료를 찾았다.

도산 안창호 묘지 터와 유상규, 이영학, 이인성 묘역을 참배하고 시간을 절약하기 위해 유상규 선생 묘역 위 구리둘레길에서 박인환 묘역 쪽 사잇길로 들어섰다. 100미터 내려오는데, 오른쪽 50여 미터 지점에 돌배나무 꽃이 흐드러지게 피어 있어 찾아 들어가 꽃그늘 아래서 꽃향기를 즐겼다. 묘역 상태는 수풀로 뒤덮여 관리가 되지 않은 폐묘에 가까웠지만 지붕돌을 씌운 묘비가 서 있었다. 수풀과 나뭇가지를 헤치고 다가가 묘비를 꼼꼼히 읽었다. 유관순과 6인 결사대 일원으로 독립운동을 함께한 김분옥 여사의 묘역(묘지번호 203454)이었다.

묘비 앞면. 김분옥여사지묘.

묘비 뒷면. 1903년 음 11월 12일 평남 강서군 하에서 내부주사 김극서씨 2녀로 탄생하시다. 어려서부터 영특하야 한국 여성의 무지미개함을 통탄하고 속히 교육받아서 부녀계몽을 하겠다고 결심하고 12세에 상경하여 이화학당에 입학하시다. 성적이 우수하야 여러 번 월반하고 늘 반의 수위를 차지하셨다. 재학 시 방학 때마다 농촌계몽운동과 전도 강연에 바빴고 3.1운동 때 유관순과 같이 민족운동의 선봉이 되었다. 학교당국에서는 그 재질을 상하야 이화대학을 졸업하자 장학생으로 도미 유학시켜 가사과를 전공케 하였고 귀국 후는 모교에서 교편을 잡고 가사과 창설에 공을 남겼다. 미국에서 김해 후인 김양천씨를 알게 되어 1930년 귀국하야 결혼하고 3남 2녀를 두어 단락한 가정 분위기 속에서 자녀교육에 전심전력하시와 오남매 전원 도미유학을 시켰고 밖으로는 산업발전에 힘써 국가경제의 재건을 꾀하고 안으로는 근검절약을 몸소 실천하야 치산에 능하셨다. 조국 해방 후는 국가 사회에 몸을 바쳐 경제면과 부녀운동에 헌신 노력하여 많은 공을 남겼으니 동기간이나 친지간에 우애가 깊어서 남을 돕고 협력하는 정신이 풍부하였다. 말년에 부군을 따라 도미하여 재미 중인 자손들을 고루 만나본 후 고국에 유류공급의 원활을 도모하여 조국경제를 돕고자 모국방문 여행 중 불의의 병으로 신음하시다 약석이 효를 얻지 못하고 1966년 4월 13일 독실한 신앙을 갖고 영면 승천하시다. 주후 1966년 4월 30일 건립 동생 만식 지음.

김분옥과 6인 결사대와 남편 김양천의 경력과 삶을 추적해보았다. 인터넷 포털에서 찾을 수 있는 것은 거의 다 뒤졌다. 분명하게 생애를 다 들여다보며 부부의 삶을 추적하여 근현대사 족적을 이어갈 수 없었다. 개인정보법이 가로막았다. 그나마 필자의 고향 후배인 김인병 경찰관의 도움이 컸다.

김분옥의 경찰 기록은 국가기록원과 경찰관 인사자료에도 없었다. 따라서 명확한 자료 근거는 없고 당시 신문기사와 한국경찰사에 나와 있는 기록을 근거로 제시할 수밖에 없다.

김분옥의 경찰 계급은 총경 보직으로 초대 여자경찰국장이다(공안국 여자경찰과에서 여자경찰국으로 승격). 재직 기간은 1947년 7월부터 1948년 9월로 신문기사 보도를 통해 알 수 있었다. 도산 안창호 선생의 조카인 안맥결 독립운동가의 경찰 기록을 참고하면 더 확실하게 삶의 길을 따라갈 수 있을 것이다. 독립운동가 김봉성의 아내인 안맥결 서울 여자경찰서장 총경은 경찰역사인물에 등재되었다. 안맥결 여사는 독립운동을 하다가 만삭의 몸으로 고문을 견뎌냈지만, 수감 기간 기준을 못 채워 독립유공자 서훈을 받지 못하다 서훈 조건을 낮춰 제79회 순국선열의 날 건국포장이 수여되었다.

김분옥 여사의 남편인 김양천의 자료를 보면 제1공화국 이승만 대통령 초대 내각의 빈약한 비서실의 정무담당 비서관이었다. 이승만 대통령의 제2대 비서실장은 김양천 전 경무대서장이다. 그때 직제가 구분되지 않아 경호실장 역할까지 겸했다고 전해진다. 1949년 6월 이기붕 초대 비서관장 아래 비서실은 정무·공보·서무·문서·경무대로 5명의 비서관을 두었다. 이승만 대통령 시기에 권부 이미지를 심었던 사람은 이기붕으로 이미 우리 현대사에 불명예스러운 이름으로 잘 알려진 바 그대로이다. 이기붕이 기회를 잡은 것은 미국 유학 시절로 이승만, 허정, 김활란 등 당대 내로라하는 유학생들과 교분을 나누었다. 여기에서 이승만 박사를 만난 것이 인연이 되어 그는 후일 대통령 비서관장(실장), 부통령 자리까지 오르게 되었다. 그는 대통령이 된 이 박사의 신뢰를 바탕으로 자기 아들 강석을 대통령의 양자로 입적시켰으며, 무수한 정상배를 밀어내고 자기 사람들을 요직에 심어 서대문에 있던 이기붕의 자택은 '서대문 경무대'라는 별칭을 얻기도 했다.

이는 「인의 장막」이라는 표현에서 알 수 있듯 대통령의 각별한 신임을 받고 있는 비서관장을 비롯하여 비서관 및 경호책임자 등이 대통령에게 접근하는 경로를 통제했기에 가능했다. 발족 당시에는 비서관을 정무담당 김양천 김종회 박용만이 맡았고, 공보담당 김광섭, 서무담당 이중춘, 문서담당 김석진, 경무대 관리는 황규만 오일육이 맡았다. 이후 안희경 유창준 박찬일 구본준 최치환도 비서로 근무했다.

김분옥 여사 묘역은 2020년 9월 28일 유관순 열사 100주기 추모식을 맞이하여 새로 단장한 이태원묘지무연분묘합장묘역과 함께 중랑구청 공원녹지과에서 벌초하고 내년도 예산을 확보하여 단장하기로 약속했다. 또한 같은 날 이영학 독립운동가 묘역 주변의 큰 나무도 베어냈다.

필자가 작년 9월 말 망우리공원 묘역을 답사하며 잃어버린 돋보기를 찾기 위해 아침 일찍 망우산에 올랐다가 묘지를 관리하는 분을 통해 김분옥 여사 어머니 박남신 권사의 묘소를 찾았다. 김분옥 여사가 둘째 딸로, 딸 묘지 50미터 위에 자리 잡고 있다. 어머니도 탄포리교회 권사로 인술을 펼쳐 많은 신도들의 생명을 구하였다는 내용의 묘비가 잘 보존되어 있다. 1899

년 도산 안창호가 강서군 동진면 암화리에 세운 최초의 근대적 사립학교와 교회인 점진학교와 탄포리(장로)교회다. 1965년 도산의 조카인 안맥결과 박남신의 아들이며 누이 김분옥 여사 비문을 지은 김만식 씨는 친구로 1965년 도산 선생 묘지 참배 사진으로 미루어, 도산 집안과 박남신 집안은 탄포리 교회를 중심으로 세교가 있었다고 추정할 수 있다.

독립운동 지휘자,
비밀정원

계산 김승민

桂山 金升旼, 1872~1931

김승민은 자는 문일(文日), 호는 계산. 지릉참봉, 봉상시부제조, 비서승 등을 역임했다. 1872년 12월 11일 함경남도 함주군 연포면 신흥리에서 태어나, 1931년 11월 20일 중국 안도현에서 서거했다. 1906년 최익현 등과 함께 의병운동에 관여하였으며 1906년 5월 18일에는 오적토벌관계로 일본

김승민 묘지터에서 바라본 중랑구 전경

군 감옥에서 1년 반 옥고를 치렀다.

1909년에는 헤이밀사사건으로 서울 경무청에 수감되기도 하였다. 중국을 망명하여 1920년에는 봉천성 안도현에서 홍두식과 함께 무장독립운동 단체인 광복단을 조직하여 300명의 단원을 무장시켜 항일투쟁을 전개하여 다대한 전과를 올렸으며, 1923년 가을에는 흥업단·군비단의 3개 단체를 통합하여 광정단으로 확대 개편하였다.

1925년에는 만주 봉천성 안도현에서 대동회를 조직하여 회장으로 활약하다가 간도 일영사관 경찰에게 체포되어 다시 1년간 옥고를 치렀다.

정부에서는 1968년 대통령표창, 1990년에 건국훈장 애국장(1977년 건국포장)을 추서하였다. 1994년 10월 21일 국립대전현충원 독립유공자 2-256 자리로 이장했다.

계산 선생 묘지 터(묘지번호 205189)는 서울 한강 이북 한북정맥 산봉우리를 한눈에 볼 수 있어 사계절 막힌 마음을 뚫어 힘을 얻고 갈 수 있는 비밀 정원이다. 필자가 묘지관리인으로 등록된 서해 최학송 묘지 참배 후 몇 번을 그냥 지나친 계산 선생의 묘지 터였다. 한국내셔널트러스트의 눈 밝은 김금호 국장이 반쯤 묻혀 누운 비석에서 '대통령'이라는 단어를 알아보고, 계산 선생의 독립운동 활동을 알렸다. 서울시시설관리공단에서 일으켜 세운 비문을 읽어본다.

"김승민 선생의 자는 성극(星極)이요 호는 계산(桂山) 단기 4205년(1872, 고종 9년) 임신 12월 11일 함주군 연포면에서 탄생. 소시부터 면학. 그 뒤 주유천하 하며 산천을 즐기다가 24,5세부터는 영흥군 소재 도안암에서 오도일매(悟道一昧) 한때 삼남(三南)에서 이 암자에 모인 제자만도 수천 명을 헤아렸음. 광무 10년(1906) 5월 정3품 통정대부 비서감승(비서실장)에 임명되어 황제로부터 사전(師傳)의 대접을 받았음. 동년 황제의 밀지사건(일제 경찰이 말하는 김승민 사건)으로 말미암아 남대문 일인 감옥에서 1년 반 복역. 동 사건의 탄로로 광무황제는 마침내 양위. 그 뒤 해삼위로 밀항 도중 일 헌병에 피체. 다시 함흥옥에서 6개월 복역. 출감 후 만주로 망명. 이후 30년간 북만 일대를 전전하서 독립군 백여 명과 더불어 광복단장 혹은 대동회장으로서 무력 항일투쟁에 전념 한편으로는 이민의 권장 후진교육의 개발 독립군의 양성 등에 심혈을 기울이던 중, 단기 4264년(1931) 9월경 안도(安圖)에서 흉도의 저격으로 순국. 단기 4301년(1968) 독립유공자로서 대통령으로부터 표창장을 추서받음. 좌부 성재문 여사는 4207년(1874)년 갑술 9월 12일생 일찍이 부군인 선생의 뒤를 따라 도만. '독립군의 어머니'로서 필성에 절하는 고난을 겪으며 선생의 독립운동에 협조 그 업적 두드러진 바 있었음. 단기 4292년(1959) 음 8월 14일 선생의 안부에 집념하며 고국의 품에 안겨 장서. 두 분의 빛나는 독립운동 사적을 기리 새겨두기 위하여 이에 추모비를 건립하며 삼가 두 분의 명복을 비는 비임. 건국기원 4301년(1968) 8월 일 재만공복동지 대표 후학 이현익(李顯翼) 찬지(撰識) 학남 정환섭(鄭桓燮) 경서(敬書)."

사색의 길 길섶과 묘지 터 입구에 '계산지묘' 묘지 안내석 2개가 남아 있어 선생의 명성을 말하고 있다. 소전 손재형 선생의 수제자인 서울대 미대 출신 학남 정환섭 선생은 필자의 서예와 풍수 선생인 서예 60년과 풍수 50년 경력의 인전 신덕선 선생의 스승이었다.

영신학교 교사, 함흥 장날인 3월 3일
독립만세시위 주도 계획에 참가한 독립지사

김중석

金仲錫, 1883~1966

김중석은 독립운동가이며 목사이다.

묘비 앞면. 목사 전주 김씨중석지묘 권사밀양박씨치경부좌.

묘비 뒷면. 여기 쉬시는 분은 1883년 5월 1일 평안남도 맹산군 북창리에서 부친 김공 승호 모친 최씨(납결)의 삼남으로 출생 1894년에 함남 홍원에 이주하시어 16세에 기독교 장로직에 입교 1913년 김씨(치경)와 결혼 2남 1녀를 두시고 20년에 평양신학을 졸업하시고 일생을 교회와 교육사업에 헌

김중석 선생 묘역 안내문

신하시다. 1947년에 월남 함남노회장으로 재임 중 1966년 6월 11일 향년 83세를 일기로 별세하시다 자 홍제 영제 녀 덕재.

묘비 옆면. 권사 김치경 1895년 5월 12일 출생하시어 교회 봉사하시다가 하나님의 부르심을 받고 1985년 11월 14일 향년 91세로 여기에 잠드시다.

묘지는 이장하며 합장되어 경기도 지사 이름으로 "애국지사 김중석 선생의 묘"라고 망우리공원 건너편 강소천 묘지 구역 북서쪽 맨 위 구리둘레길 제2코스 길섶 오른쪽에 안내문을 세웠다.

국가보훈처 공훈록에 기록에 따르면 1883년 05년 16일 함경남도 함흥 동양에서 태어나 1966년 06년 11일 서거했다. 보훈처 관리번호 1713에 기록되었다. 공적 내용을 소개한다.

함남 함흥 사람이다. 1919년 함흥군 함흥면 내에 있는 사립 영신학교 교사로 있을 때, 평양 숭실학교 교사인 강봉우가 함흥으로 와서 기독교계 간부들을 모아놓고 국권 회복에 관해 연설을 하자 독립운동에 적극 참여키로 결심하였다. 같은 해 2월 28일 기독교예배당에 모인 이근재, 한영호 등이 함흥 장날인 3월 3일 독립만세시위를 주도하는 계획에 참가, 독립선언서 3,000여 매를 등사하고 태극기 10여 매를 제작하는 한편, 학생과 주민들을 규합하여 책임부서를 정하고 독립만세시위를 위한 자금을 조달하는 등 활동하다가 거사 당일 아침에 일경에게 시위 계획이 탄로되어 붙잡혔다. 같은 해 4월 21일 함흥지방법원에서 소위 보안법 및 출판법 위반으로 유죄 판결을 받고 공소하여, 7월 3일 경성복심법원에서 원판결이 취소되고 징역 8월 형을 언도받아 옥고를 치렀다.

출옥 후에도 계속 교편을 잡으면서 은밀히 한국역사를 가르치고 민족 사상을 고취시키는 데 힘썼으며, 1938년에는 민족운동을 전개하는 흥업구락부에 가입하여 활동하였다.

정부에서는 고인의 공훈을 기리어 1992년에 건국포장을 추서하였다.

한국내셔널트러스트 망우리공원 전수조사 첫째 날인 4월 17일 토요일에 봄비가 오락가락하였다. 그 사이사이 묘역을 답사하였다. 망우리고개 우측 구리시 딸기원 마을 북서쪽 사설묘지 지역 강소천 아동문학가 묘역이 있는 묘지를 답사하였다. 그 구역 맨 꼭대기 구리시 구리둘레길 제2코스 동쪽 길섶에 김중석 독립운동가 유택과 안내판이 세워져 있었다.

국외 항일 독립운동가,
대한민국 국군창설 주역

소아 김진성

素我 金振聲, 1892~1968

김진성 묘비

김진성은 평남 덕천군 성양면 지양리 423번지에서 1892년 태어나 1968년 서울시 마포구 아현동 산3의 27번지에서 별세한 독립운동가이다. 이명은 김필보, 김정만이다. 1919년 초에 하얼빈의 노군사령관 호리왓트 대장과 연락하여 해삼위를 중심으로 동지 유동열, 신영삼 등과 같이 한인 2세 800여 명을 모집하여 동청철도수비대에 편입시켜 활동하게 하였다. 또한 그는 하얼빈 러시아군의 용병으로서 오성만, 김창연, 송일훈, 이승무 등과 함께 의용병을 조직하여 실전 연구를 하기도 하였다.

한편 임시정부와도 연락을 취하였는데 이때 일경에 체포되어 서울에 압송되었으나 유동열·양기탁 등의 석방운동으로 2개월 만에 출옥하였다. 그 후 전남 광양 지방의 지주들로부터 군자금 7,000원을 모금하여 양기탁에게 전달하기도 하였으며, 미국의원단이 내한했을 때에는 격문 1,000여 매를 만들어 배포하고자 하였다. 1920년 9월에는 김교우·김한규 등과 함께 고산의 부호 고갑준을 설득하여 현금 9,600원을 받아 상경하였다가 종로경찰서에 체포되어 징역 10년형을 받고 옥고를 치렀으며, 출옥한 뒤에도 계속 항일투쟁을 전개하였다.

정부에서는 1990년에 건국훈장 애국장(1977년 건국포장)을 추서하였다. 1995년 5월 1일 국립대전현충원 묘역 독립유공자 구역(2-368)에 안장됐다. 망우리공원에는 묘역이 원형 그대로 남아 있다. 면목고 후문에서 500미터 위로 옛 이기붕 일가 가족묘지 터와 가깝다.

묘비 앞면. 獨立志士金振聲之墓(독립지사김진성지묘).

묘비 뒷면. 공의 휘는 필보요 자는 진성이며 호는 素我(소아)요 관은 광주이니 (중략) 공은 1892년 임진 7월 15일 평남 덕천에 출생하시다 1919년 기미에 재 하루빈로군사령관 호리왓트 대장과 연락 해삼위를 중심으로 유동열 신영삼 등과 같이 한인 8백여 명을 모집 동청철도 수비대에 편입시켰고 또 상해임정과 연락을 취하다가 倭憲(왜헌)에 체포 경성으로 압송되었으나 유동열 양기탁씨의 석방운동으로 3개월여의 옥고 후 석방되어 계속 전남 광양지방의 부호들에게 군자 7천 원을 모집하여 양기탁씨 등에 1만 3천 원의 모금 전달과 1천여 매의 전단을 만들어 미국의원단 내한시에 살포하였으며 또 전주 고산의 부호 친구인 고갑준씨 집에 야간 침입하여 군자금 9천 6백 원을 강요하여 상경 은신 중 체포되어 징역 12년형을 받고 7년 복역 후 가출옥 석방 뒤에도 소위 요시찰인물로 지목되어 국내외의 항일 투쟁사건이 발생할 때마다 왜경에 구속되기 수십 차였다. 해방 후 임정요인이 환국하자 옛 동지 유동열씨가 통위부장으로 당선됨에 그를 보좌하여 국군창설에 다대한 공을 세웠으며 6.25사변 이후 과거 고문 여독으로 행보조차 불능하여 항상 병석에서 신음하시다가 1968년 1월 1일 향년 74세로 서거하였다 정부에서 공의 공적을 치하하고 1968년 3월 1일에 건국공로대통령포장을 추서하였고 또 동 77년 11월 20일 재심에서 다시 건국포장이 추서되었다. 공의 일생은 실로 건국을 위해 형극의 일로였다. 배 온양 방씨는 1897년 11월 8일생에 1928년 1월 21일 졸하시고 배 김해 김씨는 1896년 3월 27일생에 1969년 5월 27일에 졸해 동년 29일에 부군과 합장하였다. (중략) 세분의 슬하에 3남 2녀를 두었으니 장남 용화는 실업계 3남 성배는 예비역 준장 사위 감사원 사무총장 손서에 허화평 예비역 준장 (중략) 이제 자 3형제는 선고의 명복을 기원하고 거룩한 구국충정을 후손에게 전승케 하고자 통천 곡지의 효성으로 이 비가 세워지노라. 西紀 一九八七年 丁卯 三月 日 鏞華 成培 經華 奉建 儒學博士 梁大淵 謹撰 國展審査委員 金濟雲 謹書.

전북 완주 기독교와 독립운동 명가.
신출귀몰 독립운동가

김춘배

金春培, 1906~1942

2020년 4월 18일 한국내셔널트러스트 김금호 국장이 단체 카톡에 사진 한 장을 올렸다. 망우리공원 답사 중 찾아 찍은 묘비와 묘역이었다.

묘비 앞면. 河東鄭公春山之墓(하동정공춘산지묘).

묘비 옆면. 원적 평안북도 철산군 서림면 향봉동 367번지 독립운동 옥살이 후유증으로 돌아가심.

'한국내셔널트러스트 망우리위원회 시즌 2' 단체 채팅방에 김춘배 독립

김춘배 신창주재소 사건 《동아일보》 호외 기사(1934.10.22.)

운동가 관련 자료가 뜨겁게 올라왔다.

독립운동가. 별명은 상배(相倍 · 尙培) · 길동(吉同) · 정춘산(鄭春山) · 한중해(韓仲海). 1906년 2월 29일 태어나 1942년 7월 8일 순국했다. 함경북도 경흥 출신으로 본적은 전라북도 완주군 삼례읍 삼례리 1385번지. 주소는 함남 북청군 신창군 신창읍으로 기록되어 있다.

그의 독립운동은 크게 두 시기로 나뉜다. 첫 시기는 1927년 정의부에서 활동하던 때로 1934년까지 옥고를 치렀다. 다음 시기는 1934년의 의열투쟁인데, 이로 인해 광복이 될 때까지 감옥에서 보냈다.

1927년 2월 중국 길림성 돈화현에 근거를 두고 활동하던 정의부 부대에 가담하여 권총 2정과 실탄 17발로 무장한 뒤 6차에 걸쳐 자산가를 역방하며 무장항일운동을 위한 군자금을 모집하다가 간도에 주재하고 있던 일본 영사관 소속의 일경에게 붙잡혔다. 이에 청진지방법원에서 징역 6년형을 언도받고 청진감옥에서 옥고를 치르던 중 1928년 7월 탈출을 시도하여 성공하였으나 재차 붙잡히는 바람에 징역 1년 10개월이란 기간이 가중되어 모두 8년의 옥고를 치르고 1934년 5월에야 출옥하였다.

출옥한 뒤 1934년 10월 3일 함남 북청군 양북면 신창에 소재한 경찰주재소의 무기고를 단신으로 공격하여 파괴하고 권총 2정과 실탄 100발 및 장총 6정과 실탄 600발을 탈취한 후 일경 및 자경단원 등 2만여 명이 동원된 일제의 포위망을 피해 일인 순사부장을 비롯한 2명에게 총상을 입히는 등 맹렬한 활동을 펴다가 19일이 지난 1934년 10월 22일 서울로 향하는 열차에서 일경에게 붙잡혔다.

그는 1934년 11월 26일 함흥지방법원에서 소위 주거침입과 절도 · 강도 · 살인미수 그리고 공무집행방해죄 등으로 무기징역을 언도받고 동년 12월 초에 경성복심법원에 공소를 제기하였다가 취하하고 서대문형무소에 수감되었다. 해방과 함께 석방되었지만 아내는 죽었고, 아들은 어려 그를 반

겨줄 사람은 없었다. 해방 이듬해 12월 1일 고문의 후유증으로 길거리에서 숨을 거뒀다. 망우리 공동묘지 한구석에 묻힌 것으로 알려져 있다. 정부에서는 고인의 공훈을 기리어 1990년에 건국훈장 독립장을 추서하였다.

김춘배 집안은 가산을 팔아 만주에서 독립운동을 한 가문이다. 형 김성배 목사 등 5형제가 모두 독립운동에 투신했다. 독립운동가 김춘배보다 그의 할아버지였던 김헌식 영수를 먼저 소개해야겠다. 김헌식 영수는 1902년 한국에 온 맥쿠첸(McCutchen, 한국명: 마로덕)선교사에게 이듬해 전도를 받고 예수를 믿기 시작했다. 그는 삼례제일교회 초대 영수가 되었고, 1907년 봄에는 교인이 100여 명 늘어 김헌식의 사랑채에서 예배드렸다. 김헌식의 아들인 김창언은 일제강점기 이후 일본인의 갖은 행패를 참지 못하고, 신앙의 자유를 찾아 1918년 토지를 처분하여 머슴들에게 나누어주고 53명의 가족이 만주 용정 천보산으로 떠났다. 만주에서 나라 잃은 설움이 짙어졌고, 슬하의 5형제는 이후 독립군 홍범도가 이끄는 부대 등 여러 부대에서 독립군으로 활동하였다. 올해 광복 73주년을 맞이하여 도서출판 흔적에서 『독립운동가 김춘배』(이승철, 김경근 엮음)라는 단행본을 냈다. 잊힌 크리스천 독립운동가 김춘배를 다시 조명하며 선진들의 믿음을 배울 수 있는 기회가 되길 바란다고 발행인 정복량 목사는 말했다(박세홍, 2018.8.15., 《가스펠투데이》).

독립운동가 김춘배, 일명 정춘산의 생애를 뒤지기 시작했다. 한철수 시인, 김영식 작가, 김수종 작가, 김금호 국장, 필자는 모든 채널과 인적 자원을 동원하여 찾아 헤맸지만 아직까지 오리무중이다. 전주 채움교회 김경근 목사가 김춘배 손자임을 확인했다. 망우리공원 정춘산 묘지에 대해서는 어렴풋이 망우리에 묻혀 계신다는 아버지의 말로 기억되지만, 할아버지 묘지가 망우리공원에 있다는 것에 매우 당혹스러워 서울에 회의차 올라오면 필자와 만나 묘지를 확인하기로 하였다.

국립대전현충원에 위패 봉안 시기가 2019년 2월 20일로 확인되었다.

김경근 목사는 전혀 모르는 일이었다. 필자와 한 시인, 김 작가, 김 국장 모두 김춘배 독립운동가의 신출귀몰한 삶과 독립운동의 길을 추적하는 통로가 막혀 답답하지만, 그분의 활약상에 대한 홍미가 더욱 배가됐다. 하지만 위패 봉안을 비롯 김경근 목사 형님이 동생과 소통 없이 유해 없는 위패로 국립대전현충원에 봉안했다는 것으로 결론이 났다.

망우리공원 사무실에 문의하여 묘비의 망자와 후손들 이름으로 묘지관리대장 프로그램에 입력하여 찾았으나, 전혀 후손들의 흔적을 찾을 수 없었다. 묘비를 세우면서 쓴 도구가 상석 아래에서 나왔다. 묘비를 세운 시기가 얼마 지나지 않았다고 할 수 있다. 묘지번호가 나왔다. 묘지번호로 찾았으나 전혀 다른 인물이었다. 그 후손과 통화하였는데 20여 년 전 망우산 능선 너머 조봉암 선생 묘역 근처로 이장했다는 것이다.

2020년 4월 21일 화요일 오후 2시 전주 채움교회 김경근 목사가 망우리공원 하동정공춘산지묘 묘비와 봉분을 확인하러 올라와 필자도 동참하였다. 한국내셔널트러스트 김금호 국장도 함께하여 의문을 조금이라도 풀기를 바라는 마음이다. 손자인 김경근 목사가 한 시간 앞 당겨 오후 1시에 망우리공원 사무실에 도착했다. 김금호 국장과 맹강주 주무관이 동행하여 김 목사님 차로 이동하여 넷이서 묘지를 찾았다. 장덕수 묘역에서 동락정 방향 사색의 길을 굽이돌아 아래로 내려가 50미터 지점에서 좌측 길을 따라 들어가면 묘역이 자리 잡고 있었다. 때마침 옆 묘역에서 산제를 모시고 있었다. 김 국장이 옆 산소에 대해 물었으나 한 번도 함께한 적이 없었다는 것이다. 묘지번호 표지판이 나타나 희망의 끈을 이어갔다.

김경근 목사와의 대화를 정리하면 김춘배 의사 가계가 독립운동 명가로 조부와 아버지 5형제 후손들이 중국, 북한, 미국 등지에 흩어져 살고 있고, 김춘배 의거를 김일성 일대기 초판에 '만보산 사건'의 모델이라 하여 남쪽 후손들은 연좌제로 삶의 방향이 바뀌었다. 감옥에서 공산주의 사상에 젖어 초기 기독교 공동생산 분배를 주장하였다는 신문기사 한 줄에 서훈이 늦어졌다. 완주 삼례에서 기념관 건립과 교육을 계획하고 있는데, 망우리공원 묘역이 김춘배 독립지사이길 바라며 망우리 묘비 이름으로 경찰의 신원조회 방법을 이용하는 방법과 묘지 관리인을 찾아 후손들과 연락을 하고 있는지 알아보기로 약속했다.

'영영 못 돌아올지 모른다' 새 옷 입고 집 나선 천도교인.
3.1혁명 민족대표 33인

봉암 나용환

逢菴 羅龍煥, 1864~1936

나용환 수형 사진

　　나용환은 3.1혁명 민족대표 33인 중 한 사람이다. 1864년 8월 7일 평안남도 성천군 숭인면 홍인리에서 태어났다. 소설가 나도향의 원적지이다. 나용환의 본관은 나주, 도호는 봉암이다. 어려서 그는 고향에서 한학을 배웠다. 이후 벼슬길에 나가려고 몇 차례 과거시험을 보기도 하였으나 급제하지 못하자 고향에서 훈장 노릇을 하며 지냈다. 나용환은 천도교인이다.

　　1907년 5월 나용환은 정주순독에 임명되었으며, 1909년 5월에는 도사에 임명되었다. 또 1910년 천도교 중앙총부의 현기사장으로 활동하였고, 1911년에는 공선관장에 임명되었다. 3.1운동 직전까지 그는 중앙총부에 머무르며 교회의 중요정책을 결정하였다. 아울러 그는 성천 등 서북지역의 교인을 동원할 수 있는 위치에 있었다. 권동진은《삼천리》(1935.6.) 기고문에서 "손병희가 천도교의 재정과 행정에 대해서는 오영창, 나용환 두 분을 가장 신임했다"고 썼다.

　　1919년 2월 25일경 천도교의 기도회 종료보고와 국장참배를 위해 상경한 나용환이 3.1혁명에 민족대표로 참여하게 된 것은 1919년 2월 26일 손병희, 권동진, 오세창 등과의 만남이 계기가 됐다. 이날 오전 돈의동 권동진의 집에서 권동진과 오세창을 만나 독립만세운동 계획과 독립선언서 서명 건에 대해 얘기를 듣게 됐다. 평소 조선의 국권회복 문제에 대해 깊이 생각해오던 그는 즉석에서 이에 찬성하였다. 일제치하에서 독립만세를 외칠 경우 처벌당할 것을 알고 있었음에도 그는 기꺼이 이 일에 동참하였다. 이튿날 27일 오후 7시경 재동 김상규의 집에서 열린 모임에 참석하여 다른 동지들과 함께 독립선언서에 서명하였다. 거사 하루 전날인 28일에는 가회동 손병희 집에서 열린 최종점검회의에 참석하였다. 이 자리에서 거사 장소가 애초에 파고다공원에서 태화관으로 변경된 사실을 알게 됐다.

예정대로 3월 1일 오후 2시, 민족대표들은 태화관에 모여서 독립선언식을 가졌다. 그의 아들 경덕의 회고에 따르면, 이날 아침 그는 아내 강숙화에게 새 옷을 내오라고 하여 옷을 갈아입은 후 "이번에 내가 가면 영영 돌아오지 못할지 모르니 애들을 잘 건사하고 잘 있으라"는 말을 하고 집을 나섰다고 한다. 한용운의 식사(式辭)가 끝날 무렵 일경이 들이닥쳐 참석자 전원을 남산 왜성대 경무총감부로 연행하였다. 나용환은 3.1거사 준비 초기 단계에는 참여하지 못했다. 독립선언서 역시 3월 1일 태화관에서 열린 독립선언식 자리에서 처음 보았다. 그는 전적으로 오세창과 권동진의 말을 믿고 독립선언서에 서명하였다. 3월 1일 오후 2시경 인사동에 있는 태화관에는 민족대표 33인으로 서명한 사람 중에서 길선주, 유여대, 김병조, 정춘수 4명이 빠지고 29명이 모였다. 그는 이때 민족대표의 1인으로 참여하여 조선의 독립을 희망하는 만세삼창을 외치고 일본경찰에 의하여 경시청총감부에 구금되었다가, 1920년 경성복심법원에서 소위 보안법과 출판법 위반 혐의로 징역 2년형을 선고받고 서대문 형무소에서 옥고를 치렀다. 출옥 후에는 천도교 도사로 활약했다. 1930년대에 들어 수년간 병석에 있던 그는 1936년

8월 19일 오후 9시 40분 서울 소격동 자택에서 향년 73세로 타계하였다. 장례는 8월 22일 경운동 천도교당에서 교회장으로 치러졌으며, 묘소는 망우리 공동묘지에 마련됐다.

1962년 정부는 고인에게 건국훈장 대통령장을 추서하였다. 1966년 5월 18일 나용환은 독립운동가 14명과 함께 국립서울현충원 애국지사묘역 하단 22번에 안장됐다.

그의 장남 경덕은 소파 방정환의 장녀 경화와 결혼하였다. 1933년에 조직된 소녀악극단 '낭랑좌' 소속의 가수 나선교가 그의 딸이다.

조선심. 조선혼. 사학자.
언론인. 독립지사

호암 문일평

湖巖(虎巖) 文一平, 1888~1939

호암 문일평은 1888년 5월 15일 평북 의주에서 태어나 1939년 4월 3일 서울 통의동에서 서거한 역사학자이자 독립지사이다. 1905년 일본 청산학원 중학부와 정칙학교를 거쳐 동년 가을 명치학원 중학부 3학년에 입학, 1908년 졸업한 그는 이 시기 관서 출신 유학생들의 자강운동 단체였던 태극학회 평의원과 총무원으로 활동하는 한편, 학회 기관지인《태극학보》편찬원으로도 참여하여 국민주권론과 국가독립론에 관한 계몽적인 논설들을 기고했다. 1908년 귀국 후 약 3년 동안 평양 대성학교, 의주 양실학교, 서울

문일평 묘역

경신학교 등에서 교사생활을 하였으며, 서울에서 최남선이 운영하던 광문회 출입과 상동청년회 토요강습소의 교사로 일하면서 교육을 통한 자강운동론을 실현하고자 하였다. 그러나 1910년 일제에 의해 국권이 침탈되자, 민족교육에 대한 열의를 포기한 그는 정치학을 공부하기 위해 1911년 재차 일본으로 건너갔다. 1912년 조도전대학 예과를 수료한 뒤 정치학부에 입학하여 한 학기를 수강하였으며, 유학생친목회 기관지인 《학계보》의 편집을 담당하여 창간호를 내기도 했다.

그러나 1912년 국권 회복에 투신하기 위해 공부를 중단한 그는 중국 상해로 망명하여 신규식의 소개로 상해 대공화보사에서 일본글 번역을 담당하면서 동년 5월, 신규식·신채호·홍명희·조소앙 등과 함께 비밀결사 동제사를 조직하여 아시아 각 민족, 특히 중국 국민당과 연합하여 항일투쟁을 전개하고자 하였다. 그리하여 상해의 혁명당 영수 진기미, 청년외교관인 고유균 등과 교유하는 한편, 동제사에서 설립한 박달학원 교사로 활동하며 민족의식 고취에 힘을 기울였다.

그 후 1918년경 귀국하여 1919년 3월 12일 서울 종로 보신각에서 조선 13도 대표자 명의로 "조선 독립은 민족이 요구하는 정의 인도로서 대세 필연의 공리요 철칙이다"라는 「애원서」라는 제목의 글을 낭독하여 한국의 독립을 주장하면서 시위운동을 주도하다 일경에 피체되어 동년 11월 16일 경성지방법원에서 징역 8월을 받고 옥고를 치렀다.

출옥 후 중동학교·중앙고보·송도고보·배재고보 등에서 역사를 가르치면서 본격적으로 역사연구에 전념하게 된 그는 1923년 《동명》 잡지에 「조선 과거의 혁명운동」이라는 논설을 기고하는 등 역사관을 정립하였고, 1925년 38세라는 늦은 나이에 역사연구를 목적으로 또다시 일본으로 건너갔다. 도일 후 1년도 채 되지 않아 귀국한 그는 1927년 2월 《중외일보》 기자 자격으로 신간회 발기인으로 참가하여 간사를 맡아 통일전선의 활동을 위해 노력하였다. 또한 동년 8월에는 물산장려회 의사 및 기관지인《자활》의 주필로 선임되어 민족자본 육성 활동과 그에 관한 계몽의식을 고취시켰다.

이병도는 일인들만 볼 수 있던 규장각 도서를 많이 접해 한국사 연구에 큰 도움을 받았다. 하지만 이 경력은 후일 식민사관 논쟁의 빌미가 된다. 이후 이병도는 계몽사학자인 이능화, 안확, 황의돈, 권덕규, 문일평, 이중화와 학문적 토론을 하며 스스로 '7인 그룹'으로 불렀다. 이병도는 1934년 진단학회 설립을 주도하며 국내 최초로 본격적인 학술지를 발간하여 일제 학계에 당당히 맞선다. 황국사관에 젖어 있던 일본 사학자들에게 대항하기 위해 우리 고유의 국명인 '진'과 단군의 '단'을 합해 '진단학회'로 한 것이다.

"진단학회는 3.1운동 이후 고조된 한국의 역사와 문화에 대한 학문적 관심의 결실로 세워졌다. 이 무렵 한국인으로서 그 방면에 뜻을 두고 일본의 대학에 유학하거나 서울의 경성제국대학에서 수학한 젊은 학자들이 점차 등장하면서 학술연구의 분위기가 무르익고 있었다."

1933년《조선일보》에 입사하여 타계할 때까지 편집고문으로 활동한 그는 사론과 논설을 열정적으로 집필하면서 이때부터 역사연구에 전력하였다. 그리하여 1934년을 전후하여 본격화하는 '조선학운동'에 참여하여 국학 진흥에도 힘을 쏟았으며, 1934년 5월 창립된 진단학회 발기인으로 참여하여 문헌고증 사학적 방법론의 도입에도 관심을 기울였다. 이에 따라 1927년부터 1939년 사이 발표된 100여 편의 글 가운데 90% 이상이 이 시기에 집필된 대중적인 역사관계 글들이었고, 많은 대중강연을 통하여 한국사의 대중화와 민족의식 고취에 노력하다가 1939년 4월 서거하였다. 그의 사후 1939~40년경 조선일보사에서는 고인의 글을 묶어『호암사화집』,『호암전집』,『소년역사독본』을 출간하였다.

정부에서는 고인의 공훈을 기리어 1995년에 건국훈장 독립장을 추서하였다. 묘역은 국가등록문화재 제691-2호이다. 묘지번호 203742이다. 본관 남평, 족보 이름 명회, 자는 일평. 호는 일제의 불의에 대항할 때는 호암(虎巖)을 노호하였고, 민족을 연명시키는 국학의 밭을 가꿀 때는 호암(湖岩)으로 자적하였다.

1888년 5월 15일 평북 의주 한학자 문천두와 해주이씨 사이에 태어나, 1939년 4월 3일 서울 통의동 월성위궁 추사 김정희 집터 백송 담 너머 집에서 52세에 생을 마감했다. 4월 5일 망우리공동묘지 망우산 제2보루 산자락 7부 능선 남동향에 한강을 바라보는 유택을 마련했다.

눈이 크고 한복에 두루마기 차림으로 담배는 피우지 않았고 술만 드시면 일본 압제에 분통을 터트리고 화를 못 가누었다. 어려운 이웃이 청하면 벽시계를 전당 잡혀주고 쌀자루에 뒤주 바닥을 긁어 퍼주고 어렵게 사온 장작을 날라다주고 냉돌에 자기 일쑤였다.

위창 오세창 선생과 호암 문일평 선생의 연보비는 30여 미터 떨어져 있다. 구리시에서 세운 정자로 들어가는 길목 좌우에 세워져 있다. 두 분의 묘지 위치로 보면 연보비 자리가 잘못되어 있다. 현재 일방통행 길을 기준으로 하면 더욱 그렇다. 호암 묘역을 거쳐 위창 유택을 참배할 수 있다. 그리고 연보비는 독립운동가로서 호암(湖岩)보다는 호암(虎巖)으로 써야 되지 않았을까? 당시 담당하신 관계자들의 세심한 배려가 아쉽다.

위당 정인보 선생의 글과 김승렬이 쓴 문호암묘기(文湖巖墓記)는 유택을 마주보고 왼쪽 자연석 안에 고풍스럽게 자리 잡고 있다. 오른쪽 새로 세운 묘비 호암문일평선생지묘의 비문은 《조선일보》에 1983년 3월 1일부터 2006년 2월 23일까지 '이규태 코너'를 연재하면서 23년 동안 6,702회를 기고하며 대한민국 언론사상 최장기 기록을 세운 《조선일보》 논설위원 이규태(서기 1997년 8월 후학 이규태 근찬)의 글이다. 그러나 애석하게도 컴퓨터 글씨체 기계로 새겼다. 후손 중 방우영(《조선일보》 명예회장)과 임천순(전 중앙대 총장 및 이사장)이 외손서이다. 호암 선생의 기일인 4월 3일 즈음에 호암에 관련된《조선일보》기획기사를 볼 수 있었다.

비석의 차남 이름이 동욱(東彧)인데 '동혹'으로 잘못 새겨져 있다. 동욱은 연희전문 다닐 때 사망했다. 장남 문동표(《조선일보》합동통신 편집국장)는 6.25 때 어머니 김은재와 장녀 문채원 가족들과 월북했다. 일제 때 근우회 활동을 한 김은재는 월북 후 한때 평북 여성동맹 위원장을 지냈다. 문동표의 아내 심희성은 공훈배우, 손자 문병우는 사회과학원 역사연구소 교수로 알려져 있다.

고 문일평 손자로 북한방문단 중에 호암 문일평 선생의 손자라는 문병우(50세, 북한사회과학원 역사연구소실장)가 들어 있어 눈길을 끌었다. 20일 워커힐에서 있은 만찬장에서 문은 자신의 신분을 밝히면서 조지훈 이은상 계용묵(이상 타계) 모윤숙 홍종인 씨 등의 안부를 묻고 "홍기문(월북한 홍명희 아들) 집안과는 왕래가 잦다"고 전했다.

고려 역사 중 항몽 관계를 전공하는 문은 "할아버지 묘가 망우리공동묘지에 있다"며 이기백 교수(한림대) 등 남쪽 역사학자들의 저서와 논문을 화제에 올리는 등 학문적인 관심을 표시하기도 했다.(《조선일보》, 1985.9.22.)

필자가 고1 국어시간에 이육사와 윤동주 시를 공부할 때 호암 선생의 '조선심'을 알았다. 1930년대 가장 대중적인 역사학의 연사는 호암 선생이었다. 이육사 윤동주 유품에서 호암 선생의 역사에 관한 글과 책이 나왔다. 필자는 삼성문화재단 문고판 호암 선생의『화하만필(花下漫筆)』을 꼼꼼히 읽고 메모하여 나름 꽃과 나무에 관해 손방은 면하고 있다.

기독교인 민족대표 33인.
만주와 하와이 민족의 의식 북돋은 목사 및 교육자

근곡 박동완

槿谷 朴東完, 1885~1941

박동완 수형 사진

박동완은 3.1혁명 민족대표 33인 중 한 사람이다. 1885년 12월 27일 경기도 양평에서 박형순의 차남으로 태어나 1941년 2월 23일 하와이에서 향년 57세로 서거했다. 호는 근곡인데 무궁화가 피어난 골짜기, 즉 삼천리 우리 강토를 상징한다. 13세 때 현석운의 딸 현미리 양과 결혼하였다. 10세 이전에 부친을 따라온 식구가 서울 종로구 누하동 213번지 통인오거리길로 이사하였다. 한성외국어학교에서 수학한 후, 감리교 정동제일교회의 전도사로 근무하는 한편 기독교신보사 서기로 전도와 독립사상의 고취에 힘썼다. 당시《기독교신보》는 일제강점기 초기 한국인의 언로가 막힌 상황에서 한글로 발행된 유일한 민족 언론이었다. 그는 시, 시조, 산문, 감상록 등의 문학작품과 취재기사 및 사설에 이르기까지 다양한 장르의 글을 발표한 문필가이기도 했다.

그는 조국광복의 기운이 고조되던 1919년 2월 중앙 기독교 청년회 간사로 있던 박희도로부터 독립운동계획을 듣고 찬동하여, 27일에는 이인환, 함태영, 박희도, 이갑성, 오화영, 최성모, 김창준, 신석구와 정동교회 내에 있는 이필주의 집에 모여 천도교 측에서 작성한 독립선언서에 민족대표로서 서명하였다. 3월 1일 오후 2시경 인사동의 태화관에 손병희 등과 함께 민족대표로 참석하여, 독립선언서를 회람하고 만세삼창을 외친 뒤 출동한 일본경찰에 의하여 경시청총감부에 구금되었다. 경찰 취조와 재판 과정에서 그는 비교적 온건한 입장을 보였다. 연행 당일 경무총감부에서의 취조 때 일본인 순사가 "일본의 시정이 싫어서 독립을 하려고 한 것은 아닌가?"라고 묻자 그는 "일본의 정치에 대해 악감정을 가지고 있지는 않다"고 답했다. 또 5월 2일 열린 경성지방법원 공판에서 재판장이 "정치에 대해 불평불만이 있느냐"고 묻자 "아무 불평도 없지만 단지 민족자결이라는 것이 제창되었으므로 독립운동에 참가하였다"고 답했다. 그러나 3월 18일 취조 때 "앞으로도 또 독립운동을 할 것인가?"라는 질문에 대해서는 단호히 "물론 그렇다"고 답했다. 8월 26일 고등법원 재판 때는 민족자결에 대한 뚜렷한 신념과 독립의지를 피력하였다. 1920년 경성복심법원에서 소위 보안법과 출판법 위반 혐의로 2년형을 선고받고, 서대문형무소에서 옥고를 치렀다.

출옥 후 조선 중앙기독교청년회 소년부 위원장·신간회 상임간사를 역임하였다. 1927년 12월, 중국 동삼성에 거주하는 백만 재만동포들이 중국 관헌들로부터 귀화를 강요당하며 박해받는 일이 벌어지자 각 사회단체의 주요인사들이 상설기관으로 재만동포옹호동맹을 설립하였는데 선생은 중앙상무집행위원으로 임명되어 1928년 1월 만주의 봉천성과 길림성 일대를 돌며 재만동포의 상황을 조사하고 돌아왔다. 그 후 1928년 중반 미주 하와이주 섬의 한인기독교회 초대 담임목사로 부임하여 그곳에서 약 12년간 목회를 하였고 교회 부설 한글학교를 확장하여 한국의 역사와 문화까지 두루 가르치며 교포2세들의 민족의식을 일깨웠다. 또한 국내의 흥업구락부와 비밀연락을 취하며 독립운동을 계속하다가 1941년 2월 23일 병사했다. 그의 유해는 한 달 뒤 가족들이 국내로 모셔와 3.1혁명 동지인 함태영 목사의 집 례로 망우리 공동묘지에 안장되었다. 정부는 고인에게 1962년 건국훈장 대통령장을 추서하였다. 1966년 5월 18일 국립서울현충원 애국지사묘역 하단 23번에 안장됐다.

3.1혁명 이후로 그는 한복을 입었으나 바지에 대님을 매지 않았다. 조국이 독립되기 전에는 대님을 매지 않기로 결심했다고 한다. 또 평소 시계를 항상 30분을 늦춰놓았다. 이는 일제가 정한 표준시각에 맞춰 살지 않겠다는 신념의 표시였다고 한다. 그는 비타협적 자세로 민족 구원의 외길을 걸은 종교인, 언론인이자 불굴의 독립지사였다.

근곡 박동완 손자로 정신과 의사(서울중앙병원 원장)이자 목사인(참빛침례교회 담임) 박재상과 그의 아내 임미선 부부 목사가 3.1혁명 100주년인 2019년 『근곡 박동완의 생애와 기독교 민족주의 연구』(정한책방)를 펴내 조부의 뜻 계 승하는 데 힘을 쓰고 있다. 또한 전 독립기념관장인 김상웅 선생은 2022년 8.15 광복절에 맞춰 『근곡 박동완 평전』(정한책방)을 출간할 예정이다.

함남 이원군의 3.1혁명 지도자,
천도교 종법사

박승룡

朴承龍, 1892~1957

박승룡 묘비

독립운동가 박승룡은 함남 이원군 이원읍 서문리 10번지에서 1872년 9월 21일 태어나 1957년 6월 1일 서울에서 서거했다.

이원군의 3.1독립운동은 마치 국내 전역에서 일어난 만세시위운동의 축소판이라고 할 만큼 잘 갖추어져 있었다. 조직이 있었고, 계획이 있었고, 지도가 있었고, 천도교와 기독교의 합작이 있었고, 민중의 호응이 있었다.

그는 천도교도로서 조선독립단 이원지단의 이름으로 동지 이도재, 김병준, 공시우, 장홍규 등과 더불어 3월 10일 이원에서 만세시위운동을 벌이기로 결의하고 동지들을 이원읍내와 인근 부락에 파견하여 거사 계획을 알리도록 하였다.

1919년 3월 10일 아침 700여 군중이 읍내 장터에 모여들었고 이도재, 김병준의 선창에 따라 독립만세를 부르고 시위행진을 벌이다가 일경에 붙잡혔다.

그 뒤 시위의 불길은 남면 차호로 비화되었다. 3월 11일 오후 1시, 김탁 등으로부터 연락을 받은 주민들은 차호보통학교 교정에 모이기 시작하였다. 차호보통학교 학생 및 주민 1,500여 명은 헌병주재소·면사무소·차호리 시장·예수교회 등을 돌아다니며 만세를 불렀다. 경찰은 김탁 등 주도 인물을 검거하였다.

3월 11일에는 군선항에서 장홍규 등의 주도하에 100여 명의 시위가 벌어졌다. 거의 같은 시각에 동면 상화리에서도 만세시위가 벌어졌다. 차호 시위는 다음 날에도 계속되었다. 3월 12일까지의 시위에서 피검자들이 속출하자 시위는 한동안 주춤하였으나, 다시 3월 17일 면민이 궐기하였다. 이 날 약 100명의 군중이 면사무소 앞에 몰려가 만세를 부르고, 이제까지 우리에게서 빼앗아 간 세금을 도로 내놓으라고 외쳤다.

그는 이해 6월 30일 함흥지방법원에서 소위 보안법 및 출판법 위반으로 징역 1년형을 언도받아 8월 19일 경성복심법원에 공소를 제기하였으나 기각되었고, 10월 25일 고등법원에서도 역시 상고 기각되어 옥고를 치렀다.

1931년 7월 함남 이원 군청 이전반대 서남면민대회 개회사를 하였다. 1932년 12월 천도교 신파와 구파가 나뉘어 대회를 열었는데 박승룡은 구파로 1,000여 명이 참가한 경운동 도교당에서 사회를 맡았다. 천도교 명칭을 천도교중앙교회로 바꿨다. 이때 장로로 권동진과 오세창이었고 박승룡은 공선관장으로 선임되었다.

정부에서는 고인의 공훈을 기리어 1990년에 건국훈장 애족장을 추서하였다. 1994년 9월 7일 국립대전현충원 독립유공자 2-152에 이장 안장됐다.

독립운동가 박승룡 묘지 터는 망우리공원 사무실에서 출발하여 화장실을 지나면 왼쪽 일방통행 길을 버리고 서울둘레길 제2코스에서 곧장 용마산 방향으로 걸어가면 서광조 연보비를 지나 이광래 묘역 아래 사가정역 이정표에서 50미터 내려가 우측에 자리하고 있다.

대한독립선언 39인. 대종교인.
임정 법무부장 독립운동가. 외교와 협상의 선각자

남파 박찬익

南坡 朴贊翊, 1884~1949

박찬익

박찬익은 1884년 1월 2일 경기도 파주군
주내면 파주리에서 태어나 1949년 3월 9일 서
거했다. 1904년 관립 상공학교에 재학 중 국권
회복을 위하여 수차 계획하다가 발각되어 퇴학
당하였다. 1907년 초에 비밀결사 신민회에 가
입 활동하였다. 그 뒤 1908년 4월 다시 관립공
업전습소(서울공대)에 입학하여 1910년에 졸업
하였다. 이때 나라를 일제에 강점당하자 동지
박승익 등 10여 명과 같이 저항운동을 전개하였
으나 역부족, 그해 겨울 만주 용정으로 망명하였다. 북간도에서 독립투쟁가
이상설·백순의 지도로 독립투쟁을 계획하는 일방 대종교 도사교 나철의 권
유로 대종교에 입교하여 교인으로 활동하였다.

남만주 지역 최초의 독립운동조직인 경학사와 신흥강습소 설립에 참가
해 독립군 기지 건설에 앞장섰다. 또한 청일학교를 세우고 신흥무관학교에
서 한국 역사와 중국어를 학생들에게 가르치는 등 인재 양성에 힘썼다.

1912년에는 중국 관헌의 지원을 얻어 화룡현 삼도구 청파동에 한국인

학교를 설치하고 애국과 자립 사상을 고취하였다. 동시에 대종교의 정교직을 맡아보면서 포교에도 성의를 보였다. 어느 것이나 민족독립운동의 일환이라고 판단하였기 때문이다.

그 후 상해로 건너가 손문을 따라 중국의 신해혁명에 참가하여 만청정부를 타도한 신규식과 함께 1912년 7월에 동제사를 조직하여 박은식을 총재로 추대하였으며 신채호, 김규식, 이광 등과 함께 독립운동의 중심기구로 발전시켜나갔다.

1918년 11월에는 만주 길림에서 김교헌, 김동삼, 조소앙, 이동녕 등 39인이 '대한독립선언'을 발표하였는데 그도 39인 중 1인으로 서명하였다. 1919년 3.1혁명이 일어나자 다시 상해로 갔으며, 대한민국 임시정부 수립에 참여하여 임시의정원 의원에 선출되었다. 같은 해 4월 23일 서울의 국민대회에서 한성 임시정부가 조직되었을 때는 박은식, 신채호, 손정도, 조성환 등과 함께 평정관에 선출되기도 했다.

1921년 7월 임시정부 외무부 외사국장 겸 외무차장 대리로 외교임무를 실질적으로 전담하였으며 주로 대중국 외교에 주력하였다. 특히 중국 국민당의 손문이 광동에 중국호법정부를 수립하자 외교총장 신규식을 수행하여 임시정부를 승인받는 데 기여하였다. 1922년 2월에는 광동에 주재하여 호법정부와의 외교를 전담하기도 하였다. 1923년 4월 외사국장으로서 봉천에 특파되어 재만주 독립운동을 지원할 수 있도록 중국정부 관리와 외교 접촉을 벌였다.

이후 임시정부를 뒷받침하는 대중외교를 계속하였으며, 1930년에는 한국국민당 조직에 참여하고, 동년 12월에는 대한독립당 대표로 남경정부에 파견되기도 하였다. 1931년 5월에는 남경의 국민당 전당대회에 임시정부 대표로 안호상과 함께 참석하여 만주 동삼성의 독립운동 문제를 거론하였으나 일군의 만주 침략으로 실효를 거두지 못하였다.

윤봉길의 홍구공원 의거 후 임시정부를 안전하게 이동시키기 위하여 중국정부와 교섭하여 많은 지원을 받았으며, 1932년 6월에는 다시 상해로 잠입하여 일제 앞잡이를 처단하는 등 부단한 활동을 벌여 옥관빈과 상해 한인친우회 위원장으로 일경의 밀정 노릇을 하던 유인발 등을 저격 처단하는 계획에 참여하기도 하였다. 1934년에는 한국독립당 남경지부의 간부로 활동하였으며, 중앙군관학교와 낙양군관학교에 독립군 간부 양성 과정을 설치하는 데 기여하기도 하였다.

1939년에는 다시 임시의정원 의원으로 활동하다가 1940년 임시정부가 중경으로 옮긴 뒤에는 법무부장, 국무위원으로 임명되어 광복 때까지 임시정부의 중책을 역임하였다. 한편 1942년 10월에는 김규식 신익희 김성숙 김원봉 엄항섭 등과 함께 한중문화협회의 한국 측 이사로 선임되어 한중친선에 기여하였으며, 1943년 5월에는 김구, 홍진, 유동열, 조소앙, 이청천 등과 함께 한국독립당의 중앙집행위원에 선출되기도 하였다.

8.15 광복 후에는 임시정부 주화대표단장으로 교포들의 생명과 재산을 보호하는 데 기여하였다. 1948년 초 김구 선생이 남북협상을 위해 평양에 방문한다는 소식을 접하고 이를 만류하고자 급히 귀국했다. 이듬해 3월 세상을 떠났다.

정부에서는 고인의 공훈을 기리기 위하여 1963년에 건국훈장 독립장을 추서하였다.

1918년 음력 11월 또는 1919년 2월 1일 만주·노령을 중심으로 당시 해외에 나가 있던 저명인사 39명이 한국 최초의 독립을 선언한 글로, 1918년 무오년에 선포되었다 하여 '무오독립선언서'라고도 하며, 작성자는 소앙 조용은이다. 필자는 조소앙기념사업회 이사이다. 조소앙기념사업회 이사장인 조만제(아사카와 노리타카 다쿠미 형제 추모회 회장)의 제안으로 대한독립선언서를 기념식장에서 남녀 학생들이 낭독하였다. 청담고와 청량고 학생회장과 필자의 학다리중앙국민학교 은사 류방현 선생님 손녀인 류혜원(진선여고) 등이 낭독했다. 독립운동 단체 기념식장에서 학생들이 선언문을 낭독하는 순서는 대한독립선언 기념식이 처음이다. 조만제 회장은 커가는 학생들이 선언서를 읽고 공부해야 그 정신이 이어진다고 주장하였다. 그 뒤로 많은 행사에서 학생들이 낭독하게 되었다. 이 독립선언서 전문의 내용을 요약하면 다음과 같다.

먼저 우리 대한은 완전한 자주독립국임과 민주의 자립국임을 선포하고, 우리 대한은 타민족의 대한이 아닌 우리 민족의 대한이며, 우리 한토(韓土)는 완전한 한인의 한토이니, 우리 독립은 민족을 스스로 보호하는 정당한 권리를 행사하는 것이지, 결코 사원의 감정으로 보복하는 것이 아님을 밝히고 있다. 또한 일본의 병합 수단은 사기와 강박과 무력폭행 등에 의한 것이므로 무효이니, 섬은 섬으로 돌아가고 반도는 반도로 돌아오고, 대륙은 대륙으로 회복하라고 하였다. 그리고 2,000만 동포들에게는 국민된 본령이 독립인 것을 명심하여 육탄 혈전함으로써 독립을 완성할 것을 요구하였다.

이 독립선언서의 특징으로는 먼저 우리나라 최초의 독립선언서라는 점을 들 수 있다. 한일병합의 무효를 선포하고, 우리 독립의 근간이라 할 수 있

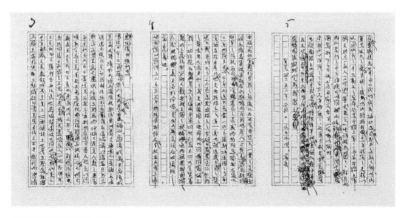

대한독립선언 조소앙 초고

는 "섬은 섬으로 돌아가고, 반도는 반도로 돌아오게 할 것"을 요구했다는 점, 무력적 대항을 선포하고 그 선언서의 대표자로는 해외의 저명한 인사가 거의 망라되어 있다는 점 등도 들 수 있다. 39인 중 30여 분이 대종교인이다. 대종교인 10여만 명이 순국할 정도로 대한민국 독립운동사에 대종교 활동의 자리매김이 필요하다.

대한독립선언서 39인 중 변절자도 이탁(본명 이용화) 한 명밖에 없다. 기미독립선언 민족대표 가운데는 박희도, 최린, 정춘수가 변절했고 선언문을 쓴 최남선도 친일파로 변신했다. 2.8독립선언 서명자 11명 중에서도 이광수, 서춘 등이 일제에 협력했다.

망우리공원에는 대한독립선언 39인 중 도산 안창호, 남파 박찬익 선생 두 분이 안장됐다.

39인 외에 6인이 더 서명하였다고 추정하고 있다. 그중에 독립운동가 나우 묘지는 망우리공원에 남아 있다. 도산 선생은 1973년 도산공원, 남파 선생은 1993년 11월 19일 국립서울현충원 임정요인 묘역(12)으로 이장하여 안장되었다. 망우리공원 묘지 터(묘지번호 204934)에는 쓰러져 세 동강 나 다시 붙여 세운 묘비와 봉분이 원형 그대로 남아 있다.

비밀결사 조선국민회 전라도 지역 책임자,
독립운동가

경아 서광조

徐光朝, 1897~1972

서광조 연보비

서광조는 1897년 2월 29일 전남 목포시 호남동 7번에서 태어나 1972년 7월 10일 별세했다.

1917년 3월 23일 평양에서 장일환·강석봉 등과 함께 비밀결사인 조선국민회를 조직하고 전라도 지역 책임자로 선임되어 항일활동을 하다 일본 경찰에 붙잡혔다.

조선국민회는 평양 출신의 장일환이 1914년 하와이로 건너가 박용만의 지도를 받고 이듬해 귀국하여 조직한 모임이며, 평양신학교와 평양 숭실학교 졸업생들을 가입시켜 그 세를 확대해나갔다. 이들은 국내의 청년들을 집결시키고 미국 하와이에 있는 국민회의 박용만과도 연락하며 국권 회복 운동을 전개하였다. 또한 조선국민회 회원 배민수, 노덕순 등이 검지를 잘라 "대한독립"이라는 혈서를 쓰는 등 결연한 각오로 활동을 벌였고, 기관지《국민보(國民報)》를 간행·배포하였다.

중국 안동현에 연락부를 설치하고 해외 각지와도 연락을 하였는데, 1917년 7월 회원들 간의 연락에 차질이 발생하면서 사실이 누설되고 대부분이 붙잡혀 옥고를 치렀다. 서광조는 1918년 3월 16일 평양 지방 법원에서 이른바 보안법 위반으로 징역 8월을 선고받고, 미결기간을 합산하여 1년 7월 여간의 옥고를 치렀다. 그 후 1919년에서 1922년까지 제주도로 거주가 제한되었다. 1919년 제주도에서는 청년들을 모아 금주회를 조직하고 돈을 모아 여자 야학을 신설하여 교육하였다. 1920년 9월 목포에서 '시대가 요구하는 도덕'이란 주제로 강연하던 중 일본 경찰의 제지를 당하기도 하였다. 1922년부터 전라남도 지방을 중심으로 반도 고학생 친목회 순회강연을 개최하였다.

해방 후 1950년 전남보도협회 회장으로 활동하였으며, 1963년 전라도 광주에서 있었던 군정연장반대 시위를 주도한 혐의로 구속되었다. 그해 민정당 전라남도 도당 준비위원과 중앙위원을 지냈다.

정부에서는 고인의 공훈을 기리어 1990년에 건국훈장 애족장을 추서하였다.

연보비 앞면. 우리 한국은 한국인으로서 중국은 중국인으로서 자치의 자유를 향유할 희망을 가지고 있다. 따라서 장래 이 목적을 달성하기 위하여 동지의 결속을 도모하여 그 준비를 해야 한다. ―'조선국민회의 결성 취지' 중에서

묘비에는 1964년 7월 24일 '가심'으로 표기되어 있고, 보훈처 공훈록과 연보비에는 1972년으로 표기되어 있다. 묘역은 국가등록문화재 제691-5호로 지정되었다. 묘지번호 108919이다.

망우리공원 연보비가 가운데 사색의 길을 벗어나 세워진 유일한 인물

은 경아 서광조이다.

사색의 길 일방통행을 걷다가 간이화장실을 지나 현포 이병홍 묘지를 지나 좌측으로 오르면 사색의 길을 한 바퀴 도는 순환로이다. 그 길을 버리고 용마산 쪽 서울둘레길을 300미터 정도 걸으면 좌측 남촌 산신제단 터와 우측 김병진 독립지사 묘역 안내판이 서 있다. 앞으로 계속 200미터 정도 걸으면 좌측에 연보비가 나온다. 연보비 주인은 바로 경아 서광조 독립지사이다. 서광조 유택은 연보비를 좌측에 두고 90미터 정도 오르면 찾을 수 있다. 묘역은 관리가 잘되어 있다. 남서쪽을 바라보며 날씨가 쾌청하면 한양대와 남산을 볼 수 있다. 묘비는 단비지만 디자인이 단아하다. 노을이 번지면 독립지사의 나라사랑 정신이 붉게 빛나 답사의 분위기가 살아난다. 위로 50미터 정도 오르면 구리둘레길 주능선을 걸을 수 있다.

부인 묘에 이장하여 본인 묘비가 없는 국민당 재정부장.
다물단. 애국지사

춘파 서동일

春波 徐東日, 1893~1965

서동일 연보비

1893년 12월 25일에 경북 경산시 자인면 서부리 23번지에서 태어나, 1965년 4월 26일 별세했다. 일제강점기 독립군으로 호는 춘파이다. 1923년 1월 중국 북경으로 망명하여 남형우·배천택 등이 국권 회복을 위하여 군대를 양성하고 무력으로 독립을 쟁취하기 위해 국민당 뒤에 다물단을 조직하자 이에 가입하여 재정부장에 취임하였다.

1924년 1월 국민당으로부터 군자금 모집 밀명을 받고 귀국하여 경북 대구 일대에서 군자금 1,300여 원을 모집하여 같은 해 2월경 북경에 전달하고, 1925년 1월에 재차 남형우의 명을 받고 귀국하여 군자금 모집을 전개하였으며 같은 해 4월 무언실행(無言實行)을 행동지침으로 일제 앞잡이를 처단하는 다물단이 조직되자 이에 가입하고, 국내에 파견되어 3회에 걸쳐 군자금 모집 활동을 계속하다가 일경에 붙잡혔다.

그는 1926년 3월 31일 대구지방법원에서 소위 제령 제7호 위반 및 공갈죄 등으로 징역 3년형을 언도받고 옥고를 치렀다. 그 후 1919년에서 1922년까지 제주도에 거주제한 조치를 받고 곤궁하게 지내다가 8.15해방 후 고향으로 돌아왔으며 1965년 4월 26일 서거했다.

정부에서는 고인의 공훈을 기리어 1990년에 건국훈장 애족장을 추서하였다.

서동일 독립지사는 서거한 지 약 30년 뒤인 1995년 7월 14일에서야 이장되어 망우리공원에 부인 최옥경 여사와 합장(묘지번호 107266)되었다. 묘비, 十최옥경(1891~1950). 2017년에 묘역이 국가등록문화재 제691-6호로 등록되었다.

망우리공원 사색의 길 일방통행길의 시인 박인환 연보비에서 300미터 걸으면 왼쪽에 있는 서동일 연보비를 볼 수 있다. 핏방울 모양의 연보비 앞면의 내용이다. "서동일 선생(1893~1966, 독립운동가). 다물(多勿)이란 옛땅을 회복한다는 뜻으로 용감(勇敢), 전진(前進), 쾌단(快斷) 등의 뜻과 함께 불언실행(不言實行)을 의미한다. 「다물단」의 의미."

묘역은 오재영 연보비 전 오른쪽 오솔길을 따라 450미터 떨어져 있다.

망우리공원 독립지사 묘역 중 사색의 길에서 출발하여 참배하기 쉽지 않고 연보비에서 유택까지가 미로 찾기보다 어렵다. 막상 묘역 앞에 서면 당혹스럽다. 부끄러워 고개를 들 수 없다. 친일 친미 집안은 적어도 3대가 부귀영화를 누리고, 항왜 항미 독립운동가 집안은 3대가 거지노릇한다. 친일과 항일의 간극을 되새기는 독립지사 서동일 묘지의 상태였다. 본인 이름 묘비명을 갖지 못한 채 부인 품 안에서 25년이 흘렀다. 봉분은 헐벗고 시멘트로 제작한 조그마한 상석과 최옥경 묘비도 짠하게 서 있다.

우백호 삼형제 바위를 감싸고 서 있는 벚나무는 병이 걸려 혹부리가 주렁주렁 매달려 눈길을 주기 어렵다. 풍찬노숙 떨어져 지낸 세월을 꼭 붙드는 듯 수구막을 굳건하게 지키는 왕버들나무와 은사시나무가 연리지로 위로하며 포효하고 있어 다행으로 생각한다. 연리지는 세 번이나 단단하게 한 몸을 이뤄 천(天)·지(地)·인(人) 조화인지 쉽게 보지 못하는 보기 드문 풍정이다. 살아생전 못다 한 정을 연리지와 삼형제 바위와 벚나무가 꼭 끌어안고 막아서 철따라 꽃들이 피고 진다.

국무총리의 조화를 바치는 마음과 서울시장의 각별한 관심과 중랑구청장 공약의 실현으로 봉분 앞 꽃병에 꽂은 붉은 조화처럼, 중랑구청 '영원한 기억 봉사단'과 청소년들의 나라사랑 활동으로 정체성 확립의 교육장으로 사계절 변함없길 기도한다.

《동아일보》사장.
한국민주당 수석총무

고하 송진우

古下 宋鎭禹, 1890~1945

송진우 수형 사진

고하 송진우는 1890년 전라남도 담양에서 송훈의 넷째 아들로 태어나 1945년 12월 30일 암살당했다. 본관은 신평(新平) 어릴 적 이름은 옥윤이다. 메이지대학을 졸업하고, 귀환한 후 중앙중학교의 교장으로서 학생들에게 민족의식을 불어넣었다. 동아일보사가 주식회사로 개편되자 사장에 취임, 이후 30여 년간 동아일보를 이끌었다.

4세 때부터 한문공부를 시작하였으며, 뒤에는 의병장이었던 기삼연에게서 수학하였다. 1904년 15세 때 정읍의 유씨와 혼인하였고, 2년 뒤에 담양 창평의 영학숙에 들어가 신학문을 배우기 시작하였는데, 이때 김성수를 알게 되었다. 1907년 장성 백양사의 말사인 청류암에서 공부를 하던 중 일본 유학을 결심하고 일본 동경으로 건너가 세이소쿠영어학교와 긴조중학교를 거쳐 1910년에 와세다대학에 입학하였으나 경술국치에 충격을 받고 귀국하였다. 이듬해 다시 동경으로 건너가 메이지대학 법과에 입학하였으며, 이 무렵 유학생 동우회를 조직하고 총무일을 맡아 보았다. 당시 김병로 등과 함께 유학생회의 기관지인《학지광》을 펴냈다. 1915년 이 대학 법과를 졸업했다. 1915년에 김성수를 도와 당시 경영난에 빠져 있던 중앙학교를 인수하여 학감이 되었다가 김성수의 뒤를 이어 1918년 3월에 교장으로 취임하였다.

1919년 1월 동경 유학생 송계백이 2.8독립선언 준비차 귀국하여 송진우를 만난 것을 계기로 송진우, 현상윤, 최린, 최남선 등이 빈번히 회합을 열고 초기의 3.1운동을 기획하기 시작했으며 송진우는 천도교 측과 기독교 측의 연합을 주선하는 일을 담당하였다.

3.1운동이 일어난 후 이 운동을 초기에 기획한 48인의 하나로 지목되어 일제 경찰에 붙잡혀 서대문감옥에 구금되었다. 1920년 10월 30일 경성복심법원에서 무죄선고를 받았으나 실질적으로 1년 6개월간의 옥고를 겪었다.

1921년 9월 14일 동아일보가 주식회사 동아일보로 개편되자 제3대 사장에 취임하였다.

1922년 11월 이상재를 대표로 하고 지도급 인사 47명이 조선민립대학 기성회를 발기할 때 발기인으로 참가하여 중앙집행위원으로 선출되어 활동하였다. 1924년 4월 친일파 박춘금의 권총협박사건으로 동아일보 사장을 사임하고, 1924년 동아일보사 고문, 1925년에는 동아일보 주필로 취임하여 언론 활동을 하였다. 1925년 9월 일제 총독부가《개벽》잡지를 발행정지 시키자 한기악·민태원 등과 함께 일제의 언론탄압을 비판하고 교섭하여 발행정지의 해제를 얻는 데 성공하였다. 또한《신천지》와《신생활》의 필화사건이 일어나자 박승빈 등과 함께 언론자유의 옹호를 위하여 노력하였다. 1926년 3월에 국제농민회 본부로부터 조선농민에게 전하는 글을《동아일보》3월 5일자에 게재했다가《동아일보》가 제2차 무기정간을 당함과 동시에《동아일보》주필 겸 편집국장이던 그와 편집 겸 발행인 김철중이 일제 검찰에 구속 기소되어 1926년 3월 24일 경성지방법원에서 그는 징역 6

월형, 김철중은 징역 4월형을 언도 받고 옥고를 치렀다. 1927년 10월 제6대 《동아일보》사장에 취임했으나, 1936년 8월 베를린 올림픽대회의 마라톤에서 우승한 손기정 선수 '일장기 말소사건'이 문제가 되자 《동아일보》는 제4차 무기정간을 당하고 그도 사장을 사임하였다.

1945년 8.15광복 후에는 한국민주당을 조직하여 수석총무로서 활동하다가 1945년 12월 30일 종로구 원서동 74번지 자택에서 상오 한현우 등 6명의 습격으로 암살당하였다.

정부에서는 1963년에 3월 1일 건국훈장 독립장을 추서하였다. 망우리공동묘지에 묻혔다. 1966년 11월 11일 강서구 신정동 43-2번지 지향산 기슭에 이장하였다. 1988년 5월 3일, 서울 국립서울현충원 애국지사 묘역 198 구역에 안장되었다.

의열단 최초 무장 독립투쟁,
부산경찰서 박재혁 의거의 숨은 조력자

준영 오재영
晙泳 吳哉泳, 1897~1948

준영은 1897년 5월 24일 부산 사상구 주례동에서 한약방을 운영하던 아버지 오직선과 어머니 김순임의 독자로 태어났다. 본적은 부산 좌천동 573번지로 준영이 1913년 6월 1일 결혼하여 살았던 신혼집이다. 이명은 오택(吳澤)과 오재영(吳載泳)이다.

1919년 3월 만세운동 당시 오재영(오택)은 서울에서 김인태, 김상옥, 강낙원 등과 활동하고, 그 후 상해 임정의 연통제 활동을 하였다. 1920년 9월

오재영 유택
이낙연 국무총리 조화

13일 의열단원인 박재혁이 상해에서 일본 장기(長崎)를 거쳐 부산에 입항하여 자기 집에서 하루를 묵고, 다음날 중국서적상으로 가장하고 고서를 수집하기 좋아하는 부산경찰서장을 방문하여 폭탄을 투척, 하시모토 서장이 중상을 당한 의열단 최초의 무장 독립투쟁 거사가 일어났다. 이때 오재영은 박재혁이 국외에서 숨겨 가지고 온 폭탄 한 개를 맡아두었다가, 1920년 9월 14일 거사를 결행하는 박재혁에게 내주는 등 박재혁의 의거를 돕다가 공동 혐의자로 지목되어 최천택, 김영주 등과 일경에 붙잡혔다. 사형선고를 받은 박재혁 의사는 낟알 끊기 아흐레 만에 숨을 거두었다. "왜놈 관리에게 죽임을 당하는 것은 나의 본의가 아니다"는 생각에서였다.

오택은 1921년 8월 3일 대구복심법원에서 소위 제령 7호 위반으로 징역 1년형을 언도받고 대구형무소에서 옥고를 치렀다. 오택은 박재혁의 삶을 가장 많이 기록한 친구이다. 오택이 없었다면 박재혁의 삶은 9할이 여백이었다. 그의 기록도 박재혁의 죽음 이후 몇 줄로 정리되었다. 그만큼 그의 삶에 박재혁은 큰 비중을 차지했다. 복심 재판을 청구하여 대구 감옥으로 이감한 것도 오택이 수감 중인 박재혁을 만나기 위한 것이었다.

오택은 1922년 6월 23일 출옥 후 서울의 불교학원에 입학하였다. 1923년 1월 평양 을밀대에서 김상옥 사건 혐의로 체포되어 경성 종로경찰서에 구속되어 모진 고문을 당했다. 그 후 부산에 내려와 주례동으로 이주하였다. 3월 1일 오택은 두 자녀를 데리고 박재혁 의사를 참배하고 사진을 남겼다.

1924년 《시대일보》 부산지국을 경영하면서 상애회와 보천교 타도 운동을 하였다. 상애회는 일제 지배층의 조선인 노동자 예속 압박정책의 철저한 주구로서 노동자를 학대한 폭력·착취 기관이었다. 1925년에는 《조선일보》 부산지국을 경영하였고 낙동강 수해를 구제하고 11월에는 라디오로 경남북을 순회하였다. 1926년 소작 개선 동정개선 계몽운동을, 1927년 신간회 부산지회가 창립되자 선전부·조사연구부·서무부의 부원과 간사로 활발하게 활동하였다. 1928년《조선일보》지국 경영 및 신간회 상무에 취임하는 등의 활동을 하였다. 1929년부터 부산 대창동에 일본으로 가려는 노동동포를 위하여 대중 숙박소를 설치하고 여비 없는 자에게 주식을 대접했다. 1931년 서울로 이사하여 생활하였다. 1932년《중앙일보》광주지국장과 목포지국장을 지낸 듯하다. 1941년 경기도 경찰부에 구속당했다.

1945년 9월 초 해방을 맞이하자 다양한 정당들이 출현하여 이를 통합하기 위한 정당통일기성회를 조직하고,《독립신문》을 창간하였으나, 재정난으로 이듬해 2월 11일 종간호를 내고 대한민국 임시 정부 측에 양도하였다. 중경 임정에서 발행되던《독립신문》을 1946년 12월 27일 다시 국내에서 속간하였다. 창간호에는 김구와 이시영, 조소앙의 창간 축하 친필을 게재하고 창간사에서 "독립을 방해하는 일체의 반동과 싸울 것이며 독립을 위해 싸우는 동지의 입과 귀가 되겠다"라고 하였다.

1946년 2월 부산으로 내려와 3월 1일 박재혁 의사 추모회를 개최하고 김원봉을 제주로 하여 행사를 하고 "박재혁의사지묘" 목비를 세웠다. 1946년 경상북도회 모임인 영우회를 조직하고 조사부장이 되고, 재단법인 고계학원(현 장충고)의 이사가 되는 등 활발한 대외 활동을 하였다. 1948년 부산지역 최진택, 유유진과 함께 정공단 경내에 박재혁 비를 세우는 등 친구이자 동지인 박재혁의 항일 정신을 기리는 사업을 추진하였다. 1948년 8월 22일 52세의 나이로 사망하였다. 1949년 8월 10일 망우리에 묻혔다. 묘역(묘지번호 103570)은 국가등록문화재 제691-7호이다.

정부에서는 1990년에 건국훈장 애족장(1983년 대통령표창)을 추서하였다.

오택의 장녀 오명자(1915~1998)가 10대에 상해로 가서 특파원 기자로 활동 중인 박거영과 연애 결혼을 하였다. 오택의 사위이자 오명자의 남편인 박거영(1916~1995)은 중국 상해국민대학을 졸업하고, 『삼천리』, 『대동아』상해 특파원을 지내는 등 언론계에 투신하고 기자이자 시인으로《대한일보》

를 발행하였다. 오명자는 임시정부 아나운서와 번역 사무 일을 하였는데 러시아, 중국, 일본, 한국 문서들을 번역하여 각종 정보를 임시정부에 제공하였다고 한다.

오재영 연보비 앞면. 오재영 선생(1897~1948, 독립운동가). 강도 일본의 통치를 타도하고 우리 생활에 불합리한 일제 제도를 개조하여 인류로써 인류를 압박치 못하며 사회로써 사회를 박삭(剝削)치 못하는 이상적 조선을 건설할지니라. 「의열단 선언」 중에서

오재영(오택), 김영주, 최천택, 박재혁은 범일동 정공단 죽마고우 의형제와 부산공립상업학교 학우로 1913년 구세단을 결성하고, 민족의식을 고취하는 단보를 발행하여 부산과 경상남도 일대에 배포하였다. 이러한 구세단의 활동으로 일찌감치 일제의 요시찰 대상 인물이 되었다. 1924년 오택, 김영주, 최천택 등과 함께 《시대일보》 기자로 부산기자단을 결성하였다. 1929년 부산신간지회 임원으로 최천택은 지회장으로 오택은 간사로 선임됐다. 의열단 최초 무장투쟁 의거를 일으킨 인물들이 나고 자란 부산시 동구청에서 생가 주변 거리를 '박재혁거리'로 명명하고 의열운동의 교육현장으로 활용할 계획을 세우고 진행 중이다.

3.1혁명 서울 만세운동에 참여하고 1921년 상해 임정과 연관하여 통도사 스님 출신인 박민오와 제2독립 만세운동을 하려다가 검거되어 복역한 오재영의 유택은 망우약천 약수터 체육시설 왼쪽 아래에 있다. 약수터에 중랑구 주민이 꾸준히 찾아들고, 봄이면 꽃샘추위에도 개나리꽃이 만발하여 독립운동가의 맵고 짠 삶을 환하게 피어낸다. 남동쪽 15시 방향 50여 미터 지점에 화가 이중섭 유택이 자리하고 있다.

참고로 항일결사 무장투쟁의 기치를 내건 의열단이 암살할 사람으로

못 박은 칠가살(七可殺)을 소개한다. 조선총독 이하 고관·군부 수뇌·대만총독·매국적·친일파 거두·적의 밀정·반민족적 토호열신이다. 다음은 부숴버릴 곳이다. 조선총독부·동양척식주식회사·매일신보사·각 경찰서·기타 왜적 주요기관이다.

열사의 고혼(孤魂).
이태원묘지무연합장분묘 및 합장비

유관순
柳寬順, 1902~1920

지금도 망우리공원을 공동묘지로 생각하는 사람이 많다. 망우리, 왠지 으스스하고 음산한 분위기로 밝고 환한 마음으로 다가가기 쉽지 않다. 그러나 그곳에 묻힌 유명인사를 알고 나면, 왜 그런 분이 공동묘지에 유택이 있지? 하고 의문과 관심을 갖는다.

대한민국 헌법 전문에 "유구한 역사와 전통에 빛나는 대한민국은 3.1운동으로 건립된 대한민국임시정부의 법통과……"라고 명시되어 있다. 3.1혁명하면 유관순 열사가 상징적 인물이다. 유관순 열사는 기독교 집안으로 부모님, 숙부, 이웃 아저씨들이 국채보상운동과 교육구국운동 등 항일민족운

유관순 열사 수형 사진과 카드

동을 하였다. 그 영향으로 의롭고 심지가 곧은 성격으로 당시 168센티미터 (5척 6촌)로 대단히 큰 키였다. 인물도 훤칠하며 씩씩하고 활달하며 뚝심도 남달랐다. 이화여자고등학교 발행 『이화백년사』에 따르면 유관순은 1916년 보통과에 교비생(장학생)으로 편입하였다. '유관순 열사 어록'에 "나는 학교에서 청소를 해서라도 도움을 받은 것을 갚겠다"는 말을 싣고 있다. 정동교회 손정도와 이필주 목사의 영향을 깊게 받았다.

유관순은 아우내 독립만세 시위를 주도했고, 일본군 헌병에 체포되어 병천 헌병주재소, 천안헌병대, 공주검사국 및 형무소를 거쳐 서대문형무소에 투옥되었다. 유관순은 1920년 9월 28일 오전 8시 20분 서대문감옥에서 일제에 의해 갖은 고문을 겪고 그 후유증으로 순국하였다. 10월 12일 이화학당에서 유해를 인수하여 수의를 입혔다. 10월 14일 정동교회에서 김종우 목사 주례로 장례식을 거행하고 일제 경찰의 삼엄한 경계 속에 이태원공동묘지에 묻혔다. 2019년 건국훈장 대한민국장(1962년 건국훈장 독립장)을 추서하였다. 국립서울현충원 무후선열제단(위패) 054에 봉안되어 있다.

이태원공동묘지가 일제의 군용지와 주택지 개발로, 3대 9명의 독립유공자 가족들이 삶에 쫓겨 관심을 두지 못하는 사이, 유관순 열사의 묘지가 무연고 묘로 소실되어(1935년에 추진하여 1936년 4월에 이장이 끝남) 이곳 망우리공원 이태원묘지무연분묘합장묘(묘비는 소화 11년, 1936년 12월) 안에 유골이 있을 것으로 추정한다. 망우리공원 관리사무소에서 추석과 설 명절에 이태원묘지무연분묘합장비와 경서노고산천골취장비 앞에서 위령제를 지내고 있다.

기미독립선언 민족대표 33인 중 오세창, 한용운, 박희도 3분과 새로 파악한 나용환, 박동완, 이종일, 홍병기 4분을 포함 총 7분이 망우리공원에 묻혔다. 그 외 방정환, 문일평, 조봉암, 유상규, 김영랑, 문명훤, 이병홍, 강학린, 김병진, 채동선 등이 3.1만세운동에 참가했다.

올해는 망우리공원 사무소 자리에 '중랑망우공간'을 건립할 계획이다. 독립운동과 문화 예술에 관련된 인물들의 관련 영상 자료 및 책자 등을 수집하여 전문도서관이 되길 희망한다. 문화관을 이용하여 선인들의 정신과 활동을 종합적으로 기리고 입체적으로 이어받길 바란다. 사색의 길과 사잇길을 걷는 모든 이가 스스로 깨달아 실천하는 능동적인 인간으로 성장하는 디딤돌의 시공간이길 빌어본다.

망우리공원 이태원분묘무연고 2만 8,000여 명의 유해와 함께 이장되었으리라 추정하고 2018년 9월 유관순유족회, 기념사업회, 이화여고동창회 등 관련 단체에서 '유관순 열사 분묘합장 표지비'를 세웠다. 2020년 9월 28일 순국 100주년이었다. 중랑구에서 이태원묘지무연분묘합장묘역을 새롭게 단장하여 코로나19 팬데믹 상황에서도 엄숙한 추모식을 거행했다.

독립운동 명가인 유관순 가(家) 사람들의 독립운동 활약을 소개하면 다음과 같다.

유윤기(1845~1919). 유관순의 할아버지. 지령리교회의 첫 교인으로 장남 유중권 내외가 일본군에게 학살된 것과 차남 유중무, 손자 유우석과 손녀 유관순이 투옥되는 아픔을 겪고, 두 달 보름 후에 별세하였다.

유관순 열사 서거 100주년
이태원무연분묘합장묘와 묘비
재단장(2020.9.28.)

유빈기(1883~1927). 유관순의 7촌 할아버지(재종조)이자 유윤기의 사촌 동생. 지령리교회를 설립하였고, 공주읍 3.1운동에 참여하였다가 체포됐다.

유중권(1863~1919). 유관순의 아버지. 아내 이소제와 함께 1919년 4월 1일 병천 아우내 독립만세운동을 전개하던 중 머리와 옆구리에 중상을 입고 지령리 집으로 옮겨졌으나 다음 날 별세하였다. 1919년 건국훈장 애국장(1963년 대통령표창)을 추서하였다.

이소제(1875~1919). 유관순의 어머니, 4월 1일 당일 병천 아우내 독립만세운동 중 일본군 헌병에게 학살되었다.

유우석(1899~1968). 유관순의 오빠. 4월 1일 공주읍 독립만세 시위에 참여하였다가 일본군의 총검에 자상을 당한 채 체포되어 공주형무소에 투옥되었고, 독립운동에 일생을 바쳤다.

유중무(1875~1956). 유관순의 숙부. 지령리교회 최초 교인으로 전도사와 교사가 되어 복음을 전하면서 학생들을 교육하였다. 1919년 4월 1일 아우내 독립만세운동으로 체포되어 천안헌병대와 공주형무소를 거쳐 서대문형무소에 투옥되었으며 출옥 후에도 끝까지 지령리교회를 지켰다. 1990년 건국훈장 애족장(1977년 대통령표창)을 서훈하였다.

유예도(1896~1989). 유관순의 사촌언니, 4월 1일 병천 아우내 독립만세운동을 주도하다가 도피하여 홍성에서 은둔생활을 하였다. 1990년 건국훈장 애족장(1977년 대통령표창)을 서훈하였다.

노마리아(1898~1982). 유관순의 사촌 올케, 남편 유경석이 유관순과 유예도를 도피시키고 있는 동안 유중권을 간호했고, 늙고 병든 할아버지 유윤기, 어린 아들 유제경과 함께 집을 지키면서 일본 헌병의 온갖 횡포를 감수해야 했다.

유제경(1917~2012). 유관순의 5촌 조카이자 유중무의 장손. 1919년 4월 1일 이후 어머니 노마리아와 함께 지령리 집에 있었다. 초등학교 교사로 시무하던 중 1941년 7월 체포되어 고등법원에서 신사참배 반대와 소위 불경죄로 3년 징역형을 선고받고 투옥되었다가 중국 해남도에서 노역으로 형기를 마쳤다. 1990년 건국훈장 애족장(1983년 대통령표창)을 서훈했다.

"삼월 하늘 가만히 우러러 보면 / 유관순 누나를 생각합니다 / 옥 속에 갇혀서도 만세 부르다 / 푸른 하늘 그리며 숨이 졌대요."

여학생들이 고무줄놀이하면서 부르는 이 〈유관순 노래〉 노랫말을 지은 분은 강소천 아동문학가이다. 강소천 유택은 망우리고개를 사이에 두고, 이태원묘지무연분묘 및 합장비와 마주하고 있다.

유관순 열사의 유해를 찾지 못해 망우리공원 이태원묘지무연고분묘합장비에 함께 있으리라고 추정하여 추모의 열기가 뜨겁다. 이렇게나마 추모하는 분위기도 독립운동에 힘쓴 순국선열들께 조금이나마 위로와 격려가 되었으면 하는 바람으로 답사하고 '망우인문학'의 중심으로 자리를 잡도록 힘을 보태겠다.

한편으로 '유관순 영웅화'에 대한 성찰의 계기도 함께하길 바란다. 유관순은 3.1혁명의 상징이며 '한국의 잔 다르크'로 내세우는 인물이다. 그런데 유관순은 정작 3.1혁명 당시와 해방 직후에도 알려지지 않은 인물이었다. 그녀의 존재가 세상에 널리 알려지기 시작한 것은 미군정하 국정교과서에 수록하며 몇몇 친일 인사와 이화여대 및 기독교의 주도로 기념사업이 추진되면서부터였다. 일제에 의해 토막 살해당했다는 등의 '유관순 신화'도 영화를 촬영하며 만든 이야기이다. 3.1혁명 시위 현장에서 순국한 분이 7,500여 명이다. 유관순의 부모님도 시위하다 순국했다. 유관순은 1년 후 옥사하였다. 옥사한 유관순에 대한 대한민국장 서훈도 '유관순 영웅' 만들기 일환으로, 오히려 역사적 평가 작업을 가로막고 있다.

천도교 월보과장. 보성 인쇄주식회사 사장.
기미독립선언서 인쇄 배포. 민족대표 33인

옥파 이종일

沃坡 李鍾一, 1858~1925

옥파 이종일은 민족대표 33인 중 한 사람으로 1858년 충청남도 태안군 원북면 반계리 닻개마을 출신이다. 호는 옥파·묵암, 도호는 천연자, 필명으로 중고산인 또는 중헌을 사용하였다. 49세이던 1906년 천도교에 입교한 천도교인이다. 1898년(광무 2년) 최초의 한글 신문인 《제국신문》을 창간하였으며, 대한황성신문 사장에 피임되었으나, 고종황제의 탄신일(7월 25일) 경축기사에 성수만세(聖壽萬歲)가 성수망세(聖壽亡歲)로 오기되어 불경죄로 투옥되었으나 중상모략으로 판명되어 석방되었다.

이종일 수형 사진 및
주요 감시대상 인물카드

1906년(광무 10년) 천도교에 입교하여, 천도교 월보과장과 보성 인쇄주식회사 사장직을 맡았다. 독립운동의 기운이 감돌던 1919년 2월, 오세창으로부터 독립운동에 관한 계획을 듣고 자신도 이 계획에 참여하여 민족대표로 서명하기로 결심하였다. 2월 27일 그가 사장으로 있던 수송동의 천도교 인쇄소인 보성사에서 공장 감독 김홍규에게 명하여, 최남선이 경영하던 신문관의 직공이 짜서 최린의 집에 보관 중이던 독립선언서 활자판을 가져오게 하여 이를 인쇄하도록 하였다. 이에 김홍규는 인쇄직공 신영구에게 인쇄하도록 하여 그날 밤 11시까지 2만 1,000매를 인쇄하여 이튿날 그에게 건네주었다. 그는 독립선언서 중에서 2,000매를 28일 보성사 간사인 인종익에게 주어, 그중 1,500매는 전주 천도교구에 보내고, 나머지는 충주로 보내어 밤중에 살포하도록 하였다. 또한 독립선언의 취지를 국내에 보도하고, 조선인에 의한 계속적인 독립운동의 전개를 위한 독립운동 사상을 고취시키기 위하여 천도교 대도주 박인호, 보성법률상업전문학교장 윤익선과 《독립신문》을 발간하기로 협의하였다. 이에 송현동에 있는 천도교 중앙총부에서 손병희와 함께 민족대표로 서명한 독립선언서 전말을 기재하고, 독립사상을 고취시키기 위한 원고를 작성하여 윤익선의 명의로 발간하기로 했다. 또 3월 1일 자신이 경영하는 보성사에서 김홍규로 하여금 《독립신문》을 인쇄케 하여 임준식에게 배포하도록 하였다. 이날 오후 2시 인사동 태화관에 손병희 등과 민족대표로 참석하여 자신이 인쇄한 독립선언서 약 100매를 탁상에 놓고, 이 자리에 모인 민족대표에게 회람케 한 후, 함께 만세삼창을 외친 뒤, 출동한 일본경찰에 체포되었으며, 1920년 경성복심법원에서 보안법과 출판법 위반 혐의로 징역 3년형을 선고받고, 서대문형무소에서 옥고를 치렀다.

　　3.1혁명 발발 3주년인 1922년 3월 1일 보성사 직원들과 함께 거리에 나가 제2독립선언식을 거행하고자 하였다. 이때 낭독할 「한국독립미사」이

른바 「자주독립선언문」을 직접 기초하였다. 한문으로 작성한 초고는 번역하여 보성사에서 김홍규로 하여금 인쇄하도록 하였다. 그러나 선언서가 인쇄되는 도중 일제에 발각되어 압수당함으로써 실패에 그치고 말았다.

말년은 매우 불우하였다. 셋방에서 먹을 끼니조차 없이 지내다가 결국 영양실조로 1925년 8월 31일 68세를 일기로 서거하였다. 더구나 양자마저 옥고를 치르는 동안 병으로 사망하였고, 재산을 거의 남기지 않아 친지와 동지들의 주선으로 겨우 장례를 치를 수 있었다. 장지는 망우리공동묘지였다. 1966년 서울 동작동 국립서울현충원 애국지사묘역 하단 15에 안장됐다. 3.1만세운동 참여 및 조선국문연구회 회장을 지내고 한글 맞춤법 연구에 크게 이바지한 공로로 1962년 대한민국 정부에서 건국훈장 대통령장을 추서하였다. 1987년 충남 태안 고향에 '옥파이종일기념관'이 건립되었다. 1995년 3월 이달의 독립운동가로 선정되었다.

"오늘에 이르러 봉건의식을 벗어나 '신촌정신'을 특별히 강조하는 뜻은 먼저 '정신을 개조'하고 그다음에 물질의 풍요가 뒤따라야 되기 때문이다."(1898년 옥파 이종일 선생의 비망록 중에서)

신민회 평북 지회 활동. 105인 사건.
3.1혁명 독립운동가

월파 이태건

月波 李泰建, 1885~1958

이태건은 평북 선천군 선천면 창동에서 1885년 11월 1일 태어나 1958년 5월 13일 서울에서 서거했다.

1907년 4월 양기탁 안창호 이회영 등을 중심으로 국권회복을 위한 비밀결사로서 신민회가 창립되자 이에 가입하여 평안북도 지회에서 활동하였다.

일제가 신민회의 무관학교 설립과 독립군 기지 창건 운동을 저지하고 신민회를 해체 시킬 목적으로 소위 '사내총독암살음모사건'이란 것을 조작하여 1911년 9월 신민회 회원 800여 명을 전국에서 일제히 검거할 때 이태

이태건 독립운동가 훈장증

건도 검거되어 1912년 9월 28일 경성지방법원에서 징역 6년을 언도받았다. 1913년 3월 20일 공소심에서 무죄를 선고받았으나 실질적으로 2년의 옥고를 치렀고 잔혹한 고문을 받았다. 그 후에도 기회 있는 대로 이태건은 독립운동을 지원하였다.

정부에서는 고인의 공훈을 기리어 1990년에 건국훈장 애족장(1977년 대통령표창)을 추서하였다. 1994년 10월 21일 국립대전현충원 독립유공자 2-255에 이장 안장되었다.

2021년 4월 25일 한국내셔널트러스트 망우리공원 전수조사 4일차 이태건 독립지사의 이장지를 찾았다. 위치는 망우산 제1보루 서울 쪽 50미터 아래였다. 묘비와 망주석은 그대로 남아 있다. 묘비 뒷면 묘갈명을 한글로 소개하면 다음과 같다. 묘비에 새긴 글자를 쉽게 읽을 수 없다. 추정컨대 다른 분의 묘비를 재사용하여서 그렇지 않은지 의심스럽다.

"여기 월파 선생 이태건공은 한말의 풍운이 격동하던 서기 1885년 11월에 평북 위원에서 고 이창규 선생의 3남으로 출생하시었다. 선생의 유소년 시절에는 향리에서 한학을 수업하시고 20세에 선천사범학교를 졸업하시었다. 대한제국의 국운이 기우러지매 선생은 조국의 독립을 위하야 신명을 바치기로 결심하고 105인 동지들과 같이 일제에 항쟁하다가 피체하여 3년간 영어의 고난을 겪으시고 출옥 후에도 선생의 백절불굴하는 애국 열성은 의주 청년단장의 3.1운동의 청년 인재를 규합하다가 재차 일제 관헌에 발각되어 신의주형무소 옥중 생활을 계속하시었다 그 후 선생은 일제의 혹독한 탄압 아래 선천에서 시대일보와 조선일보의 지국장으로 또는 기독교 언론과 종교 양 방면으로 투쟁을 계속하시었다. 선생은 일제 말 북경으로 피신하셨다가 해방된 조국에 다시 돌아와 대동신문과 서울신문에 집필하시면서 조국의 재건을 위하여 노력하시다가 일제시대의 고문으로 말미암은 유병이 재발하여 서기 1958년 5월 12일 향년 74세를 일기로 서기하시었다.

슬하에는 다복한 5남 3녀가 있으며 그들은 국가와 교회의 발전을 위하여 활약하고 있다."

독립지사 이태건 이장지에는 묘비와 망주석은 그대로 서 있다. 서울둘레길 2코스 면목동 남촌 응달말 산신제단 터에서 망우산제1보루를 향해 오르다 7부 능선 우측 장준하 선생의 부모, 조부모가 잠들어 있는 가족묘지를 만났다. 장준하 선생 가족묘지에서 남동쪽 100미터 능선 쪽 숲속에서 이태건 독립지사 이장지를 찾을 수 있다.

독립운동 '5대 항일가문'의 의병장,
13도창의군탑

왕산 허위

旺山 許蔿, 1854~1908

구한말 고관대작(대법원장) 출신으로는 유일하게 의병을 일으킨 왕산 허위의 외손녀인 최나딸리야, 전따마라와 그들의 친구인 김나딸리야 세 분이 러시아에서 한국을 방문하여, 2018년 8월 15일 광복절에 13도창의군탑을 찾아 헌화했다. 그 장면을 한국내셔널트러스트가 주최하고 교보생명이 후원하는 청소년 퀴즈 프로그램 '도전 러닝맨'을 한여름 날씨가 무더워 게이트볼 돔 경기장에서 진행하며 목격하였다. 행사를 잠시 멈추고 외손녀 일행을 학생들 앞에 모시어 뜨거운 박수로 환영했다. 외손녀는 한국말을 못하여 미

13도창의군탑

안하다는 말을 겨우 이어가며 싶은 마음을 전했다. 한국에서 만주로 이주하고, 또 연해주로, 또다시 1937년 스탈린에 의해 강제로 중앙아시아 카자흐스탄, 우즈베키스탄 등으로 가족이 분산 강제 이주되는 과정을 이야기하면서 눈시울을 훔쳤다.

1907년 대한제국 군대 해산을 계기로 전국 각지에서 의병이 일어났다. 대표적인 독립운동 '5대 항일가문'의 의병장 왕산 허위 선생이 주도하여 국권을 빼앗긴 힘없는 나라를 구하고, 외세에 억압받는 백성을 위하며 자주독립 국가를 후대에게 물려주기 위하여, 1907년 11월 13도창의대진소를 설치했다. 이인영 총대장은 부친상을 당해 충보다는 효를 우선하겠다고 고향 문경으로 떠났다. 군사장에 허위를 추대해 1907년 12월 양주에서 결성된 48진 1만 여 의병군은 1908년 1월 양주군 수택리에 총집결하여 빼앗긴 국권을 회복하기 위해 선발대 300여 명이 서울로 진격했다. 일본군에게 발각되어 혈전을 벌였으나 중과부적으로 퇴진했다.

왕산 허위는 연천 일대에서 제2서울진공작전을 준비하던 중 1908년 6월 11일 양평 유동리에서 40여 명의 일본 헌병에게 체포되었다. 서대문형무소 제1호 사형수로 1908년 10월 21일 교수형을 앞두고 왜승이 명복을 빌려 하자 "충의의 귀신은 스스로 마땅히 하늘로 올라갈 것이요, 혹 지옥에 떨어진다 하더라도 어찌 너희들의 도움을 받아서 복을 얻으랴"라며 일갈하고 순국했다. 1962년 정부는 건국훈장 대한민국장을 서훈했다. 서울시는 선생의 업적을 기려 청량리에서 신설동로터리를 거쳐 동대문에 이르는 도로를 '왕산로'라고 명명했다.

13도창의군탑은 서울특별시 중랑구 망우본동에 소재한 기념탑으로 13도창의군 군사장 허위가 이끄는 선발대가 서울로 진격해 일본군과 혈전을 벌인 곳에 세워진 기념탑이다. 비록 서울 진격은 못했으나, 항일의병의 정신을 기리기 위해 1991년 7월 31일 동아일보사에서 13도창의군 기념탑을 망우리공원 입구 저류조 위 다목적 운동장에 건립했다. 13도창의군탑을 세운 현대추상 조각의 선구자 김종영의 종택(경남 창원 소답리)이 이원수의 〈고향의 봄〉 꽃대궐의 배경이다.

조선 숙종 때 실학자 이중환의 택리지에 "조선 인재의 반은 영남에서 나오고, 영남 인재의 반은 선산에서 나온다"고 쓸 정도로 선산(구미)에서는 유명인사들이 태어났다. 선산의 3대 인물은 야은 길재, 왕산 허위, 중산 박정희를 꼽는다. 박정희 전 대통령은 왕산 허위를 존경하여 널리 알려지지 않았지만 본인의 호를 '중산'이라 정하였다.

구한말 의병부터 일제 말기 광복군에 이르기까지 수많은 애국선열이 국권 회복을 위해 항일투쟁에 나섰다. 정확한 숫자를 헤아리기는 어렵다. 2021년 3월 기준 정부로부터 독립유공 포상을 받은 분은 총 1만 6,798명이다. 애국선열 가운데는 단신으로 나선 분들도 계시지만 더러는 집안 또는 가문 차원에서 집단으로 나선 경우도 있다. 그 가운데 대표적으로 '5대 항일 가문'을 꼽는데 의병장 왕산 허위, 안중근 의사, 석주 이상룡, 우당 이회영, 일송 김동삼 선생 가문이 그 주인공이다.

왕산 허위 가문은 크게 세 그룹으로 나뉜다. 우선 허훈·허신·허겸·허

왕산 허위 외손녀 일행 13도 창의군탑 참배(2018.8.15.)

위 왕산 4형제와 그 직계 후손, 왕산의 사촌 허형 형제들과 후손, 그리고 항일시인 이육사 집안까지 아우른다. 이육사 시인의 모친 허길님 여사는 허형 선생의 딸이다. 전부 합쳐서 10여 명에 달하는 분이 항일투쟁에 참여했다. 석주 이상룡 집안과는 겹사돈을 맺기도 했다.

안중근 의사 가문은 직계·방계를 포함해 총 15명이 건국훈장을 받았다. 안 의사의 윗대에서는 삼촌 안태순을 비롯해 안 의사와 두 동생 정근·공근, 사촌동생 명근·경근·홍근, 조카 원생·낙생·춘생·봉생·우생, 여성들로는 어머니 조마리아 여사, 여동생 성녀, 백범 맏며느리이기도 한 조카 미생, 조카며느리 조순옥·오항선 등이 그 주인공이다. 이들 대부분은 안 의사에 가려 제대로 빛을 보지 못한 분들이다.

석주 이상룡 가문은 고성이씨 종손 집안으로 경북 안동의 아흔아홉 칸 종택 '임청각'으로 상징된다. 3,000석 재산을 독립운동에 기부하였으며, 직계 및 방계 포함해 총 11명의 독립운동가를 배출했다. 석주의 당숙 이승화 선생을 비롯해 형제 상동·봉희, 아들 준형, 손자 병화, 조카 형국·운형·광민, 매부 박경종, 처남 김대락, 처제 김락 등이 그 주인공이다.

우당 이회영 선생 가문은 삼한갑족으로 조선 최고의 명문가로 불린다. 1910년 한일병탄 후 일가족이 만주로 망명했는데 현 시가로 2조 원 대의 재산을 처분하여 독립투쟁 전선에 바쳤다. 건영·석영·철영·회영·시영·호영 6형제는 해방 때까지 한 분도 변절하지 않았으며, 해방 후 살아서 귀국한 분은 다섯째 시영뿐이었다. 노블레스 오블리주를 실천한 가문의 상징이다.

'만주벌의 호랑이'로 불린 일송 김동삼 가문 역시 다수의 독립운동가를 배출했다. 일송을 비롯해 숙부뻘인 김대락, 아우 동만, 형제 장식, 사돈 이원일 총 5명이 독립유공 서훈을 받았다. 일송은 하얼빈에서 일경에 체포되어 징역 10년을 선고받고 서대문형무소에서 수감 중 1937년 59세에 순국했다. 아우 동만은 1920년 9월 일제의 간도 토벌 경신참변 당시 일본군에 피살되었다. 일경의 삼엄한 경계 속에 김동삼 선생의 장례를 만해 한용운 시인의 주도로 심우장에서 치렀다.

　망우리공원 유관순 가계의 할아버지 아버지 어머니 조카 등 총 집안 9분이 독립운동을 하였다. 오기만 독립운동가 집안도 이에 못지않아 그 가족 9분의 수난사는 가족사이면서 민족사의 대서사시이다.

3.1혁명 민족대표 33인,
고려혁명당 이끈 천도교 중진

인암 홍병기

仁菴 洪秉箕, 1869~1949

홍병기는 3.1혁명 민족대표 33인 한 사람으로 1869년 고종 6년 11월 5일 경기도 여주시 금사면 이포리에서 홍익룡의 아들로 태어났다. 본관은 남양이며, 자는 운회, 도호는 인암이다. 서자로 태어난 그는 신분차별로 인해 청년기에 번민의 나날을 보내야만 했다. 어려서 한학에 능통했으며 동학에 입교해서는 교리를 연구하고 수도에 정진하였다.

1894년 농학농민전쟁이 일어나자 그는 경기도 여주에서 기포하였다. 그는 손병희 휘하에서 무장, 영동, 보은, 음성, 공주 우금치전투 등에 참가하였다. 그는 천도교 중앙총부의 고위 간부이자 항일 독립투쟁가로 일생을 살

홍병기 수형 사진과 카드

며 간악한 탐관오리와 포악한 토반들을 물리치는 데 앞장섰다. 그 후 천도교 도사로 교세확장 구국운동을 계속했으며, 국권침탈 후에는 조국광복과 항일운동에 더욱 전념하였다. 1919년 2월 25일 천도교의 기도회 종료보고와 국장을 배관하기 위하여 상경했다가 손병희, 권동진, 오세창 등의 천도교 대표들과 만나, 독립만세 운동에 관한 계획을 전해 듣고 이에 찬성하여 27일 재동 김상규의 집에서 민족대표로서 서명 날인하였다. 33인 가운데는 무관 출신이 두 사람 있다. 권동진과 홍병기다.

3월 1일 오후 2시 인사동의 태화관에 손병희 등과 민족대표로 참석하여 독립선언서를 회람하고 만세삼창을 외친 뒤, 일본경찰에 의해 체포되어 일제 당국의 조사 과정에서 가혹한 취조와 심문을 받았으나 의연함을 잃지 않았다. 당초 일제는 손병희 등 독립선언서 서명자 33인 등 48명을 '내란죄'로 기소하였다. 그러나 중도에 일제의 유화정책으로 죄목이 보안법 및 출판법 위반으로 바뀌었다. 1920년 경성복심법원에서 소위 보안법과 출판법 위반 혐의로 징역 2년형을 선고받고 서대문형무소에서 옥고를 치렀다. 출옥 후 계속 항일운동을 전개하다가 만주로 망명, 1926년 길림성에서 고려혁명당 창당에 참여, 고문으로 추대되었다가 일제에 체포되어 신의주감옥에서 2년간 옥고를 치렀다. 1929년 7월 5일 가출옥하였다.

종로구 소격동 119-1에 살았던 홍병기는 출옥 후 동대문 밖 손병희의 사저 상춘원에서 늦게 얻은 아들 영섭과 함께 지냈다. 그런데 이듬해인 1930년 국치일 무렵 아들 영섭이 모 사건의 범인으로 동대문경찰서에 체포돼 신문 사회면에 이름이 올랐다. 당시 22세의 영섭이 국치일(8월 29일)을 전후해 서울 시내 숭인동에 '불온한' 격문을 붙이다 붙잡혔다. 취조 과정에서 영섭이 3.1혁명 민족대표 33인 중 한 사람인 홍병기의 아들이라는 사실이 알려지면서 더욱 시선을 끌었다(《매일신보》, 1930.9.11.). 그 아버지에 그 아들이라고나 할까.

해방 후 홍병기는 3.1동지회 고문으로 활동하였다. 백범 김구 등 임정 요인들이 충칭에서 환국하자 그는 3.1동지회의 일원으로 독립촉성 선서식을 거행하였다. 또 그는 대한민국임시정부 봉대(奉戴, 공경하여 받듦)를 천명하였으며, 임정 계열 인사들이 참여한 한국독립당을 지지하였다. 이 밖에도 그는 동학혁명의 정신을 널리 전파하는 활동을 벌이기도 했다.

1949년 당시 홍병기는 서울시 성동구 행당동 128번지에 거주하고 있었다. 그해 1월 17일 오후 1시 40분경, 행당교를 지나다가 불의의 교통사고를 당했다. 군악대원을 실은 트럭에 치여 그의 왼쪽 다리가 절단되고 머리에 심한 타박상을 입었다. 즉시 국방부 제2육군 병원으로 호송하여 치료를 하였으나 중상인 데다 워낙 고령이어서 위독한 상황이었다. 사고를 당한 지 9일 뒤인 1월 26일 오후 8시 15분, 홍병기는 만 80세로 별세하였다. 장례식은 경운동 천도교당에서 교회장으로 거행됐다. 장지는 망우리공동묘지였다.

1962년 정부는 건국훈장 대통령장을 추서했다. 1966년 국립서울현충원 애국지사묘역 18번, 박동완 독립지사 바로 곁에 안장됐다. 2009년 03월 이달의 독립운동가로 선정되었다.

대한독립선언과 기미독립선언 102주년 기념

자신의 행복과 가정의 평화를 멀리하고 오로지 국가와 민족의 독립과 안녕을 위해 목숨을 바친 선열들의 희생을 되새겨 분단국가의 아픔을 극복하는 밑바탕이 되기를 바란다. 국가 서훈을 받은 독립지사가 있지만 아직 서훈은커녕 떼 한 장 덮지 못하고 방치된 묘역이 눈에 띈다. 참배라는 말을 하기조차 부끄러운 묘역을 20여 년 드나들며 후손의 자격이 무엇인지 곰곰 생각한다. 망우리고개 중랑구 쪽부터 사색의 길을 따라서 현재 묘역이나 묘비 및 이장 터를 확인한 독립운동가 한 분 한 분을 간략히 소개한다.

- 국민당 재정부장과 다물단 단원 부인의 묘에 이장 묘비도 없는 독립운동가 춘파 서동일
- 의열단 최초 무장 독립투쟁 부산은행 박재혁 의거 숨은 조력자 준영 오재영
- 3.1혁명 당시 훈춘에서 시위군중 약 800여 명과 행진시위 제7안식일교인 송계 김정규
- 상해임시정부 독립단 단원 및 흥사단 단우 142번 김기만
- 상해임시정부 보안책임자이며 아들 나성돈까지 2대 독립운동가 집안 나우
- 민족 영화의 선구자, 영화 〈아리랑〉, 민족을 일깨운 풍운아 나운규
- 남도 정서와 가락의 시문학파 대표시인 독립운동가 영랑 김윤식
- 3.1혁명 당시 함북 성진읍 5,000명 궐기주도 욱정교회 목사, 가수 강수지의 증조 강학린
- 감리교 목사로 만주에서 조선기독교회 새 교단을 창립한 독립운동가 변성옥
- 이장지의 시계가 정말 좋은 비밀정원으로 변한 무장독립단체 광복단의

연출가 계산 김승민
- 떼 한 장 없는 묘역을 이장한 대한민국 정신문화의 수도 안동의 3.1혁명 독립운동가 김병진
- 묘역 전망이 툭 트인 조선국민회의 고갱이 경아 서광조
- 하얼빈의 한인 2세 800여 명 의용병을 조직 광양지방의 지주들로부터 군자금 7,000원을 모금하여 양기탁에게 전달한 소아 김진성
- 청산리전투 독립군 출신 서울대학 교수 명재 이탁
- 독립운동가 반민족행위특별조사위원회 조사1부장 2, 3대 민의원 이병홍
- 《동아일보》초대 주필 창간사 친일인명사전에 수록 설산 장덕수
- 대한민국 초대 농림부장관 진보당 사건 사법 살인 사형 당한 죽산 조봉암
- 독립운동 명가 사회주의운동 독립운동가 오기만
- 민족대표 33인 독립운동가 「님의 침묵」 시인 『불교유신론』 승려 만해 한용운
- 3.1혁명 민족대표 33명 중 1인 목사 교육자 친일인명사전 수록 박희도
- 최초의 유아세례 받고, '나라가 있어야 내가 있다' 3대 목사 집안 송암 서병호
- 사회주의자 김사국과 여성운동가 박원희 부부. 독립운동가 김사국 박원희
- 1930년대 최고 인문학 강사 조선심의 사학자 호암 문일평
- 간송 전형필의 멘토로 8대 역관 집안, 근대 최고의 『근역서화징』, 민족의 어른 위창 오세창
- 어린이의 영원한 벗, 어린이날 소파 방정환
- '일제 통치 방침을 공격하라', 수양동우회 지기 문명훤
- 도산 안창호의 영원한 비서, 공중위생계몽 의사 태허 유상규
- 독립지사 흥사단 대한민국장 서훈한 민족의 지도자 도산 안창호
- 아버지와 2대 독립운동 집안, 《동아일보》 선천지국 기자와 지국장 이영학
- 도산의 조카사위 김봉성, 그의 아내(도산의 조카) 경찰 안맥결
- 의명학교(삼육중고) 출신 교육가, 수양동우회 사건으로 옥고, '도산의

발자취에 묻어 달라' 허연

- 3.1혁명 참여 임시정부 군자금 모집 수양동우회 조종완
- 열사의 고혼 이태원묘지무연분묘 및 합장비 유관순
- 3.1혁명 전날 6인 결사대, 초대 여자경찰국장 김분옥
- 독립운동가, 통일운동가, 5.16군사쿠데타 사형 집행 미복권 수암 최백근
- 영신학교 교사로 함흥 장날인 3월 3일 혁명을 주도한 계획에 참가한
  독립지사 김중석
- 1919년 광무황제 국장일 망우리고개 27결사대 매국노 7적 주살에 실패한
  동우 이탁
- 전북 완주 기독교와 독립운동 명가, 신출귀몰 독립운동가 김춘배
- 함남 이원군의 3.1혁명 지도자, 천도교 종법사 박승룡

중랑구에 거주하였거나 직장에 근무하였던 독립운동가는 면목동(리)
고윤원·손명근·안영기·안흥기, 상봉동(리) 최승환·장준하, 신내동(리) 이정 등
7인이다. 대동단(총재 김가진)에 가입하여 활동한 독립운동가는 이정, 대한독립단에
가입하여 활동한 독립운동가는 고윤원·손명근·안영기·안흥기·최승환 등이며
학병을 끌려가 탈출하여 광복군으로 활동한 장준하 등이다. 중랑구 주민과
학생들의 관심과 추모하고 기리는 행사를 치러 정체성과 자존감이 고양되길
바란다.

2부

제노사이드 관동대지진

들어가는 말
제노사이드 98주기

관동대지진은 1923년 9월 1일 11시 58분 32초(일본 표준시)에 일본 가나가와현 사가미만을 진앙지로 발생했던 지진이다. 지진 후 간토 지방은 총체적인 혼란에 빠졌다. 정부 조직이 마비되었으며 계엄령이 선포되었다. 리히터 규모 7.9에서 8.4 사이로 추정되며 4~10분 지속되었다. 도쿄 지역과 요코하마 지역, 지바현, 가나가와현, 시즈오카현 등에서 10만 명에서 14만 2,000명 이상이 사망했고, 3만 7,000명이 실종되었다. 10만 9,000여 채의 건물이 전부 파괴되고 10만 2,000여 채는 반파되었다. 마천루인 료운카쿠도 붕괴되었다.

1923년 9월 10일자 《매일신보》에는 "관동대지진 당시 조선인들이 폭동을 조장하고 있다"는 내용의 기사글로 전면을 다루고 있다. 이때 내무성이 각 경찰서에 하달한 내용 중에 "재난을 틈타 이득을 취하려는 무리들이 있다. 조선인들이 방화와 폭탄에 의한 테러, 강도 등을 획책하고 있으니 주의하라"라는 내용이 있었다. 이 내용은 일부 신문에 보도되었고 보도 내용에 의해 더욱더 내용이 과격해진 유언비어들이 신문에 다시 실림으로써 "조선인들이 폭도로 돌변해 우물에 독을 풀고 방화약탈을 하며 일본인들을 습격하고 있다"라는 헛소문이 각지에 나돌기 시작했다.

당시에는 지진으로 인하여 물 공급이 끊긴 상태였고, 목조 건물이 대부분인 일본의 특징 때문에 일본인들은 화재를 굉장히 두려워하였으므로, 이러한 소문은 진위 여부를 떠나 일본 민간인들에게 조선인에 대한 강렬한 적개심을 유발하였다. 이에 곳곳에서 민간인들이 자경단을 조직해 불시검문을 하면서 조선인으로 확인되면 가차 없이 살해하는 범죄를 저지르기 시작하였다. 이들은 죽창·몽둥이·일본도 등으로 무장하였고, 일부는 총기로 무장하기도 하였다.

우선 조선식 복장을 한 이는 바로 살해당하였으며, 학살 사실을 알고 신분을 숨기기 위해 일본식 복장을 한 조선인들을 식별해내기 위해서 조선인에게 어려운 일본어 발음, 한국어에 없는 어두유성음 및 종종 정확하게 발음되지 않는 장음 발음 등으로 이루어진 '十五円五十銭じゅうごえんごじっせん(쥬고엔 고쥬센)'을 시켜보아 발음이 이상하면 바로 살해하였다. 예를 들어 '쥬고엔 고쥬센'을 어눌한 발음의 '츄고엔 고쥬센'으로 발음하는 것이다. 이때 조선인뿐만 아니라 중국인, 류큐인, 외자 성을 강제당해 조선인으로 오인받은 아마미 제도 출신, 지방에서 도쿄로 와 살고 있었던 지방의 일본인(특히 도호쿠 출신)들도 발음상의 차이로 조선인으로 오인받고 살해당하는 등 자경단의 광기는 상상을 초월할 만큼 잔악했다.

일부 조선인들은 학살을 피해 경찰서 유치장으로까지 피신하였으나, 일부 지역에서는 경찰서 안까지 쳐들어와 끄집어내어 학살하는 만행을 저질렀다. 경찰은 학살 사실을 알면서도 모르는 척하거나 소극적으로 대응하였으며, 오히려 조선인을 조직원으로 받아들이고 있던 야쿠자 등 비공권력 범죄 집단 일부가 조선인을 숨겨주는 일이 있었다. 조선인 학살과 더불어 사회주의자, 아나키스트, 인권운동가, 반정부 행위자 등으로 경찰에 요주의 인물로 등록되어 있던, 주로 좌파 계열의 운동가에 대한 학살 사건도 동시에 진행되었다.

관동대지진 당시 동경 주변 삶의 터전을 마련한 조선인 숫자는 정확하지 않다. 사망자 숫자는 많게는 2만여 명까지 본다. 독립협회 집계는 6,661명이다. 당시 유학생은 400여 명이고 이 중 사회 공헌한 유명인사는 40여 분이다. 망우리공원에는 송석하, 오기선, 김영랑, 나운규, 조봉암, 유상규, 최신복, 방정환, 장형두, 아사카와 다쿠미 등이 관련되었다.

남도 정서와 가락의
시문학파 대표시인. 독립운동가

영랑 김윤식

永郎 金允植, 1903~1950

김윤식(영랑, 김영랑)은 1903년 1월 전남 강진의 부유한 집 장남으로 태어나 14세에 결혼하여 16세 때 김은초 첫째 부인이 죽었다. 집안 조카인 김현구 시인이 애도시 두 편을 썼다. 강진군 경계를 벗어난 해남군에 자리한 선산 초입에 아담한 묘지에 잠들어 있다. 완고한 아버지를 설득하여 휘문의숙에 입학했다. 문예반 활동을 하며 안석주, 홍사용, 박종화, 정지용, 이선근, 이태준, 이승만(화가) 등과 선후배로 교류를 가졌다. 일본 유학 중 관동대지진 참혹한 민족의 아픔을 목격하고 귀국했다. 친구인 최승일의 동생인 최승희와의 사랑은 양가 어른들의 반대로 이뤄지지 않았다. 최승희와의 사

김영랑 묘지 이장 및 묘비
건립(1954.11.14.)

랑에 실패하고, 강진 집에 내려와 목을 매 자살소동을 편 동백나무가 안채 뒤안에 지금도 정정히 서 있다. 영랑은 휘문의숙과 일본 유학 기간을 제외하고 고향 강진에서 시를 쓰고 가업을 이어갔다.

1930년 3월 《시문학》 창간호에 「동백잎에 빛나는 마음」, 「언덕에 바로 누워」, 「4행 소곡 7수」 같은 시편을 발표함으로써 정식으로 등단했다. 첫 시집 『永郎詩集(영랑시집)』은 박용철에 의해 1936년, 두 번째 시집 『永郎詩選(영랑시선)』은 서정주에 의해 1949년 발간됐다. 영랑의 시는 두 시집에 제목은 없고 번호만 있다. 영랑의 원고에는 제목이 있었다. 무슨 연유인지 모르지만 용아 박용철에 의해 번호가 제목을 대신했고, 그 번호를 그대로 잇지 않은 두 번째 시집 발간으로 혼란을 빚었다. 현재 남아 있는 영랑의 시는 86편, 수필, 편지 등은 23편으로 알려져 있다.

강진읍 영랑 생가는 전남도 지정 지방문화재 기념물 제89호로 지정되어 강진군에서 관리하고 있다. '영랑문학관'이 아닌 '시문학파기념관'이라 명명한 것과 영랑의 동상 위치는 영랑에 대한 강진읍 사람들의 의식을 반증하고 있다.

영랑은 휘문의숙 3학년 때 3.1혁명에 참여하여 6개월간 대구형무소에서 옥고를 치렀다. 영랑은 일본에 유학했다. 아나키스트 박열과 같은 집에서 하숙을 함께하며 민족의식을 일깨웠다. 1923년 9월 1일 관동대지진에 충격을 받고 귀국했다. 용아 박용철도 마찬가지였다.

일제강점기 '대한독립촉성회'에 관여하고 독립만세로 형무소까지 다녀온 전력으로 집 앞에 두 명의 경찰이 늘 지키는 세월에도 끝끝내 신사참배, 창씨개명 거부와 단발령을 불복했다. 선영의 부친과 조부 비석에 조선인, 상석에 태극 문양을 새기는 항일 자세와 일제의 탄압에도 지조를 지킨 굳건한 민족 시인으로 살았다.

2018년 99년 만에야, 3.1혁명에 참여하여 6개월간 대구형무소에서 옥고를 치르고, 백범 김구 선생의 임시정부 광복군 군자금 등 독립운동 공로를 인정받아 건국포장을 받았다. 유족이 '시문학파기념관'에 기증하였다.

영랑은 1948년 5월 10일 제헌국회의원 선거에서 낙선하였다. 문필가, 일본 청산학원, 중앙청출판국장 경력을 내세워 한국민주당 대동청년단 후보로 4명이 출마한 선거에서 최하위 7,405 득표로 낙선했다. 영랑이 낙선한 가장 큰 이유가 자가용을 이용하여 선거운동을 시작하다 민심을 잃은 것으로 알려졌다. 9월말 생가와 전답을 정리하고 서울 신당동 290의 74호 단층집으로 이사했다. 영랑은 여순사건 문인조사반 정비석, 박종화, 이헌구 고영환 등과 함께 다녀온 뒤「처형장의 새벽」,「절망」두 편의 시를《동아일보》에 게재했다. 영랑은 '독립적인 위치'를 주장할 수 없는 여순사건의 당사자였다. 해방 공간에서 헌신적인 우익활동가였다. 대한민국에 전심으로 충성하여 이승만 계열의 제헌국회의원 후보로 출마하여 낙선하였다. 그 이유로 좌익청년들의 위협과 협박을 견디지 못하고 가산을 급하게 정리하고 정든 고향을 부랴부랴 떠날 수밖에 없었다.

영랑이 이사한 신당동 집 가까이에 석영 안석주 작가가 살고 있었다. 석영과의 인연은 사후에도 끈끈하게 이어졌다. 석영이 1950년 2월 망우리 공동묘지에 묻혔다. 그 장례식 후 휘문의숙 동문들이 모여 다음은 누구 차례인가 물었다. 영랑이 불쑥 "다음은 나네"라고 대답했다. 6.25한국전쟁 9.28수복 전날에 파편을 맞고, 다음 날 사망했다. 장충사 뒤 군사도로 아래에 묘지를 썼다. 1954년 11월 14일 김광섭 시인이 주도하여 망우리공동묘지 석영 안석주 유택 앞에 영랑의 시를 새긴 묘비와 김영랑 시인의 묘지 이장 및 묘비 제막식이 열렸다.

망우리 영랑의 묘지는 부인 김귀련 여사의 사망으로 1990년 2월 천주교 용인묘원으로 이장 합장했다. 망우리공원 묘지 터에 묘비를 묻고 갔다. 그 묘비를 찾기 위해 자료를 뒤적였다.

셋째 아들인 김현철 자유기고가는 박정희 독재정권에 염증을 느껴 MBC 기자를 접고, 1974년 미국으로 이민 갔다. "박정희 승은 입은 2백여 여인들"이란 글을 2013년 발표했다. 박정희에게 상습 성폭력을 당한 뒤 강제로 미국으로 이민을 당하여 한이 맺힌 영화배우 김삼화 여사를 취재하여 그 내용을 폭로했다.

김애란 여사와 연락이 닿아 2015년 망우리공원 영랑 시인의 묘지 터를 찾기로 나섰다. 대학 은사인 함동선 시인도 함께했다. 박인환 시인 묘지를 기준하여 13시 방향 50미터 지점을 찍어주었다. 지금까지 몇 번 시비를 찾으려고 시도하였다. 서울시나 중랑구청에서 예산을 책정하여 발굴하는 작업을 기대하여 본다.

2017년 2월 강진읍 시문학파기념관장 김선기 시인의 연락을 받았다. 영랑 시인 생가 뒤편에 강진군에서 '세계모란공원'을 조성하며 그 안에 영랑 시인 부부 묘를 이장하는데, 묘지 장소를 정하여 달라며 영랑의 막내딸인 김애란 여사와 함께 내려와달라 했다. 군청에서는 북서쪽 한적한 곳에다 모실 장소를 정해두었다. 강진군과 남도를 대표하는 시인으로 국가유공자 서훈을 받은 항일 저항 시인의 유택으로는 미흡하다고 말하며, 당당하게 강진 들판과 강진만을 내려다볼 수 있는 곳으로 내정했다. 현재까지 영랑 시인의 유택이 고향으로 이장하지 못하고 있다. 강진읍 일부이지만 "왜 혐오 시설이 들어오느냐?"며 목소리를 높인다.

2020년 5월 미국 마이애미주에 살고 있는 영랑의 셋째 아들 김현철 작가로부터 긴 메일이 왔다. 보훈처에서 영랑을 대전현충원에 모시겠다고 하여 사인을 하였다며, 막내 따님 김애란 여사의 말을 듣고 중랑구청 망우리공원 유치계획이 있다면 알려달라는 것이다. 필자는 중랑구청 관계자들의 의견을 들었다. 망우리공원 묘지를 쓰지 못한다는 법은 없다는 것이다. 즉 1973년 만장으로 공동묘지 기능을 끝냈지만, 새로 묘지를 쓸 수 있는 방법은 위원회를 구성하여 일정 기준 이상이면 묘지 조성이 가능하다는 의견이었다. 김현철 작가께 구청 의견을 종합하여 메일을 보냈다. 김 작가의 답은 그렇다면 현충원은 언제든지 갈 수 있으니, 국립대전현충원에 모시는 걸 포기하고, 2~3년 중랑구청의 법적 절차를 기다리겠다는 것이다. 구청에 영랑 유족의 뜻을 전했다. 또한 영랑 시인 묘비와 묘비에 들어갈 시 구절까지 정하여 보내며 정성을 다하여 기다리겠다는 메일이 왔다. 김현철 작가의 메일 내용 일부를 소개한다. "옛 묘비는 묻힌 것을 발굴해 세우면 되지만 유가족들은 국내 항일시 중 최고의 항일시로 꼽히는 「독을 차고」 중 맨 끝단 두 줄 '나는 독을 차고 선선히 가리라 마금날 내 외로운 혼 건지기 위하여'를 새긴 독립된 시비 하나를 추가했으면 하는 바람입니다." 영랑 시인의 묘지가 망우리공원에 재이장되길 기대한다.

한국 영화의 선구자. 영화 〈아리랑〉.
민족을 일깨운 풍운아

춘사 나운규

春史 羅雲奎, 1902~1937

대한민국 영화의 풍운아 춘사 나운규는 1993년 8월 15일 광복절에 동료 영화인 윤봉춘과 건국훈장 애국장을 추서받은 후, 망우리공원에서 1994년 10월 21일 국립대전현충원 독립유공자 2-257에 안장되었다. 1919년 4월 나운규는 회령교회 최경재 목사의 지도를 받으며 3.1 독립선언문 수천 장을 비밀리에 등사했고 시위행진용 태극기도 수천 장 만들었다. 시위를 벌이기 직전 일본 경찰에 발각되자 기습 시위를 감행했다. 이후 홍범도 장군이 이끄는 북간도 국민회 소속 독립군에 입단한 춘사는 회령과 청진을 잇는 '회청선 7호 터널' 폭파와 전선 절단 공작에 참여했다. 그러나 1922년 배신한 동

영화 〈아리랑〉 제작진
단체 사진

료의 밀고로 일본 경찰에 잡혀 고향인 회령에 압송돼 1년 6개월간 복역했다.

　나운규는 1902년 11월 27일 함북 회령군 회령면 2동 399번지에서 출생했다. 아버지 나형권은 대한제국 무관 출신으로 군대 해산 후 회령에서 약종상을 했다. 나운규는 회령보통학교를 졸업한 뒤 간도의 명동중학에서 공부했다. 그는 열여섯에 연상인 조정옥과 결혼하여 슬하에 2남 1녀를 두었다. 1923년 감옥에서 나온 나운규는 1924년 1월 조선 북부지역을 순회하던 극단 예림회가 회령을 방문했을 때 예림회에 가입했다. 예림회는 함흥에 동명극장과 함흥극장을 운영하고 있었는데 이들은 대부분 관동대지진 여파로 고향에 돌아온 동경 유학생 출신들이었다. 관동대지진의 참혹한 이야기를 통해 민족의식을 자각하여 영화 제작에 힘을 쏟았다.

　윤백남 감독의 영화 〈운영전〉에 가마꾼으로 처음 출연하였는데, 연기력을 인정받아 바로 〈심청전〉의 주연을 맡았다. 나운규는 영화 〈아리랑〉의 성공을 바탕으로 '나운규 프로덕션'을 세워 1929년에는 나도향의 소설 원작인 〈벙어리 삼룡〉을 제작했다. 1931년에는 일본에 가 일본 영화계를 돌아보는 등 나운규의 영화에 대한 욕구는 끝이 없었다. 이어 이태준 원작의 〈오몽녀〉를 만들어 큰 성공을 거두었다. 나운규는 15년 동안 29편의 작품을 남겼다. 그 가운데 26편의 영화에 출연했으며 직접 각본, 감독, 주연을 맡은 영화가 15편이나 된다. 나운규는 영화를 통해 불평등한 사회의 모습을 풍자하고, 일본의 식민지 통치에 대한 저항을 표현하였다. 나운규는 〈아리랑〉이라는 불후의 명작을 남긴 민족 영화의 선구자였다. 필름이 '증발'해버려 실체는 모르나 영화 〈아리랑〉은 식민지 민족혼을 담은 영상 기록물이다.

　나운규는 1937년 8월 9일 폐결핵으로 숨진다. 그의 막내아들 나봉한은 아버지의 뒤를 이어 영화감독이 되었다. 경기상고와 서라벌예대를 나와 신상옥 감독에게 영화와 연출을 배웠다. '신 필름'에서 만든 데뷔작은 〈청일전쟁과 여걸 민비〉(1965). 이 영화로 나 감독은 그해 대종상을, 민비 역을 맡은 배우 최은희는 여우주연상을 수상했다. 나봉한 감독은 현재 와병 중이다. 20년 전 고혈압으로 쓰러진 뒤 식사 때를 제외하고는 거의 누워 지내고 있다.

나운규가 독립유공자로 국립현충원에 묻히게 된 것은 아들 나봉한 감독의 노력 덕분이다. 독립운동사연구소장이었던 조동걸 교수가 "현 경찰청인 치안본부에 일제 때 춘사의 수형기록이 남아 있다"는 말을 나 감독에게 했다. 나 감독 친구가 경찰청에 근무하였는데 자료관리 담당자였다. 수형자료를 찾는 데만 2년여가 걸렸다.

나운규의 유골은 홍제동 화장장 납골당에 임시 안치되었다가 암자에 모셨다. 1967년 영화인협회가 망우리공동묘지에 묘지(묘지번호 105102)를 만들며 묘비를 세웠다. 필자는 2015년 광복절부터 나운규의 묘지 터를 찾기 위해 노력하였다. 묘비를 묻고 갔다는 맏손자 나광열 씨의 말을 듣고 발굴하여 다시 세울 계획도 하고 있다. 나운규의 묘지 터 가까이에서 동요〈우리나라 꽃〉작곡가 함이영의 묘비를 발견하여 그의 이력과 후손들의 근황을 알게 되었다.

대한민국 민속학 인류학
박물관학 분야의 선구자

석남 송석하

石南 宋錫夏, 1904~1948

송석하

석남 송석하는 가면극과 전통적인 민속의 조사·연구에 투신했던 사람으로 열정적인 개척자였다. 그는 민속학과 인류학 그리고 박물관학 분야에서 기념비적 자취를 남긴 위대한 한국인이다. 오늘의 한국 민속학계는 송석하와 더불어 시작되었다 해도 과언이 아니다.

송석하는 1904년 오늘날 울산광역시 울주군 상북면 양등리에서 대한제국의 시종원부경을 지낸 만석군의 대지주 송태관의 3남 2녀 중 장남으로 태어났다. 그의 출생지가 석남사 부근이어서 아호를 석남이라고 하였다. 고향 양등리에서 10여 리 길을 걸어 언양공립보통학교를 다니다가 부친을 따라 1년 만에 반구동으로 이사해 울산공립보통학교로 전학 1916년에 보통학교를 졸업했다. 이 무렵 이미 부산으로 진출한 부친을 따라 부산상업고등학교(개성고등학교) 전신인 부산공립상업학교에 진학하여 1920년에 고등학교를 졸업했다. 그 후 일본 도쿄에 있는 히토츠바시대학의 전신인 도쿄상과대학으로 유학을 떠났고, 도쿄에서 1923년 9월 1일 발생한 관동대지진의 참사를 경험하면서 사회 불안으로 인한 정신적 충격이 컸다. 일본에서 약 2년간 유학 생활을 하는 동안 관동대지진의 충격과 복잡한 가정 문제로 부친의 학비 지원을 받지 못하게 되어 학업을 중도에 포기하고 귀국했다. 귀국 후 바로 결혼하라는 부친의 엄명을 거부하고 잠시 일본으로 피신한 적이 있지만 결국 20대 초반의 나이에 전북 정읍의 대지주의 딸 김경옥(金瓊玉 1907~?)과 결혼하여 서울 안국동에 정착했다.

1925년 봄에 경북 경주의 백률사에서 심신의 상처를 달래며 기거했다는 기록이 있다. 아마도 관동대지진 때 참혹한 현장을 목격한 충격을 달래고, 학업을 포기한 자신의 앞길에 대해 고민했을 것이다. 그 뒤부터 민속에 관심을 가지고 현지 조사에 나서기 시작하였다.

한국 최초의 영상민속학자, 아키비스트로서의 석남은 민속학 분야에서 공식적으로 정규 과정의 전문교육을 받은 적이 없다. 그의 나이 26세(1929) 때 일본의《민속예술》지에 「조선의 인형극」을 발표하면서 민속학에 관심을 기울이게 된다.

1932년 「조선의 민속극」을 일본의 『민속학』에 발표하였고 인형극, 가면극, 민속무용, 연극, 무속, 농촌오락 등에 관심을 기울이면서 민속 연구의 영역을 넓혔고 현장답사, 민속자료 채집, 출판, 학회 활동 등 민속 연구의 기반을 구축하는 데 전념하였다.

1932년에는 우리나라 민속학 분야에서 새로운 이정표를 제시한 '조선민속학회'를 손진태, 정인섭 등과 함께 창립하여 초대 회장을 맡았고, 1933년 1월에 창간한 학회지《조선민속》제1호는 석남이 사비를 들여 학회지를 발행한 것으로 역사에 빛나는 자취를 남기게 되었다. 그가 보여준 조선민속에 대한 사랑과 관심, 조선민속학에 대한 열정과 집념은 타의 추종을 불허할 뿐만 아니라 누구나 탄복하지 않을 수 없는 삶의 흔적을 후학들에게 남겨주었다.

석남은 전국 방방곡곡을 답사하면서 민속을 채집하여 사진과 기록으로 민속자료카드를 후세에 남겼다. 석남은 사진 정리를 위하여 사진 자료 카드를 제작하여 사진을 부착하고 정보를 기록하였다.

일본에서 2년도 안 되는 짧은 유학 생활을 하면서 식민지 조국의 현실과 고통을 두루 체험한 그가 민족 문화에 대한 관심과 열정을 갖고 전국을 돌면서 조사 연구를 하였다.

석남은 특히 민속극과 민속오락 분야에 탁월한 업적을 남겼고, 오늘날 한국민속예술축제와 유사한 조선민속예술경연대회를 기획하여 대중들에게 민속을 널리 알리고 전통을 향유하도록 하는 데 이바지하였다. 그는 1930년대부터 본격적으로 민속자료를 수집하고, 현장답사를 통해서 수집한 민속자료를 대중들이 쉽게 읽을 수 있는 일간지와 잡지에 기고하여 대중 속에 민속을 알리는 데 크게 기여하였다. 그 당시 석남은 조선민속의 향유자이자 조선민속학의 지킴이로서 우리의 전통문화와 민족정신의 프로슈머였다고 할 수 있다.

석남은 민속의 발굴과 신문, 잡지 등 각종 매체를 통해서 민속을 널리 알리고 민속연구 분야의 많은 전문가들과 교류하는 데 전념하였다. 1938년 《조선일보》 편집위원으로 위촉된 것이 유일한 공식 직함이라고 할 수 있다.

1945년에는 조선산악회를 창설하여 회장으로 추대되어 현대 등산의 선도자가 되었다. 석남이 1945년 9월 창립, 회장을 맡은 조선산악회만 봐도 민속뿐 아니라 지질, 동식물, 역사학 등 각 분야 석학들이 총출동해 전국의 명산을 다니며 연구조사를 했는데, 사진·의료반까지 갖추는 치밀함을 보여준다. 석남은 학문적 통섭을 일찍이 이뤘다.

간송본이 세상에 알려진 과정에도 그의 공이 있었다. "이용준 선생이 앞표지와 두 장을 보사한 보사 원본을 전형필 선생에게 판 뒤 해방 직전 월북하여, 그 어디에도 관련 기록을 남기지 않아 발견 경위와 정확한 보사 과정 등은 미스터리로 남았습니다. 다행히 간송 전형필 선생은 당시 최고의 서지학자였던 송석하 선생을 통해 모사하게 하였고, 그것이 훈민정음 최고 전문가였던 홍기문 선생에게 전달되어 그 가치가 드러나게 했습니다."(한 글학자 김슬옹 박사, "훈민정음 해례본 알면 알수록 세종의 '만민 독서' 깊은 뜻 깨달아")

광복 후에는 한미문화협력에 참여하는 한편, 미군정청의 문정관으로 와 있던 인류학자 크네즈(E. I. Knez)의 도움을 얻고 자신이 수집한 많은 민속자료를 토대로 하여 국립민족박물관을 1945년에 개관하였다. 또한 서울대학에 인류학과를 설치하고 강의를 담당하였으며(1946~1947), 국립민족박물관의 영문 명칭을 '인류학박물(Museum of Anthropology)'로 썼고, 1946년에 발족했던 조선인류학회의 사무실을 민족박물관 내에 마련하는 등 민속학을 더 넓게 인류학으로 전환시켜나가는 노력을 하였으나, 병약해서 뜻을 다 펴지 못하고, 1948년 8월 5일 44세에 서거하여 망우리공동묘지 8월 9일에 묻혔다가, 충남 태안군 근흥면 두야리 서풍농장 중앙산록에 1995년 10월 20일 이장했다.

조선민속학회장, 진단학회장, 조선산악회장, 한미문화협회장, 서울대학교 강사, 민족박물관장 등을 지냈다. 1996년 정부로부터 금관문화훈장이 추서되었다.

2019년 11월 은평역사한옥박물관에서 구파발산대놀이 학술대회에 참여한 후학들이 행사 뒤, 뒤풀이에서 1세대 민속학의 태두 석남 송석하 선생의 묘지 터가 남아 있는 망우리공원 답사를, 오는 봄 함께하기로 약속했다. 이장지인 묘지 터는 북향으로, 안산은 구릉산 조산은 불암산과 천보산 사이에 수락산 정상이 뚜렷하게 보인다. 수락산의 연봉들이 제왕사 격으로 볼 수 있다. 후학들은 당대 최고 민속학자의 묘지를 정할 때, 분명 풍수를 무시하지는 않았을 것으로 보았다. 상석과 묘비 그리고 망주석 등이 남아 있다.

개나리 진달래들이 둘러싸고 있다. 봄이면 꽃대궐이 되어 답사하는 사람들의 발길을 붙잡는다.

한국의 흙이 된 일본인

아사카와 다쿠미

淺川 巧, 1891~1931

"한국의 산과 민예를 사랑하고 한국인의 마음속에 살다 간 일본인 여기
한국의 흙이 되다." 아사카와 다쿠미 선생은 1891년 1월 15일 야마나시현
호쿠토시에서 2남 1녀 중 유복자로 태어났다. 다쿠미는 1907년 고후감리교
회에서 세례를 받은 기독교인으로 조선에 살면서도 한 교회에만 출석하기
보다는 여러 교회, 즉 욱정교회(감리교, 현 반포동 남산감리교회), 일본기독교단
정동예배당(장로교, 현 성북동 덕수교회), 황금정(약초정)교회(장로교, 돈의동 초동
교회), 조합교회(현 남산동 한양교회) 등에 출석해 다양한 설교를 듣고자 하였

아사카와 다쿠미 유택

다. 1914년에서 1931년까지 17년 동안 한국에 살며 한글을 사용하고 한복과 온돌 등 한국식 생활로 주변인들과 어울리며 어려운 이들을 도와주는 인류애의 실천과 디아스포라 삶을 살다 식목일 준비로 과로하여 급성 폐렴으로 1931년 4월 2일 40세로 생을 마감했다.

국립산림과학원 뒤뜰에 130세로 지금도 멋지게 서 있는, 본인이 홍파초등학교에서 옮겨 심은 반송이 바라보이는 광장 느티나무 아래에서 치른 4월 4일 장례식 후 이문동 사람들이 엄청난 봄비 속에서도 상여를 서로 메겠다고 하여 몇 개 조로 나눠 이문동공동묘지에 묻었다. 1942년 망우리공동묘지로 이장했다.

조선총독부 산림과 임업시험장 고원과 기사로 홍릉 및 광릉수목원 기틀을 다졌다. 2015년 '한국을 빛낸 세계인 70인'으로 선정되었다. 망우리공원 유택 중 개인과 단체의 추모객이 끊이지 않는다. 주된 추모객은 아사카와 다쿠미의 고향인 야마나시현 사람들이다. 원조 한류 팬이라 일컬을 정도로 한국에서 '인간의 가치'를 실현하였다. 그의 한국생활 17년을 1934년 아베 요시시게가 '인간의 가치'라는 제목으로 일본 중학교 교과서에 1947년까지 수록했다.

대한민국 인공림 37퍼센트를 차지하는 잣나무 씨앗 발아법인 '노천매장법'을 한국인 노동자들의 말을 듣고 힌트를 얻어 온실에서 2년 만에 발아하던 것을 노천에서 1년 만에 1924년 3월 발아시켜 한반도 산림녹화에 지대한 공헌을 하였다. 사방공사 속성수인 싸리나무 다섯 종류의 이름을 지었고, 한반도의 오래된 나무들을 공동으로 답사하고 사진 작업을 통해 『조선거수노수명목지』라는 책으로 묶어 천연기념물 지정의 토대를 마련했다.

《폐허》동인 오상순, 염상섭, 번영로, 남궁벽, 김유방, 일엽스님 등과 교류하며 정릉천변과 홍릉수목원을 거닐고 청량리 청량사에서 다쿠미 선생과 차를 마시는 피서가 당시 한여름밤 최고의 풍정이었다. 한국의 민예와 도자기를 사랑하여 그림을 그리고 명칭을 써놓았다. 두 형제는 한국의 도요지 700여 곳을 답사 정리하여 도자기업계에서 중시조로 여기고 있다. 이때 전국을 다니며 농악과 탈춤과 굿과 연희 등을 보고, 야나기 무네요시가 한국의 미를 '한의 미'라 했지만 다쿠미 선생은 '해학과 멋과 풍류'라고 파악했다. 동생보다 1년 먼저 1913년 조선에 온 '조선도자기의 신'이라 일컫는 형님 노리다카는 해방 후 미군정 부탁으로 옛 중앙청 지하 수장고에 도자기를 정리하고 1년 늦게 귀국했다. 두 형제는 당시 한몫 잡으려고 조선에 오는 일본인과 달리 1913년에 형은 조각을 전공하여 남대문소학교 미술 교사로 부임했다. 다쿠미 선생은『조선의 소반』과 유저로『조선도자명고』를 남겼다. 두 권을 사물놀이 산파역인 민속학자 심우성 선생이 번역해 한 권으로 묶어 학고재 출판사에서 발간했다. 심우성 선생은 '넋전춤'을 춰 영혼을 위로했다. 지금 우리가 알고 있는 조선백자 분청사기의 가치와 분석은 두 형제가 주춧돌을 놓았다. 경복궁 집경당에 조선민족미술관을 건립할 때 민족이란 말을 끝까지 고집했다.

1923년 9월 1일 관동대지진으로 한국인이 당한 참혹한 제노사이드 만행을 일기 속에 남겼다. 절대로 한국인 민족성은 유언비어와 같은 행동을 하지 않고 만약 동경에 있다면 변호사를 대 구하고 싶다고 적었다. 지금도 일본 보수 쪽에서는 식민지 관료로서 배반하였다고 배척당하고 있다. 2011년『한국을 사랑한 일본인』을 편집할 때 원고 청탁에 응하고는 끝내 보내지 않는 다쿠미 선생 연구 박사학위 수여자는 강사 자리를 유지하려니 이해하여 주기를 바랄 정도였다. 학생들의 글 20편을 수록하였다. 입학사정관제가 시행될 무렵이었다. 학부모들이 귀신처럼 찾아와 수강 신청하여 방과후 수업 4개 반을 운영하였다. 그중에 조호철 군은 2018 제23회 평창 동계올림픽에 군 장교로 참여하여 성화 봉송 행사에 큰 역할을 하였다. 또한 학부모께서 경기도 화성에 일회용 용기제품을 생산하는 (주)서광알미늄(대표이사

황혜진)을 경영하며, 망우리공원 행사를 전폭적으로 지원하고 있다.

명저인『조선의 소반』에서 한국의 온돌과 구조에서 조형성과 예술성과 실용성 등에서 동양 3국에서 최고의 민예품이라 상찬하고 특히 만든 이가 아닌 쓰는 이에 의해 쓰면 쓸수록 완성되어 빛이 나는 뛰어난 한국인의 미의식을 드러냈다. 이 책 서문에 조선의 해방을 암시하는 내용도 들어 있다. 수집한 민예와 도자기 3,000여 점을 그대로 두고 가 현재 국립중앙박물관에 남아 있다.

재일한국인으로 관동대지진 다큐멘터리 오충공 감독은 망우리공원을 두 번 답사 촬영했다. 세 번째 영화 〈1923 제노사이드, 93년의 침묵〉을 제작 중이다. 망우리공원 인물 중 관동대지진 당시 동경에서 목격한 이는 조봉암, 송석하, 김영랑, 유상규, 최신복, 오기선, 장형두 등이고 방정환은 진상 조사반 활동 및 후원금 전달을 하였다. 나운규는 목격한 유학생들의 이야기를 듣고 영화를 제작하며 민족의식을 불어넣었다. 계용묵은 소설「인두지주」에서 관동대지진을 언급하였다.

광주시립 및 영암군립미술관 하정웅 명예관장은 사비로 2006년부터 다쿠미의 고향에서 기요사토 긴자쥬크(청리은하숙)를 개최하였다. 11회째부

청리은하숙 세계시민학교
개교식 기념 사진
(국립산림과학원 아사카와
다쿠미가 심은 반송을
배경으로, 2015.10.17.)

터 다쿠미의 고향 호쿠토시에서 인적 물적 지원을 하기 시작하여 올해 20회째 이어가고 있다.

한국에서도 다쿠미 정신을 선양하기 위해 청리은하숙 세계시민학교를 (재)수림문화재단 주최로 2015년 10월 설립하였다. 필자는 망우리공원 아사카와 다쿠미 추모식에 망우리공원 유명인사 탐구 및 답사 동아리 학생들과 함께 참여하며 하명에 관장과 인연을 맺어 숙장대행을 맡았다. 일본 청리은하숙에 학생들과 2016·17년 6월 두 번에 걸쳐 참가하였다.

일요일 오후에는 도쿄로 돌아오는 차량이 많아 고속도로 정체가 심하다. 수림문화재단 신경호 상임이사 인솔로 하네다공항을 향해 출발한 지 얼마 되지 않아 지체와 정체가 반복되었다. 신 상임이사의 간곡한 요청으로 기사가 갓길 운행을 승낙했다. 신 상임이사의 설명이 이어졌다. 일본인들의 이중성을 볼 수 있을 것이다. 우리가 탄 차량이 갓길로 들어서면 곧바로 우리 차량 뒤로 죽 줄을 설 것이다. 우리가 탄 차량이 갓길로 빠지자 정말 거짓말처럼 뒤의 차량들이 갓길로 줄을 이었다. 일본 속담 '빨간 신호등이라도 다 함께 건너면 무섭지 않다'는 말을 증명하듯 군중심리 집단주의 일본 문화의 특징을 두 눈으로 현장감 있게 보았다.

사진작가 후지모토 다쿠미(藤本 巧)의 아버지는 화구상으로, 아들이 다쿠미 선생만큼 인류애와 디아스포라적인 삶을 살았으면 하는 바람으로 이름을 다쿠미라 지었다. 작가는 20대부터 한국에 50여 차례 들어와 고대 한일 교류 관련 유적과 자료 및 1970년대 농촌, 5일장, 인사동 거리와 인물 등을 작업하여 고궁박물관에 전부 기증하였다. 2020년부터 '한일성신교류 50년전'을 일본과 한국에서 전시하고 있다. 2001년 아사카와 형제관이 건립되었다. 2012년 다쿠미의 일생을 담은 영화〈백자의 사람〉이 상영되었다.

필자는 2003년 4월 다쿠미 유택에서 이재남 선생님(현 서울다솜관광고등학교 교감)과 망우리공원을 답사하며, 재일한국인 3세 르포작가의 다쿠미 선생 묘지 답사를 안내하고 있는 아사카와 다쿠미 현창회 조재명(趙在明, 1934~2008) 회장을 만났다. 그 뒤로 '아사카와 다쿠미 현창회' 활동을 하였다. 망우리공원 동아리 활동 중 다쿠미 선생에 대한 이야기를 자소서에 쓴 신현고 최락천 군은 2018학년도 서울대학 산림과학부에 합격했다. 올해는 특히 '아사카와 다쿠미 탄생 130주년 및 서거 90주년'의 해로, 지난 4월 2일 망우리공원에서 추모식 행사를 치렀다.

동경 한인교회 목사.
관동대지진 재해동포위문단을 조직해 위문과 구호사업 전개

오기선

吳基善, 1877~1946

오기선은 평남 강서군 함종읍에서 대대로 비교적 부유했던 농민의 아들로 태어났다. 어려서부터 서당에서 한학을 수학하였으며 17세 때 관비생이 되어 평양으로 유학을 떠나서 구학문과 신학문을 익혔다. 20세에 관비생의 공부를 마치고 고향 함종으로 돌아왔다. 관비생의 공부를 마치면 도관찰사의 명을 받아 지방의 말단관직으로 부임하게 되지만, 오기선은 남들이 다 부러워하는 관직생활은 하지 않았다. 그가 고향을 떠나던 해에 여전도인으로 유명한 전삼덕 부인의 노고로 여학교가 설립되었고, 교회가 세워졌다. 학교라고는 하지만 겨우 몇몇의 여아에 불과했다. 오기선은 전삼덕 부인의 전도를 받아 함종교회에 출석하며 함종에 남자들을 위한 사립소학교를

오기선 목사 선종 기사
《동아일보》, 1946.4.19.)

설립, 직접 교장이 되어, 제2세의 교육을 위해 심혈을 기울였다. 당시만 해도 교역자가 무척 부족했다. 오기선은 당시 감리사였던 선교사 노블(W. A. Noble)의 눈에 들게 되어 1908년에 의해 함종교회 전도사로 정식 파송을 받았다. 이듬해인 1909년 미감리회 조선연회에 입회하였으며 그해 감리교 협성신학교에 입학하였다. 오기선은 1911년 12월 20일 협성신학교 3년제를 제1회로 졸업하였다. 이때 같이 졸업한 이가 38명이었으며 당시 교장은 하디(Robert A. Hardie, MD) 박사였다.

오기선은 부지런하고 충성을 다하는 목회자였다. 어디를 가나 한결같았다. 1912년 졸업한 이듬해 집사목사 안수를 받고 해주읍교회로 파송되어 1년간 훌륭하게 부흥시켰다. 1912년 서울 동대문교회로 전임되었으며 그곳에서도 교회를 부흥·발전시켰다. 1913년 장로목사 안수를 받았으며 YMCA운동에 적극적으로 참여하여 YMCA 이사로 선출되었고, 같은 해 YMCA조선연합회가 창설될 때 그 연합위원으로 피선되었다. 도쿄 학생들이 중심이 되어 도쿄YMCA가 조직되고 그 안에 한인연합교회가 설립되어 본국에 목회자 파송을 요청하자 장로교와 감리교는 번갈아 목회자를 파송하여 교회를 지도하게 되었는데 주공삼 목사 뒤를 이어 1914년 오기선 목사가 파송을 받았다. 일본에서 2년간 최승만, 백남훈 등과 함께 도쿄YMCA를 지도해나가다 1916년 귀국하여 평양과 진남포교회 목사로 부임하였고 1917년 인천지방 감리사가 되어 1920년까지 4년간 활동하였다.

3.1운동이 일어났을 때에는 박희도, 오화영, 정춘수와 함께 감리교 지도자와 YMCA 지도자들과 긴밀한 관계를 유지하며 만세시위를 준비하는 데 참여하였고 특히 천도교와의 연합운동에도 보이지 않는 영향력을 발휘하였다. 3.1운동 이듬해인 1920년에는 한국 감리교회 대표로 미감리회 4년 총회에 참석하게 되었는데 노블과 함께 한국에서의 일본의 만행을 폭로하는 데 일익을 담당하였다.

1921년 귀국한 후 다시 도쿄한인교회 6대 목사로 부임하였다. 1923년 간토지방에서 대지진이 일어나 한국인들이 일본인에게 학살당하는 참상을 겪게 되었을 때 그는 목숨의 위협을 무릅쓰고 도쿄YMCA 총무 최승만과 재해동포위문단을 조직, 본국 교회와 연락을 맺으면서 피살자 가족 위문 및 복구사업에 전력을 기울였다.

1924년 귀국해서 평양 남산현교회에 부임하였다. 그리고 1928년부터 은퇴하기 전해인 1934년까지 평양지방 감리사로 활발한 활약을 하였다. 1926년부터 1930년 남·북감리교회가 통합되던 시기까지 남북감리연합방침연구위원으로 활동하며 실질적인 역할을 감당했다. 1925년 남감리회 총회는 미감리회와의 합동을 부결시켰으나 한국 감리교회 대표들은 조선 남·북감리교회라도 단독으로 통합해야 한다는 굳은 결의를 가지고 두 교회에서 정식으로 연구위원을 선임하기로 하였다. 1926년 6월에 열린 미감리회 제19회 조선연회에서 '남·북감리연합방침연구위원'으로 김찬홍, 오기선, 노블(W. A. Noble), 김종우, 모리스(C. D. Moris) 5명을, 같은 해 9월에 열린 남감리회 제7회 조선연회에서도 '남북감리연합기성위원'으로 신공숙, 양주삼, 정춘수, 저다인(J. L. Gerdine), 갬블(F. K. Gamble) 5명을 각각 선출하여 두 교회 합동으로 연구케 했다.

1934년 남산현교회에서 근속 10년 표창을 받았는데 당시 파송제로 한 교회에서 10여 년을 목회했다는 것에 대해서 남산현교회에서는 큰 의미를 부여하며 오기선 목사를 축하해주었으며, 《감리회보》에서도 "오기선 목사 근속 10주년 기념식"이라는 제목으로 싣고 있다. "지난 10월 15일 하오 1시에 평양 남산현교회당에서 오기선 목사 남산현교회 근속 10주년 기념식을 성대히 거행하였다. 감리교회가 조선에 선교되어 오십 년을 경과한 오늘에 매년 파송제를 갖인 제도밑에서 같은 교회에 같은 목사로 십 년을 계속하여 파송을 받고 꾸준히 충성을 다하시여 성역에 근무하심은 (오기선 목사가) 조선감리교회의 최초의 신기록을 지었다 하여 일반교우는 물론 사회유지제씨의 열광적 환영으로 기념축가식을 성대히 개회하고……."

근속표창을 받고 난 이듬해 이윤영 목사를 후계자로 세우고 일선 목회에서 은퇴하였다. 1935년부터 서부연회 자치 사업부 총무로 활동하였고, 1937년에는 총리원 전도국 사업 담당으로 만주지역에 있는 교회의 실상과 감리교회를 떠나 독립된 교회로 새롭게 창립된 '조선기독교회'를 조사하기 위해 6월 16일 경성역을 출발해서 7월 13일까지 약 한 달간 교육부 총무 류형기 목사와 함께 만주지역을 여행하기도 하는 등 전도사업에 매진하다 1939년 은퇴하였다. 은퇴 후 황해도 백천에 있다가 해방이 되자 월남하여 북아현동 아들의 집에 머물던 중 1946년 4월 5일 선종하였다. 장지는 망우리 공동묘지였다.

오목사의 맏이는 천원 오천석(1901~1987)으로 문교부장관, 멕시코 대사, 이화여대교수 등을 역임했다. 1987년 "나는 내 조국의 민주교육을 위하여 살고 일하다 가노라"라는 말을 남기고 작고하였으며, 그의 장례는 한국 초유의 교육인장으로 거행되었고, 국민훈장 무궁화장이 추서되었다.

오기선 목사의 묘지는 남양주시 화도읍으로 가족묘지 납골당으로 이장했다. 기독교 대한감리회 본부 선교국에서는 오기선 목사를 독립운동가로 추서하고 귀한 유훈과 사적을 잘 기록 보존하며 전파할 계획이다.

경성의전 교수. 도산 안창호 비서.
국민 보건위생 계몽에 헌신한 독립운동가

태허 유상규

太虛 劉相奎, 1897~1936

유상규 묘비

아들과 아버지와 같이 유상규는 도산 안 창호 비서로 도산 선생이 "상규 군 옆에 묻히 겠다"고 하여 망우리에 유택을 정했을 정도로 아들 모양으로 헌신적으로 안창호 선생을 모 셨다. 경성의전 강사로 국민 보건위생 계몽에 헌신한 독립지사 태허 유상규는 1897년 11월 10일 평북 강계에서 태어나 1936년 7월 18일 별세했다.

유상규는 경신중학교에 입학, 1916년 3 월 제11회로 졸업하고 그해 4월에 새로 설립 된 경성의학전문학교(서울대학 의과대학)에 제1회로 입학하였다. 1919년 3·1 운동에 경성의학전문학교 학생들을 모으고 동원하는 등 3.1독립운동의 주 된 역할을 하였으며 경성의학전문학교 졸업을 1년 앞둔 3학년을 다 끝마친 때였으나 학업을 포기하고 상해로 망명하였으며 학교는 퇴교를 당하였다. 1919년 11월 중국 상해 대한민국임시정부에서 국내에 있는 유력 재산가, 학교 및 종교계 등을 조사하여 독립운동의 자료로 삼기 위해 조직한 임정조사원의 평북 강계지역 책임자로 임명되어 활동하였다.

이듬해인 1920년 2월에는 상해 대한민국임시정부 내무총장 안창호의 비서로 활약하였고, 동년 2월 22일 상해 프랑스 조계 내에서 조직된 흥사단 원동지부에 가입(단우번호 116번)하였고, 유기준을 흥사단에 가입시키는 등 적극적인 활동을 전개하였다. "한민족은 인재가 필요한 민족이니 고국에 돌아가 학업을 마치라"는 안창호의 권고로 1923년 6월 상해를 떠나면서 일본 오사카로 가서 노동을 몸소 체험하였다. 6개월간 토목현장 막노동자로서 그리고 비누 만드는 공장 노동자로서 조선인들 공동 숙박소에 머무르면서 육체노동을 하였다.

1924년에 귀국하려 할 때 경찰에 검거되어 수감되었다가 동년 4월에 일본서 추방 강제 귀국하게 된다. 관동대지진을 오사카에서 겪으며 일본 노동환경에 대한 체험을 한 것이다(수기「방랑의 일편」,《동광》창간 제1호, 1926년 5월호). 귀국 후 1925년 다시 경성의학전문학교 3학년으로 복학하였다. 학업을 계속하면서도 동우회 활동을 통하여 독립운동을 계속하였다. 상해 망명으로 말미암아 1927년 경성의학전문학교를 입학, 동기들보다 7년 늦게 졸업하였다. 그의 학교 동문으로는 백병원 설립자인 백인제, 민중병원 설립자인 의사 유석창, 소설『압록강은 흐른다』의 이미륵, 한국의 슈바이처라 부르는 장기려 박사 등이 있다.

유상규는 졸업 후 경성의학전문학교 부속병원 외과의사로서 경성의전의 강사로 근무하면서 후배 양성과 환자치료에 전념하였으며, 박사 학위를 준비하며 동아일보사 등 여러 출판물에 관여하고 대중의 보건위생 계몽과 강연회에 꾸준히 연사로 활동하면서도 1930년 조선의사협회 그리고 조선위생협회 창설도 주도했고 임원으로서 활동하는 등 잠시도 일에서 벗어나질 않았다.

그는 1925년 12월부터 1931년 2월 22일에 이르는 기간 동안 안창호의 주창에 의해 조직된 수양동우회에 가입하여 활동하였다. 경성의학전문학교 수학 중인 1926년 1월 수양동맹회와 동우구락부의 통합에 힘써 동우회를 조직하면서 동우회 초대 심사부 임원이 되었고 의사면허 취득 후에도 1929년 동우회 심사부 임원으로 재임명 활약을 지속하였다. 1930년 11월 동우회 기관지 동광사 임원으로서《동광》지 속간을 이루고 1931년 8월 동우회 하계수양대회를 추진하여 대동강변에서 개최할 때 김윤경·김선령 등과 함께 수양동우회 강령선전과 발전을 위해 청년개척군 조직을 협의하는 등의 활동을 하였다.

그는 치료비를 받지 않는 왕진에도 열심이었고, 휴가에도 친구의 병간호를 하기도 했다. 유상규는 의전에서 교육과 치료 및 국민 보건위생계몽에 몸 바치면서도 흥사단 운동 확장에 앞장서 일하였다. 그러다 환자를 치료하던 중 단독(피부가 연쇄상 구균에 감염되어 피하조직과 피부에 병변이 나타나는 급성 접촉성 전염 질환)에 감염되어 1936년 7월 18일 경성의학전문학교의 외과 강사로 근무 중 순직했다. 그의 장례는 7월 20일 마침 대전에서 출옥하고 국내에 체류하던 안창호가 주관하여 경성의학전문학교 교정에서 치러졌다. 장의 행렬은 경성의전부속병원(삼청동)으로부터 식장(이화동)까지 이어졌고 당시 기록에는 유상규의 장례식은 불법집회로 의심받을 만큼 많은 친지와 동지가 모였다. 그의 은사 오사와 마사루 교수도 슬픔에 떨리는 음성으로 조사를 낭독했다고 한다. 유상규는 장례 후 망우리 가족묘지에 묻혔으며 오늘에 이른다. 태허 유상규 선생은 인품도 뛰어나 현재 백병원 관리를 먼저 유상규 선생께 의뢰했는데, 본인의 능력 밖이라며 받아들이지 않았다고 알려졌다.

정부에서는 고인의 공훈을 기리어 1990년 8월 15일에 건국훈장 애족장을 추서하였다. 묘지는 국가등록문화재 제691-8호이다. 묘지번호 203555이다.

태허 유상규 독립운동가 묘역은 도산 안창호 선생의 묘지 터를 가기 위해서는 먼저 들릴 수밖에 없다. 동락천 약수터에서 일방통행 사무실 쪽으로 유상규, 문명훤 두 독립지사의 연보비가 서 있다. 두 연보비 사이의 오솔길을 70여 미터 오르면 태허 유상규 선생의 묘역이 나온다. 묘역은 단장이 잘되어 있다. 태허 선생의 아들인 고 유웅섭 선생이 아버지 태허 선생의 정신과 유업을 선양하기 위해 노력한 결과이다.

도산 안창호 선생의 묘역도 유웅섭 선생이 함께 관리했다. 1973년 도산공원으로 도산의 묘지가 이장한 후에도 묘지 터를 관리했다. 묘지 관리 문제로 현충원으로 이장도 고려했으나 도산 선생과 태허의 망우리공원 인연을 이어가기 위해 그대로 두기로 하였다. 그러나 묘지 관리가 쉽지 않다. 이제 중랑구청에서 영원한 기억 봉사단을 조직하여 체계적으로 돌보고 있어조금 나아졌지만, 지금도 묘지 관리는 전적으로 유족들의 몫이다. 유족들은이제 손자 증손자 대로 넘어갔다. 사설 묘지 관리를 맡아 일하는 분들도 나이가 많다. 점점 장례문화가 화장으로 바뀌고 있다. 중랑구청이 서울시시설관리공단에서 관리 및 보존 권한을 위임받아 청소년 및 주민과 협력하여 교육의 장으로 거듭나길 바란다.

필자는 관동대지진 다큐멘터리를 제작하는 오충공 감독과 망우리공원 관련 인물들을 소개하며 망우리공원 묘역에서 촬영했다. 태허 유상규 선생의 수용소 경험 이야기가 실린《동광》의 글을 복사하여 함께 검토했다.

태허 유상규는《신동아》1932년 9월호(제2권 9호)에 연재하는 수술대「최서해의 죽음, 인술의 경계표」를 발표하여 서해 최학송 병상 상황 기록하며 사망진단서에 서명하였다.

좌익분자로 몰려 경찰의 고문에 억울하게 죽은
조선의 천재 식물분류학자

장형두

張亨斗, 1906~1949

1949년 10월 26일 제헌국회 제5회 국회임시회의, 조선어학회 관련 독립운동가이며 시인 백석과 운명적인 만남의 계기와 성북동 길상사를 시주한 법명 길상화 김영한 여사가 진향이란 기생으로 함흥 형무소에 옥바라지를 하기 위해 함흥으로 갔고, 김영한 여사의 일본 유학을 도왔다는 흥사단 단우인 신현모 의원이 발의한 '장형두 변사사건 진상보고의 건' 속기록의 일부 내용이다.

"장형두 씨로 말하면 본래 전남 광주 사람으로 조선의 유일무이한 식물

장형두 묘역

학자입니다. 그이로 말하면 식물연구를 한 20년 동안이나 하고 자기 추수 2,000석이나 되는 재산을 다 없애고, 백두산으로부터 태백산, 지리산으로 돌아당기면서 식물을 수집해서 표본을 맨들고 장차 사범대학에 식물표본실을 세계적으로 자랑할 만한 것을 맨들겠다고 그런 포부를 가지고 지금 사범대학 부설중학 조고만 강실(講室)을 하나 빌려 가지구서 거기서 자기 부인과 어린 자제와 거기서 자취를 하고 있을 터입니다."

1949년 10월 21일 좌익으로 몰리던 동생에 대한 연루 혐의(?)로 서울 중부서에 연행되어 인천경찰국으로 이송된 후, 3일 만인 23일에 고문치사에 의해, 조선의 유일한 권위자로 천재적인 식물(분류)학자를 어이없이 잃어 버렸다. 1906년 광주 북쪽 부자 4형제 중 장남으로 누문동 119번지 출생으로서, 12세 때 일본에 건너가 공부를 이어가 도쿄원예학교 연구과에 입학하여 졸업한 후, 일본부립원예학교 재학 중인 1923년 9월 15일 관동대지진 피란 동포 11명 도착 기사(《조선일보》, 1923.9.18.) 명단에 광주군 광주면 동면 장형두 이름을 찾을 수 있다. 관동대진으로 급거 귀국하여 전학한 이리농림학교를 거쳐 1924년경부터 동경제국대학 식물학 강사로서 일본 식물연구의 개척자인 마키노 도미타로오(牧野富太郎) 선생에게 사사하고, 식물 공부에 정진하여, 그가 주최한 '일본전국식물명찾기대회'에서 2등을 차지한 영재였다. 동경제국대학 고등조원학과를 1928년 졸업했다. 이후《조선일보》문화부·숭실전문학교·성대 강사·서울중·서울대 사범대 등에도 근무하였다. 1933년 거금 2만 원을 들여 10여 년간에 걸쳐 심혈을 받쳐 채집한 7,000여 점의 표본을 연희전문학교에 기증하여 1년 만에 정리했다. 애제자인 이영노 선생이 1964년 신종으로 명명한 '장억새'의 '장'은 바로 '장형두' 선생님이다.

1933년 5월 '조선박물연구회' 설립 참여하고, 1934년 2월 '경성식물회' 창립하여 조선향토식물을 조사 연구하기 위하여 식물학을 연구하는 학생과 애호가들이 참여했다. 장형두와 박만규는 전라남도에서 초등교원을 하다

1933년 조선인으로는 처음 일본 문부성 중등박물교원 자격시험을 통과하여 경성식물회를 주도하고, 3명의 일본인 쓰다, 오오타니, 미야가와 등과 열렬히 활동했다. 장형두는 1935년 3월 '정태현, 이덕봉, 박만규, 석주명'과 함께 '경성식물회'를 개칭하며 '조선식물학연구회' 창립을 주도했다. 《조선향토식물》 제1호에 2편의 논문을 기고 수록했다. '조선식물학연구회'는 당시 우리나라 생물교원들로만 구성되어 있어 활동의 폭은 넓지 않았으나 우리나라 근대 생물학 분야의 초석이 되었던 학회로 해방 이후 '한국생물학회'를 거쳐 '한국식물학회'와 '동물학회'로 발전하게 된다. 『조선식물향명집』과 『조선식물명집』 발간 등 향토생물에 연구에 집중하던 이 학회의 정기간행물이 없었다.

장형두는 전국의 수많은 식물표본을 수집하며 이전 일부 우리나라 식물에 대한 '나카이'의 연구결과에 대한 반박을 시도한다. 1940년 전라남도 교육회 주최로 제주도를 포함한 전라남도 전 지역의 식물을 조사하여 출간한 『전라남도식물』의 제작에 주도적으로 참여·연구하였으나 출판 직전에 의견 차이로 탈퇴했다. 장형두 선생은 '일본과 맞짱 뜬 식물학자', "조선 식물상은 조선인 손으로 규명되어야 한다"고 절규하는 민족주의자로 창씨개명도 거부하였다. 1948년 9월 1일 국립 서울대학교 사범대학 부교수에 임용되었다. 1949년 학생용 식물도감 『학생 조선식물도보』(수문관 판, 조선생물교육회 사정)를 발간하여 교육계에 신선한 충격을 주었다. 비록 종이 질이 떨어지지만 많은 식물의 그림은 나카이의 '조선삼림식물편'의 그것에 못지않다. 그래서인지 초판 이후 1년 동안 제4판까지 인쇄될 정도로 주목을 받았다. 그는 이 도감이 학생뿐 아니라 일반인과 연구자들에게도 좋은 참고가 되기를 서문에서 밝혔다. '식물'을 '묻사리'로 '고산식물'을 '높산묻사리'로 '동물'은 '옮사리'로 하는 등 철저하게 한글로 표기했다. '묻사리'는 '땅에 묻혀서 사는 생물'이라는, '옮사리'는 '움직여 옮겨가며 사는 생물'이라는 뜻이다. 이

책의 발간을 위해 당시 한글학자 최현배의 도움을 받은 것으로 알려졌다.

지난 6월 수원시 요양원에서 찾아뵌 둘째 아들 장득성(1936년생) 선생의 증언을 소개한다. 그 많은 재산을 까칠하고 고집스레, 식물학자로 답사와 연구로 써버렸다. 식구들에겐 오히려 답사 나가는 시간이 집 안 분위기가 따뜻하고 행복했다고 한다. 집에 들어오면 채집한 풀꽃을 정리하고 표본을 만들면서 식구들은 숨도 제대로 쉴 수 없이 오롯이 식물연구에 집중했다. 세 번째 식물도감 출간을 위한 원고 3차 교정지를 품에 안고 억울한 죽음으로 눈을 감지 못했다. 그 원고를 친구가 책 서문에 "장형두 선생 고맙다"는 한마디를 하고 본인 이름으로 발간했다. 장득성 선생은 그 내용을 밝혀야겠다고 다짐했다. 식물연구 답사로 재산이 사라지고 돈이 떨어지자, 담양 객사리 부자 처가에서 해준 결혼 예물 금반지 금목걸이까지 팔아 답사비를 마련할 정도였다.

장지는 망우리공동묘지였다. 묘지는 2019년 서거 70년 만에 단장했다. 묘지번호 201271이다.

2020년 광주MBC 8.15특집다큐 〈장형두와 우리 묻사리〉가 방영되었다. 둘째 아들 장득성 선생과 손을 잡고 조선 천재 식물학자 장형두의 피맺힌 신원을 풀어드려야겠다.

대한민국 초대 농림부장관.
진보당 사건. 사법살인

죽산 조봉암

竹山 曺奉岩, 1898~1959

죽산 조봉암은 1898년 9월 25일 강화군 선원면 지산리에서 아들만 3형제 중 빈농의 둘째로 태어났다. 본관은 창녕이다. 어머니 유(劉)씨가 봉황새를 본 태몽을 꾸었다. 이름에 '봉황새 봉(鳳)'자를 쓸까 하다가 너무 엄청난 것 같아 '받을 봉(奉)' 자를 써서 봉암(奉岩)이라 하였다. 일제시기 사회주의 항일운동을 하였으나, 광복 후 대한민국 건국에 참여하였고, 초대 농림부장관과 국회부의장을 역임하였다. 1958년 1월 국가보안법 위반으로 체포되어 1959년 7월 31일 오전 11시에 사형이 집행되었으나 2011년 1월 대법원

조봉암 유택

의 무죄판결로 복권되었다.

　가난하지만 자유롭고 평화로운 집안에서 구김살 없이 자란 죽산은 1911년 강화공립보통학교를 졸업하고, 2년제인 농업보습학교를 마쳤다. 강화군청 손대기로 있다가 주산을 잘한 덕분에 월급이 10배인 10원을 받는 강화군청 고원으로 올라가 근무했다. 왜인 서무주임과 사사건건 다투기 1년 만에 군청을 나와 감리교 줄기교회 일을 도우며 사회의식에 눈을 뜨게 된 죽산을 개인적인 삶에서 사회적인 삶으로 나아가게 한 것은 3.1혁명이었다. 강화에서 3.1혁명이 일어나자 이에 참여했다가 1년간 투옥되었다. 죽산 조봉암이 1957년《희망》2·3·5월호에 실린「내가 걸어온 길」에 밝힌 내용이다. "서대문형무소에서 나와서 고향으로 돌아온 나는 서대문형무소로 갈 때의 나와는 전연 딴사람이었다. 나는 나라가 무엇이라는 것을 알게 되었고 내 민족을 위해 무엇을 할 것인가 하는 것을 생각하는 사람이 되었다."

　출옥 후 서울로 올라와 YMCA 중학부에 입학했다. 일제하 기독교계 경성 지역 '대부'였던 월남 이상재의 강의를 느낌 깊게 들었다. 폭탄 수십 개를 만들어 YMCA를 사북으로 독립운동을 하려 했다는 거짓 귓속질로 평양경찰서에 끌려가 갖은 족대기질을 당하고 20일 구류 살이를 하며 민족의식에 눈을 떴다. 그 뒤 일본에 건너가 세이고쿠 영어학교에서 잠깐 영어를 배운 뒤 주오대학 전문부 정경과에서 공부했다. 빈손으로 갔던 죽산은 엿장수를 하며 유학생활을 했다. 학교 공부보다는 독서에 빠져 수많은 책을 읽었다. 문학을 거쳐 사회와 세계 현상을 시원하게 밝혀주는 사회과학 바다에 빠져들게 되었다. 사회주의사상과 운동에 깊이 들어가 있던 김찬(金燦, 1894~?)의 입김을 받은 것이었다.

　일본 동경에 있던 조선인 유학생들 가운데 아나키즘과 생디칼리즘에 쏠려 있던 김찬, 정재달, 박열, 조봉암 등이 흑도회를 만든 것이 1921년 11월이었다. 민족해방이 먼저인가 계급해방이 먼저인가를 놓고 날카롭게 다

투던 두 두럭은 1923년 찢어졌다. 무정부주의자 박열을 사북으로 한 풍뢰회와 공산주의자인 김약수를 사북으로 한 북성회가 그것이었다. 조선으로 돌아온 북성회원 가운데 한 무리는 신사상연구회로 들어가고 나머지 사람들이 얽이잡아낸 두럭은 북풍회였다. 흑도회가 해산되자 관동대지진의 참상을 목격한 후 대학을 중퇴하고 귀국하여 국내의 항일단체인 조선노동총동맹 문화부책을 맡아 노동운동을 하였다. 1922년 소련령 웨르흐네스크에서 열린 고려공산당 합동회의에 국내파 대표로 참가하여 공산당 파벌 통일에 노력하였으나 실패하였고, 그 뒤 통합대회 결렬 사유를 모스크바 코민테른대회에 보고하였다.

1932년 상해에서 일본 영사경찰에 붙잡혀 신의주형무소에서 7년간 옥살이를 하였다. 그 뒤 고향에서 김조이와 혼인하고 인천에서 은거생활을 하였으며, 일본 경찰의 요시찰 인물로 지정되어 일절 대외 활동이 중지되었다. 1945년 2월 일본 헌병대에 검거되어 다시 수감되었다가 광복과 더불어 자유의 몸이 되었다.

1948년 5.10선거 때 인천에서 제헌국회의원으로 당선되었으며, 당시 헌법기초위원회 위원직을 맡았다. 정부 수립 후에는 초대 농림부장관이 되어 농지개혁을 추진하였다. 한민당을 등에 업고 대통령이 된 이승만이었으나 '친일파 정부'라는 손가락질을 막고자 한민당을 멀리하였던 이승만은 반한민당 세력 우두머리인 죽산을 입각시킴으로써 한민당 세력을 잡도리하려고 했던 것이다. 1949년 농림부장관 관사 수리비를 농림부 예산을 전용하였다가 국회에서 문제가 되어 그 책임을 지고 장관직에서 물러나며 죽산은 "양심에 비추어 추호라도 비행이 있다면 당장이라도 종로 네거리에서 목을 베어도 한이 없겠다"고 말했다.

1950년 제2대 민의원에 당선되어 지청천을 누르고 국회부의장에 선임되었다. 제2대 민의원이 개혁적이고 민족적인 공기 덕이었다. 죽산을 비롯한 민족주의 좌우파 세력들이 민족통일 문제로 화두로 삼으려는데, 개원 6일 만에 6.25가 터졌다. 27명이 월북하거나 납북되었다.

1952년 8월 5일 제2대 정·부통령 선거에 입후보하였다가 죽산은 한민당 뒷몸인 민국당 이시영보다 3만 표 이상을 앞서는 차점으로 낙선했다. 죽산은 제3대 정·부통령선거에 박기출을 부통령 후보로 삼아 대통령에 출마하여 216만 3,808표(23%)를 얻었으나 다시 낙선하였다.

1956년 11월 10일 책임 있는 혁신정치, 수탈 없는 계획경제, 민주적 평화통일의 3대 정강을 내걸고 사회민주주의 정당인 진보당 창당준비위원회를 발족했다. 1심에서 5년이었는데, 항소심에서 사형이었고, 대법원 확정판결에서도 사형이었다. 죽산이 교수대 이슬로 사라진 것은 1959년 7월 31일 오전 11시쯤이었다. 망우리공원 죽산 묘역에서 추모제가 매년 7월 31일 열린다. 시각은 11시 사형집행 시간에 맞춰 거행된다.

조봉암의 큰딸 조호정은 당시 이화여고 학생으로 교복을 입고 아버지 생명을 구원하고자 백방으로 뛰었다. 특히 이기붕의 처 박마리아 여사한테 눈물로 호소하였다고 전해진다.

죽산의 장례는 너무도 호젓했다. 충현동 산 4의 5번지 평생 집 한 채 없이 전세로 살던 막다른 골목 높은 축대 위 양옥 죽산 댁 근처의 교통을 차단하고 상가에 조문객이 드나들지 못하도록 하였다. 겨우 40장의 출입증만 발부하였다. 유족과 40여 명의 진보당 간부만이 장례를 준비했다. 장지로 가는 차량도 한 대의 영구차로 제한했다. 장의차가 가는 인도에는 경찰이 띄엄띄엄 지켜 서 있었다. 청량리에서는 숫제 차량을 통제했고 망우리공동묘지 부근은 더 많은 경찰들이 둘러싸고 있었다. 하오 5시 30분 하관으로 죽산은 땅에 묻혔다.

저서로는 『공산주의 모순발견』,『우리가 나아갈 길』,『우리의 당면과제』 등이 있다.

죽산의 문중은 2011년 무죄 선고 직후 국가보훈처에 독립유공자 서훈 신청을 냈지만 친일 흔적이 있다는 이유로 반려되었다. 1940년 1월 《매일신보》에 실린 "인천부 본정 내외미곡직수입 성관사 조봉암 방원영"이라는 광고와 이듬해 12월 같은 신문에 실린 "인천 서경정에 사는 조봉암씨는 해군부대의 혁혁한 전과를 듣고 감격해 휼병금(장병 위로금) 150원을 냈다"는 내용의 기사가 그 이유였다. 2011년 대법원에 의하여 간첩죄 등에 대하여 무죄가 선고되고 나서 유족과 죽산조봉암선생기념사업회는 비문이 없는 상태 그대로 둘지 가부를 검토하였다. 그대로 두기로 하였다. 백비도 하나의 역사다.

다음 글은 묘소 입구 왼쪽의 소나무 앞의 연보비에 새겨진 죽산의 어록이다. "우리가 독립운동을 할 때 돈이 준비가 되어서 한 것도 아니고 가능성이 있어서 한 것도 아니다. 옳은 일이기에 또 아니하고서는 안 될 일이기에 목숨을 걸고 싸웠지 아니한가?" 중랑갑·을 서영교·박홍근 국회의원, 중랑구청 류경기 구청장, 전·현 이수연·여장권·김태희 부구청장 등 구청 관계자들과 망우리공원을 답사하며 죽산 조봉암 연보비 어록을 함께 읽고 낭독하며 공무원의 자세를 가다듬고 있다.

한국 최초 월간 수필 잡지《박문》편집 겸 발행인.
동요 〈오빠 생각〉의 '오빠'

영주 최신복

永柱 崔信福, 1906~1945

망우리공원 사색의 길 일방통행 3.7킬로미터 지점을 지나면 명온공주 김현근 묘소 안내 표지석이 왼쪽에 자리 잡고 있다. 그 표지석 30미터 앞에 소파 방정환 묘소 표지석이 있다. 소파 방정환 묘소 오르는 입구 왼쪽에 최신복 가족묘지가 자리 잡고 있다.

아동문학가 최신복은 수원에서 1906년 태어나 1945년 선종했다. 영주는 그의 필명이다. 최신복은 배재학교 졸업 후 일본 니혼대학 유학 중 관동대지진으로 인해 고향으로 돌아와 교직과 기자생활을 시작했다. 고향 수원

최신복 묘비

에서 '화성소년회'를 이끌었다. 이때 소파와 인연을 맺었다. 동아일보사 수원지국 기자로 일하던 최신복은 소파의 부름을 받고 1927년 1월 개벽사에 들어가 잡지 《어린이》, 《학생》, 《소년》 등 편집기자로 활동하며 방정환을 도왔다. 동화 「석류나무」, 「조선 제일 큰 강」 등 어린이를 위한 글을 많이 썼다. 최신복 인생에서 큰 인연인 소파 방정환과 '색동회'의 동인으로 활동을 펼쳐나갔다.

1936년 5월 안석주, 윤석중 등과 함께 '소파방정환기념비건립모금운동' 발기인으로 참여했다. 최신복은 소파 10주기 때인 1940년 박문서관에서 마해송과 함께 『소파전집』을 간행하는 등 기념사업과 소파의 유지를 잇는 일로 분주하게 보내다 젊은 나이에 과로로 유명을 달리했다. 그의 유언은 "존경하는 선배 소파의 밑에 묻어 달라"는 것. 소파에 대한 그의 사랑은 그것만이 아니었다. 최신복은 열렬한 소파 숭배자였던 자신의 부친이 1939년 타계하자 소파를 더 자주 찾아보고 싶다며 수원의 선산을 놔두고 부친의 묘소를 소파 묘역 우측 아래쪽에 모셨고, 1942년에는 모친을 다시 그 옆에 모셨다. 또 자신의 갓난아기가 죽었을 때도 그 옆에 묻었다고 하며, 그가 죽은 후 11년 뒤 부인도 옆자리로 이장했다. 영주 최신복은 아동문학가, 동요시인으로 알려져 있으나, 그의 문학작품이 재조명받고 있지 못하다. 그 이유는 상당수의 작품이 창작되었을 것으로 추정되나, 전해지는 작품이 적기 때문이다.

1945년 1월 12일 인후암으로 38세에 세상을 떠난 자신의 유언에 따라 망우리에 묻혔다. 그래서 최영주 3부자는 가엾게 간 소파를 죽어서도 받들고 있으니 이 어찌 미담이 아니겠는가. 1938년 10월 박문서관으로 옮겨 1941년 1월까지 한국 최초 수필 전문 잡지인 《박문(博文)》을 편집했다.

1940년 편집인 및 발행인을 지내면서 '조선문사부대'의 일원으로 양주 육군지원병훈련소에 입소해 하루 동안 참관하고 훈련을 받았다. 12월 조선인에게 '황도(皇道)'를 학습시키기 위해 조직된 황도학회 발기인으로 참여했다. 같은 달 공덕리에 소재한 육군지원자훈련소에서 조선인 지원자 5명과 함께 좌담회를 개최하여 입영을 앞둔 조선인 지원병들에게 "제국군인으로서의 역할을 다할 것"을 주문했다. 이후 친일관련단체 활동으로 친일인명사전에 수록되었다.

〈오빠 생각〉의 최순애와 〈꼬부랑 할머니〉의 최영애는 최신복의 여동생으로 수원군 수원면 북수리에서 태어났다. 독실한 기독교 집안에서 음악과 문학을 충분히 즐기며 어린 시절을 보냈던 가정 문화가 작품 활동에 많은 영향을 미쳤다고 전해진다. 최순애가 최영주의 동생으로, 이원수의 아내로, 작가로서의 최순애의 모습을 알 수 있다면 오빠 최영주는 출판 활동과 편집자로서의 활동이 두드러졌다.

나가는 말
관동대지진 다큐멘터리 제작 오충공 감독

일본 치안 당국은 "조선인들이 폭동을 저지르려고 한다"는 소문이 헛소문이라는 것을 이미 알고 있었지만, 혼란 수습과 질서 회복의 명분 아래 자경단의 난행을 수수방관하였고, 일부는 가담·조장하기까지 하였다. 그러나 점차 자경단의 만행이 도를 넘어서 공권력을 위협할 정도가 되어, 그제야 개입하였으나 이미 수많은 조선인들이 학살당한 후였다. 자경단의 살상 대상은 남녀노소를 가리지 않았으며, 상당수는 암매장되었다. 학살이 최고조에 달했을 때에는 도쿄에 흐르는 스미다강과 아라카와강은 시체의 피로 인해 핏빛으로 물들었다고 한다. 일본 정부는 최종적으로 유언비어를 공식 확인하였으나, 일본 정부는 군대와 경찰 등 관헌의 학살은 은폐하고 그 책임을 자경단에 돌리면서 일부 자경단원을 재판에 회부하였지만 증거불충분을 이유로 모두 석방하고 말았다. 학살사건으로 인한 사법적 책임 또는 도의적 책임을 진 사람이나 기구는 전혀 없었다.

일본인 요시노 사쿠조는 그의 저서 『압박과 학살』에서 2,534명으로, 김승학은 『한국독립운동사』에 피해자가 6,066명이라고 적었지만, 상해 대한민국 임시정부가 발행한 《독립신문》 특파원이 조사 보고한 바에 의하면 도쿄에서 752명, 가나카와현에서 1,052명, 사이타마현에서 239명, 지바현에서 293명 등 일본 각지에서 6,661명이 학살당한 것으로 집계되었다. 학살자의 대부분은 시체조차 찾지 못하였다.

문화예술분야에 대한 지원을 통하여 문화예술의 저변을 확대하고 문화혜택을 널리 공모하며, 창의적 활동을 통하여 문화예술의 진흥 발전을 도모하기 위하여, 일본에서 금정학원 한국에서는 중앙대학교 이사장을 20여 년 역임하신 재일한국인 동교 김희수 선생이 2009년에 설립한 재단법인 수림문화재단 후원

청리은하숙 세계시민학교 활동으로 2017년 2월 도쿄 릿쿄대학 중앙교당에서
열린 제10회 윤동주시낭송회에도 학생들과 참여했다. 뒤풀이 장소에서
관동대지진 다큐멘터리 〈감춰진 손톱자국〉(1983)과 〈불하된 조선인〉(1986)을
제작한 재일한국인 오충공 감독을 만나, 지금까지 교류하며 세 번째 영화 〈1923
제노사이드, 93년의 침묵〉을 제작하는 데 주로 관련 인물들을 연결하는 일을
돕고 있다.

망우리공원에 묻힌 인물 중 관동대지진과 관련된 분으로 나운규는 한국 영화의
선구자로 영화 〈아리랑〉으로 민족을 일깨운 풍운아였고, 송석하 선생은 민족의
뿌리를 찾기 위해 경제에서 민속학을, 최신복은 아동문학을, 조봉암은 독립운동을,
김영랑은 독립운동과 저항시를, 유상규는 대중의 의료보건 개선에, 오기선 목사와
방정환은 후원회 조직과 구호사업에 매진했다. 조선의 천재 식물학자인 장형두는
일본 식물학자에게 배웠지만 일본과 맞짱 뜬, 조선 식물상은 조선인 손으로
규명되어야 한다고 실천했다. 아사카와 다쿠미 선생은 식민지 관료였지만 조선인은
절대로 유언비어와 같은 행동을 하지 않을 뿐 아니라 만약 동경에 있다면 변호사를
사 구원하겠다고 일기에 썼다. 당시 400여 명의 대학생은 고국으로 귀국한 뒤
일경의 감시와 협박으로 민족적 참상을 침묵으로 일관했다. 식민지 작가들은
총독부 문화정책에 순치되어갔다. 그나마 김동환의 『승천하는 청춘』, 이기영의
『두만강』 등에서 실제 도쿄 현장에서 경험한 참혹한 상황을 다루었다. 오충공
감독은 파인 김동환의 따님인 김채원 소설가와 김영랑 시인의 따님인 김애란
여사가 아버지인 파인과 영랑의 시를 낭독하는 모습을 촬영했다.

오감독이 발품 팔아 찾아낸 간토학살 희생자 유족들이 2017년 8월 30일 오전
10시 희생자들이 마지막으로 밟은 조선땅인 옛 부산부두 인근 수미르공원에서
희생자들을 기리기 위한 제사를 모시고, 오후 2시 부산 국립 일제강제동원
역사관에서 '관동 진재(震災) 조선인학살희생자 유족회' 발족식을 열었다. 그간
강제동원 피해자나 일본군 '위안부' 피해자, 원폭 피해자의 유족회나 단체는
있었지만 간토학살 관련 유족회가 만들어지는 것은 이날이 처음이었다. 필자의
'축문을 대신하여' 시를 행사에 참여한 목선재 윤중목 시인이 낭송하였다.

그해 10월 필자가 주선하여 진관사 계호 주지스님과 총무스님 법해스님 배려로
국가무형문화재 126호인 진관사 국행수륙재에 이름과 주소가 밝혀진 희생자 17분의
위패를 모셨다.

관동대지진 참상을 목격한 문인과 유명인은 김소월, 이상화, 김동환, 김영랑,
염상섭, 이육사, 이기영, 채만식, 한설야, 함석헌, 박용철, 김소운, 허남기, 송석하,
안창남, 임영신, 장형두, 박열, 유치진, 유치환, 유치상, 양주동, 오기선, 최승만,
변희용 등이다. 전남대학교 일어일문학과 고영자 교수의 『바로 잡는 국문학·詩』(탱자
출판사, 2004)에서 우리나라 저항시의 바탕을 관동대지진 참상이라고 주장하였다.
지금은 점차 이 이론에 힘이 실리고 있다. 시인 김소월은 한 달이나 소식이 없어
식구들은 죽었다고 여겼고, 시인 구상의 맏형 구원준은 행방불명, 시인 윤동주의
아버지 윤영석도 무사하다고 동경에서 명동촌에 전보를 쳤다.

3부.

친일문제와 극복의 길

항왜 항미 독립운동가 집안은 3대가 거지노릇

친일 친미파 집안은 적어도 3대가 부귀영화를 누리고, 항왜 항미 독립운동가
집안은 3대가 거지노릇을 한다. 민족해방과 계급해방을 위하여 일제 미제 그리고
조선말 하는 왜놈인 토왜(土倭)와 조선말 하는 양놈인 토미(土尾)들과 싸우다 무덤도
없이 중음신되어 이 조선반도 건공중을 떠돌고 계시는 어르신들 이야기……
아무개 아무개처럼 어리석은 중생들이 울부짖는 가짜좌익이 아니라 오늘 답사하는
어르신들 얼 이어받은 진짜좌익이 권력을 잡지 않는 한 친일 친미파 적폐청산은
이루어질 수 없다.

대한민국은 1945년 8월 15일 과연 해방이 된 것일까? 겉으로는 해방되고
독립되었다고는 하나, 속으로는 식민사관에 찌들고 진짜 역사를 잃어버려 알 수
없으며, 일본인들에 의해 교육된 역사의식으로 다시 학교에서 가르치고……
이렇게 살기를 120여 년……

일본은 임진 정유재란 이후, 제1대 일본 내각총리 이토 히로부미가 선봉에 서서
우리나라 주권을 빼앗았다. 제98대 일본총리 아베에 의해 도발된 경제전쟁으로
한일 관계가 심하게 어그러졌다. 일본의 제36대 내각총리이고, 마지막 제9대
조선총독 아베 노부유키의 소름끼친 예언을 되새기며, 근현대 대한민국 역사가
살아 숨 쉬는 망우리공원 친일인명사전 수록자 묘역을 답사한다. "우리는 패했지만
조선은 승리한 것이 아니다."

1937년 이후 일제는 조선민족을 말살하기 위해 황국신민화 정책을 추진하면서
내선일체의 구호를 내걸었는데 조선 민중에게 천황숭배사상을 주입시켜
정신적으로 일본인으로 만들어 전쟁에 끌어들이기 위해서였다. 일본 사람들은 해외
식민지를 외지라 부르고, 일본 본토를 내지라고 불렀다. 따라서 내선일체는 일본과

조선은 한몸이라는 뜻이다.

1942년에는 조선어 연구단체인 조선어학회까지 강제로 해산하고 관계자를 투옥·학살했다. 또 1940년에는 이름까지 일본식으로 바꾸도록 한 창씨개명을 강요했다. 이 과정에서 친일파가 대거 이용되었다.

대한제국 말기에 형성되기 시작한 친일파는 강제합병 이후 대개 총독부 관료가 되거나 중추원 등에 편입되었다. 1920년대에는 일제의 민족분열정책에 동조하며 참정권 청원을 주장한 민원식 등 친일지주·매판자본가들이 친일파로 전락했다. 그런가 하면 자치운동 등 타협적 경향을 보인 민족개량주의자들 사이에서도 친일적 경향이 확산되었다. 1930년대 전반기에 민중운동이 고양되고 중일전쟁 이후 일제의 파쇼적 탄압이 강화되자 이에 위협을 느낀 민족개량주의자의 상당수가 친일파로 전락했으며 전향하는 사회주의자도 많았다. 수양동우회사건을 계기로 이광수와 주요한 등이 친일을 서약했으며 뒤이어 청구구락부의 윤치호와 장덕수, 흥업구락부의 신흥우 등도 전향했다. 이들은 민중에게 독립은 불가능한 것이며 조선인은 일본을 맹주로 하는 대동아공영권에 참가하여 정치적 지위를 향상하는 데 만족해야 한다고 주장하면서 일제의 침략전쟁에 적극 협력했다. 국민정신총동원 조선연맹에 김성수, 윤치호, 최린, 김활란 등이 이사로 활동했고 문화위원으로 백철, 유진오, 홍난파 등이, 여성부위원으로 송금선, 이숙종 등이 활동했다. 전선사상보국연맹에는 유억겸, 박영희, 장덕수, 김한경 등이 참여했으며 종교계에서는 양주삼(감리교), 홍택기(장로회) 등이 대표적인 친일파로 활동했다.

시인.
이화여자전문학교 교수

월파 김상용

月坡 金尙鎔, 1902~1951

김상용은 경기도 연천군 출신이다. 미군정 시대 관선 초선 강원도 도지사 직책을 잠시 지낸 시인 겸 번역 문학가이다. 본관은 경주이고, 아호는 월파이다.

망우리공원을 답사하며 작가와 작품을 연결하여, 가장 편하게 마음놓고 쉬었다 가고 싶은 유택은 답사자의 입장에 따라 다르겠지만, 필자는 월파 김상용 묘역이다. 한명회 수필가의 묘지 위치 확인과 박수진 시인의 재확인 그리고 연천문인협회 회장인 임상섭 시인과 연천문인협회 회원들이

김상용 유택 참배(연천군 문인협회, 2017.11.)

답사할 때도 인정할 정도다. 망우리공원 사색의 길 일방통행을 무시하고 왼쪽 오르막길을 택하여 걷다 보면, 이태원묘지무연분묘합장비 지금은 유관순 열사 유해가 있다고 추정하는 입구를 지난다. 이어 경서노고산천골취장비의 위창 오세창 선생이 쓴 비문을 보고 오른다. 200미터 걷다 보면 동쪽 툭 트인 전망을 옆 배경 삼아 걸을 수 있다. 때죽나무 군락지가 끝나고 산굽이 시작하는 사색의 길 쉼터 의자 바로 아래 동남향에 월파 김상용 시인의 유택이 자리 잡고 있다.

구리시 삼육고등학교 내려가는 산책로 옆과 사색의 길 바로 아래 자리 잡고 있다. 또한 「남으로 창을 내겠소」 시가 교과서에 수록되고 수능에 출제가 되어 금방 알아볼 수 있다고 생각하지만, 많은 이한테 물어봐도 덤덤한 반응이다. 사색의 길 길섶에 연보비나 안내판을 설치하면 산보객들의 건강과 정서 두 마리 토끼를 다 잡을 수 있지 않을까? 우리나라 사람들의 묘지에 대한 인식이 바뀌지 않는 한 지금 같은 상태가 유지될 수밖에 없지 싶다.

월파는 연천군 남면 왕림리에서 출생하였다. 생가터는 남북분단 당시 북한 지역에 속했다. 현재는 포병부대가 자리 잡아 일주 전 출입허가를 신청하여, 허가를 받아야 들어갈 수 있다. 아버지의 고향은 충북 보은이다. 연천으로 이사해 명의(한의사)로 이름을 날려, 만여 평의 농지를 가진 부농으로 월파의 유년 시절은 다복했다. 월파의 고향 마을회관 앞에는 두 기의 돌비가 세워져 있다. 한때 경기도 양주군 남면에서 잠시 유아기를 보낸 적이 있는 그는 춘천공립보통학교를 거쳐 1917년 경성제일고등보통학교에 입학했으나, 3.1혁명과 관련하여 제적당하고 보성고등보통학교로 전학하였다. 1921년에 보성고등보통학교를 졸업하고 그 이듬해에 일본 릿쿄대학교 영어영문학과에 입학했다. 1927년 릿쿄대학교 영어영문학과에서 학사 학위를 취득하고 귀국하여 보성고등보통학교 교사로 재직하면서 연희전문학교 강사로 출강했다. 1928년 이화여자전문학교 교수로 영문학을 강의했다.

1930년에 연천에서 서울 성북동으로 이사했다. 그해에 《동아일보》에 「무상」, 「그러나 거문고의 줄은 없고나」를 발표하여 등단했다. 1931년 에드거 앨런 포의 「애너벨 리」를 비롯하여 찰스 램, 존 키츠 등의 영미 작가들의 번역 작품을 내놓았다. 꾸준히 시를 발표하면서 활동했다. 1930년대 문단 전반에 흐르고 있던 순수 서정시 운동과 맥을 함께한 그의 시는 자연 그 자체의 아름다움을 읊었던 청록파 시인들과는 다르다. 전원적 삶을 대상으로 '나'와 '자연'의 화해, 자연의 품에 안긴 삶을 지향했다. 대표시 「남으로 창을 내겠소」에서는 자연 속에 묻혀 살면서 그 속에서 인생을 관조하는 경지를 보여주었다. 신석정, 김동명과 함께 3대 '전원파' 시인으로 불렸다. 1938년에 발표한 수필 「우부우화」를 비롯하여 많은 수필을 썼다. 김상용의 시에는 동양의 관조적 허무의 정서가 깔려 있으나 낙관적인 방식으로 어둡지 않게 표현한 것이 특징이다. 1934년 《문학》에 발표한 「남으로 창을 내겠소」와 이 시의 마지막 연 "왜 사냐건 웃지요"가 유명하다.

1933년 이화여전 교수로서 문과과장을, 1939년부터는 학감을 겸임했다. 1938년 6월 이화애국자녀단이 발족하자 간사로 활동했다. 이화애국자녀단은 "총후보국의 내조적 역할을 공고히 한다"는 목적으로 조직되었다. 그 단장은 김활란이었다. 같은 해 10월 '국민문학'의 건설과 '내선일체'의 구현을 위해 조직된 조선문인협회의 발기인으로 참여했다. 1941년 9월 일제의 침략전쟁에 협력하기 위해 조직된 전시체제기 최대 민간단체인 조선임전보국단의 발기인으로 참여했다. 1942년 5월 조선총독부 경무국이 연예단체를 일원적으로 통제하기 위해 조선연예협회를 조직하고 연예 각본을 모집할 때 심사위원으로 참여했다. 1942년 2월호 《반도의 빛》에 일제가 '근로보국'의 취지로 추진하던 국민개로운동에 적극 호응해 학생들의 '근로봉사'를 독려하고 그 교육적 중요성을 역설하는 글 「땀의 기쁨」을 발표했다. 1942년 2월 15일부터 《매일신보》가 '신가파의 함락과 문화인의 감격'

이라는 주제로 일제의 싱가포르 함락을 축하하는 명사들의 글을 연재할 때, 1942년 9월 19일자에 「성업이 기초완성」이라는 글을 통해 "해방의 성업이 오늘로 일반을 이룬 것이다. 여기 사항락(싱가포르항 함락) 쾌보를 듣는 나의, 우리의 넘치는 희열이 있다"라며 일제의 승전을 축하했다.

1943년 8월 1일부터 8일까지 《매일신보》가 '조선징병제 실시 감사 결의 선양주간'에 맞춰 1면 특집으로 유명 문인과 화가의 시화인 '님이 부르심을 받들고서'를 연재할 때 《매일신보》에 발표한 「님의 부르심을 받들고서」 등 총 3편의 친일 작품이 밝혀져 있다. 나머지 두 작품은 「영혼의 정화」, 「성업의 기초 완성」이다. 2002년 발표된 친일 문학인 42인 명단과 민족문제연구소가 2008년 발표한 친일인명사전 수록 예정자 명단 교육·학술 부문에 선정되어 수록되었다. 1943년에 일제 탄압으로 영문학 강의가 폐지되었고, 이화여자전문학교 교수직을 사임했다. 종로2가 장안빌딩 자리에서 '장안화원'을 동료였던 김신실과 함께 운영했다.

광복 후에는 미군정하에서 강원도 도지사로도 임명되었으나 통역이 주라 며칠 만에 사임하고 이화여대의 교수, 학무처장이 되었다. 1946년에 미국으로 건너가 3년 동안 보스턴대학교에서 영문학을 연구하고 1949년 미국 보스턴대학교 영어영문학과에서 문학석사 학위를 받았다. 1949년에 돌아와 이화여자대학교 교수 겸 학무처장을 역임했다. 《코리아타임스》의 주필과 초대 사장을 맡았다. 1950년 풍자적인 수필집 『무하선생 방랑기』를 출간했다.

한국전쟁 중 부산으로 피난을 갔다. 9.28수복 직후 공보처 고문, 코리아타임스 초대 사장직을 맡았다. 1951년 6월 23일 오전 9시에 식중독으로 병사했다. 김활란의 집 '필승각'에서 먹은 게 중독을 일으켜 치료하다 의사의 잘못된 투약으로 부산 부전동 52번지 셋집에서 생을 마감했다. 1955년 2월 30일 이화여대 주선으로 당시 양주군 구리면 망우리공동묘지에 이장했다.

시조시인 김오남이 누이동생이며, 첫째 여동생의 아들인 소설가 곽하신은 외삼촌인 김상용의 문학수업을 받고 1938년 《동아일보》 신춘문예에 당선되었다. 이어 1940년 《문장》에 소설 「마냥모」, 「사공」을 소설가 이태준의 추천을 받아 실어 재능을 인정받았다. 시인 월파 김상용과 노천명은 사제지간이었다. 이화여전에서 문학개론을 가르쳤다. 노천명 시인이 월파에 대한 인상을 발표했다. 시의 주제는 항상 자연과 전원을 읊은 것이었으며 말을 다듬는 데 있어서는 고답파적인 데가 있었다.

탁월한 여성 지도자

김활란

金活蘭, 1899~1970

인천시에서 출생하여 서울에서 별세했다. 기해년에 태어나서 '기득'이라고 불렸으며 '활란'이라는 이름은 세례명인 헬렌을 한자어로 표기한 것이다. 호는 우월. 기독교적 가풍에서 독실한 신앙인으로 자랐다. 1907년 제물포에서 서울로 이사하여 이화학당에 장학생으로 입학했다.

1918년 이화학당 대학과를 졸업하고 모교에서 근무하였으며, 이화학당 재직 중에 3.1운동을 맞았다. 1922년 7월 미국 오하이오 웨슬리안대학에 편입하였다. 1924년 6월 문학사 학위를 받고, 그해 10월 보스턴대학 대학원 철학과에 입학하여 「철학과 종교의 관련성」으로 석사 학위를 받았다. 1925년 여름 호놀룰루에서 열린 제1차 태평양문제연구회의에, 1927년

김활란과 박원희.
여성운동의 선구와 현역
(《동아일보》, 1927.1.6.)

역시 호놀룰루에서 열린 제2차 태평양문제연구회의에 참석하였고, 1928년 미국 캔자스시에서 열린 감리교 총회에 평신도 대표로 참석하는 등 종교·사회 분야에서 중요한 역할을 담당하기 시작하였다. 1928년 4월 예루살렘에서 열린 국제선교회의에 신흥우, 홍병선과 함께 참석하여 일본대표와 논쟁을 벌여 찬사를 받기도 했다.

1930년 미국 컬럼비아대학교 대학원에 입학하여 1931년 10월 우리나라 여성으로는 처음으로 철학박사 학위를 받았다. 1925년부터 이화여대 교수·학감을 맡고 있었는데 박사 학위 취득 후 귀국해서는 부교장직도 겸했다. 1939년 4월에는 이화여자전문학교와 이화보육학교의 교장이 되었다. 1945년 문리과 대학을 한림원으로, 음악·미술 대학을 예림원으로, 의예과·간호과·약학과를 종합한 예과 대학을 행림원으로 편성하였고, 1946년 8월 15일 종합대학으로 설립인가를 받았다.

1961년 9월 30일 김옥길에게 총장직을 물려주고 명예 총장과 이사장직을 맡아 이화여대에 대한 자체 조사연구로부터 시작하여 이화 10년 발전계획을 추진하였다. 해방 후 구성된 교육심의회 위원으로 교육이념 분과에 참여하였고, 교육심의회보다 먼저 구성된 한국교육위원회에서 여자교육 부문을 맡아 여성교육 이념 확립에 힘썼다. 1950년 6.25전쟁이 일어나자 피난을 가서 적십자사 일을 보았고 이어서 공보처장직을 수행하였다.

그가 관련을 맺었던 단체는 50여 개에 달했는데 1922년에 창설된 기독교청년회연맹(YMCA), 1950년에 설립된 대한민국여학사협회, 1959년에 조직된 여성단체협회에서의 활동이 대표적인 것이다. 1960년 4월 19일 김활란 전도협회를 조직하여 교파를 초월한 범기독교적 운동을 전개하였고, 1964년 10월 16일 한국복음화운동의 기틀을 위한 발기대회를 열어 "삼천만을 그리스도에게!"라는 슬로건을 내걸고 1년 동안 추진했다. 이것은 1968년의 새시대 복음운동으로 퍼져나갔다.

1963년 교육 부문 대한민국상, 필리핀에서 주는 막사이사이상(공익 부문), 미국 감리교회에서 주는 다락방상을 수상하였다. 1964년 5월 미국 웨스팅하우스의 타임캡슐에 넣을 자료 편찬의 교육 부문 위원으로 위촉되었다. 1965년 9월 대한민국 순회대사로 임명되어 죽을 때까지 활동했으며 평생을 독신으로 지냈다. 1970년 대한민국일등수교훈장이 추서되었다.

김활란의 친일행위는 1937년 이화여전 부교장 시절부터 시작된다. 일제가 중일전쟁을 일으키고 식민지 조선을 전쟁 기지로 만들던 시점이다. 김활란은 애국금채회에 발기인으로 참여했다. 일제의 침략전쟁에 금비녀를 뽑아 바치는 이 단체에 가담한 것은 명백한 반민족행위라 아니할 수 없다. 그의 이름은 조선부인연구회, 국민정신총동원 조선연맹, 조선교화단체연합회, 조선임전보국단 부인대, 조선언론보국회 등 일제가 만든 온갖 단체의 간부직에 가장 자주 오르내렸다. 1938년 6월 20일 이화여전과 이화보육의 400명 처녀들로 '총후보국을 내조'한다는 애국자녀단을 조직하였다. 부인총궐기촉구강연회, 시국부인강연회, 학병권유계몽독려반 강연 등 전국을 돌며 일본의 침략전쟁에 협조하는 연설을 하고 다녔다.

야마기 카쓰란이라고 창씨개명도 했다. 그뿐만 아니라 1938년 6월 8일 조선 YWCA를 일본 YWCA에 통합시키는 데 앞장섰다. 이때 회장이 김활란이었다.

1941년 12월 태평양전쟁 이후 일제는 창씨개명을 강요하고 지원병제에서 나아가 징용, 징병, 정신대의 강제 연행을 시작하였다. 동시에 식민정책을 효율적으로 수행하고 선전하기 위해 각종 친일단체를 결성하여 우리 민족의 정신까지 앗아가려는 온갖 책동을 다하였다.

그는 각종 친일단체의 간부로서 부인궐기촉구강연, 결전부인대강연, 방송을 통해 일제의 침략전쟁을 미화하고 내선일체, 황민화 시책을 선전하며 일반 여성이나 여학생들에게 '어머니나 딸, 동생으로서' 징병, 징용, 학병

동원에 대한 이해를 촉구하였다. 확장되는 전선을 일본인 군인으로만 막을 길이 없자 전면적인 징병제를 실시하여 조선의 남아들을 침략전쟁의 총알받이로 삼고자 한 결정에 대해 그는 다음과 같이 감격하였다.

"이제야 기다리고 기다리던 징병제라는 커다란 감격이 왔다……. 지금까지 우리는 나라를 위해서 귀한 아들을 즐겁게 전장으로 내보내는 내지의 어머니들을 물끄러미 바라만 보고 있었다……. 그러나 반도여심 자신들이 그 어머니, 그 아내가 된 것이다……. 이제 우리도 국민으로서의 최대 책임을 다할 기회가 왔고, 그 책임을 다함으로써 진정한 황국신민으로서의 영광을 누리게 된 것이다. 생각하면 얼마나 황송한 일인지 알 수 없다."('징병제와 반도 여성의 각오', 《신세대》, 1942. 12.)

"학도병 출진의 북은 울렸다. 그대들은 여기에 발맞추어 용약 떠나련다! 가라, 마음놓고! 뒷일의 총후는 우리 부녀가 질 것이다. 남아로 태어나서 오늘같이 생의 참뜻을 느꼈음도 없었으리라. 학병제군 앞에는 양양한 전도가 열리었다. 몸으로 국가에 순하는 거룩한 사명이 부여되었다."('뒷일은 우리가', 《조광》, 1943. 12.)

이 밖에도 그는 신문, 방송, 강연을 통해 일제의 앞잡이로서 내선일체, 황국신민화 정책을 선전하며 우리의 젊은이들을 징병, 징용 학병으로 내보내는 데 앞장을 섰다.

1944년 악성 안질에 걸려 실명할 우려가 있다는 의사의 말에 "남의 귀한 아들들을 사지로 나가라고 했으니, 장님이 되어도 억울할 것 없지……. 당연한 형벌"이라고 말하였다 한다(김옥길의 '김활란 박사 소묘').

해방 후 김활란은 대부분의 친일경력을 가진 인물들과 마찬가지로 그가 택한 정치세력은 '친미반공'을 내세운 정치권력과의 밀착이다. 그는 단 한 번도 독재 권력과 맞서 싸운 적이 없다. 오히려 정권과 '밀월관계'를 유지하면서 그들의 수족으로 활동하였다.

김활란은 분명 탁월한 역량을 지닌 여성 지도자다. 그러나 그 탁월한 역량은 한국근대사가 굴절을 겪는 주요 고비마다 다수의 한국인을 위해서가 아니라 소수의 지배권력을 위해 발휘되었다. 경찰이나 군대, 행정기관에 소속되어 항일운동가와 민족성원을 탄압한 사람들과는 다르지만, 문화, 교육가로서 일제에 협력한 그의 역할은 결코 가벼울 수 없는 만큼 그가 민족사에 남긴 오점은 분명히 밝혀야 한다.

교육인. 사회운동가.
4.19혁명에 기름을 부은 과욕

박마리아

朴瑪利亞, 1906~1960

박마리아는 1906년 4월 19일(음력 3월 26일) 강원도 강릉 출생으로, 어릴 때 아버지를 여의고 홀어머니 손에서 어렵게 자랐다. 박마리아의 어머니 고의대는 감리교 목사 정춘수의 집에서 가정부로 일하면서 개신교에 입문, 전도사가 된 인물이다. 일찍 고아가 된 그는 대관령을 넘어 경성으로 와 경성의 한 교회에서 자랐다. 어린 시절 박마리아는 남의 집 어린아이를 봐주고 때로는 채소밭에 나가 일을 해주면서 받은 품삯을 생활비에 보탰지만 겨우 입에 풀칠하기도 벅찰 지경이었다. 어머니의 영향으로 독실한 기독교 신자

이기붕 일가 장례식
망우리공동묘지
(1960.4.30.)

가 되었고 지독한 가난 때문에 여자이면서도 출세와 입신양명에 대한 강한 집념이 이때 다져진 것 아닌가 싶다. 보통학교를 졸업한 박마리아는 정춘수 목사의 주선으로 개성에 있는 감리교가 세운 호수돈여자고등보통학교에 진학했다. 이때는 생활이 매우 어려울 때라 민며느리로 들어가라는 주위의 권유가 있었으나 학업에 대한 욕심으로 힘들게 호수돈여고보에 입학했고, 재학 중에는 우수한 성적을 받았다. 윤치호의 딸로서 개성에 살고 있던 윤봉희의 도움을 받아 겨우 학교를 마쳤다.

1923년 3월 고교를 졸업한 뒤에는 호수돈여고보 동창의 도움을 받아 이화여자전문학교에 입학, 1929년 영문과를 졸업하고 모교 고등보통학교의 교사·학감을 지냈다. 그는 선교사의 주선으로 이번에는 미국에 유학하여 매사추세츠주 마운티홀리대학에서 수학했다. 1930년대 초 테네시주 스칼렛대학 학사 학위와 1932년 피바디 사범대학 석사 학위를 받고 귀국하였다. 이 무렵 그는 원용덕(元容德, 1908~1968)과 사귀었다. 원용덕은 세브란스 의학전문학교 출신의 의사였고, 같은 미선계인 이화여전에 있던 박마리아와는 연인 사이였다. 그러나 미국 유학 생활 중 원용덕과 헤어지고 이기붕을 만나 그와 결혼하게 된다. 이화여자대학교 강사로 재직 중 1934년 12월 15일 토요일에 이기붕과 결혼하였다.

귀국한 뒤 이화여자전문학교에서 강의를 하다가, 미국 유학 중 만난 열 살 연상의 이기붕과 결혼한 뒤로는 조선여자기독교청년회연합회(YWCA)에서 근무했다. 조선YWCA연합회는 1938년 내선일체의 원칙하에 일본 YWCA 산하로 흡수되는데, 이때 박마리아는 김활란, 유각경과 함께 중심 역할을 했다. 이후 중일전쟁과 태평양전쟁의 와중에서 지식인들을 동원한 친일 강연에 적극 참가하여 일본의 침략전쟁을 지원했다. 1942년 친일단체 조선임전보국단에 가담했으며, 각종 간담회에 등장하여 징병제에 호응할 것을 요구했다. 박마리아는 이때의 활동으로 2009년 민족문제연구소가 편찬한 친일인명사전 교육 분야에 수록되었다.

이승만과 가깝던 남편 이기붕은 광복 후 이승만의 집권과 함께 정치를 시작했다. 특히 이승만의 부인인 프란체스카 도너가 영어가 유창한 박마리아를 가까이 두기 시작하면서 박마리아와 이기붕 부부는 이승만 정권의 실세로 떠오르게 되었다. 1946년 박마리아는 이화여대 영문과 교수로 임용되고 대한부인회의 부회장에 피선되었으며, 이기붕은 1948년 대통령 비서실장, 1949년 서울특별시장이라는 요직에 임명되었다. 프란체스카 도너의 절대적인 신임을 얻어 남편 이기붕을 자유당의 2인자로 만든 뒤에도 그는 궂은일을 도맡아 하여 프란체스카의 신임을 유지했다. 승진을 바라고 찾아오는 영관 장교와 장군들이 그의 집에 들어섰다. 또한 박마리아의 예전 연인은 군 내부 실세의 한 사람인 원용덕이었다. 박마리아는 남편을 자유당 정권의 2인자로 만든 것과 프란체스카의 각별한 신임, 한때 자신의 연인이었던 원용덕의 배경을 통해 군에도 영향력을 행사하였다.

이기붕이 이범석을 몰아내고 제1공화국의 2인자로 부상하는 시점에 박마리아도 이화여대 문리과대학 학장, 부총장, YWCA 회장이 되었다. 문리대 학장과 YWCA 회장에는 한국전쟁 중이던 1952년에, 이화여대 부총장에는 이기붕이 제3대 정·부통령 선거에 부통령 후보로 출마했던 1956년에 취임했다. 이 무렵 그의 집은 '서대문 경무대'라고 불릴 정도로 권력이 집중되고 있었다.

박마리아의 권력의 힘이 망우리공원에 묻힌 초허 김동명 시인의 날카로운 정치평론에도 탄압을 받지 않았는데 강릉이라는 동향 출신이 든든한 배경이 되었다. 조봉암 사형선고 후 이화여고 교복을 입고 박마리아 집을 찾아가 아버지의 사형을 면해달라는 조봉암의 딸 조호정 학생의 애원은 힘이 닿지 않았다.

박마리아는 이화여대 동문회 회장이었고 이대 출신 친목단체인 '이수회'의 회장이었다. 그는 군의 장군과 고위 관료들 그리고 가난한 집에서 성공한 배경 없는 개천에서 난 용들과 이대 출신 여성들의 연결을 주선하였다. 그리하여 승진을 바라는 군의 장군들은 박마리아에게 접근하려고 조강지처와 이혼하고 '이수회'의 젊은 여성과 재혼을 급히 서두르는 일이 나타났다.

1957년 박마리아는 장남 이강석을 이승만의 양자로 입적시켰고 정치에도 깊이 관여했다. 1960년 제4대 정·부통령 선거는 전면적인 관권 부정선거로 치러졌는데, 이때 박마리아가 회장을 맡고 있던 대한부인회를 비롯한 여성 단체들이 동원되었다. 대한부인회는 전국 대회를 통해 이승만과 이기붕을 지지한다는 결의문을 채택하기도 했다. 선거 결과 이기붕은 부통령에 당선되었지만, 4.19 혁명을 불러와 곧 부정선거로 인한 부통령직을 박탈당하고 재선이 치러져 자유당 정권이 붕괴하고 이승만은 하와이로 망명하고 말았다.

4.19혁명 당시 서울에서 혁명에 참가하지 않던 몇 안 되는 예외 중 하나가 이화여자대학교였다. 일부 이대의 여성주의 운동가들만이 시위대에 참여했다. 이를 두고 지난 2월 마지막 망명객으로 숨을 거둔 정경모는 "그것은 당시 박마리아가 이화여자대학에서 행사하고 있던 영향력이 얼마나 강했는가를 생각해보면 쉽게 이해할 수 있을 것이다"라고 했다.

거처인 서대문 경무대에 노호하는 군중이 몰려든 4월 25일 자정, 박마리아는 입은 옷 그대로 병약한 남편과 두 아들을 데리고 허둥지둥 뒷문으로 도망쳐 평소에 돌봐주면서 승진에 힘을 빌려주고 있던 육군 제6군단장(강영훈 중장)의 관사로 지프를 타고 달려가 보호를 요구하였다. 그러나 4월 26일 6군단장은 박마리아 일가에게 당장 물러가 달라고 요구했다. 결국 도망쳐 달아날 곳도 없었다. 1960년 4월 28일, 결국 경무대 별관에서 당시 육군 소위로 복무 중이던 아들 이강석이 권총을 이용해 이기붕과 박마리아, 동생인 이강욱을 차례로 쏘아 죽이고 자살했다. 박마리아가 살던 집은 국가에 환수되어 집터에 4.19혁명기념도서관이 들어서 있다. 그가 쓴 책은 대부분 단종·회수되어 소각되었다.

　대단히 인색하고 콧대가 높았다고 한다. 해방 후부터 6.25 직후까지 이승만의 비서를 지냈던 박용만에 의하면 "굉장한 이기주의로, 퍽 욕심이 많고, 남에게 지기 싫어했으며 지나치게 자존심이 강했다, 퍽 인색했었고 그러면서도 콧대는 대단히 높았다"고 한다. 박용만에 의하면 박마리아는 남에게 자기 것은 쌀 한 톨도 주는 법이 없으면서도, 남이 주는 것은 주는 대로 받았다 한다.

3.1혁명 민족대표 33명 중 1인 목사.
교육자

박희도

朴熙道, 1889~1951

박희도 묘비

망우리공원 독립지사 중 3.1혁명 33인 민족대표 중, 천도교 대표 오세창, 불교계 대표 한용운, 기독교 대표 박희도 세 분의 유택이 있다. 두 분의 연보비는 당당하게 참배객을 맞이하고 있다. 한 분의 연보비는 찾을 수 없다. 그 이유를 밝힐 수 있다. 박희도는 친일행위자이다. 공교롭게 민족대표 한용운 묘역과 오세창 묘역 사이에 자리 잡고 있다. 두 분의 묘역은 사색의 길 위에, 박희도 묘역은 사색의 길 아래에 있다. 눈여겨보지 않으면 그냥 지나칠 수밖에 없다. 민족대표 33인 중 변절하여 반민족적 행위를 범한 자가 최린, 정춘수, 박희도 3인이다. 이 중에 박희도가 그의 부모님 묘역 아래 묻혀 있다.

해방 후 박희도는 반민특위에 불려 갔다. 1949년 2월 21일 서울 신설동 자택에서 반민특위 김제선 조사관의 출두 요청을 받고 이튿날 특위에 출두하였다. 이후 그는 병을 이유로 불구속 처리되었다.

박희도의 사망 일자를 두고는 두 가지 기록이 있다. 우선 그의 제적등본에는 1952년 9월 25일로 되어 있다. 그러나 망우리에 있는 그의 묘소 묘비에는 "단기 4284년(1951) 9월 26일에 서거하다"로 기록되어 있다. 비석 건립 일자와 주체는 "단기 4291년(1958) 7월 8일 건립 육군정훈학교 장병 일동"으로 되어 있다. 반민특위 조사 이후 사망할 때까지 박희도는 육군정훈학교에서 강의했다. 이런 인연으로 육군정훈학교 측은 1958년 미아리공동묘지에서 이장하며 그의 사후 7년 뒤에 묘비를 세웠다.

박희도는 1889년 8월 11일 황해도 해주에서 박계근의 아들로 태어났다. 3.1혁명 당시 민족대표 33인의 한 사람이다. 최연소이다. 17세까지 한문을 배우고, 황해도 해주 의창학교 보통과와 고등과를 졸업했다. 이어 평양 숭실중학교로 진학하여 학업을 마친 후, 연희전문학교에 입학하였으나 2년 수학하고 중퇴했다. 이후 협성신학교(감리교신학교)를 졸업했다.

15세 무렵 기독교인이 되었다. 일찍이 해주군 교회의 전도사로 활동했다. 1916년에는 중앙예배당에서 '지성의 감동력'이라는 주제로 여러 차례 강연했다. 같은 해 8월 미국인 목사 베커(A. L. Becker, 白雅德)의 지도 감독으로 경성에서 유학하는 해주 출신 학생들을 위한 기숙사 건립을 추진했다. 1916년 6월 조선중앙기독교청년회(대한기독교청년회연맹, 약칭 YMCA)의 회원 확대 운동에 가담하여 크게 활약했다. 함흥 소재 기독교계 보통학교인 영신학교의 교감으로 재직했다. 1916년 10월 장낙도, 유양호 등 중앙교회 목사와 함께 중류 이하 자제를 대상으로 하여 기독교적 민족교육을 표방한 중앙유치원을 설립했다. 1918년 6월 감리교 창의문밖교회 전도사가 되었고, 9월 조선기독교청년회 회원부 간사로 취임했다.

1919년 2월 22일 손병희, 최남선, 이승훈 등이 한국의 독립을 내외에 선언하기로 결의하자 기독교 민족주의 청년운동의 일환으로 참여를 결정했다. 1919년 3월 1일 민족대표 33인의 한 사람으로 독립선언문에 서명하고 태화관모임에 참석했다가 체포되어 약 1년 6개월간 옥고를 치르고, 1921년 12월 출옥한 후 고양군 숭인면 용두리 교회 주임으로 근무하면서 1922년 1월 김명식 등이 주도한 신생활사 창립에 참여하였다. 신생활사에 자본금 1만 5,000원을 기탁하여 사장으로 취임하고 잡지《신생활》발간을 이끌었다. 기독교 세력과 초기 사회주의 세력의 연합적 성격을 지닌 잡지《신생활》은 사회주의사상을 비롯한 여타 신사상을 소개하고 전파하는 활동을 전개하였다. 그해 11월 '신생활필화사건'으로 구속되어 출판법 위반으로 징역 2년 6개월 형을 선고받았다. 이 사건은《신생활》11호가 러시아혁명 5주년 기념호로 발행된 것이 빌미가 되었고, 이로 인해 잡지는 발행금지 처분을 당하였다.

1924년 말 출옥한 뒤 독립계몽운동에 지속적으로 참여하였다. 1925년 3월 도덕적 인격수양과 경제적 실력양성을 표방하며 조직된 흥업구락부 결성에 참여하였고, 1927년 1월 신간회 창립에 참여하였다. 1929년 7월 신간회 중앙집행위원 내 출판부장을 지냈고, 같은 시기 신간회 동경지회 간부(대표회원)로 선임되었다. 같은 해 9월 동회 회보 편집위원을 담당하였으며, 10월 중앙상무 집행위원으로 선정되었다.

1928년 9월 중앙보육학교를 설립하고 교장에 취임하였다. 1930년 조선고아구제회 이사로 활동하였다. 이 시기 사회운동에 참여하면서 여러 잡지에 계몽적 성격의 글을 다수 발표하였다. 교육과 사회운동에 종사하다가 1934년 사생활과 관련된 스캔들에 휘말려 재기를 꿈꾸던 그에게 또다시 악재가 등장했다. 당시로선 흔치 않았던 사생활 관련 스캔들이었다. 요즘으로 치면 미투사건이라고 할 수 있다.《조선중앙일보》는 1934년 3월 17일 박희도가 제자를 유인하여 정조를 유린했다고 대서특필하였다. 이 신문은 이후로도 10여 차례에 걸쳐 관련 기사를 실었다. 사태가 커지자 조사위원회가 구성돼 조사를 벌였으나 도중에 피해 여성이 애초의 주장을 번복하는 등 논란이 가중되었다. 이 사건으로 박희도는 파렴치한으로 낙인찍혀 얼마 뒤 중앙보육학교 교장직에서 물러나야만 했다. 《조선중앙일보》의 박희도 스캔들 관련 보도는 다분히 정치적이며 과도했다는 비판도 있다. 민족지사에서 자치론 등 타협적 민족주의자로 변신한 박희도가 언론의 표적이 되었다는 지적이다. 당시 《조선중앙일보》 사장은 몽양 여운형이었다.

1930년대 중반경부터 전향하여 일제 정책에 적극 협력하기 시작했다. 성폭력 논란 사건 후 친일 행적으로 독립유공 포상도 제외되었다. 이후 박희도의 삶은 이전과는 180도 뒤바뀌었다. 민족주의자를 자처했던 그가 친일로 변신하여 일제 통치를 찬양하고 나섰기 때문이다. 그 시작은 1934년 11월 친일 조선인과 일본인들이 일선융합을 표방하며 조직한 시중회의 발기인·이사가 된 것이며 1937년 10월까지 활동하였다. 1936년 11월에는 '조선인 징병제도 실시요망' 준비위원에 참여하여 조선인에 대한 징병제 실시를 촉구하였다. 이후 1942년 5월 징병제가 실시되자 이를 환영하고 감격해하는 감사장을 일본 내각총리, 육해군 대신, 조선 총독, 조선군사령관에게 보내기도 하였다. 1938년 9월 조선방공협회 경기도연합지부 평의원을 역임하였고, 1939년 1월 '내선일체' 실현을 목적으로 하는 동양지광사를 창설하여 기관지 《동양지광》을 발행하였다. 1945년 5월 폐간할 때까지 동 잡지사의 사장, 편집 겸 발행인으로 활동하였다.

또한 1939년 5월부터 1944년 6월까지 전쟁협력 외곽단체인 국민정신총동원 조선연맹 및 국민총력 조선연맹의 참사로 활동하였다. 1941년에는 조선임전보국단의 평의원으로 활동하였고, 1945년 6월 조선언론보국회의 참여로 활동하였다. 이 밖에 1937년 9월부터 지방 순회 좌담회와 강연회 등에 참가하여 황민화, 지원병, 학병, 헌납 권장 등을 역설하였다. 이 같은 친일 행적으로 인해 1949년 2월 '반민족행위특별조사위원회'에 체포되어 조사받았다.

1951년 사망. 미아리공동묘지에 묻혔다. 1958년 망우리공원으로 이장했다. 묘지번호 109628이다. 친일행위자로 반성과 성찰의 후일담을 남긴 드문 경우다. 연보비는 없지만 육군정훈학교에서 묘비를 세웠다. 또한 동생 박희성은 임시정부 비행장교 1호로 미국에서 훈련을 받다 발병으로 국내에 돌아오지 못하고 순국하였다. 2010년 국립대전현충원에 안장되었다.

《백조》동인. 문화예술계 전방위 딜란트.
〈우리의 소원〉 작사가

석영 안석주

夕影 安碩柱, 1901~1950

안석영은 널리 알려진 〈우리의 소원〉의 작사가이다. 삽화계의 선구자이자, 각종 영화의 시나리오 작가, 영화감독으로 활동했다. 일제 말기 친일감독으로 변모했다. 한국영화 도입기에 중요한 역할을 한 영화인으로 기억할 수 있다.

1901년 서울에서 출생 본명은 안석주이다. 교동보통학교를 거쳐 1916년 휘문고등보통학교를 다닐 때부터 최초의 서양화가 고희동으로부터 미술수업을 받아 그림에 뛰어난 재능을 보였고, 혼자서 서양화를 그리기 시작했

안석영 선생 묘비 제막식
(1954.11.14.)

다. 도일하여 도쿄에 있는 동경본향양화연구소에 들어갔으나 신병으로 퇴소하고 1921년 귀국하였다. 귀국 후에는 서화협회 정회원으로 가입하였고, 모교인 휘문고보의 도화 강사로 재직하였다. 그의 이름이 세상에 알려지게 된 계기는 1921년 나도향의 《동아일보》 연재소설 「환희」의 삽화 때문이었다. 안석영은 이 삽화를 맡으면서, 조선 삽화계의 선구자가 될 수 있었다. 이후 다시 도일하여 미술을 연구하기도 했다.

1922년 안석영은 이기세, 윤백남, 민대식, 박승빈, 이원섭 등이 조직한 극단 예술좌 창립 공연에 배우로 참여하면서, 조선의 연극계에 입문하였다. 그러다가 《백조》의 동인으로 참여하여 잡지 표지를 그렸다. 김복진과 함께 토월회에 가입하고 공연에 참여 신극운동에 참여했다. 이후 토월회 탈퇴 회원들과 힘을 합쳐 1925년 카프(KAPF)의 결성에도 관여하였다. 카프에서는 주로 미술부에서 활동하였지만, '불개미 극단'의 회원이 되어 연극운동에 지속적으로 참여하였다. 1924년 파스큘라(PASKYULA, 박영희·이익상·이상화·김형원·김기진·연학년·안석영·김복진) 회원으로 활동했다. 1924년 도쿄로 건너가 미술 공부를 한 뒤, 다음 해 귀국하여 동아일보사 학예부장을 거쳐 시대일보를 비롯하여 1928년 조선일보사 학예부장을 지냈다. 이때 연재소설의 삽화를 혼자 도맡아 그렸다. 1933년 《조선일보》에 소설 「만추풍경」을 연재한 뒤, 1934년 자신이 쓴 소설 「춘풍」이 박기채 감독에 의해 영화로 만들어지자 조선일보사를 그만두고, 영화계에 진출하여 시나리오 작가와 영화감독으로 활동했다. 1937년 시골에서 시부모를 모시고 사는 젊은 미망인의 사랑을 그린 소설 「연가」를 비롯해 「허물어진 화원」과 평론 「조선문인인상기」, 「조선문단 30년 측면사」 등을 발표했다.

석영 안석주는 조선일보사에 근무했다. 1935년 조선일보사는 잡지 발간을 총괄하는 출판부를 신설했다. 초대 주간은 노산 이은상을 초빙했다. 안석주는 시인 백석, 함대훈과 함께 《조광》 창간호를 준비하려 출판부로 발령이 났다. 석영은 일본 유학 후 미술 영화 문학 연극 등 각 방면에 다재다능한 전방위 예술가였다. 삽화가로는 나도향, 이무영, 박종화, 백철 등의 글에 그림을 그렸고, 한국 최초의 아동 만화로 알려진 「씨동이의 말타기」를 내놓았다. 《개벽》, 《백조》, 《학생》, 《어린이》, 《별건곤》 등 유명한 잡지의 표지화도 그렸다. 특히 《조선일보》와 《동아일보》에 연재한 시사만화로 이름을 알렸다. 《조광》의 삽화를 맡아 그렸다.

1947년부터 오늘에 이르기까지 한겨레, 한민족이 입을 모아 부르는 〈우리의 소원〉 노래는 1947년 안석주가 가사를 쓰고 당시 서울대 음대 재학 중이던 그의 아들 안병원이 작곡한 것이다. 당시 서울 중앙방송국에서 3.1절 특집 어린이 프로그램에 사용하기 위해 만들어진 이 곡의 원래 가사는 "우리의 소원은 독립 꿈에도 소원은 독립"으로 시작되었다가 이듬해 국민학교 교과서에 실리면서 "우리의 소원은 통일 꿈에도 소원은 통일"로 바뀌어 오늘에 이르고 있다. 이 노래가 우리들에게 가장 감동을 준 장면은 아마도 2000년 6월 15일 남북한 정상이 합의서에 서명한 후 양쪽 수행원들과 함께 어울려 손을 맞잡고 부르던 바로 그때가 아닐까 여겨진다. 이렇듯 남북 모두에게 동시에 인정받는 예술 작품은 그리 많지 않은 사정이고 보면 안석주, 안병원 부자는 참으로 행복한 부자가 분명하다. 그러나 친일인명사전 영화 분야에는 안석주의 이름이 올라 있으니 참으로 안타까운 일이 아닐수 없다.

시인 백석은 조선일보사를 그만둔 뒤 함흥 영생고보에서 인기 만점의 교사로서 활발한 수업 외 활동 중 교내 연극반을 맡아 학생을 지도했다. 1936년 성탄절 축제를 앞두고 백석은 석영을 함흥으로 초청했다. 석영은 백석의 청을 흔쾌히 받아들었다. 백석이 연출하고 당대 최고의 연극인이 지도한 크리스마스 연극 공연은 성황리에 마무리되었다.

1940년대에 들어서면서 안석영은 친일 영화감독으로 변모했다. 1941

년에 개봉된 〈지원병〉은 조선인이 자원입대할 수 없는 현실에 실망하던 청년 춘호(최운봉 분)가 우여곡절 끝에 지원병 모집에 합격하고 이를 주위 사람들이 축하하는 내용을 담고 있다. 〈지원병〉은 안석영이 직접 각색한 작품이기도 했다. 1942년에 개봉된 〈흙에 산다〉는 총독부의 인삼재배정책을 옹호하고 이 사업을 권장할 목적으로 만든 영화이다. 두 작품 모두 친일적인 색채를 강하게 드러내는 어용 국책영화에 해당한다. 안석영은 친일 영화 제작 외에도 황도학회 결성식에 참가하고 조선임전보국단에 가담했으며《신시대》의 표지화도 그려 친일 행적이 뚜렷한 편이다.

해방을 맞은 후 1950년 2월에 병으로 죽기까지 안석주는 다양하고 화려한 이력을 자랑한다.

안석주의 장인인 김일선은 황해도 개성 출신의 거부였다. 한국 YMCA가 일제 치하에서 성장할 당시 윤치호, 이상재 선생과 함께 김일선은 재정을 맡아 교육계몽과 선교 일에 헌신했다고 한다. 인창학교장, 홍동학교장, 삼홍학교부교장과 경성보육원·양로원, 진명여자고보의 이사를 역임한 교육가이자 선각자였다. 안석주의 처남인 김대연은 연희전문 상과를 졸업하고 1930~40년대 종로2가에서 금희악기점, 경성악기점을 운영했다. 당시 조선인이 경영하는 유일한 악기점이었다고 한다. 대가의 외아들답게 배포가 컸던 김대연은 친구와 함께 금광에 투자했다가 재산을 다 날렸다고 한다. 그 바람에 안석주 식술들마저 집과 땅을 잃고 말았다. 할 수 없이 신당동의 적산가옥으로 이사했고 이때부터 궁핍한 생활이 시작되었다. 안석주의 4남 5녀들은 비록 음악적 재능을 모두 활짝 펼치진 못했지만 재능만큼은 뛰어났다는 공통점이 있다. 안석주는 1921년 배화여고를 졸업한 김홍봉과 결혼했다. 현재 대부분의 후손이 캐나다로 이주한 상태다. 국내에는 차녀 희숙과 3녀 희복이 있다.

장남 병원은 수많은 동요를 작곡한 인물로, 캐나다에서 사망했다. 연세대 음대 명예교수인 안희숙은 1960~70년대 활발한 연주 활동을 하고 많은 제자를 길러낸 원로 피아니스트다. 제자들이 희연회(스승의 이름 '희'와 모교인 연세대의 '연'을 따서 만들었다)를 결성, 사제 간 만남을 이어가고 있다고 한다. 한세대 음대 명예교수인 안희복은 서울시향 플루티스트로 활약하다 도미, 맨해튼 음대 대학원에서 성악을 전공했다. 귀국 후 대학에서 성악을 가르치며 '안희복 오페라단'을 결성, 신진 오페라 가수들을 길러냈다. 안 교수의 남편은 서울대 명예교수인 테너 박인수. 그는 정지용의 시에다 곡을 붙인 〈향수〉를 가수 이동원과 불러 대중적으로 널리 알려진 성악가다.

안석주 묘비를 확인하기 위해 석영이 잠들어 있는 파주 청아공원을 찾았다. 석영이 잠든 공간 앞에 참배하고 뒷면에 영랑의 시가 새겨져 있는 석영 안석주 묘비가 꽃밭에 가려 있었다. 유족들이 허락한다면 석영의 묘역도 다시 망우리공원에 모시어 '통일의 노래 광장'을 마련하길 기대한다.

일본군 소좌,
만주국 참사관

윤상필

尹相弼, 1887~?

윤상필 실종 새긴 묘비

윤상필은 일본식 이름이 이원상필(伊原相弼)이다. 일제강점기의 군인 겸 만주국 관료로, 1887년 7월 8일 함경남도 함주군 천서면에서 태어났다.

대한제국 말기 육군 무관학교 1학년 재학 중 1909년 7월 폐교되자, 관비 유학생으로 선발되어 일본에 유학하여 군인이 되었다. 전후 전범으로 조선인으로서 유일하게 사형당한 홍사익(洪思翊, 1889~1946, 노작 홍사용의 동생)보다 한 기수 후배이며 정훈, 김석원과 동기생이다. 1911년 7월 육군중앙유년학교 예과 3학년을 수료하고 본과 1학년 편입 당시 조선인과 일본인 학생을 통틀어 수석을 차지해 일본황태자상 수상과 은시계를 받았다.

1915년 5월 일본육군사관학교를 제27기로 졸업한 뒤 일본 육군 기병 소위로 임관했으며, 1919년 4월 일본 육군 기병 중위로 승급했다. 1929년부터 1934년 8월까지 일본 육군 기병 대위로 복무했고, 도쿄 제1사단을 거처 조선군사령부 제20사단 소속인 기병 제28연대에서 복무했다. 1931년 만주 사변 발발 당시부터 1934년까지 관동군 사령부에 배치받아 홍사익과 함께 근무하였다. 만주 사변 때는 만주 침략을 정당화하는 선전 작업을 위해 경성부에서 연설회와 강연회를 열었다.

1932년 3월 만주국이 수립되었다. 7월 '왕도주의'의 보급과 '민족협화의 낙토건설'의 이상하에 만주국 협화회가 창립될 때 42명의 협화회 이사를 선임했다. 윤상필은 조선인으로는 유일하게 발탁되었다. 만주국 협화회는 일본 관동군의 지도와 구상 아래 '민족협화'의 이데올로기를 내걸고 '만주국의 건설 정신을 실천할 전 만주의 유일한 사상적 교화적 정치적 실천 단체'를 표방하며 만들어졌다. 각지의 분회를 조직하여 만주국 지배체제 안으로 민중을 끌어들이면서 항일운동에 대한 내부 교란과 파괴 공작 선전선무공작을 수행하는 한편 전시동원조직으로서 역할을 담당했던 민중통제조직이었다.

1934년에 관동군 참모부 제3과 소속으로 복무하면서 현역 군인 신분으로 만주국 협화회의 본부 이사가 되었다. 본부 이사 가운데 조선인은 윤상필 한 사람뿐이었다. 최남선, 이범익, 이선근 등과 함께 만주국 협화회의 핵심 인물 중 한 명으로 활동했다. 만주국 민정부 척정사(拓政司) 제2지도과장 참사관(1935년 11월 18일~1939년), 만주국 개척총국 참사관 겸 개척총국 이사관(1940년 2월 1일)을 역임하면서 만주 척식과 이민 정책 수행에서 중요한 역할을 했으며, 1934년부터 1935년 2월 7일 전역할 때까지 일본군 기병 소좌에 올랐다.

만주국 협화회 수도계림분회 고문(1940년 1월)과 조선인교육후원회 신경(新京, 신징) 지역 위원(1940년 8월), 동남지구특별공작후원회 총무(1940년 11월), 만주국 협화회 중앙본부위원회 위원(1941년 1월 29일~1943년), 만주국 총무청 참사관(1945년 7월)을 역임하면서 일제의 재만 조선인 통제 정책과 황민화 정책, 항일무장세력 탄압 및 치안숙정 공작에 적극 협력했다. 1917년 4월 24일 일본 정부로부터 다이쇼대례기념장, 1929년 7월 25일 훈6등 서보장을 받았고 1934년 3월 1일 만주국 정부로부터 만주국 건국공로장, 1935년 9월 21일 황제방일기념장, 1940년 7월 15일 훈3등 주국장을 받았다.

태평양 전쟁 종전 이후에《만선일보》이성재 사장과 소비에트 연방 측에 인도되어 압송되었으며, 하바롭스크 수용소에서 강제노역을 했다고 전해진다.

오기만 가족묘지 바로 아래 부인과 합장된 묘지이나 초혼장으로 묻혔다. 생몰 년대는 만주 장춘에서 실종으로 묘비에 새겨져 있다. 2009년 친일반민족행위 704인 명단에도 포함되어 수록되었다.

극작가,
연극학자

온재 이광래

溫齋 李光來, 1908~1968

이광래

망우리공원 사색의 길 일방통행 삼거리에서 용마산 쪽으로 서울둘레길 2코스(용마산, 아차산)를 직진하면 300미터 정도에 왼쪽으로 면목동 남촌마을 산신제터, 오른쪽으로 김병진 독립운동가 묘역 안내문이 서 있다. 이어 200미터를 더 가면 왼쪽에 독립운동가 경아 서광조 연보비가 나온다. 그곳에서 200미터 정도 걷다 정면에 포장길이 끝나는 곳에 산악 산불사고 신고/119/현 위치/G9/서울시소방본부 산불진화보관함이 있다. 그 보관함 50미터 전 왼쪽 길섶에 극작가 이광래 묘역이 자리 잡고 있다. 이광래 묘지 안내판은 없다. 친일인명 사전에 수록된 이유라 미루어 본다. 축대 높이 2미터 정도의 진달래꽃나무가 묘역 앞에 자라고 있다. 묘지번호 108899이다.

이광래는 경남 마산 출생이다. 본명은 홍근이며 호는 온재이다. 극작가·연출가·연극학자로 활동했다. 그는 사회사업가인 무상의 둘째 아들로 태어나서 부족함이 없는 어린 시절을 보냈다. 〈산토끼〉 동요작가 이일래의 아우이다. 어릴 적 그는 동네에서 소문난 개구쟁이였다. 이러한 행동 때문에 어머니가 돌아가셨다는 말이 나올 정도로 악동 생활을 했다.

1928년 배재고등보통학교를 졸업하고, 일본에 건너가 1930년 동경고등학교를 졸업하고, 와세다대학 영문과를 3학년으로 중퇴하고 귀국하였다. 귀국 후《조선일보》와《중앙일보》기자생활을 하다 1935년 극예술연구회에 가담하면서 연극 활동을 시작했다. 결국 이러한 고집과 자신감은 훗날 그가 여러 가지 어려운 여건 속에서도 나름대로의 색채를 분명히 하는 연극을 이어나가게 한 원동력이 되었다. 그는 와세다대학 영문과 재학 중 입센과 체홉의 작품을 읽으면서 연극에 관심을 갖게 되지만 뜻하지 않은 사건에 휘말려 귀국을 하게 된다.

1936년《동아일보》신춘문예에 응모, 당선되면서 본격적으로 연극인의 길을 걷게 된다. 처음 소속되었던 단체는 유치진, 서항석 등이 주도하고 있던 극예술연구회였으며, 일제에 의해 해체된 후에는 동양극장에서 활동하던 이들과 연합하여 중앙무대를 창단하고 연학년, 신재현 등과 함께 공연하며 극작·연출·제작에 이르기까지 폭넓은 연극 경험을 쌓는다. 1940년대에는 황금좌에 관여하면서 1943년 제2회 국민연극경연대회에 출전했다. 조선총독부 정보과는 '생산 확충과 징병제도 또는 육해군 지원병제도를 그 내용으로 하고 일본정신을 강조한 예술적 작품'을 기준으로 제시했다.〈북해안 흑조〉는 사재를 털어 제방을 쌓은 인물의 동상을 하나의 상징으로 내세워 총력전 체제에서 전체주의적 가치를 미화하고 선전한 작품이다. 이 작품은 대회 일어극 2석을 수상했다.

해방 후에는 좌익계열의 단체였던 조선연극동맹에 대항, 옛 중앙무대의 회원들을 중심으로 민족예술무대(민예)를 조직하여 반탁운동에도 적극 참여한다. 이후 신극협의회 간사장, 극단 신협 초대 대표를 거치면서 1950년대 초반 한국전쟁 중 각지를 순회하면서 공연을 했고, 1958년에는 소극

장 운동 단체인 원방각을 설립하여 그에게 처음으로 연극에 대한 동기부여
를 했던 입센의 〈유령〉을 공연했다. 극작가, 연출가로서만 아니라, 연극학
자로서 이광래의 역할 또한 무시할 수 없는데, 일찍이 대학연극의 중요성을
깨닫고 대학연극경연대회(1948)를 실시했으며 드라마센터 개관 작업에 참
가하고 서라벌예술대학 초대 연극학과 학과장, 동국대 연극학과에서 강의
를 하며 수많은 후진을 양성하였다.

그는 연극 이론에 대해서도 탁월한 능력을 발휘하여 이미 1960년대 초
반에 아리스토텔레스와 브레히트에 관해 논하였으며 30여 편의 논문을 발
표하는 등 이론과 실기 양면에서 고르게 활약한 몇 안 되는 예술인이었다.

그가 참여했던 극단의 흐름을 살피자면 극예술연구회(1935)에서 중
앙무대(1938), 황금좌(1940), 민족예술무대(1945), 신극협의회(1950), 신협
(1950), 극협(1951), 원방각(1958) 정도로 정리할 수 있겠다. 이광래는 '뛰어난
연극 실험가이자 교육자'라 할 수 있다. 그는 수십 편의 창작 및 각색 희곡과
논문을 쓰고 여러 개의 작품을 연출하는 동안 당대로서는 시도하기 어려운
여러 가지 실험을 하면서 이론을 터득했으며 이를 후학들에게 전수했다. 유
고(遺稿) 희곡집『촌(村) 선생』(현대문학사, 1972)이 있다.

망우리공원에는 춘사 나운규 묘지가 있었다. 지금은 '국립대전현충원
(독립유공자 2-257)'으로 이장했다. 묘비를 묘지 터에 묻었다. 묘비를 발굴하
여 춘사의 영화와 삶을 추모하고 기리는 일을 추진해야 한다. 춘사의 아들
나봉한은 이광래의 서라벌예술대학 영화과 제자이다.

춘사 나운규의 막내아들 나봉한은 아버지 뒤를 이어 영화감독이 됐다.
태어난 곳은 서울이다. 세 살 때 춘사가 사망해 "아버지에 대한 기억은 없
다"고 한다. 경기상고와 서라벌예대를 나와 신상옥 감독에게 영화·연출을
배웠다. '신 필름'에서 만든 데뷔작은 〈청일전쟁과 여걸 민비〉(1965). 이 영
화로 나 감독은 그해 대종상을 거머쥐었다. 또 민비로 분한 배우 최은희는

여우주연상을 수상했다. 〈청산별곡〉, 〈꽃가마〉, 〈화촉신방〉, 〈문정왕후〉, 〈인조반정〉, 〈꼬마신랑 3〉 같은 사극 영화를 만들었다. 그 시절엔 사극이 많았다. 평론가로부터 '사극을 말쑥하고 기름지게 다듬는 솜씨가 빼어나다'는 평가를 받았다. 하지만 '나운규 아들'이란 숙명을 메고 영화를 만들었다.

나봉한 감독의 이런 일화가 전해진다. 그가 경기상고 3학년에 재학할 때 서라벌예술학교(나중에 서라벌예술대학으로 바뀌었다가 1972년 중앙대와 통합됐다) 교장 윤백남을 찾아갔다. 윤백남의 회고담이다.

"영화계라는 큰 테두리에서 후광을 입었다. 나봉한은 서라벌예술학교에서 안종화, 이광래, 유두연 선생 등에게 영화를 배웠다. 모두 춘사 나운규 친구들이다. 신상옥 감독 밑에서 작업한 것이나 동료 감독에 비해 엘리트 코스를 밟을 수 있었던 점도 춘사의 덕분인지 모른다. 하지만 나봉한은 아버지 나운규 뒤를 잇는다는 생각보다 영화 그 자체를 미치도록 좋아했다."

"나봉한은 나운규 후광을 이용하거나, 나운규 아들을 내세우고, 나운규 영화와 경쟁의식을 가져본 적이 없다"는 것이다. 나봉한은 그날 윤백남 선생에게 '영화를 해도 절대로 가족 고생을 시키지 않겠다'고 약속을 하였다. 그 약속대로 정말 성실하게 살았다. 평생 남 신세를 안 지려 했다. 몸이 편찮아도 가족에겐 내색하지 않았다. 나봉한은 자식들에게 항상 옳은 길을 걸어야 한다고, 길게 생각해야 후회하지 않는 삶을 살 수 있다고 강조했다.

"'후회하지 않는 삶!' 이게 학창시절 우리 집 가훈이었습니다." 나봉한의 아들이며 춘사 나운규 장손인 나광열의 고백이다. 그와 묘비 찾는 일로 전화를 주고받고 있다. "과거에 할머니를 통해 받은 할아버지 유품 중에 필름이 있었다는데, 그 필름이 〈아리랑〉인지 여부는 알 수 없어요. 아버지가 그런 말씀을 제게 안 하셨어요. 어쨌든 아버지는 오랫동안 〈아리랑〉 필름을 찾으려 애를 많이 쓰셨어요. 중국에서 〈아리랑〉을 상영했다는 기록을 보고 중국엘 갔고, 〈아리랑〉 필름 소장자로 알려진 일본인 아베 요시시게(2005년 사망)를 여러 차례 만나기도 했어요. 그러나 필름 실체를 눈으로 확인할 순 없었어요."

1926년 10월 1일 조선총독부 건물 낙성식과 함께 영화 〈아리랑〉이 단성사에서 개봉되었다. 식민지 민중의 울분을 사실적 기법으로 표현했다. 영화 마지막 장면에서 변사가 "여러분, 울지 마십시오. 이 몸은 삼천리강산에 태어났기에 미쳤고 사람을 죽였습니다"라고 해설하면서 아리랑 노래가 울려 퍼지면 영화관은 눈물바다가 되었다.

일제강점기 기업인.
조선총독부 중추원 참의

이영찬

李泳贊, 1896~1959

이영찬 묘비

이영찬의 일본식 이름은 안천영찬(安川泳賛)이다. 1896년 7월 16일 평북 선천군의 대지주 이창석의 맏이로 태어났다. 1918년 12월에 이창석 장로는 평북 선천에 창신양로원을 설립하였다. 이 양로원은 한때 선천북교회의 도움을 받기도 하였으나 이창석 장로의 거액의 희사로 재단법인으로 발전하였다. 기독교인에 의한 민간 양로원으로는 고아사업으로 이름이 높은 오긍선이 1931년 서울 옥천동 고아원 근처에 경성양로원을 설립한 것이다. 오긍선이 고아원 및 양로원 사업에 주력한 것은 그가 일찍이 미국에 유학하면서 그곳의 자선기관을 많이 보고 견문을 넓혔기 때문이다. 경성양로원은 그 뒤 이윤영에게 경영권이 넘겨지고 세검정 삼각산 밑으로 옮겨 청운양로원으로 되어 오늘날에 이르고 있다. 1935년에는 남감리교 기독교인 이영찬의 동생인 이영학(이창석 장로의 둘째 아들)이 평북 선천에 선천회관을 설립하고 지역사회 향상을 위한 복지 시설과 프로그램도 제공했다.

이영찬은 일제강점기의 기업인이며 조선총독부 중추원 참의도 지냈다. 선천의 기독교 계열 사립학교인 신성학교를 졸업했다. 1921년 3월 《동아일보》 선천지국 총무 겸 기자로 활동했다. 1928년 《동아일보》 선천지국 고문에 선임되었다. 《조선신문》 선천지국장도 겸했다.

고향 선천에서 광산업으로 큰 부를 쌓았다. 선천 송림금은광과 용흥금광의 소유주인 동시에 여러 기업체를 운영하며 1936년 2월 조선산금조합 상무이사로 활동했다. 같은 달에 선천상업보습학교 설립을 위해 힘썼다. 1941년 1월 선천 보성여학교 기금 1만 원을 기부했다. 인근의 관광 명소인 동림폭포를 유원지로 만드는 사업을 벌이며 당시로서는 드물게 관광산업에 뛰어들기도 했다. 1931년부터 1943년까지 선천읍회 의원과 선천군농회 의원을 지내는 등 이 지역 유지로 활동했다. 1937년 5월 관선 평북 도회의원에 임명되었다.

일제강점기 말기에는 전쟁 체제에 협력한 행적이 있다. 1937년 11월 선천애국회 대표로 국방헌금 모금을 주도하여 고사기관총과 애국기 선천호를 일본군에 헌납했다. 1939년 1월 《동양지광》의 이사를 역임하였다. 1941년 8월 흥아보국단과 9월에는 조선임전보국단에 참여했다. 1944년 4월 조선총독부 중추원의 주임관 대우 참의로 발탁되었다.

1940년 6월 일본적십자사로부터 유공장을 받았다. 같은 해 11월 열린 기원2600년축전 기념식전 및 봉축회를 초대받고, 기원2600년축전 기념장을 받았다.

1945년 태평양 전쟁이 종전되는 시점까지 중추원 참의로 재직 중이었다. 제1공화국 수립 후 반민족행위처벌법에 따라 반민특위에 체포되어 1950년 5월에 공판까지 받았으나, 반민특위가 외압으로 해체되어 처벌받은 기록은 없다. 1959년 5월 5일 부산에서 별세했다. 1963년 10월 28일 부산 신선대에서 망우리공동묘지로 이장했다. 묘지번호는 100291이다. 2009년 친일반민족행위진상규명위원회가 발표한 친일반민족행위 704인 명단에도 중추원 부문에 포함되었다.

숙명여자대학교 초대 총장.
조선임전보국단 부인대 지도위원

임숙재

任淑宰, 1891~1961

임숙재 묘비(초장지)

임숙재는 숙명여자대학교 초대 총장을 지낸 교육자로, 본관은 풍천이며 주소는 서울특별시 용산구 청파동이다.

임숙재 묘비는 쉽게 눈에 띄진 않는다. 크기는 작지만 한 번 보면 오래 기억에 남을 만큼 사각뿔 모양이다. 망우리공원에서 필자가 마지막으로 확인한 유명인사 묘비는 임숙재와 강학린 목사 추념비였다. 신년 새해 해돋이 맞으려 오르내린 길에 있는 솔샘약수터로 8부 능선인데 약수가 나온다.

강학린 목사 추념비는 솔밭약수터 지나 30미터 정도에서 오른쪽으로 난 오솔길을 50미터 가면 부자연스럽게 서 있는 묘비를 발견하면서 알게 되었다. 앞에는 억새가 마른 잎과 꽃대를 세우고 비스듬한 묘비를 떠받치고 있는 듯해 오히려 위로가 되었다. 묘역 형태는 무너졌다. 묘지번호는 흙 위로 솟아올라 세워졌다. 사진 몇 장 담고 돌아서 나왔다. 다시 솔샘약수터에서 구리둘레길 능선을 향해 오르다 30미터 지점 왼쪽에 모양이 색다른 작은 묘비를 발견했다. 올라가 확인하니 임숙재 총장의 묘비였다. 묘역 형태는 흔적도 없다. 임숙재 묘지 터는 이곳이 초장지이고, 동쪽 구리시 산불감시 초소 아래에 가족묘지 묘역으로 이장하여 남편 윤돈과 합장하였다. 묘비는 김남조 시인의 글을 새겼다. 묘지번호 109335이었다. 2013년 5월 충남 홍성군 금마면으로 이장했다.

포털사이트에 남예산 임 과부 이야기 임숙재 총장이라는 글이 떠다니고 퍼 날라 많이 알려져 있다.

임숙재는 충청남도 예산군 출신으로 1913년 숙명여자고등보통학교를 졸업했다. 1914년부터 1918년까지 충남 공립보통학교 교사를 지내다 1918년에 일본으로 유학, 도쿄여자고등사범학교 가사과를 졸업하고 1921년 귀국했다. 1926년 3월까지 모교인 숙명여고 교사, 1926년 4월부터 대구여자고등보통학교 교유를 지냈다. 1938년 5월 고등관 7등으로 종7위에 서위되면서 의원면직되었다. 1939년 4월 숙명여자전문학교 교수로 임용되었다. 전공은 의상 재봉이었다. 해방될 때까지 지냈다. 감리교 신자인 그는 숙명여전 교수를 지내며 기독교 조선감리교회의 부인연합회장을 역임하기도 했다.

1938년 조선부인문제연구회에 가담한 것을 시작으로, 1941년 조선임전보국단 부인대 지도위원, 1942년 대일본부인회 조선본부 이사, 1943년 국민총력조선연맹 총무부 기획위원회 위원 등을 지내면서 일제강점기 말기에 강연을 통해 전쟁 지원을 역설한 기록이 남아 있다.

광복 후 1945년 11월 숙명여전 교장이 되었고, 1955년에 이 학교가 숙명여자대학교로 종합대학교 인가를 받자 그해 초대 총장에 취임했다. 1961년 6월 8일 사망했다.

2009년 친일인명사전 704인 명단에 포함 수록되었다.

《동아일보》 초대 주필

설산 장덕수

雪山 張德秀, 1894~1947

장덕수는 동아일보사 초대 주필 및 부사장으로 신한청년당 한국민주당 외교부장과 보성전문학교 교수를 거쳤다. 시국대응전선사상보국연맹 상임 간사와 국민의용대 지도위원으로 친일인명사전에 수록된 친일반민족행위 자이다.

장덕수의 본관은 결성이다. 대한민국의 정치인, 교육자, 학자, 언론인 이다. 일본 유학 후, 귀국 상하이로 건너가 신한청년당과 상하이 임시정부 에 가담하였다가 귀국 후 체포되어 조선총독부에 의해 전남 하의도에 거주 제한을 당했다. 그 뒤 임정 외무부차장 여운형의 통역으로 일본에 다녀오

장덕수 박은혜 부부 유택

는 등 독립운동에 참여했다. 이후 미국에 유학을 다녀오기도 했다. 또한 미국에서는 이승만의 독립운동을 보좌하였고, 구미위원부 폐지령으로 궁지에 몰린 이승만을 적극 도와주었다. 중일전쟁 이전까지 합법적인 공간에서 독립운동과 사회주의운동, 사회계몽운동에서 활동하였으나 흥업구락부 사건을 계기로 친일파로 변절했고, 일제강점기 전시체제 시기에 친일 사회주의 활동에 참여했다.

광복 후에는 한국민주당 창당에 참여하였으며 발기인 성명서 작성을 기초하였다. 이어 한국민주당 수석총무를 역임하였다. 신탁통치 찬성과 미소공위 참가 문제를 놓고 김구, 이승만 등과 갈등하다가 제2차 미소공위 결렬 이후, 단정 지지 노선으로 선회했다.

장덕수는 1894년 12월 10일 황해도 재령군 남율면 강교리 나무리벌에서 태어났다. 농부인 아버지는 장봉도이고 어머니는 김현묘의 셋째 아들이다. 1900년 서당에서 1년간 한문 교육을 받았고, 1901년부터 1906년까지 사립연의학교에서 수학하였다. 아버지까지 9대 독자였는데, 4형제가 태어났다. 형 장덕준은 독립운동가이자 교육자, 언론인으로 재령 보강학교에서 교편을 잡다 일찍이 신문물에 눈을 떠 계몽운동에 투신하였고, 1920년《동아일보》의 특파원으로 만주의 간도, 훈춘 등에 파견되어 취재하던 중 일본군에 의해 사살되었다. 일본식민통치하에서 최초로 순직한 한국 언론인이 되었다. 63년 건국훈장 독립장이 추서되었다. 동생 장덕진은 상하이로 건너가 상해 임시정부의 행동대원이 되었으며 독립운동 자금을 마련하기 위해 중국인 카지노를 털다가 사살되었다. 형제들이 외국어에 능통했다.

가정 형편이 어려워 유년기 때 진남포 이사청 급사로 취직했다. 진남포의 한 학교에서 장덕진 등과 하숙했고 김구를 만나게 되었다. 독학으로 판임관시험에 합격 후 일본으로 건너가 와세다대 정치경제학부에 입학했다. 이때 평생 친구인 송진우, 김성수와 사귀게 되었다. 1916년 일본 와세다대학교 정치경제학부를 졸업하고 1917년 중국으로 망명해 상하이에 도착, 독립운동을 하다 여운형, 서병호, 신채호, 신성모 등과 교류하며 1918년 상하이에서 여운형을 당수로 한 신한청년당 조직에 간여하였다.

1919년 여운형은 상하이로 귀환하기 전 장덕수와 헤어지면서 보다 나은 환경에서 독립운동을 하기로 다짐한다. 이때의 이별은 여운형과의 영원한 이별이 되고 말았다. 그러나 여운형의 '동경회담'에 통역으로 선정되어 거주제한에서 풀려났다. 1920년 4월 《동아일보》의 창간과 더불어 초대 주필이 되어 활동했다. 또한 각종 사회운동에 참여해 조선노동공제회의 창립에 관여하고 의사로 선출되었다. 같은 해 12월 장도빈, 오상근 등과 함께 청년단체의 통일을 위해 조선청년회연합회를 조직했으며 1921년 1월에는 김한, 홍증식, 김사국, 이영, 오상근, 김명식 등과 함께 서울청년회를 조직했다. 한편 1920년 가을 최팔용, 이봉수, 주종건, 김철수 등과 함께 사회혁명당이라는 비밀결사를 조직했으며 1921년 6월 상하이에서 결성된 고려공산당(상해파 고려공산당)의 재무위원 및 국내부 간부로 참여했다.

그러나 1922년 상해파 고려공산당이 레닌 정부로부터 받은 자금 문제로 일어난 '사기공산당' 사건으로 서울청년회계의 사회주의자들로부터 공격을 받아 사회운동의 일선에서 물러났다.

망우리공원에 부인과 함께 묻혔다 국립현충원으로 이장한 조선청년연합회와 서울청년회의 간부 김사국은 그를 축출하려 음모를 꾸민다. 김성숙에 의하면 '김사국은 1921년 가을부터 이른바 사기 공산당 사건이 일어나자 서울청년회와 조선청년연합회의 지도자 장덕수를 맹공격하여 1922년 4월에 장덕수를 내모는 데 성공한다. 장덕수를 비난한 김사국은 곧 사망했지만 장덕수에 대한 공금 착복 의혹과 비난은 계속되었다. 그가 죽은 지 37년 뒤에야 결백이 증명되었다. 이 사건에 관해 뒷날 제3차 조선공산당 책임비서가 된 김철수는 장덕수의 결백을 증언했다. 김철수가 1980년 5월 16일에 밝힌 내용에 따르면, 그 돈은 장덕수가 아니라 최팔용에게 전달됐다. 이 사건으로 장덕수는 그 명성이 하루아침에 사라졌고, 좌절감에 빠졌으며, 그리하여 1923년 4월에 도미 유학길에 오른다. 미국으로 출국하기 직전 도쿄를 경유한 장덕수는 치요다 구 간다에서 박열 등 무정부주의자들에게 붙잡혀 장덕수 구타사건을 당했다. 이 사건을 계기로 그는 사회주의자 및 사회주의 단체와 선을 긋게 된다. 그러나 후일 대한혁명단에서는 그의 이러한 경력을 들어 그를 공산주의자라고 비난한다.

2009년 민족문제연구소의 친일인명사전 수록 대상자 704명에 포함 수록되었다.

1947년 12월 2일 새벽 서울특별시 동대문구 제기동 자택에서 종로경찰서 소속 현직 경찰관 박광옥, 한독당 당원인 교사 배희범 등의 총에 맞고 절명했다. 장덕수는 한민당의 정치부장으로 당의 이념을 정립하는 것에 크게 기여하였다.

김구는 장덕수 암살사건 관련자로 당국의 조사를 받으면서 모욕을 느꼈고, 이승만을 깍듯이 형님이라고 부르던 백범 김구는 이승만과 결정적으로 결별하였다. 암살 현장에 망우리공원 이영준 박사도 함께하여 입방아에 올랐다.

일본 군속으로 중국 태항산 석가장 전투.
통역관

장해윤

張海潤, 1910~1940

장해윤 군속 비문

이태원묘지무연분묘합장비 건너편 개울 건너 산 능선을 향해 오솔길을 100여 미터 오르면 묘비 하나가 서 있다. 일본 군속으로 중국 태항산 석가장 전투에 통역관으로 참가하여, 일본군의 훈8등급을 받았다는 비문을 확인했다.

묘비 앞면. 陸軍軍屬勳八等沃溝張海潤之墓(육군군속훈8등옥구장해윤지묘).

묘비 뒷면. 當日支事變之極於河北省石家莊戰鬪之時挺身 抗敵之殉國豈不曰忠義 之至哉故陸軍軍屬通譯 張海潤是爾年方三十二但母氏金貞煥與一 姉卽昭和 十五年四月十四日略擧其實而記之焉 京城府安國松峴司諫町合總代金宮舜 卿謹記 昭和十七年二月 日立[옥구 장씨 해윤이 일제강점기 일본 육군 군속으로 통역을 맡아 하북성 태항산 석가장 전투에서 충과 의를 다하다 순국하는 공훈을 세웠다. 애석하게도 그때 나이 30세 1940년 4월 14일 짧은 생을 마감하여 어머니 누이 등의 슬픔을 당시 안국동 총대(동장)인 김순경 씨가 비문 써 1942년 2월에 세웠다는 내용이다).

영예의 전몰통역생 부에서 유족 탐사. "북지파견의 반소부대무신부대의 통역으로 활약을 하던 장해윤(30세)은 지난 4월 14일 영예의 전사를 하였다는 통보가 되었는데, 그의 본적은 경성부 원남정 27번지 모친은 김정환으로 유족의 주소가 아직 판명되지 않아 경성부 시국 총동원과에서는 유족의 주소를 탐사 중이다. 공적을 상신하는 데 지장이 있으므로 이 유족을 아는 이는 즉시 부 시국총동원과에 통지해주시길 바란다고 한다." (《동아일보》, 《조선일보》, 1940. 5. 8.)

훈등(勳等)은 공훈에 대해 수여된 등급이다. 일본에서는 율령제도가 나온 당시에는 '훈위'(勳位)라고 불렸으며, 훈1등부터 훈12등까지 12등급이 있었다. 또한 위계훈등처럼 서훈은 위계에 따라 이루어졌다.

훈1등 욱일대수장이 당시 고위층(일본인, 한국인)에게 수여되었던 훈장이라면, 훈8등 백색동엽장은 주로 일제강점기에 순사(경찰) 등 하급 공무원에게 수여된 훈장이다.

하북성 석가장 부근에 있는 집성촌 호가장 마을은 수나라 때부터 계속 호씨들만 살았다고 하는 곳이다. 1941년 12월 12일 안개 낀 새벽 이곳에서 일본군과 조선의용군 사이에 치열한 전투가 벌어졌다. 조선의 의용군을 도와주는 팔로군도 다수 가담했다. 이 전투에서 의용군대원 4명이 사망하고 2명이 중상을 입었고, 또 팔로군 12명이 죽었다 일본군 1개 중대가 덮쳤던 것이다. 여기서 다리에 관통상을 입고 일본군 포로가 된 사람이 독립운동가이며 소설가인 김학철(金學鐵, 1916~2001)이다. 일제강점기 독립운동가 중 가장 억울한 두 분을 꼽으라면 김학철과 김원봉으로 말한다.

김학철은 1916년 함남 원산에서 태어났다. 항일 독립운동가이며 소설가로 활동했다. 일제에 맞서 무장투쟁했던 전사들의 삶을 주로 썼다. 대표작으로 「격정시대」, 「무명소졸」이 있다. 서울에서 중학시절을 보낸 뒤 학비가 들지 않는 학교를 찾아 상하이로 건너갔다. 그곳에서 중국 국민당의 핵심인물을 키우는 중앙육군군관학교를 졸업하고, 이어 친구 문정일과 함께 팔로군 내에 조직된 조선의용군에 들어가 중국 동북지역에서 무장투쟁을 벌였다. 1941년 호가장 전투에서 다리에 총상을 입고 일본군 포로가 되어 나가사키로 끌려가 한쪽 다리를 잘랐다. 10년 구형을 받았으나 8. 15해방이 되자 풀려났으며, 그 뒤 서울에 잠시 머물다가 1946년 월북했다. 노동신문사 등에서 일하면서 단편 「담뱃국」(《문학》, 1946.8.)을 발표했다. 1951년 베이징으로 건너가 옌지시에 자리를 잡고, 중국문학연구소의 연구원으로 있으면서 여러 편의 작품을 발표했다. 중국의 문화대혁명 기간인 1966~76년에는 '반혁명작가'로 몰려 감옥에서 지냈다.

연극연출가 극작가.
월북 인민군 선무반 신분

함세덕

咸世德, 1915~1950

함세덕 비문 전사 '전'자 뭉갬

망우리공원은 망우산 주능선 구리둘레
길 제1길을 기준으로 동과 서로 나뉜다. 동
쪽은 경기도 구리시, 서쪽은 서울특별시 중
랑구이다. 1933년부터 개장하여 1973년 폐
장될 때 5만여 기의 공동묘지였다. 동쪽에
자리 잡은 묘역이 서쪽 묘역보다 상대적으
로 넓게 자리 잡은 가족묘지가 지금도 상당
수 남아 있다.

함세덕 가족묘지는 망우산 동쪽 한강
을 바라보는 전망이 툭 트인 곳이다. 유명

인사 묘 중에는 가장 낮은 곳에 자리를 잡았다. 부모님 유택 아래 형제들이
나란히 묻혀 있다. 이복형 함금성 묘지는 이장했다. 가족묘를 아픈 몸을 이
끌고 정성스레 돌보았던 동생 함성덕도 형님 옆에 자리 잡고 우애를 자랑하
고 있다. 1950년대는 교통이 지금처럼 발달하지 않았다. 동생이 인천에서
출발하여 청량리역에 내려 중랑천을 건너 걸어 가족묘역을 관리하며 살폈
다. 1988년 해금 뒤에 형님 묘비를 세웠다. 묘비 뒤에 전사라고 새겼다. 어

느 날인가 전사의 '전' 자가 뭉개져버렸다. 일부러 그렇게 했으리라 믿을 수밖에 없다. 함세덕의 친일과 이념대립에서 민족극 그리고 월북하여 이승만 대통령을 풍자한 연극, 북한군 선무반으로 내려온 내용을 알고 있는 사람의 행위라고 봐야만 이해가 가능하다.

함세덕의 동생인 함성덕의 아들인 조카를 만나봤다. 집안 식구들이 지금까지 함세덕 작가에 대한 언급을 자제하고 있었다. 연좌제에 의한 피해의 식을 아직도 벗어나지 못하고 있어 안타까웠다. 본인도 육군사관학교 입시에 큰아버지 함세덕 월북에 의한 신원조회에 걸려 불합격 처분을 받았다. 함세덕의 막내 여동생은 90세 넘어서도 오빠를 위하여 기도하며 찬송가를 20곡 이상 연이어 부를 정도였다. 집안 식구 모두가 대한민국 현대사를 읽을 수 있는 함세덕을 그리워하며 가만히 그러나 뜨겁게 기리고 있었다.

그리고 함세덕의 동생인 함성덕 씨가 전자 관련 산업체를 운영하였다. 상당한 운영능력을 발휘한 중소 기업체였다. 연극 및 영화 관련 인물들이 접근하여 작품 공연과 촬영을 빌미로 금전적인 피해를 입혔다. 당연히 형님의 작품에 대한 평가를 받는다는 기쁘고 좋은 뜻으로 후원하였다. 결과는 미미하거나 아니면 아예 공연을 올리지도 않은 사기까지 당하였다. 장조카도 필자에게 함세덕 작품으로만 평가를 해달라고 몇 번이나 당부하였다.

함세덕의 드라마틱한 삶을 위로하는 듯 여름이면 금계국이 노랗게 묘역을 뒤덮어 쓸쓸한 분위기를 더해주고 있다. 망우리공원 묘역 주변에는 한여름이면 피서 겸 휴식 공간으로 활용하는 곳이 몇 군데 있다. 함세덕 묘역으로 가는 길 오른쪽 위로 비닐 천막이 우거진 나무 사이로 쳐져 있다. 한낮에 남녀 노인들이 취미 삼아 자리를 펴고 화투놀이에 여념이 없다. 몇 년째 이어지고 있다. 내가 참배하려 지나가도 모를 정도로 몰입하고 재미나게 화투를 치고 있다.

함세덕은 대한민국 일제강점기 해방 후 이념대립 공간의 대표적 극작가이다. 우리나라 극작가 중에서 탁월한 극작술을 지닌 작가를 꼽으라면 함세덕을 빠트릴 수 없다. 그의 장기인 '사건 구성의 정교함과 뛰어난 대사 구사력'이 어느 한 작품에서도 모자람이 없이 잘 드러나고 있기 때문이다.

1915년 5월 23일 출생했고, 아버지 함근욱과 어머니 송근식의 2남 3녀 중 장남으로 인천 화평동 455번지가 출생지이다. 아버지가 나주 군청 주사였다. 목포로 전근한 아버지의 직장인 전남 목포로 1915년 10월에 전 가족이 이주했다. 주소는 북교동 91번지였다. 1923년 목포공립보통학교에 입학했다. 다시 인천으로 이사하여 인천공립보통학교(창영초등학교) 2학년으로 전학했다. 1929년 인천도립상업학교에 입학했다. 함세덕은 인천상고 20회로 졸업했다. 4학년 때 졸업생 환송을 위한 연극 대본을 쓰고 연출을 맡았다. 당시 인천 용동에 영화와 악극과 연극을 공연하던 '애관(愛館)'이 있었다. 함세덕은 이곳에서 많은 공연을 보았다. 애관은 함세덕 작가와 작품의 못자리였다. 1933년 인천상고 5학년 때 여름방학에 친구들과 금강산 여행을 다녀왔다. 이 여행이 훗날 함세덕의 대표작 「동승」의 창작 모티브가 되었다. 그는 캠핑을 좋아해 월미도, 무의도 등에 놀러가 천막을 치고 며칠씩 묵고 지냈다. 「무의도 기행」과 「해연」에서 인천 부근의 섬 덕적도, 용유도, 무의도, 팔미도 등이 자주 등장하는 것도 이러한 경험의 산물일 것이다.

1934년 금융 계통에 취직하는 상업학교의 상례를 깨고, 일본인이 운영하는 진고개 일한서방에 취직했다. 일한서방 단골손님인 삼오당 김소운을 통해 연극계 은사이며 한국 사실주의 연극의 라이벌인 유치진을 소개받았다. 극작법을 사사 받았다. 1936년 9월 「산허구리」를 《조선문학》에 발표하여 극작가로 데뷔했다. 1950년 6월 29일 불의의 수류탄 오발 사고로 사망할 때까지 그의 활동 기간은 14년 정도에 불과했다. 그 기간 대한민국 연극사에 길이 남을 20여 편의 희곡을 남겼다. 친일연극과 좌익연극 사이에서 표류하다, 1950년 6.25한국전쟁의 소용돌이에 휘말려 생을 마감한 뛰어난 작가로 문학과 연극을 사랑했고 바다를 사랑했던 작가였다. 강화, 인천, 목포 등 바다를 가까이 끼고 살았다. 목포 연극인들의 계보에 김우진, 차범석, 천승세와 더불어 당당히 함세덕 극작가를 넣을 수밖에 없다.

함세덕의 대표작으로 꼽히는 「동승」이 높은 평가를 받는 등 문재가 뛰어난 극작가로서 호평을 받았다. 「동승」의 원제목은 주인공인 동자승의 이름을 딴 '도념'으로, 1947년 발간된 함세덕의 희곡집 『동승』의 표제작이며 영화화되기도 하였다.

1950년 6월 29일 북한 인민군 선무반 제2진으로 남하하다 서울 신촌 부근에서 수류탄 오발 사고로 사망했다. 한 편의 드라마처럼 수류탄을 던지고 돌격 앞으로를 외치며 본인만 실제로 뛰어나가 연기하듯 생을 마쳤다고 전해진다. 서대문적십자병원에서 동생이 그의 죽음을 확인하였다. 망우리 공동묘지 가족묘역에 묻혔다.

함세덕은 일제 말기에 대표적인 어용 연극단체로 유치진이 주도한 현대극장에 가담하여, 번안 희곡 「흑경정」, 창작 희곡 「에밀레종」, 「남풍」, 「황해」, 「백야」 등을 연속 집필했다. 역사극인 「에밀레종」에서는 신라를 괴롭히는 당나라와 우호적으로 도와주는 일본을 대비시키고, 「황해」에서는 지원병제를 노골적으로 선전하여, 이 시기에 집필되거나 공연된 그의 작품에서는 모두 친일 사회주의적 경향이 분명히 드러난다.

1988년 월북작가 해금 조치와 함께 삼성출판사에게 간행한 『한국해금문학전집』 중 하나로 함세덕 희곡선집이 간행되었다. 해금 이후 현재까지 50여 편의 논문이 발표되었다. 2002년 2월 '함세덕 연구소'를 설립했다. 6월에는 제1회 함세덕 연구소 심포지엄 '함세덕 희곡의 재조명과 인천연극의 발전 방향 모색'을 개최했다.

2009년 친일인명사전에 수록되었다.

양구군수,
노해면장

홍재설

洪在卨, 생몰년 미상

홍재설 묘비

망우리공원 답사하며 사색의 길을 따라 오르내리며 유명인물 묘지를 찾아가 참배한다. 시간에 쫓기면 지름길을 이용하여 걷는다. 망우리공원을 답사하며 이중섭, 최학송, 조봉암, 한용운, 방정환, 아사카와 다쿠미, 박인환은 매번 빠트리지 않고 참배를 드린다. 이중섭 화가의 묘지에서는 예술가의 열정과 애틋한 가장으로서 삶의 자세 그리고 은사인 구상 시인과의 우정으로 철 따라 묘지 관리하며 매번 찾아가 뵙는다.

서해 최학송은 묘지 관리인으로, 조봉암 정치인은 사법살인을 당한 억울한 사연, 만해는 한민족 거인으로, 소파는 어린이의 아버지, 아사카와 다쿠미는 2000년 이후 내 삶의 지남차, 박인환 시인은 시인으로서 거침없는 자세 등을 생각하며 한참을 머문다. 나 자신을 성찰하고 흐트러진 삶의 방향을 다잡고 내려온다.

2006년 최학송 묘역에서 죽산 조봉암을 향해 오솔길로 오르다 8부 능선에서 일제강점기 노해면장 홍재설 묘지를 찾았다. 비문에 전 군수 홍재설이라 새겨져 있다. 핸드폰으로 행적을 찾아보았다. 왜 군수가 노해면장으로 관직을 마무리했는지 궁금했다. 1940년 전후 일제가 마지막 발악으로 징병 징용 정신대 등 조선인을 전쟁의 최전선으로 몰아가기 위해 주민 설득을 하기 위해 명망가를 면장으로 앉혔다. 망우리도 양주군 노해면에 속한 지역이었다.

홍재설은 일제강점기에 서울특별시 도봉·노원구 지역의 면장을 지낸 친일 관료이다. 조선총독부는 강점 초기부터 지역의 명망가들을 면장으로 끌어들여서 지방 지배를 효율적으로 실시하려고 하였다. 하지만 식민 지배에 대한 조선인들의 거부감, 면장의 제한된 권한 등으로 인하여 면장 자리는 주로 하급 계층에서 충원되었다. 그러나 시간이 지나면서 점차 면 제도가 확립되어가고 면에서 처리해야 할 사무도 증가하고 면장에 대한 대우도 좋아지면서 행정적 능력이 있는 인물들이 면장으로 충원되었다.

1930년대에 이르러 농촌 진흥 운동, 농가 경제 갱생 운동의 시행으로 면의 사무는 폭증하게 되었고, 면민에 대한 효율적인 지배와 동원을 위해서는 거물급 인사들이 면장이 될 필요성이 있었다. 홍재설은 여러 지역의 군수를 역임하는 등 관료계에 오래 몸담은 인사로서 이러한 필요성에 부응할 수 있었다.

홍재설의 가계나 출생 연도, 출생지 등은 미상이다. 홍재설은 1909년 3월부터 1910년 4월까지 강원도 공립 회양 보통학교 본과 부훈도를 지냈으며, 1910년 5월 경기 관찰도 강화군 주사에 임명되었다.

한일늑약 후인 1910년 10월 경기도 강화군 서기에 임명되었다. 1912년 8월 한국병합 기념장을, 1915년 11월 다이쇼 일왕 즉위 기념 대례기념장을 받았다. 이어 1921년 2월 관제 개정으로 경기도 강화군 속으로 근무하다가 1921년 8월 고양군 속으로 옮겼다. 1927년 충청남도 천안군 속, 1929년 강원도 횡성군 속으로 근무하였다.

1929년 3월 훈8등 서보장을 받았으며, 1930년 10월 종7위에 서위되었다. 1931년 3월 고등관 8등의 군수로 승진하여 강원도 양구군수로 부임하여 근무하다가 1933년 6월 퇴직하였다. 1932년 3월 훈7등 서보장을 받았고, 1932년 10월 조선 쇼와 5년 국세 조사 기념장을 받았다. 1936년부터 양주군 노해면장을 지냈다. 면장으로서의 행적은 잘 알 수 없다. 묘지 번호 204814, 1950년 1월 17일 망우리에 묻혔다.

2009년 친일인명사전에 수록되었다.

우리는 패했지만 조선은 승리한 것이 아니다

제9대 조선총독 아베 노부유키는 1944년 7월에 마지막 조선 총독으로 부임했다. 1945년 7월에는 국민의용대 조선총사령부를 조직하여 조선인에 대한 통제를 강화했다. 1945년 9월 12일 총독 자리에서 해임되었고 일본으로 송환되며 이렇게 경고했다.

"우리는 패했지만 조선은 승리한 것이 아니다. 장담하건대 조선민이 제 정신을 차리고 찬란하고 위대했던 옛 조선의 영광을 되찾으려면 100년이라는 세월이 훨씬 더 걸릴 것이다. 우리 일본은 조선인에게 총과 대포보다 무서운 식민교육을 심어놓았다. 결국은 서로 이간질하며 노예적인 삶을 살 것이다. 보라! 실로 조선은 위대했고 찬란했지만 현재 조선은 결국 식민교육의 노예로 전락할 것이다. 그리고 나 아베 노부유키는 다시 돌아온다."

가짜 해방이었던 8.15뒤 인민대중 사이에 떠돌았던 참언은 다음과 같다.
"미국놈 믿지 말고 소련놈 속지 마라. 일본놈 일어난다. 조선사람 조심해라."

반민족행위 친일 행위로 민족문제연구소 발행 친일인명사전에 수록된 망우리공원 인물은 다음과 같다.

- 이화여대 전설. 여성 지도자 우월 김활란

- 이화여전전문학교 교수, 「남으로 창을 내겠소」 시인 월파 김상용
- 중앙보육학교 교장, 목사, 민족대표 33인, 동양지광사 사장 박희도
- 1920년대 문화예술 만능 달란트, 시나리오 작가, 영화감독, 미술 삽화가, 석영 안석주
- 일본 육사 본과 편입 수석 입학, 일본군 소좌 만주국 참사관 윤상필
- 최초 고아원과 양로원 설립, 피부과 의사 해관 오긍선
- 극작가, 연극·영화학자 온재 이광래
- 광산업과 선천군 2대에 걸친 지역 유지 사업가, 중의원 참의 이영찬
- 어학 천재 형제, 《동아일보》 주필, 보성전문 교수, 암살당한 정치인 장덕수
- 관동대지진 경험, 최초 수필 잡지 《박문》 주간, 동요 〈오빠 생각〉의 오빠 영주 최신복
- 사실주의 극작가, 연극·영화 연출 및 제작 〈동승〉의 함세덕
- 양구군수 및 양주군 노해면장 홍재설
- 이기붕의 아내로 조선임전보국단 부인대 지도위원, 이화여대 부총장 박마리아
- 경성방송국 개국, 방송인 1호 노창성

2020년 페이스북 친구인 An Youngjung 씨가 장덕수 묘역 안 얼굴 반쪽이 없어진 문인석 사진과 "곽상도를 닮았기에 귀빵맹이를 후려갈겼더니……"라는 글을 함께 올렸다. 필자가 장덕수 묘역이라 댓글을 달았다. "역시 선생님은 아시네요"라는 댓글에 "6.25한국전쟁 망우리전투 당시 총을 쏜 이가 장덕수의 반민족적 친일을 알고 한 행위라면 이해할 수 있으리라"고 댓글을 달았다.

4부.

대한민국 근현대를 그려낸
그리운 풍정과 문학의 산실

교과서 수록 낙이망우 작가들의 빛나는 삶과 작품들

망우리공원 유택의 작가 교과서 수록 시와 소설과 수필과 희곡은 다음과 같다.

「님의 침묵」, 「알 수 없어요」, 「복종」, 「행인과 나룻배」 한용운

「세월이 가면」, 「목마와 숙녀」 박인환

「모란이 피기까지는」, 「내 마음은 아실 이」 김영랑

「내 마음은」, 「파초」 김동명

「남으로 창을 내겠소」 김상용

소설 「탈출기」, 「홍염」, 「고국」의 최학송

「실비명」 김이석

소설 「백치 아다다」, 수필 「구두」 계용묵

희곡 「산허구리」, 「동승」 함세덕 등은

중고등학교 교과서에 수록되었고 대학 입시 수학능력고사에 출제되었다.

일제강점기를 거치며 친일 작품이 없는 작가 12명 정도 중에 망우리에 한용운, 김동명, 김영랑 세 분이나 유택을 마련했었다. 만해 한용운 묘지만 남아 있다. 망우리공원에서 이장한 김동명, 김영랑 두 분의 유족들은 서울시나 중랑구청에서 망우리공원에 재이장이 가능하다면 다시 모시겠다고 필자와 약속하고, 빠른 기간 안에 이루어지길 바라고 있다.

방정환은 소년잡지 《어린이》를 통해 동요 운동을 펼쳤다. 그 동요들은 다음과 같다.

〈설날〉, 〈반달〉 윤극영

〈고드름〉 유지영

〈따오기〉 한정동

〈오뚜기〉 윤석중

〈봄편지〉 서덕출

〈통딱딱 통짝짝〉 박목월

〈울엄마 젖〉 강소천

〈오빠 생각〉 최순애(11세)

〈고향의 봄〉 이원수

〈꼬부랑 할머니〉 최영애

해방 후에는, 강소천 작시 〈어린이 노래〉, 〈코끼리〉, 〈꼬마 눈사람〉, 〈산토끼〉,
〈태극기〉, 〈금강산〉, 〈유관순 노래〉, 〈스승의 은혜〉가 있고,
함이영 작곡 〈우리나라 꽃〉이 있다.

중랑구 거주 및 관련 교과서 수록 작가와 작품은 중화동 김광섭의 「성북동
비둘기」와 「산」, 전상국의 소설 「동행」과 「우상의 눈물」, 묵동 박재삼의 시 「울음이
타는 강」과 「추억에서」, 상봉동 장준하의 수필 「돌베개」, 김명수의 시 「하급반
교과서」, 김명인의 시 「동두천」, 면목동 유재용의 「누님의 초상」, 김주영의 소설
「도둑 견습」과 「고기잡이는 갈대를 꺾지 않는다」, 하종오의 시 「입국자들」, 망우동
정완영 시조 「조국」, 먹골배 유래와 관련 있는 왕방연의 시조 「천만리 머나먼
길에~」, 이조년의 다정가 「이화에 월백하고~」, 망우리공동묘지 이전 작업 인부
「일락서산」 이문구 등이다.

〈스승의 은혜〉와 〈유관순 노래〉

동요와 동화의 아동문학가

강소천

姜小泉, 1915~1963

"강소천은 갔지만 동화의 나라 강소천은 어린이와 더불어 영원히 세상에 살아 있으리라." 박목월 시인이 쓴 강소천의 묘비 글이다. 강소천의 유택은 망우리공원 안에 포함되지 않은 사설 개인 묘역이다. 서울에서 망우리고개 넘다 왼쪽 구리시 교문동 딸기원 마을 들어서기 전 계단을 올라 북서쪽으로 난 오솔길 200미터 정도를 오르면 유택이 자리 잡고 있다.

　대한민국 베이비붐 세대들이 국민학교 시절 부른 동요의 노랫말을 쓴 동요와 동화 작가이다. 〈어린이 노래〉, 〈코끼리〉, 〈꼬마 눈사람〉, 〈산토끼〉,

강소천 유택

〈태극기〉, 〈금강산〉, 〈유관순 노래〉, 〈스승의 은혜〉 등을 베이비붐 세대들이 국민학교 시절 풍금 반주에 맞춰 부른 노래 제목이다. 이 동요의 작사가는 강소천으로, 본명은 강용율이다. 소천은 호이다

6.25한국전쟁 흥남철수 때 월남 이후, 살아생전 『조그만 사진첩』, 『꽃신』, 『진달래와 철쭉』, 『꿈을 찍는 사진관』 등 동화집 아홉 권을 냈다. 《월간어린이 다이제스트》, 《새벗》 등 어린이 잡지를 편찬하며 신문과 잡지에 어린이를 위한 다양한 작품을 발표했다.

강소천은 1915년 함경남도 고원군 수동면 미둔리 진주강씨 통정공파 집성촌에서, 아버지 강석우와 어머니 허석운의 2남 4녀의 둘째 아들로 태어났다. 할아버지 강봉주는 논밭 5만 평 과수원 천명농원의 부자로, 예수집이라 불릴 만큼 일찍이 기독교 신앙을 받아들였다. 모태신앙으로 할아버지가 세운 미둔리교회 주일학교에 다녔다. 고원공립보통학교 4학년 담임선생님으로부터 작문이 돋보인다는 칭찬을 받았다. 여학생 반장 '순희'를 사랑하여 뒷날 동요와 동화 속에 표현했다.

영생고등보통학교 4학년 때 한글 탄압이 거세 외사촌 누이 허홍순과 간도 용정에 1년여 머물렀다. 그곳에서 은진중학생 윤동주를 만났다. 복학하여 영어교사로 부임한 시인 백석과 문예반 지도교사 초허 김동명 시인의 문학 지도를 받았다. 소천은 백석의 하숙집에 자주 들러 틈틈이 써온 동시를 보여주었다. 스승인 백석은 제자 소천의 대표작 동시 「닭」을 1937년 《소년》 창간호에 발표할 수 있도록 주선하였다. 1941년 발간한 동시집 『호박꽃 초롱』(박문서관) 서시를 백석 시인으로부터 받았다. 백석 시집 『사슴』과 마찬가지로 동시 33편을 수록했다. 3.1혁명 민족대표 33인을 상징한다. 소천 강용률의 함흥 영생고보 선생님으로 초허 김동명, 백석, 백철 등이었다. 특히 백석과는 나이 차이가 세 살 적은 늦깎이 학생이었다. 소천은 1931년 영생고보에 입학했다. 그때 이미 강소천이라는 필명으로 어린이 잡지 《신소년》에

동시 「봄이 왔다」 등을 발표하여 등단한 소년문사였다. 조선일보사 출판부에서 발간한 이 잡지는 윤석중이 주간을 맡고 있었다. 손소희, 박목월, 황순원 등과 펜팔로 사귀였다. 특히 손소희와의 펜팔 인연이 있어서 간도 만선일보 문화부 책임기자 손소희의 부탁으로 그 신문에 동화를 연재했다. 6.25전쟁 부산 피난 시절 다방 '금강'에서 만나 자신의 홍남철수 경험을 토로하여 김동리 단편소설 「홍남철수」의 모티브를 제공했다.

소천은 8.15광복 후 북한에 남아 고원중과 청진제일고 교사로 근무했다. 6.25전쟁 홍남부두 철수 배편으로 거제에 도착했다. 그때 미군 통역병 채종묵에 의해 기독교인이라 먼저 구조되고, 언 주먹밥 하나로 건디어 위암의 원인이라 고백했다. 혼자 피난 나올 때 원고지 보퉁이만 가슴에 꼭 안고 내려왔다. 부산 영도다리 근처에서 문교부 장관 비서로 근무하는 영생고보 동창 박창해를 우연히 만났다. 그의 주선으로 문교부 편수국에 근무하며 평생지기 최태호와 전시 국어 교재를 편찬했다. 육군 정훈부대 772부대 문관으로 대전에서 윤석중과 고유했고, 전역 후 부산 '금강' 다방에서 김동리 손소희와 소일했다. 박창해의 소개로 《월간 어린이 다이제스트》를 창간하고 주간을 맡았다. 1954년 마흔 살에 최수정과 결혼하여 2남 1녀를 얻었다. 고원공립보통학교 동창인 전택부가 발행하는 《새벗》 주간으로 폭넓은 인맥을 바탕으로 문학과 교육을 접목하는 다양한 내용을 담아냈다. 1956년 한남동에서 용산구 청파동 2가의 집을 마련하여 이사하고, 이후 10번지 14호 2층집을 사서 개조하여 이사했다.

1957년 대한민국 '어린이헌장'을 제정 공포하는 데 주도적 역할을 했고, 1923년 소파 방정환 '어린이날' 제정과 더불어 어린이의 가치를 새롭게 인식하는 쾌거로 평가받는다. 1959년 이화여자대학교에 출강하며 아동문학 강의를 처음 개설하였다. 1961년 서울중앙방송국 라디오 장수 인기 프로그램 〈재치문답〉에 고정 출연했다. 출판사 계몽사와 배영사, 잡지 《아동문학》

(주간 조석기, 편집위원 강소천 김동리 박목월 조지훈 최태호) 등 아동문학 저변 확대에 공헌했다.

그해 봄 춘원의 소설 「사랑」의 모델로 6.25 한국전쟁 중 평양에서 김일성 맹장수술을 집도했고, 한국의 슈바이처로 불린 당시 부산의과대학장인 장기려 박사에게 가톨릭 의과대학 부속병원에서 위암 수술을 받았다.

1963년 5월 6일 오후 1시 57분 서울대부속병원에서 48세 간암으로 선종했다. 십대 후반 용정에서 만난 이후 함께 많은 일을 한 조지훈 시인의 조사와 30여 년 전 편지로 사귄 친구 박목월 시인이 상가 분위기를 글로 남겼다. 5월 10일(5일장) 이대부속국민학교 합창단이 소천의 동요 20곡을 연이어 불렀다. 자신의 동요가 울려 퍼지는 가운데 경기도 양주군 교문리 망우리의 가족묘지에 영면했다. 1964년 1주기 추도식 때 동시 「닭」을 새긴 시비 제막식도 묘역에서 열렸다. 1965년 2주기 소천아동문학상이 제정되어 배영사, 계몽사를 거쳐 현재 교학사에서 운영하고 있다. 1981년 강소천 문학전집(전15권, 문음사)이 출간되고, 1985년 국민훈장 대통령 금관문화훈장이 추서되었다.

소천은 영생고보를 다닐 때 스승에게 더 배우고 싶어 졸업을 미룰 정도로 백석을 존경했다. 백석은 노래하듯 높이고 낮추는 방식으로 시 낭송을 하였다. 소천은 백석의 시 낭송에 깊은 인상을 받았다. 시를 음악으로 만드는 일에 관심을 갖게 됐다. 소천은 백석에게 문학과 영어를 배웠다. 백석의 모든 시를 줄줄 외울 만큼 사랑하고 흠모했다. 백석 또한 소천을 특별히 아끼고 사랑했다. 백석의 지도와 격려로 소천은 시와 소설, 동시와 동요 등을 공부하고 짓게 됐다. 소천은 1963년 사망할 때까지 북에 있는 스승을 늘 그리워했다. 남북 분단으로 '백석'이라는 이름조차 언급할 수 없는 현실을 가슴 아파했다. 그래서 소천은 자신이 만드는 동요에 백석의 시를 넣어서 아이들에게 들려주었다. 백석을 사랑하고 존경하는 제자로서 소천은 스승의 은혜를 노래로 만들었다.

　여학생들이 고무줄놀이하면서 부르던 동요 〈유관순〉. 이 노랫말을 지은 강소천의 유택은 망우리고개를 사이에 두고, 3.1운동 유관순 열사의 유해가 묻혀 있다고 추정되는 이태원묘지무연분묘합장비와 마주하고 있다. 망우리공원 건너편 구리시 교문동 딸기원마을 뒤편 가족묘지 소천 강용율 묘비에 동시 「닭」이 새겨져 있다. 소천의 묘역 주변은 봄이면 개나리 꽃밭이 되며 평소에도 묘지 관리가 잘되어 망우리공원에서 마주보면 제일 밝고 환하다.

사실적이고 낭만적인 작가 소설
「백치 아다다」

우서 계용묵

雨鵑 桂鎔默, 1904~1961

필자는 2000년 4월부터 틈만 나면 망우리공원 '사색의 길'을 오르내리
며 유명인사 묘역을 답사했다. 장안중학교, 동호공고, 청담고, 청량고를 거
쳐, 2016년 은평뉴타운으로 이사 가는 걸 계획하고도, 망우리공원 관련 일
을 하고자 중랑구 신현고등학교에 근무하며, 졸업생 및 재학생들과 동아리,
봉사와 체험활동을 함께했다. 또한 일과 후나 주말 및 휴일에 뜻 있는 아이
들과도 그룹을 지어 망우리공원을 탐구하고 답사했고 현재도 활동하고 있
다. 매번 답사하며 제일 안타까운 묘역은 사색의 길 서해 최학송과 거리가

계용묵 유택

150미터 사이인 우서 계용묵 소설가의 유택이다. 우서의 묘역은 좁고 앞의 경사가 심하고 봉분은 수풀이 우거져 있다.

2015년 한여름 계용묵 소설가 묘역에서 '산들산들걷기' 회원들과 마주쳤다. 산들산들걷기 회원 발안바이오과학고등학교 계승학 선생님은 수안 계씨로 통일이 되면, 계용묵 선생과 같은 집성촌의 고향 선산으로 모실 작정이라며, 수풀 우거진 유택을 보고 낫을 가져오지 못해 애석해하였다. 망우리공원 유명인사 묘역 중 전망이 훤히 트여 시원스럽지만, 묘역이 좁고 봉분의 떼가 살지 못해 답사할 때마다 방법이 없을까 고민했다. 계승학 선생님과 인연으로 2017년 9월 발안바이오과학고등학교 학생들의 망우리공원 답사를 안내했다. 경기도 화성시 발안읍 학교 도서관에서 '저자와의 대화' 시간을 이용하여 망우리공원 현황과 인물을 소개하고 질의응답 시간을 가졌다.

계용묵은 평북 선천군 남면 삼성동 군현리 706번지에서 태어났다. 본관은 수안(遂安), 아버지는 항교(恒敎), 어머니는 죽산박씨이며 1남 3녀 중 장남이다. 어릴 적 외가에서 자라서 하태용(河泰鏞)이라는 이름을 얻었다. 혹자는 계용묵 소설가의 본명이 하태용이라 잘못 알고 있다.

그가 문학에 뜻을 두게 된 것은 보통 학교 시절인 1920년 소년 잡지《새소리》의 문예 공모에 시 「글방이 깨어져」를 응모해 2등으로 입선하고 나서부터다. 할아버지 몰래 상경하여 1921년 중동학교, 1922년 휘문고등보통학교에 잠깐씩 다녔으나, 그때마다 신문학을 반대하는 할아버지에 의해 귀향하여야만 하였다. 서울에서 김억과 같은 하숙집에 숙식했다. 이때 염상섭, 남궁벽, 김동인 등과 교유하며 문학에 대한 열정은 더욱더 뜨거웠다. 1928년 일본으로 건너가 도요대학 동양학과에서 공부하고 야간에는 정칙학교에서 영어를 배웠다. 1931년 집안이 파산해 학업을 중단하고 귀국했다. 이미 「상환」을 1925년《조선문단》에 발표했다. 1927년 소설가로 매조지기 위해 소설 「최서방」을 《조선문단》에 추천을 받았다. 이때 작품을 심사 추천한 작가는 서해 최학송으로, 계용묵 작가는 춘원의 추천이 아니고, 1924년 10월 《조선문단》 제1호 추천작가인 서해의 추천과 비하하는 듯한 추천사로 등단한 것을, 기회 있을 때마다 두고두고 되새겼다. 두 작가는 라이벌로 티격태격 부딪쳤으나, 서해가 1932년 애석하게 생을 마감하자, 유족을 돕는 일과 서해의 문학을 정립하는 데 힘을 다해 우정을 발휘했다. 망우리공원 두 분의 묘지도 150미터 떨어져 있다.

며칠 혼수상태에 빠져 있던 우서는 마지막으로 "모든 것은 신이 지배하는 것이다"라는 한마디를 가족에게 남긴다. 8월 11일 망우리공동묘지에 묻혔다. 그의 대표작 「백치 아다다」는 거듭 영화로 제작되어 많은 사람의 눈시울을 적시었다. 묘지번호 105383이다.

어머니 사랑.

일제 북한과 남한 독재에 까칠한 시인 정치인

초허 김동명

超虛 金東鳴, 1900~1968

김동명

2019년 망우리공원 초허 김동명 묘지 터를 찾기 위해 경주김씨 강릉 사천 수은공파 9대 종손인 김회기 선생과 봄비가 촉촉이 내리는 망우산 능선을 오갔다. 장례식, 성묘, 이장 등을 주관한 종손은 자신 있게 큰 소나무와 출입하던 오솔길 등을 기억하였다. 만약 이장한 분의 묘역을 다시 복원한다면 재고해보겠다고 약속했다. 묘지번호는 204707이었다.

"일제강점기 끝까지 지조를 지키며 단 한 편의 친일 문장도 남기지 않은 영광된 작가들도 적지 않았다. 후쿠오카 감옥에서 옥사한 시인 윤동주, 《폐허》파에서 번영로, 오상순, 황석우, 조선어학회에 관계하면서 시와 수필을 쓴 이병기, 이희승, 젊은 층으로 조지훈, 박목월, 박두진 등의 청록파 시인과 박남수, 이한직 등 《문장》출신 및 제일 먼저 붓을 꺾었다는 홍로작과 김영랑, 이육사, 한흑구 등이다. 이들은 친일 문장을 현재 조사한 범위 내에서 단 한 편도 발견하지 못했다."(임종국이 1966년 펴낸 『친일문학론』에서)

필자가 파악한 한용운, 김동명, 백석, 오일도, 이상화 시인도 친일한 흔적을 찾을 수 없었다. 망우리공원에 한용운 유택이 남아 있고, 김동명, 김영랑 시인의 유택은 이장했다.

함흥영생고보 교사 김동명과
시인 백석

김동명은 함흥 영생고보에 근무했다. 1936년 조선일보사를 그만둔 시인 백석이 영생고보 영어교사로 부임했다. 초허보다 열두 살 아래였다. 초허를 도와 교지《영생》을 만들었다. 문학평론가 백철도 백석과 거의 비슷한 시기에 영생고보 영어교사로 부임했다. 소설가 한설야도 카프 제2차 검거 때 체포 구속되었다가 풀려나 고향 함흥에 있었다. 서점과 인쇄소를 운영하며 초허와 교류하며 객지살이하는 백석의 든든한 정신적 후원자가 되었다. 소천 강용률은 영생고보 선생님으로 초허 김동명, 백석, 백철 등을 모셨다. 특히 백석과는 세 살 적은 늦깎이 학생이었다. 소천은 1931년 영생고보에 입학했다. 그때 이미 강소천이라는 필명으로 어린이 잡지《신소년》에 동시 「봄이 왔다」 등을 발표하여 등단한 소년문사였다.

김동명의 한생은 서러운 일생이었다. 가정 형편이 어려워서 어머니가 친정살이를 하러 간 길이었다. 망우리공원 신립 장군과 같은 평산신씨 신희공파인 신사임당 친정 동네였다. 원산으로 이사 가기 전 인사드리러 간 외가에서 열린 시짓기에서 김동명이 장원을 하였다.

남들이 14세에 들어가는 중학교를 17세에 입학하고 두 학년을 건너뛰어 3년 만에 영생중학교를 졸업했다. 중학교를 졸업하고도 취직을 못해서 1년간 놀다가 간신히 근처에 있는 동진소학교 선생이 되었지만 기구한 일생은 그때부터였다. 취직한 지 겨우 한 학기 만에 학교를 쫓겨났다. 3.1혁명

두 해 후면 아직 살벌한 분위기인데 모친을 닮아서 입이 촉바른 그가 그만 3.1혁명 찬양 발언을 학생들 앞에서 해버렸다. 두 번째 추방은 남포 근처의 강서소학교에서 당했다. 속이 뭣같이 상했지만 그래도 대동강 강둑을 거닐며 시를 생각하는 재미 하나로 버티어오던 학교생활을 별수 없이 청산하고 시 원고 보따리만 달랑 들고 돌아섰다. 그 후 신안주에 있는 유신학교에 세 번째로 취업, 여기서는 입조심을 대단히 해서 데뷔작 「당신이 만약 내게 문을 열어 주면」을 썼고 쫓겨나는 것도 한 학기만이 아니고 1년 만에 파직 당하는 '행운'(?)도 있었다. 네 번째는 C여학교로 옮긴 지 두 달 만이었다. 그러니 취직 최장 기간은 1년이고 최단 기간은 2개월이었다. 딸을 입 하나 덜기 위해 친구 집에 양녀로 보낼 정도로 생활이 어려웠다.

이렇게 네 차례 실직의 비운을 겪은 다음부터는 대체로 일이 잘 풀린 셈이다. 몇 개월 조카 집에서 식객 노릇을 착실히 하다가 유림회 강습소의 일을 한 일 년 보았다. 29세에 그는 동경 유학을 떠났다. 우연찮게 기독교계의 장학금을 받았고 처가에서도 생활비를 보내주었다.

작곡가 김동진은 민족시인 김동명의 제자라는 자부심이 높았다. 김동진은 스승의 시를 작곡했다. 〈내 마음은〉은 널리 알려졌으나, 〈수선화〉는 상대적으로 덜 알려졌다. 그 이유는 김동명 시인이 제자 김동명도 친일한 것을 알고 직접 불러 서운한 점을 밝힌 뒤로는 〈수선화〉는 자주 부르지 않게 되었다. 〈수선화〉는 김동명이 시인 백석을 위해 쓴 시라고 알려졌다.

그는 두 번 아내를 잃는 쓰라림을 겪고 세 번째 장가를 갔다. 첫 아내는 그의 첫 직장인 동진소학교 시절의 하숙집 딸이었다. 총각 선생이 용모는 볼 것 없었으나 재능과 인품은 출중하다 해서 장모가 중매쟁이 역할을 했다 한다. 첫 부인 지정덕은 영생고녀 출신의 전형적인 동양 여성이며 1남 2녀를 낳고 금슬 좋게 살다가 40도 못되어 타계했다.

42세에 김동명은 다시 장가를 가는데 상대는 이대 음악과 출신의 석사

이복순이었다. 그녀는 영생고녀 음악 교사였다. 성악가 김자경 선생의 모친 강신앙 여사가 중매를 섰다. 이 결혼이 얼마나 어려웠던지 김동명은 "그 굴욕, 그 모멸감, 그 참담한 고전 그것을 생각하면 지금도 치가 떨린다"라는 무용담(?)을 쓰기도 했다. 그렇게 고심참담한 난관의 시간을 극복하고 나니 그렇게 쌀쌀맞던 이복순 양이 태도를 완전히 바꾸어서 천하에 다시없는 현모양처로 변하더라고 그는 수필 「천환 180도」에 써놓았다. 그러나 귀신의 시기인지 둘째 부인도 둘째 딸 월령을 낳고 1959년 대학 수련회로 간 강릉 경포대 해수욕장에 첫날 입수하다 심장마비로 남편 곁을 영영 떠났다. 김동명은 그 충격에서 오랫동안 벗어나지 못하다가 잘 다니던 다방 마담과 세 번째 결혼하여 간신히 위안을 얻는다. 가난과 실의와 병고 속을 살아간 말년에도 그는 세 번째 부인의 극진한 보살핌 때문에 서럽지는 않았다. 그가 중풍으로 타계할 무렵 직업도 없고 원고료 수입도 없었다. 살던 집을 줄이고 줄여서 약값을 대다가 마지막은 남가좌동 모래내의 다 허물어져가는 집에서 숨을 거두었다. 1968년 1월 21일 김신조 외 30명이 청와대를 습격한 그날 신산스런 삶을 마감했다. 망우리공원 지금의 구리둘레길 솔샘 약수터와 설태희 가족묘지 사이 능선에 부인 이복순 옆에 안장됐다. 2010년 10월 10일 고향 선영으로 납골 봉안했다. 본인 묘비는 세우지 못하고 부인 이복순 묘비는 묻고 갔다

40대부터 김동명은 홍남을 떠나 서울에서 학자의 길을 걷게 된다. 어느 날 그는 신문지에 세면도구를 싸서 들고 '어슬렁어슬렁' 동해안 금강산 산기슭을 걸어 그만 월남을 해버렸다. 해방 후에 생긴 정당에 관여했다가 별재미를 못보고 홍남에서 여러모로 물을 먹은 그는 서울살이를 결심하고 가족들을 잇달아 불러들였다. 서울에는 김사익, 김재준, 송창근 등 신학 계통의 선배들이 있어 큰 도움을 받게 되고 곧 이화여대 교수직을 얻게 된다. 학자의 일을 하는 한편, 그는 정치가적 기질도 발휘해서 조선 민주당 정치부장

도 하고 민주 국민당 문화부장도 한다. 흥남에 있을 때는 조선 민주당 흥남시 지부당 위원장까지 했는데 최용건에게 밟혀서 내쫓기고 그는 흥남중학교 교장직을 맡는데, 1946년 3월 13일에 함흥에서 일어난 학생 시위에 동조했다는 혐의로 교화소에 감금되었다가 풀려나는 등 절치부심하다가 월남을 결심했다고 한다. 그는 결국 4.19혁명 이후 민주당의 공천을 받아 60세 되던 해에 참의원에 당선됐다. 그러나 5.16군사쿠데타로 그 자리마저 잃은 후로는 정해진 수입 없이 정치평론, 시, 수필 등 닥치는 대로 써서 생활을 꾸려나갔다. 제1공화국 이승만 독재정치에 대해 날카로운 정치평론을 발표했다. 그래도 특별히 위해를 당하지 않은 이유는 이기붕의 처 박마리아와 동향 강릉 출신이라는 뒷배 힘이 작용했다는 후문이다.

2019년 9월 필자의 집사람 김희옥 화가의 강릉 청풍명월 갤러리 개인전에 맞춰, 김동명문학관을 방문했다. 김동명 집안 손자인 김순정 선생이 3시간 정도 김동명 시인의 삶과 작품세계와 일화 등을 말씀했다. 김동명문학관 최은미 학예사가 김동명 시인 관련 자료를 챙겨줬다.

부산 최초 신춘문예 당선자. 최초 여성 장로.
예술원 회원. 여장부

끝뫼 김말봉

金末峰, 1901~1962

망우리공원 관리사무실 앞에서 유명인사 묘역 답사를 시작할 때 가장 먼저 나오는 유택은 끝뫼 김말봉 소설가이다. 묘비는 봉분에 바짝 붙어 있다. 방향은 정동향 9부 능선이다. 명당수인 서출동류로 전형적인 돈이 모이는 형국이다. 좌청룡 우백호가 서로 감싸 구리시 교문사거리에서 합수하여 왕숙천으로 흘러간다. 조산은 천마산 문필봉 귀인격이다. 천마산 지맥의 최고의 명당과 인물은 두물머리 여유당 다산 정약용이다.

　　끝뫼 김말봉은 1901년 밀양에서 태어나 함양 안의면에서 자랐다. 딸만 셋을 둔 집의 막내딸로 태어나 끝봉이란 뜻의 말봉이란 이름을 얻었다. 어려서부터 글짓기에 뛰어난 말봉이 쓴 글을 읽은 선생님은 "이런 글을 한 달에 한 번씩만 읽을 수 있다면, 고기를 먹지도 않고도 살 수 있겠다"고 칭찬을

김말봉 묘비

아끼지 않았다. 그녀는 호주장로교 선교회가 설립한 부산 일신여학교(현 동래여고)를 3년 수료했다. 서울 정신여고로 전학했다. 같은 반에 목포 박화성 소설가도 전학 왔다. 박화성은 엄격한 학풍이 싫어 숙명여고로 전학 가고 끝뙤는 1919년 졸업한 뒤, 잠시 황해도 명신학교 교사로 재직하다, 1923년 동경 송영고등학교를 졸업했다.

1932년 보옥(步玉)이란 필명으로 중앙일보 신춘문예에 단편소설「망명녀」가 당선되어 문단에 데뷔했다. 부산 최초 신춘문예 당선자였다. 김말봉의 문단 등장은 파격적이었다. 당시 여류작가들인 박화성, 강경애, 최정희, 임옥인과 달리 신문 연재 장편소설을 들고 나왔다. 의식적으로 대중소설을 표방했다. 1935년《동아일보》에 장편소설『밀림』을 연재했다.

말봉의 첫사랑 전상범은 말봉이 따르고 좋아했던 S 언니 김경순과 결혼했다. 충격을 받은 말봉은 1920년 하와이에 있는 언니의 도움으로 일본 유학길에 오른다. 21세 때다. 실연의 아픔을 딛고 말봉은 다카네의숙과 동지사대학 영문과를 졸업하고 1927년 귀국했다. 그런 중 1년 후배 정지용의 사랑을 받아주지 않았다. 전상범의 아내 김경순이 1남 1녀를 남기고 1923년 세상을 떠난 후였다. 벌써 4년이 지났다. 그런데 그 사이에 전상범에게는 새로운 애인이 있었다. 소학교 여교사인 여운영과 살림을 차리고 있었다. 말봉은 절망했다. 자기를 흠모하는 은행원 이석현과 부산의 한 교회에서 결혼식을 올린다. 당신과 결혼한 것은 전상범에 대한 반항이었다고, 아직 혼인신고도 하지 않았으니 깨끗이 헤어지자고 해 결국 그들은 갈라섰다. 젊은 아내가 둘째 아이를 분만하다 사망한 뒤, 전상범은 두 아이와 함께 수주 번영로 귀띔으로 김말봉과 결혼했다. 딸 혜금은 훗날 작곡가 금수현과 결혼했다. 둘째 딸이 태어나자 소설가 김동리의 형님인 김범부에게 작명을 부탁했다. 범부는 여자의 이름은 평범한 것이 좋다며 재금이라 이름 지었다. 소설가 김동리는 큰형님 범부를 스승으로 생각했으며 어려서부터 마을에서 소문난 신동이었던 범부를 절대적 존경의 대상으로 생각해 늘 무릎을 꿇고 가르침을 받았다. 김동리가 경신고 4학년 때 당시 형님 범부가 중외일보 고문이어서, 여기자로 있던 김말봉이 그에게 글을 써보라고 하여「고독」,「방랑」,「기러기」등 수필을 발표했다. 동리는 학교를 중퇴하고 눌러앉아 형님의 서재에 있던 동서양 고전을 섭렵했다. 그래서 사주 관상 작명을 통해 제자 사랑을 펼쳤다. 여류작가의 필명을 짓고(본명이 '금이'인 박경리) 이문구 소설가는 서라벌예술대학 문창과 면접을 봄과 동시에 애제자로 남다른 관계를 맺었다. 문창과 신입생 첫 시간에 학생들의 이름과 관상을 살펴보았다.

1931년 말봉은 전상범과의 사이에 아들 딸 쌍둥이를 얻었다. 이미 딸이 하나 있었으므로, 첫 부인 김경순과의 사이에서 낳은 아들과 딸을 합하여 아이들이 모두 다섯이 되었다. 두 번째 부인 여운영은 소생이 없었다. 비록 세 번째 부인이 되었지만 말봉은 행복했다. 결혼 7년 만에 전상범의 죽음은 말봉의 소설『찔레꽃』이 탄생하는 계기가 되었다. 말봉은 전상범이 좋아한 '찔레꽃'이라는 제목으로 이듬해인 1937년 3월 31일부터 10월 31일까지《조선일보》에 연재소설을 쓴다. 이 작품은 전국을 흔드는 공전의 대 히트작이 된다. 통속소설의 전형으로 회자되는『찔레꽃』은 이런 사연을 바탕으로 탄생한 것이다. 말봉의 사랑에 휴식기는 없었다. 사랑으로 맺은 첫 남편 전상범이 죽은 이듬해 말봉은 재산가이자 무정부주의자였던 호걸 이종하와 재혼한다. 이종하는 세 살 난 아들이 있었다. 이 아이를 말봉이 키운다. 나중에 시인이 되어 김관식, 천상병과 더불어 3대 기인으로 불리며 방황하다가 행방불명이 된 이현우 시인이 바로 이종하의 첫 부인 아들이다. 필자는 2017년 가을에 이종하의 증손자가 결혼할 여자와 함께 묘소를 참배할 때 마주쳤다. 한참을 이종하, 김말봉 가정과 삶에 대해 이야기를 나누었다.

부산 초량동의 마님으로, 최고의 인기작가로 부유한 삶을 누린다. 무덤에 나란히 누운 사람이 마지막 남편 이종하다. 말봉이 진정으로 함께 늙고 싶었던 사람은 전상범이었을 것이다. 그러나 전상범에게는 첫 부인이 있었다. 죽은 후의 운명은 이미 자기의 의지를 떠난 것이다. 끝뫼는 부산에 살면서 1937년부터 해방될 때까지 일본어로 글을 쓸 것을 강요당해 작품 활동을 중단했다.

해방 후 말봉은 상경한다. 동자동 당시 한신대학교 캠퍼스 안에 있었던 성남교회 새벽예배를 빠트리지 않았다. 공창폐지운동 등 사회운동에도 적극적으로 참여해 박애원을 경영한다. 끝뫼의 '공창제폐지운동'은 우리나라 여성 인권운동의 시작으로 보아도 타당하다. 1949년 하와이 시찰여행을 하고 온 뒤, 한국전쟁 때는 부산에서 피난생활을 하던 문인들에게 많은 도움을 주었다. 1952년 베니스에서 열린 세계예술가대회에 참석하는 등 바쁜 나날을 보내면서도 왕성한 작품 활동을 전개하였다. 1954년 우리나라 최초의 기독교 여성 장로가, 1957년 여류작가 최초의 예술원 회원이 되었다.

1960년 회갑을 1년 앞둔 그녀는 폐암 선고를 받는다. 그녀는 아무도 몰래 병실을 나선다. 부산으로 간다. 해운대를 거닐고 추억의 장소를 더듬던 그녀의 발걸음은 옛사랑 전상범의 집 앞에서 쓰러진다. 서울의 가족들에게 소식이 전해진다. 병마와 싸우던 그녀는 결국 이듬해 회갑 나이에 아직 봄이 오지 않은 서울에서 숨을 거둔다. 그녀가 마지막으로 애타게 찾은 이름은 누구일까?

가곡 〈그네〉를 경남여고 선생님이던 금수현이 작곡한 때는 아들 금난새가 태어나던 1947년 무렵이다. 장모 김말봉의 시에 금수현이 곡을 붙이면서 세상에 나오게 됐다.

끝뫼의 후암동 집을 드나들던 청년 중 마태 김(김정준)은 아버지가 의사로서 서울대 의대생이었다. 청년들은 둘째 딸 전재금과 사랑을 나누려 경쟁했다. 1951년 1월 3일 김재준 목사 주례와 청마 유치환 시인 사회로 약혼식을 거쳐 1952년 전재금과 결혼하여 사위가 된 마태 김은 끝뫼 집의 모든 빚

274

을 청산해주었다. 사위 마테 김은 김환기 화백의 주치의로 뉴욕에서 활동
하며 한인 예술가를 후원하며 그림을 수집했다. 2019년 대한민국 미술사를
또 한 번 새로 쓴 김환기 화백의 '우주' 시리즈에 마테 김의 역할이 매우 컸
다. 132억 원! 한국 추상미술의 거장 김환기가 한국 미술사를 새로 썼다. 끝
뫼는 김정준, 조선출, 문익환, 문동환, 정대위, 김관석, 장원, 강원룡 등 목사
님들과 폭넓게 교류하였다. 끝뫼의 말년 생활은 어려웠다. 순수 문학만을
집착하는 문단을 향해 "순수 귀신을 버리라"고 말했다. 이 말이 좋아 2020
봄 부산항 선적 고등어잡이 어선 등명 208호 박철웅 선장이 휴가기간에 김
말봉 묘지를 필자와 참배하였다.

끝뫼는 이승만 대통령 집권 말기에 대통령 재선운동에 관여한 것으로
비난을 받았다. 여성으로서는 이대 총장 김활란과 김말봉이 동원되었다. 김
활란은 교육자로서 기반이 탄탄하여 비난을 많이 받지 않으나, 끝뫼는 희
생양이 돼 비난을 한몸에 받았다.

남과 북 문화 정책을 경험한
소설가 김이석과 소설가 박순녀 부부

김이석

金利錫, 1914~1964

소설가 김이석의 아내인 박순녀 작가로부터 사진을 포함한 메시지를 받았다. 메시지 내용을 설명하기 위하여 음식상을 앞에 놓고 찍은 사진 속 인물들의 이름을 손글씨로 써서 보내주었다. 원응서, 박남수, 이명성(백수사 주인), 황염수, 박연희, 천관우, 구상, 김진수, 석영학, 김수영 아래 마해송, 최정희, 김이석, 박순녀 등이다. 이 사진 한 장으로 김이석 작가의 문화예술계 교류의 폭을 미루어 짐작할 수 있다.

김수영 시인은 5.16 군사쿠데타 때 김이석의 집에서 6일 동안 기거했다. 낮엔 담배, 밤엔 소주 마시고 파리에 가 말과 문학하겠다며 취해 쓰러져 잠을 자다 머리를 빡빡 밀고 나왔다. 시인 김수영이 김이석 작가 7주기에 쓴

김이석 박순녀 결혼식(1958)

글을 읽어 보면, 사진 속 모임은 김이석과 박순녀 작가의 결혼식 피로연으로 그 잔치 때 상황을 자세히 알 수 있다.

김이석의 본관은 연안, 1914년 7월 16일 평양 출생이다. 기독교 신앙을 일찍 받아들인 아버지 김치화와 어머니 이득화의 4남 3녀 중 차남이다. 평양 종로통 빌딩을 소유한 집안이었다. 김이석은 내성적이고 말수는 적으나 호불호는 분명하여 올해 탄생 100주년인 김수영 시인과는 특별한 성격들이 잘 어울렸다. 평양종로보통학교 1년 후배인 김병기 화백과는 바둑 친구이고, 화가 이중섭은 친구인 구상 시인의 부탁을 받고 표지를 그렸다. 북한 체제 대규모 필화사건으로 원산에서 발행된 광복 1주년 기념시화집『응향』이었다. 『응향』에는 구상, 강홍운을 비롯한 여러 시인의 시가 실려 있었다. 1947년 2월 평양에서 온 김이석, 송영, 최명익 검열관들이 자리한 가운데 원산의 영화관 '원산관'에서『응향』성토대회가 열렸다. 시인 구상은 휴식 시간에 급히 짐을 싸들고 월남을 감행해버렸다. 김이석이 6.25 피난 시절 부산에서 만난 시인 구상은 아무 말도 하지 않고 취직자리를 알아봤다. 김이석은 가족을 일본으로 보낸 이중섭 화백의 전시회 및 돈과 그림 관리와 생활을 돌보와 주었다. 이중섭 화백의 적십자병원 무연고 주검을 첫 번째로 확인한 이가 김이석, 김병기, 김광균, 구상이라는 다양한 설이 있지만 박순녀 소설가는 황염수 화가가 제일 먼저 확인한 것으로 증언하고 있다.

김이석 소설가는 1927년 평양종로보통학교와 1933년 평양 광성고보를 거쳐, 1936년 연희전문학교 문과에 입학하였으나 1938년 중퇴하였다. 중퇴한 이유는 배울 게 없다고 알려질 정도로 실력파였으나, 실제로는 형님의 급서로 평양에서 가업의 사업체를 이어받아 운영했다. 그만큼 이재에도 밝았다. 그 뒤 조선곡산주식회사에 다니다가, 평양 명륜여상 교사로 근무했다.

6.25전쟁 1.4후퇴 때 가족을 두고 월남해 대구에서 생활하였다. 이 무

럽 중부전선에서 종군작가단으로 활동하였다. 1953년 환도 후 《문학예술》 편집위원, 성동고등학교 강사직을 맡았다. 1957년부터 집필에만 전념하는 한편, 1958년 방송작가 1호인 소설가 박순녀와 재혼, 안정된 생활을 하면서 활발한 창작활동을 전개했다.

일찍부터 문학적 재질을 나타내 보통학교 때(1925) 동요 〈돌배나무〉를 발표한 적이 있고, 연희전문 재학 당시 단편소설 「환등」(1938)을 발표하기도 했다. 본격적인 작품 활동은 1938년 단편소설 「부어」가 《동아일보》에 입선 되면서부터이다. 그 당시 평양에서 구연묵, 김조규, 유항림, 양운한, 김성집, 김화청과 동인지 《단층》을 발간하면서 「감정세포의 전복」(1937) 등을 발표 했다. 《단층》 모임에 윤동주 시인이 몇 번 참여하였다고 김병기 화백이 증 언하고 있다.

월남 후 종군작가단에 있으면서 작품 활동을 재개하여, 1954년 「실비 명」을 발표하였고, 이어 「외뿔소」, 「달과 더불어」, 「소녀 태숙의 이야기」, 「광 풍속에서」, 「뻐꾸기」 등을 발표하였다. 그 밖에 「실비명」과 함께 대표작으로 꼽히는 「동면」(1958) 등 다수의 작품을 집필했다.

또한 단편소설 외에 1962년 역사장편소설 『난세비화』를 《한국일보》에 연재하여 대중의 인기를 얻었는데, 1964년 9월 18일 역사장편물 『신홍길동

김이석 묘비 제막식
(1965.9.18.)

전』을 쓰던 중 고혈압으로 향년 49세로 별세하였다. 9월 21일 망우리공동 묘지 호암 문일평 유택에서 오른쪽 30미터 지점에 남향으로 묻혔다. 묘지번 호는 203693이다.

그의 작품세계는 대표작 「실비명」, 「외뿔소」, 「학춤」에서와 같이 사적 체험과는 거리가 있는 주인공의 꿈의 상실에 대한 좌절과 상심을 통해 인 생의 비애를 기록하기도 하였으나, 대체로 「관앞골 기억」, 「교련과 나」 등의 1920년대 식민지사회의 단면을 제시한 소년시절의 회상이나, 「뻐꾸기」, 「동 면」, 「지게부대」, 「허민선생」, 「재회」 등의 사소설적 접근으로, 한 지식인의 내면세계를 통해 조명한 1.4후퇴 때 월남한 지식인들의 비참한 삶의 모습의 기록과 같이 사적 체험을 형상화하는 데 주력하였다.

이들 작품에는 식민지시대로부터 6.25전쟁 전후까지 피동적이고 소극 적인 자세의 한국 지식인의 초상이 그려져 있다. 그의 문체는 치밀한 구성 과 간결한 표현으로 한국적 정한의 세계를 관조하는 담담한 심경으로 그려 져 있어 독자에게 호소력을 가진다.

작품집으로 단편집『실비명』(1956), 『동면』(1964)과 아동장편소설『해 와 달은 누구를 위해』(1964)가 있으며, 그 밖의 저서로『문장작법』(1961)이 있다. 단편집『실비명』으로 1957년 제4회 아세아자유문학상을 수상했고, 1964년 제14회 서울시 문화상을 수상했다.

김수영은 김이석과 아주 가까이 지냈다. 두 사람이 만난 건 휴전 후 서 울에서였다. 김수영은 원응서와 함께 있는 김이석을 보고 "첫눈에, 저치도 나만큼 가난하고 나만큼 고독하고 나만큼 울분이 많고 나만큼 뗑깡이 심한 치겠구나" 하고 느꼈다. 실은 김수영으로 말하면 빼놓을 수 없는 전쟁 피해 자였다. 6.25전쟁이 났을 때 그는 선배, 동년배 문인들과 함께 한청빌딩 조 선문학가동맹 사무실에서 인민군 노래를 배우며 사상교육을 받았고, 또 가 두행진을 해야 했다. 전황이 불리해지자 김수영은 함께 교육을 받던 유정,

김용호, 박계주, 박영준 등과 북으로 끌려가 훈련을 받고 인민군에 배치됐다. "나 포로수용소에 와 있다. 한번 와 다오." 조병화가 죽은 줄 알았던 김수영에게서 엽서를 받은 것은 피란지 부산의 서울고에서였다. 국군과 유엔군의 북진 때 김수영은 배치돼 있던 인민군 부대에서 탈출했다가 다시 인민군에게 붙들려 총살 위기에 몰렸다. 여기서 탈출에 성공해 서울에 돌아왔지만 이번에는 집 앞에서 경찰서로 연행돼 무자비한 고문을 받고 인민군 포로 신세로 수용소로 이감되고 말았다.

김수영은 월남한 이후 후배 여성작가 박순녀와 재혼한 김이석에게 퉁명스럽게 묻곤 했다. "형은 무엇이 좋아 여기로 왔소?" 그러면 김이석의 대답은 이랬다. "김사량이 자식이 우리가 써내는 글을 샅샅이 다 읽고 점수를 매기는데 글쎄 내 소설은 밤낮 60점 미만이야. 주제가 어떻다는 둥 주인공의 사상성이 투철하지 못하고 미흡하다는 둥 말이야. 난 단지 아니꼬워서 무작정 남하한 거야."

김이석이 월남할 때 동행한 양명문의 증언에 따르면 "김이석은 꾀가 없어 문학동맹에 충성을 바칠 줄 몰랐고, 원래 글을 빨리 써내는 재주를 못 가졌다. 평론가 안함광에게 불려가 '동무는 너무 안일하고 태만하니 앞으로 주의하지 않으면 안 된다'는 훈시까지 들었다"고 한다. 역시 함께 월남한 수필가 원응서는 김이석이 딱 한 번 농민들을 주인공으로 한 희곡 「소」를 써서 공연하게 됐는데 '이데올로기가 약하다'는 이유로 하루 만에 공연 금지되었다고 증언했다. 김이석은 자기 식대로 작품을 쓰지 못하게 된 북한 체제를 지긋지긋해하며 투덜거렸다. 그러나 김이석은 북에 남겨두고 온 가족과 너무 빨리 작고한 천재 화가 이중섭에 관해서는 말을 아꼈다.

김수영은 글에서 이렇게 주장했다. 월남 후 14년을 그는 내내 고생만 하다가 죽은 셈이다. 우리나라는 아직도 작가를 기를 만한 자격이 없다. 이중섭, 차근호, 김이석이 무엇 때문에 어떻게 죽었나 보아라. 나는 김이석의 죽음을 목도하고 친구로서보다도, 이남태생의 한 주민으로서 부끄러움과 슬픔이 더 크다.

　박순녀 소설가와 세 번 만났다. 두 소설가의 삶과 후일담을 소개한다.

　6.25전쟁으로 남하하여 궁색하였지만 예술지상주의자로 오롯이 김이석 작가는 작품으로 일관된 삶을 지향하여, 정치쪽으로 가버린 천관우 장준하 등을 애석하게 생각했다. 작품 중 「실비명」이 대표작으로 알려졌으나 김 작가는 「동면」을 아껴 연극을 고려해 구성한 소설이었다. 박연희 소설가와 제일 친했고 소설가 김동리 손소희 부부와도 세교했다. 서영호 기자의 도움을 많이 받았다. 서기자는 홍제동 문화촌 단지 월세 3,000원 3개월 미뤄 퇴거 위기 때 몇 번을 후원하였다. 세간에는 이중섭 화가의 작품을 엄청 가지고 있을 것이라고 알려져 이중섭 유작전 관계자들이 연락이 많았지만, 소장한 이중섭 그림 세 점 중 한 점은 좋아하는 기자한테 선물하고, 한 점은 서영호 기자에게 방값 대신 선물했다. 한 점은 팔아 살림에 보태 실제 이중섭 그림을 소장하지 않고 있다. 김 작가가 도착했을 때 이중섭은 그림을 태우고 있을 만큼 그의 예술혼은 뛰어났다.

　김이석 작가는 가장으로서 정말 다정다감하였으나 술을 자주 즐기며 어울리면 악동이었다. 글쓰기 보름 전부터는 절주하고 신문 연재할 때는 토, 일요일 주말 음주를 하였다. 집에서 하는 요리에 취미가 있었다. 미식가로 식당 주방장에게 배워 와 집에서 요리하여 함께 식사하는 가장으로서 술을 잘하였다. 결혼 후 줄였으나 여전하여 박순녀 작가는 김이석 작가가 살아 있을 때 한 모금도 하지 않았다. 지금 생각으론 후회된다고 술회했다. 김남조 시인은 힘이 너무 세서 가까이하지 않았다. 강민 시인, 남정현 작가 등 '인사회'가 2년 전에 해체할 정도로 주변 작가들이 세상을 떴다. 시인 구상 선생은 다 좋은데 술이 들어가면 거리를 두었다. 구상 시인이 취한 채 쓴 친필 글이 한 점 있는데 아침에 일어나 돌려달라는데 주지 않고 소장하고 있다.

1928년에 태어난 박순녀 작가의 고향은 함흥으로 일찍 개화하여 아버지는 한국인 최초 소학교 교장 선생님이셨다. 1950년 서울대 사대 영어과 졸업하고 당시 고료가 괜찮은 방송작가 1호로 활동했다. 김이석 작가는 수줍은 성격이었지만, 박순녀 작가는 소설 '실비명'을 읽고 한방에 가 재혼했다. 박순녀 작가는 동명여고 교사직을 그만두고 김이석 작가에게 받은 3년 사숙이 생애 최고 배움으로 정말 좋은 시간이었다. 김 작가를 황망하게 여의고 가계를 꾸리며 글에 정진했다. 남남북녀의 전형적인 모습으로 임옥인 최정희 등과 교류했다. 북쪽에 고향을 둔 예술인들의 소외감을 드러내며 문학관 추모제 등에 대해 말씀했다. 유품에 대해 공공 기관에 기증하고 싶다고 말씀했다. 중랑구청 망우리공원 관리 유지 등을 이야기 나누며 정상 궤도 오르면 기증 의사 밝혀주겠다고 약속했다. 동서문화사 고정일 사장이 올 3월 급작스레 사망한 후 필자에게 전화하여 정선생이 책임지고 망우리공원 김작가 옆에 유골을 묻어달라며 이제 마음이 놓인다고, 지금도 김작가에 대한 애정을 표현했다.

　　서울교원문학회 망우리공원 답사하며 김이석 소설가의 묘역을 알려준 뒤, 성동고등학교 국어선생님으로 수업을 받은 수필가 한명회 전임 회장님으로부터 받은 소설가 김이석 선생님 추모의 글을 망우리 묘역에서 낭독했다.

1950년대 전후 모더니즘 시인.
「세월이 가면」, 「목마와 숙녀」 모던보이

박인환

朴寅煥, 1926~1956

시인 박인환은 '후반기' 동인으로 모더니즘 경향의 작품을 발표하면서
도 자신만의 도시적인 비애와 인생파적인 고뇌를 그려내고 있다.

　　망우리공원을 답사할 때 남녀노소 계절과 시간에 구분 없이 가슴이 설
레는 시인이 있다. 시인의 시도 시이지만 시인과 관련된 후일담이 널리 알
려져 있다. 망우리공원 유명인사 답사 중 빠짐없이 참배하는 묘역이다. 망
우리공원 사무실에서 삼거리를 통과하여 일방통행길 100여 미터 지점 좌측
에 잘생긴 시인의 얼굴 닮은 미끈한 연보비가 서 있다. 1998년 중랑구에서

박인환 유택 참배(중앙대학교
문예창작학과 대학원, 지도교수
이승하 시인, 2016.6.)

세운 연보비 15개 중 14분은 독립지사 및 사회사업자인데, 오로지 문화예술인은 박인환 시인 한 분이다. 연보비 맞은편에 박인환 유택으로 내려가는 계단이 있다. 경사가 심한 데크 계단을 내려서면 화살나무에 둘러싸인 시인 박인환의 유택을 찾을 수 있다.

박인환은 한국 1950년대의 대표적인 모더니즘 시인이다. 서구적 감수성과 분위기를 강하게 풍기면서 6.25한국전쟁 이후 어두운 현실을 서정적으로 읊은 후기 모더니즘의 기수로 알려져 있다. 몇몇 낭만적인 시편을 쓴 요절 시인이고, 통속시인 정도로 저평가되고 잘못 알려진 시인이라는 평이 있다. 해방 직후 인천항의 비극을 담은 박인환의 시가 「인천항」이다. 1947년 4월 월간지 《신조선》을 통해 발표한 이 작품엔 미군정 깃발 아래 자행된 미군의 횡포와 모리배가 판쳤던 인천항의 현실이 고스란히 담겨 있다. 박인환은 힘없는 민족의 아픔이 서린 장소가 인천항이었음을 기억했다.

박인환은 「목마와 숙녀」, 「세월이 가면」 등 서정적인 시로 유명하지만, 사실 현실 인식이 아주 강했던 시인이다. 그의 초창기 작품들은 대부분 조선을 비롯한 동아시아 국가들이 제국주의 침략에 고통받고 있는 사실에 분개하는 내용이다. 이후 한국전쟁을 거치면서 박인환은 도시적 서정주의 특색이 드러나는 작품을 발표하고 영화 평론가로 활동했다.

『박인환 평전』을 쓴 윤석산 한양대 명예교수는 중랑문화연구소 초청으로 강의하며 "문학이 사회문제에 참여해야 한다고 했던 1960~70년대 시작한 '참여문학'을 박인환은 1940년대부터 앞장섰다고 보면 된다."며 "「인천항」은 '서양과 동양', '백인과 흑인', '문명과 미개' 등으로 이분화된 서양 중심의 근대성을 타파하려는 그의 현실 인식이 녹아 있는 작품"이라고 설명했다. 일제강점기를 거친 우리와 같은 처지에 놓인 네덜란드에 맞서 독립 투쟁하는 인도네시아를 향한 강한 동질감을 노래하며 1948년에 발표한 「인도네시아 인민에게 주는 시」를 박인환의 대표작이라고 주장을 폈다.

김수영 시인은 박인환 사후 10년 만에 4편의 산문에서 박인환을 거세게 몰아붙였다. 김수영은 박인환에게 주홍글씨와도 같은 낙인을 찍었다. 이러한 김수영의 기록들은 박인환을 시종 "그처럼 재주 없고 그처럼 시인으로서 소양이 없고 그처럼 경박하고 그처럼 유행의 숭배자가 없다" 등으로 거칠게 표현했다. 1921년생 김수영이 1926년생 박인환에게는 다섯 살 터울의 형뻘이다. 김수영은 박인환보다 결혼은 2년 늦게, 첫 시집 상재는 4년 늦게 한 것이다. 두 시인 살아생전 한 권의 시집을 출간했다. 박인환은 『박인환선시집』(산호장, 1955)을 발간했고, 김수영은 『달나라의 장난』(춘조사, 1959)을 뒤따라 냈다. 망우리공원 산 능선 너머 묻혀 있는 1914년생 소설가 김이석과 김수영의 둘도 없는 관계와는 대조를 이룬다.

박인환의 본관은 밀양. 1948년 8월 15일 강원도 인제 상동리 출생으로 면직원인 아버지 박광선과 어머니 함숙형의 4남 2녀 중 장남이다. 인제초등학교 다니다 성적이 우수하여 1936년 4학년 때 서울로 전학을 와 1939년 서울 덕수초등학교를 마쳤다. 이어 경기중학교에 입학했다가 영화관 출입 문제로 1941년 2학년 때 자퇴했다. 한성학교 야간부(필자의 모교인 한성고등학교 학적부는 6.25한국전쟁 때 불타버림)를 거쳐 1944년 황해도 재령의 명신중학교를 졸업했다. 같은 해 아버지의 권유로 평양의학전문학교에 입학했으나 해방이 되자 학업을 중단했다. 일제 당시 농업과 의과대학생은 징병에 끌려가지 않았다.

서울로 와서 시인 오장환의 낙원동(현재 종로3가 2번지 대로변) '남만서점'을 5만 원에 인수하여 '마리서사' 서점으로 초현실주의자 화가 박일영의 도움으로 리모델링하여 문을 열었다. 여기서 마리서사라는 이름을 일본시인 안자이 후유에의 시집 군함마리에서 따왔다는 설도 있고, 프랑스 화가이자 시인인 마리 로랑생(Marie Laurencin)의 이름을 땄다는 설도 있다. 이 때 정지용, 김광주, 김광균, 이한직, 김수영, 김경린, 오장환, 김기림 등 작가들과 사귀었다. 한국 모더니즘 시운동이 일어난 발생지였다. 1946년《국제신보》에 「거리」로 등단했다. 서점을 닫으면서 서점 손님으로 만난 진명여고 출신의 이정숙과 1948년 스물셋에 결혼했다.

그 뒤《자유신문》,《경향신문》 기자로 근무했다. 6.25한국전쟁이 일어 나자 육군 소속 '종군작가단'에 참여했다. 1948년에는 김병욱, 김경린 등과 동인지《신시론》 제1집과 제2집 『새로운 도시와 시민들의 합창』을 발간하 였으며, 1950년에는 김차영, 김규동, 이봉래 등과 피난지 부산에서 동인 '후 반기'를 결성하여 모더니즘운동을 전개하기도 하였다. 1955년 직장인 대한 해운공사의 일 관계로 화물선 남해호 사무장의 임무를 띠고 미국에 다녀오 기도 하였다.《조선일보》에 기행문 「19일간의 아메리카」와 연작시 「아메리 카 시초」 등을 발표했다. 화가 이중섭이 일본에 방문할 때 선원증을 발급받 는데 시인 구상의 주선과 시인 박인환의 역할이 결정적이었다. 시인 박인환 의 아내 이정숙의 작은아버지가 내무부와 체신부장관을 역임한 당시 대한 해운공사 사장으로 재직한 이순용이었다.

박인환은 영화광이다. 그가 영화평론가협회를 만들었다면 웬 뚱딴지 같은 소리냐고 할지 모르겠지만《한국일보》에서 논설을 쓰는 오종식을 중 심으로 1954년 김규동, 이봉래, 이진섭, 오종식, 허백년, 유두연 등과 '영화 평론가협회' 발족했다. 지금까지 확인된 박인환의 영화평론은 총 59편으로 2년 남짓 동안 매우 놀라운 성과였다.

박인환 시인은 생전에 첫 시집 제목을 『검은 준열(峻烈)의 시대』로 붙이 고자 하였다. 1954년 9월 동문사에서 이 제목으로 시집을 출간한다는 예고 광고까지 하였으나 성공하지 못하였다. 1955년에 발간된 『朴寅煥選詩集(박 인환선시집)』(산호장)에 그의 시작품이 망라되어 있으며 특히 「목마와 숙녀」는 대표작으로 꼽히는 작품으로서 우울과 고독 등 도시적 서정과 시대적 고뇌 를 노래하고 있다. 그러나 출판사의 화재로 시중에서 『朴寅煥選詩集』을 구하기 어려웠다고 한다.

'자유문학상' 수상 실패와 평소 흠모한 시인 이상의 기일이 4월 17일인데 3월 17일로 잘못 알고 1956년 3월 17일 《한국일보》에 「죽은 아폴론—이상(李箱) 그가 떠난 날에」를 발표하고 폭음하다 '생명수(당시 파는 음료수)를 달라'고 외치며 심장마비로 1956년 3월 20일 저녁 9시 30세의 젊은 나이에 운명했다. 시인장으로 3월 22일 망우리공동묘지에 친구들이 무덤에 카멜 담배와 조니 워커 한 병을 묻어주었다. 시인의 유품은 불로 사라져 거의 없다. 명동 댄디보이에 대한 아내의 가슴 조인 결과였다. 묘비는 그해 추석날 송지영 글로 문우들이 세웠다. 지금도 사람들이 참배하며 담뱃불을 붙여 단비에 놓고 술 한 잔 올리며, 시인의 영혼을 위로하며 시인의 시를 외우며 술을 마신다. 늦가을 낙엽이 뒹구는 저녁노을 물들 때가 가장 분위기가 살아나는 묘역이다. 묘지번호는 102308이다

1956년 이른 봄. 명동 한 귀퉁이 술집 '경상도집'에 송지영, 이진섭, 박인환 등 몇몇 문인들이 모여 술을 마시고 있었다. 〈백치 아다다〉의 가수 나애심도 함께였다. 취기가 한껏 돌자 노래를 청했는데 나애심은 마땅한 것이 없다며 거절했다. 그러자 박인환이 주머니에서 꾸깃꾸깃한 종이 한 장을 꺼내 즉석에서 시를 써내려갔고, 완성된 시를 넘겨받은 언론인이자 극작가였던 이진섭이 단숨에 악보를 그려냈단다. 나애심이 악보를 보고 노래를 흥얼거렸고 한 시간쯤 뒤 테너 임만섭이 합석한 뒤 정식으로 노래를 부르니 그걸 듣고 거리를 지나던 사람들이 술집으로 몰려들어 왔다고 한다. 막걸리집은 배우 최불암의 어머니가 운영하던 '은성'이라고 잘못 알려졌다. 나애심은 〈DDD〉를 부른 가수 김혜림의 어머니다.

노래 〈세월이 가면〉은 뒤에, 1970년대 가수이자 시인인 박인희가 방송 진행하며, 시 「목마와 숙녀」 낭송과 함께 널리 불리고 있다. 2016년 3월 25일 필자는 박인희 가수 귀국 환영 팬 모임에 함께하여, 필자의 제5시집 『봄

동』을 전달했다. 시집 간지에 사인을 거꾸로 하여 드려 당황했던 기억이 생생하다.

한국연극인복지재단 후원 중단문화재단 주최 망우리프로젝트 음악낭독극, 망우열전 1탄 소파 방정환 〈만년샤스〉에 이어, 망우열전 2탄 시인 박인환 〈지금 그 사람 이름은 잊었지만〉이 2021년 6월 25일 오후 7시 상봉메가박스 5관에서 펼쳐졌다.

유족 대표로 초청받은 박시인의 큰아들 박세형씨가 극이 끝난 뒤, 〈세월이 가면〉 시와 노래를 완성하고 부른 장소가 최불암 어머니 이명숙 '은성' 막걸리집이 아니라 '경상도집'이었고, 1956년 1월 중 아버지 박인환 시인과 이진섭 두 분이 8절지에 시와 악보가 깨끗하게 그려진 〈세월이 가면〉을 집에 가져온 것을 보았으며, 아버지 시인 박인환은 술을 먹고 집에 들어오지 않은 적이 없는 자상하고 멋진 가장이었다고 말씀했다.

어린이의 영원한 벗.
어린이와 어린이날

소파 방정환

小波 方定煥, 1899~1931

소파 방정환은 1899년 11월 9일 서울 종로 야주개(당주동, 5호선 광화문역 1번출구 앞 로얄빌딩)에서 어물전과 싸전을 운영하던 상당한 재력가인 방경수의 맏아들로 태어나 1931년 7월 23일 서울에서 서거했다. 1913년 선린상업학교에 들어가 2년 중퇴한 뒤, 1917년에 비밀결사로서 청년구락부를 조직하여 활동하였다. 천도교에 입교하여 손병희 선생의 3녀 용화 여사와 결혼, 1918년 보성전문학교에 입학하여《신청년》,《신여자》,《녹성》등의 잡지 편집을 맡아보았다.

방정환 유택

1919년 3.1혁명 때에는 손병희의 사위로서 그의 지도하에 천도교청년회의 회원으로 3.1운동 준비에 협력하고, 또한 오일철과 함께 집에서《독립신문》을 등사하여 배포하던 중 일제 경찰에 검거되었다가 석방되었다. 이해에 일본으로 건너가 동양대학 문학과에 입학해서 아동문학에 관심을 갖고 공부했다. 1920년《개벽》3호에 번역 동시「어린이 노래: 불 켜는 이」를 발표하였는데 이 글에서 '어린이'라는 말을 처음 사용하였으며, 사회주의자가 쓴 글을 소개하기도 하였다. 1921년 여름방학으로 일시 귀국하여 천도교소년회를 조직하고, 어린이에 대한 존댓말 쓰기 운동을 벌였다.

1922년 5월 1일 창립 1주년을 맞아 천도교소년회는 '어린이의 날'을 선포했다. 6월엔 안데르센 동화, 그림동화, 아라비안나이트 등을 모아서 번안한 동화집『사랑의 선물』을 출판했다. 워낙 인기가 좋아 10여 판까지 발행했다.『사랑의 선물』은 방정환이 살아 있을 때 만든 유일한 단행본이며, 번안동화 10편이 실렸다. 1923년에 민족재기 운동으로서의 어린이운동을 적극적으로 전개하여 3월 20일 잡지《어린이》를 창간하고, 이어서 고한승 등과 '색동회'를 조직하여 5월 1일을 첫 '어린이날'로 제정 선포했다.

방정환 선생의 호 소파(小波)는 일본 유학 시절에 선생에게 큰 영향을 끼친 일본의 아동 문학가 이와야 사자나미(岩谷小波)의 사자나미(小波)를 따온 것이다.

일본의 검열을 피하기 위해 소파 외에도 잔물·몽견초·몽견인·삼산인·북극성·쌍S·서삼득·목성·은파리·CWP·길동무·운정·김파영·파영·ㅈㅎ생 등 20여 개의 필명으로 다양한 글을 기고했다.

방정환은 33년 살다 갔다. 그중에 소년·청년운동을 하고 잡지 창간하여 글을 쓰고 전람회를 여는 등 문화 사회활동은 겨우 10년 조금 넘는다.

우리나라 최초 영화 잡지《녹성》창간을 비롯해서 잡지 김원주(일엽스님)와 함께 창간한《신여자》를 비롯 문예잡지《신청년》, 소년잡지《어린이》,

종합지《개벽》, 여성잡지《신여성》, 대중종합지《별건곤》, 중학생잡지《학생》,《제1선》등 10개 잡지들을 발행한 개벽사의 경영책임을 맡았다. 동요 동화 동화극 번안동화 논문 탐사기 수필 등 800여 편에 이르는 글을 신문 잡지 등에 쓰면 일제 당국이 내용을 문제 삼아 일체의 강연 활동을 금지시킬 때까지 해마다 70여 회 이상 생애 통산 1,000번 이상 동화구연과 순회강연을 했다. 동아일보사를 움직여 '비행사 안창남 귀국 비행 쇼'를 펼쳐 3.1혁명 실패로 실의에 빠진 국민들에게 희망의 상징이 되었다.

소년잡지《어린이》를 통해 동요운동을 펼쳤다. 〈설날〉과 〈반달〉 윤극영, 〈고드름〉 유지영, 〈따오기〉 한정동, 〈오뚜기〉 윤석중, 〈봄편지〉 서덕출, 〈통딱딱 통짝짝〉 박목월, 〈울엄마젖〉 강소천, 〈오빠생각〉 최순애(11세), 〈고향의 봄〉 이원수(15세) 등이 응모(가사)해 뽑혔고 작가로 발돋움했다. 이원수와 최순애는 결혼했다. 개벽사에서 소파의 편집을 돕고, 1936년 소파의 망우리공원 유택을 마련할 때 윤석중, 마해송과 함께 주도한 최신복의 동생이 최순애와 〈꼬부랑 할머니〉 최영애이다. 최영주(신복)의 유택도 고향 수원 선산에 있지 않고 소파 묘지로 오르는 입구 왼쪽에 자리하고, 부모님 유택도 한 계단 위에 있다. 부모님 성묘할 때 한 번이라도 더 소파를 뵙겠다는 지극한 정성의 발로였다.

소파는 1928년 10월 2일부터 1주일 간 전 세계 20개국이 참가한 세계 아동예술전람회를 개최했다. 이때 망우리공원 유택이 있는 한국화단의 귀재라 일컫는 이인성 화가가 16세 나이로 특선을 하였다. 틈틈이 기미독립선언 33인 중 한 분인 박희도 민족대표가 교장인 중앙보육학교(중앙대학 전신)에서 '아동 유희', '동화' 등을 가르쳤다.

1924년에 전국 소년지도자 대회를 개최하여 어린이단체의 단합을 추진했으며, 잡지《별건곤》과《신여성》을 발간하고, 동화대회를 개최하였다. 1925년에는 소년운동협회를 조직하였다. 1927년 조선소년총연맹의 발족으로 소년운동의 방향이 달라지자 일선에서 은퇴하고, 강연회·동화대회·라디오 방송 등으로 활약하였다. 1931년 새로운 월간잡지《혜성》을 발간하는 등 활동하다가 과로로 인하여 병을 얻어 "어린이를 두고 가니 잘 부탁하오" 하고 친구들에게 유언한 후 서거하였다.

정부에서는 그의 공훈을 기리어 1990년에 건국훈장 애국장(1980년 건국포장)을 추서하였다.

2017년 방정환 묘지는 국가등록문화재 제691-3호로 지정되었다.

매년 5월이면 망우리공원 사색의 길에 어린이가 많아진다. 부모님이나 선생님의 손을 잡고 참배하러 가는 인물이 있다. 유택의 봉분은 우리나라 전통적인 모습이 아니다. 자연석을 어설프게 쌓고 시멘트로 발라 그 위에 대리석 묘비(쑥돌)를 세웠다. 묘비 앞면에 위창 오세창 선생이 쓴 "동심여선(童心如仙), 어린이의 동무", 뒷면에 "동무들이" 새겨져 있다. 참배객들이 묘비를 배경으로 찍은 사진 중 가장 간직하고픈 곳이다. 유택은 남동향으로, 한강, 검단산, 남한산성 등이 앞에 있고 시야가 시원스레 트였다. 유택의 주인은 소파 방정환. 어린이날이면 아동문학 관련 단체와 사람들이 이곳에서 행사를 치른다.

소파 방정환은 우리나라 최초의 아동 문화운동 단체인 '색동회'를 조직하고, 잡지《어린이》를 창간하여 소년운동을 이끌었다. 그는 우리의 전통사회에서 천대받고 학대받던 아이들의 인권을 보호하기 위해 '어린이'라는 존칭어를 널리 보급하였다. 세계 최초로 '어린이날' 제정에 힘을 썼다. 어린이 인권선언을 하는 등 우리가 자랑할 만한 20세기 한국이 낳은 세계적인 위인이다. 특히 일제강점기 시대인데도 그 억압에 굴하지 않고 어린이 운동을 전개했다. 일경으로부터 불령선인으로 찍혀 활동이 자유롭지 못했으나, 33세 짧은 생을, 오로지 어린이를 위한 그의 삶은 시공을 뛰어넘어 오늘에도 그 오롯한 정신을 기리고 있다. 그는 진보주의자요, 실용적인 생활 감각으로 개혁을 꿈꾼 청년이며, 어린이 인권운동가, 아동문학가, 어린이교육가, 독립운동가로 근현대사의 선구자다.

《매일신보》기자.
《신천지》주간 문학가

설원 백대진
雪園 白大鎭, 1892~1967

백대진은 1892년 2월 5일 서울에서 태어나 1967년 5월 9일 별세했다. 매동상업학교를 거쳐 1917년 한성사범학교를 졸업했다. 인천공립보통학교 교원으로 근무한 뒤 《신문계(新文界)》, 《반도시론》, 《매일신보》 등의 기자를 지냈다. 아호는 설원. 필명은 걱정업슬이, 디시생, D. C. 生, 무생, 백생 등을 썼다.

　　우리 근대문학 초기의 평단에서 해외 문학을 소개한 평론과 몇 편의 시 작품과 잡문만이 전해지고 있다. 프랑스의 상징주의 시와 자유시를 동일 개

백대진 신천지 필화사건 재판정과 신천지 권두언

넘으로 소개하고 있는데, 이는 우리나라에서 '자유시'란 용어를 최초로 사용한 셈이 된다. 그가 우리 근대문학사에서 기억되는 것은 김억과 함께 초창기에 해외 문학을 우리나라에 소개한 선구적인 역할에 있는 것이다.

1920년 8월《매일신문》의 특파원으로 동삼성 심양에서 활동하던 중 미국 국회의원 시찰단과의 신문기자 회견을 한 기사가 배일적이었다는 이유로 일경에 의하여 신문사를 강제로 사직당했다.

1922년 11월 월간지인《신천지(新天地)》의 주간으로서 조선의 일본통치가 폭력에 의한 강압정치라고 규탄하면서 독립사상을 선전하여 고취시키는 항일운동을 하였다. 즉 1922년 11월호에서 '일본위정자에게 여(與)함'이란 제목하에 친일단체에 대한 소위 '참정권 문제'는 일고의 가치도 없음을 주장하였으며, '민족의식 발달'의 장에서는 4천 년의 역사를 지닌 민족으로서 국내외에 자랑할 만한 민족이 일본의 통치를 받는 것은 언어도단이라고 역설하다가 1922년 11월 6일 일경에 붙잡혔으며 동 잡지의 판매가 금지당하였다. 동년 12월 25일 경성지방법원에서 소위 신문지법 및 제령 제7호 위반으로 징역 6월형을 언도 받았으며 1923년 1월 31일 경성복심법원에 공소하였으나 기각되어 형이 확정됨으로 옥고를 치렀다. 일제 총독통치가 시작된 뒤 첫 잡지 필화인 만큼 백대진은 저항정신이 투철한 언론인이었을 듯하지만, 그렇지 않다.

그는 총독부 기관지인 1919년《매일신보》에서 기자생활을 시작했다. 이어 백대진은 범언론인 단체의 성격을 띤 무명회 상임간사를 거쳐 친일단체인 조선협회 이사,《신천지》주간으로 이는 일본의 정치공작일 뿐이며 민족언론 활동으로 보기는 어렵다. 민족의 독립보다 문명개화만이 중요하다고 생각한 문명개화지상론자라고 볼 수 있다. 1924년에는 월간잡지로《농민》을 발간하였으나 내용이 비친일적이라 하여 폐간 처분을 받았다. 하지만 그는 총독부를 표 나게 편들었다가 뚜렷이 맞서기도 해 어느 쪽에서도 환영받지 못했다. 6개월 복역 후 해방을 맞을 때까지 기자로는 불우하게 지냈다. 그러나 문학에서는 독특한 세계를 형성했다. 가난에 대한 남다른 관심, 자본주의의 모순에 대한 정확한 인식을 바탕으로 한 그의 소설은 1920년대 신경향파 소설의 전 단계적 의미를 지니고 있다. 자신의 삶을 개척하는 인물을 통해 문명개화를 주장한 「삼십만원」(《신문계》, 1917.2.)과 자본주의의 구조적 모순을 드러낸 「절교의 서한」(《신문계》, 1917.4.), 「양인의 기도」(《반도시론》, 1917.9.) 등이 있다. 8.15해방 후에는 야담을 주로 썼는데 중국의 것이 아닌 한국의 것을 소재로 한 점이 특이하다. 야담집으로 『한국야담사화전집』(1962), 『단편야담』(1963) 등이 있다. 우익신문인 《대동신문》 취체역(지금의 감사)·회장, 홍익대학교 신문학과 강사를 지냈다.

정부에서는 1990년에 건국훈장 애족장(국내항일. 1986년 대통령표창)을 추서하였다.

1967년 5월 5일 망우리공동묘지에 안장되었다. 묘지번호 204601이었다. 1998년 10월 21일 대전현충원 묘역 독립유공자 묘역 2-745 구역에 안장됐다.

남한, 북한, 중국, 러시아 등 교과서에 수록된
빈궁문학의 최고봉

서해 최학송

曙海 崔學松, 1901~1932

서해의 묘역은 필자와 동국대 곽근 교수에 의해 발견됐다. 2003년 곽근 교수가 문학계에 서해 묘역의 존재를 세상에 알렸다. 2004년 '우리문학기림회'에서 문학비를 세웠다. 1958년 이마리공동묘지에서 자유문학가협회 위원장 김광섭 시인이 주도하여 망우리공동묘지로 이장한 후, 오랫동안 서해의 묘역은 돌보는 이가 없어 아까시나무와 수풀과 이끼로 뒤덮여 있었다. 필자는 2002년 봄 서해 묘역의 봉분이 완전히 무너진 상태를 알았다. 서해 묘역 앞을 지날 때마다 언젠가는 떼를 입혀드려야겠다 다짐했다.

최학송 제87주기 추모제

2006년 3월 서해의 유택을 사비를 들여 단장한 뒤 2010년까지 세 차례에 작업했다. 묘역 단장을 세 번이나 한 이유는 비가 오면 떡갈나무 나뭇잎에 뭉친 빗방울이 떨어져 봉분이 무너졌기 때문이었다. 결혼생활 동안 처음으로 만든 비자금 통장을 깨 단장 비용을 치렀다. 세 번째는 한성고 동기인 이호일 제삼한강통운 대표가 "몰래 좋은 일 한다"며 후원했다. 이호일 동기의 아버지인 이완용 제삼한강통운 회장은 해군사관학교 2기로 고향이 서해와 같은 성진이다. 이완용 회장은 해군의 든든한 후원자로 해군사관학교 교정 충무공 이순신 관련 시설을 도맡아 하였다. 청담고와 청량고 망우리공원 유명인사탐구및답사반 동아리 활동으로 묘역 주변 아까시나무와 떡갈나무 다섯 그루를 중랑구청 공원녹지과에서 벌목했다. 지금과 같은 묘역을 갖췄다. 이 중에 조호철, 금중혁, 김민성, 김남규 등이 주도적으로 활동하였다. 김남규 군은 반올림피자 정릉점을 운영하며 추모제 뒤풀이 피자를 후원하고 있다.

1932년 7월 9일 위문협착으로 죽은 서해의 사망진단서에는 경성의전 의사 태허 유상규의 서명이 들어 있다. 어머니, 부인, 두 아들이 함북 성진으로 떠난 뒤 묘지를 돌보는 이가 없었다. 2010년 망우리공원 관리사무실 묘적부에 관리인으로 필자가 등록됐다. 2012년 필자의 제자를 중심으로 서해 최학송기념사업회가 결성됐고, 2015년 처음으로 대외적 추모식을 거행하여 이어오고 있다. 다음은 서해 88주기 현수막 문구이다.

제88주기 소설가서해최학송 추모문화제 일시: 2020.7.18(토10시) 장소: 망우리공원 서해 최학송 묘지 주최: 서해 최학송 기념사업회 주관: (사)한국내셔널트러스트 후원: (재)수림문화재단 협찬: 중랑구청, 영원한기억봉사단, 성애병원, 제삼한강통운, 법무법인선율, 서울현대정형외과, 수원행복한요양병원, 김도형특허법률사무소, 성도치과, 루원365한의원(가정동), (주)서광알미늄, 지노출판, 대학인입시연구소, 반올림피자(정릉점), 걱정없는동네 신현고상봉중연합동아리

　최학송은 1901년 함북 성진에서 태어나 보통학교를 졸업하지 못한 채 국내와 만주를 방랑하며 최하층 생활을 했다. 어려서 집에서 한문 공부를 하였고 《청춘》, 《학지광》 등의 문학잡지를 구입하여 닥치는 대로 읽었다. 서해가 10세 때 간도로 간 아버지를 찾으려 1918년 두만강을 건너갔다. 이 때 전남 영광 출신 시조시인 조운과 함께 떠돌이 생활을 이어갔다. 이 인연으로 네 번째(?) 부인으로 조운의 누이 분녀와 용두동 '조선문단사'에서 결혼해 두 아들 '백'과 '택'을 두었다. 아내가 얼마나 예쁘고 좋았으면 함평영광 불갑산 연실봉을 조선 8경이라 일컫는 남도여행기를 남겼다. 또한 조운 시조시인 어머니가 관기로 인해 기생들의 잡지 《장한》까지 편집할 정도로 1920년대 중반 이후 잡지 편집의 귀재로 명성이 높았다. 편지 형식으로 주고받으며 춘원 이광수와 사제관계를 맺었다. 서울로 무조건 올라와 춘원의 소개로 양주 봉선사에서 몇 개월 기거했다. 한때 《중외일보》 기자와 《매일신보》 학예부장으로 활동하며 짧은 작가 생활을 하는 동안에 30여 편의 작품을 남겼다. 자신이 경험한 최하층민의 생활을 구체적이며 진실하게 표현하여 '빈궁문학'이 부르는 문학 장르를 만들어냈다.

　소설가 서해 최학송의 31세 짧은 생애와 소설 문학의 8년간 여정으로 대표작인 「탈출기」, 「홍염」, 「그믐달」, 「기아와 살육」은 남한, 북한, 중국 조선족자치주, 러시아 등지의 교과서에 수록될 정도로 신경향파 문학으로 높이 인정받고 있다. 서해도 친일문제에서 완전히 벗어날 수 없다. 비록 가족을 위하여 《매일신보》 학예부장을 역임했다 하더라도 당시 많은 문인들이 후원금을 모아주면서 조선총독부 기관지인 《매일신보》 이직을 말렸었다. 그러나 1920년대 소설에서 '의병'이란 단어를 찾아볼 수 있는 작품은 최

학송 작가뿐이라고 서울대 김윤식 교수가 밝혔다. 1923년 관동대지진 이후 일제의 검열에 걸리지 않고 발표되었다. 1920년대 소설가 김동인, 염상섭, 현진건 등과 나란히 할 수 있는 주요작가라고 서해 작품과 문학과 삶을 집대성한 곽근 교수는 주장한다. 초창기 문학인들이 대부분 그렇지만 서해도 희곡을 제외하고 다양한 장르의 작품을 남겼다. 2018년 서울 문학의 집에서 음악이 있는 금요문학마당 서해 최학송 문학과 삶을 소개하고 발표한 자리를 펼쳤다.

'그 · 립 · 습 · 니 · 다 서해 최학송 소설가 182' 음악이 있는 금요문학마당, 때: 2018년 3월 16일(금) 오후 3시, 곳: 문학의 집, 문학세계 이명재 문학평론가, 회고담 김승종 교수, 북에 있는 유족 대신 최학송 묘지 관리인 정종배 시인, 작품낭독 박수진 시인 이진훈 시인, 소프라노 국은선 교수, 음악 성악가 이천서희중창단(동요), 피아노 정수윤.

북한의 잡지《조국》1985년 9월호에 수록된 최택씨의 「생활의 결론」을 발표했다. 이 글의 필자 최택씨는 최서해의 둘째 아들이다. 최택씨는 북한에서 어머니 할머니를 여의고 병든 형과 고아처럼 떠돌다가 해방을 맞아 외가인 전남 영광으로 내려왔다. 일주일 만에 폐병을 앓던 형 백은 죽어 외가 선산에 묻었다. 1947년 북한으로 간 것으로 알려졌다. 그는 아버지 서해를 기억하는 몇몇 분들의 도움으로 김일성대학에서 학업을 닦은 후 준박사가 되어 김형직사범대학 학부장으로 활동하고 있다. 김정일 국방위원장의 관심과 배려로 서해의『탈출기』소설을 당시 북한에 머문 최은희 주연, 신상옥 감독의 제작으로 북한 전역 상영하였다. 남한으로 내려온 신 감독은 이 작품을 자기의 여러 작품 중 손가락으로 꼽을 만큼 소중한 영화로 예술혼을 꽃피었다.

일제강점기 국내에서 마지막까지 저항한
거의 유일한 대한민국장. 근현대사 거인

만해 한용운

萬海 韓龍雲, 1879~1944

만해 한용운은 민족대표 33인 중 한 사람으로 1878년 8월 28일 충남 홍성에서 태어나, 1944년 6월 29일 성북동 심우장에서 입적한 독립지사, 시인, 승려이다.

1894년(고종 31)의 동학혁명에 가담하였으나 실패로 끝나자, 1896년(건양 1) 설악산 오세암으로 들어갔다. 한때 만주 간도성 등을 다니며 광복운동을 하다가, 1905년(광무 9)에 인제의 백담사에서 승려가 되었다. 그 후 출가 입산하여 백담사에 오는 애국지사에게 조국 없는 백성의 비애와 앞날의 광

한용운 유택

복운동에 대한 방책을 설득시켰다. 1910년 일제가 강제로 우리나라의 주권을 박탈하자, 중국으로 건너가 독립군 군관학교를 방문하여 격려하고, 만주와 시베리아 등지로 유랑하다가 1913년 귀국하여 불교학원에서 교편생활을 하였다. 이해에 범어사에 들어가 『불교대전』을 저술하여, 대승불교의 반야사상에 입각하여 종래의 무능한 불교를 개혁하고, 불교의 현실참여를 주장하였다. 1916년에는 서울의 계동에서 월간지《유심(惟心)》을 발간하여 민중계몽운동에 앞장서는 데 힘썼고, 서울에 머물면서 문화계몽운동을 전개했다.

3월 1일 오후 2시 인사동의 태화관에 모인 민족대표를 대표하여 그가 인사말을 함으로써 독립선언식을 끝내고 만세삼창을 외친 뒤, 출동한 일본 경찰에 의해 체포되었으며, 1920년 경성복심법원에서 소위 보안법과 출판법위반 혐의로 징역 3년형을 선고받고 옥고를 치렀다.

출옥 후에도 계속 조국의 독립을 위하여 노력하여, 1926년에는 시집 『님의 침묵』을 발간하여 저항문학에 힘썼고, 1927년에는 신간회에 가입하여, 중앙집행위원으로 경성지회장을 겸임했다. 1931년 조선불교청년회를 조선불교청년동맹으로 개칭, 불교를 통한 청년운동을 강화하고, 이해 월간지《불교》를 인수하여 많은 논문을 발표하고 불교의 대중화와 항일독립 투쟁사상 고취에 힘썼다.

정부에서는 1962년에 건국훈장 대한민국장을 추서하였다. 1994년 3월과 2019년 6월 이달의 독립운동가로 선정되었다. 망우리공원 묘역 중 가정 먼저 2012년 10월 19일 국가등록문화재 제519호로 지정되었다. (재)선학원은 매년 만해 스님의 다례재를 열반 일인 양력 6월 29일 혈육인 한영숙 여사 등 유족들이 참석한 가운데 봉행해 오고 있다. 이곳은 선생의 애국정신을 기릴 수 있는 역사적·교육적 가치가 큰 곳이다. 묘지번호 204411이다.

이순신 사공 삼아 / 을지문덕 마부 삼아 / 파사검 높이 들고 / 남선북마하
여 볼까 / 아마도 님 찾는 길은 / 그뿐인가 하노라
— 한용운의 시조, 「무제」

망우리공원 답사할 때 개인이나 단체, 종교, 이념, 계층, 직업, 남녀노
소, 시간 등을 떠나 꼭 함께 경배를 드리는 분이 만해 한용운이다. 만해 유
택은 정동향이며 동은 인의예지신 오상 중 인(仁)에 해당한다. 인은 사단 중
측은지심 즉 다른 사람을 가엾이 여겨 누구나 받아들이는 어진 마음씨이다.
만해 유택 안에서 명상을 하고 마음의 안정을 얻어 간다는 유명한 지리학자
도 있다. 새해 해돋이를 맞이하는 사람도 많다. 무궁화 꽃이 더욱 아름답고
가장 어울리는 유택이다.

일제강점기 항일운동은 쉽지 않았다. 국내에서는 더욱더 어려웠다. 그
로 인해 많은 지사들이 고초를 당했다. 만해는 국내에 남아서 거의 유일하
게 드러내놓고 일제와 맞서 싸운 독립지사이며 혁명가였다. 오늘날 대한민
국은 인구절벽으로 매우 어려운 상황이다. 만해는 『불교유신론』에서 인구 1
억 명은 되어야 나라로서 제대로 힘을 발휘해 세계만방에 행세할 수 있다며
승려도 결혼할 수 있어야 한다고 주장했다. 소설가 조정래(송광사), 시인 조
태일(태안사)도 스님의 아들로 태어나 어린 시절을 절에서 보냈다.

위당 정인보는 만해를 사상가로 보고 "인도에는 간디가 있고 조선에는
만해가 있다"고 평하며 "조선의 청년들은 만해를 우러러 본받아야 한다"고
주장했다. 벽초 홍명희는 종교인으로서 "7천 승려를 합해도 만해 한 사람을
당하지 못한다. 만해 한 사람을 아는 것은 다른 사람 만 명을 아는 것보다 낫
다"고 말하였다. 만해는 특히 1920~30년대 농민 노동자와 그들의 사회운동
에까지 적극적인 관심을 보였다.

만해는 호적이 없는 일생이다. 성북동에 북향으로 심우장을 짓고 재혼

하여 딸을 얻었다. 소설을 쓰며 가정을 꾸렸고 단재의 비를 세웠으며 일송 김동삼 선생 5일장을 지냈다.

시인으로서 만해는 문학사 불멸의 시집 『님의 침묵』 외 수백 편의 시(시조, 한시, 선시 포함)와 소설·산문·논설·시론을 발표하여 제국주의에 길들어 가는 민족을 깨우친 죽비였다.

"시인 구상은 시인의 인격적 존재로서 만해 한용운을 으뜸으로 쳤다. 가령 오늘의 어떤 시인이 만해 한용운보다도 찬란한 언어와 능란한 솜씨로 훨씬 애국적인 시를 만들어냈다 해도 그의 실제 행동이 비어 있을 때 과연 그 메시지가 독자들에게 감동을 주고 먹혀 들어갈 것인가 하면 이는 천만의 말씀인 것이다. 이것을 시에서는 언령이라고 해서 말이 생명을 지니기에는 그 말을 지탱하는 내면적 진실 즉 그 말이 지니는 등가량의 윤리적인 의지와 그 체험을 필요로 한다."(시인 구상의 수필 「예술인의 자세」 중에서)

2018년 만해 한용운 유택 위 소나무 한 그루에서 새해 해돋이를 맞았다. 나 자신과 약속했다. 특별히 망우리공원 이야기를 월간지 《작은책》에 연재하는데 술술 잘 풀어낼 수 있게 노력하며, 울림 있는 글을 쓰겠다고 다짐했다.

망우리공원 '님'을 찾아간다. 언제나 변함없이 반겨준다. 누구와 동행해도 가리지 않는다. 사색의 길은 생각만 해도 애잔하여 흥거운 시간이다. 사색의 길을 오르내리며 참배하여 삶의 님을 만난다. 님 하면 만해 한용운 님이다. 님 때문에 사색의 길을 한결같은 마음으로 걷는다. 『팔만대장경』을 누구나 읽을 수 있는 우리말로 옮겨놓았다. 초등학생도 어렵지 않게 읽을 수 있고, 알 수 있는 님이다. 석좌교수도 고개를 갸우뚱하며 쉽게 이야기할 수 없는 님이다. 노교수가 젊은 혈기로 만해 산을 10여 년 오르다 너무나 큰 산이라 포기했다. 다음 생에 태어나면 꼭 정상에 오르려 생애를 걸고 싶다고 토로한다. 만해의 설중매와 숫눈길 생애가 님이다. 님을 좇는 이가 또 다른 님을 낳고 헤아릴 수 없는 님을 빚어낸다.

2000년부터 봉사 및 체험활동에 참여하는 학생들이나 참배객들과 함께 만해의 대표시 「님의 침묵」을 한 행씩 서로 이어받아 낭송하면 더욱 맑고 결기 있는 분위기가 최고조에 이른다.

2015년 8.15광복절 홍성군 문인협회 회원들의 만해묘소 참배하는 일행과 마주하여 묘역에 대해 설명했다. 그 뒤로 2010년 명예퇴직 후 서천 '산애재'에서 야생화를 가꾸며 인터넷 카페 '시인의 방 산애재'를 꾸려가는 구재기 시인과 인터넷상에서 인사를 나누고 있다. 홍성례 시 낭송가는 만해 유택 앞에서 시 낭송을 연습한다. 필자는 2020년 8월 14일 정년퇴임식을 마친 뒤 망우리공원 참배 중 중랑문화재단 출범 후 첫 답사하는 표재순 이사장과 유경애 대표이사를 만해 유택에서 만나 인사를 나눴다. 망우리공원을 답사하며 묘역에서 만나 뵙는 이들이 하나같이 사회에서 밑거름으로 활동하고 계신다.

나가는 말

교과서에 수록된 작가와 작품

망우리공원 유명인사 중 문화예술인은 당대 대표적인 작가와 작품으로 평가받고
인정할 수 있다.

해방 전 방정환, 해방 후 강소천으로 말할 수 있는 아동문학과 동요 〈오빠생각〉의
'오빠' 최신복과 〈우리나라 꽃〉 작곡가 함이영 등을 꼽을 수 있다. 그리고
소설가로서 순수문학에만 초점을 맞춘 문단을 비판하며 "순수귀신을 버리라"고
말한 김말봉, 「탈출기」와 「홍염」의 빈궁문학 서해 최학송, 사실주의와 낭만주의
소설과 수필의 계용묵, 남과 북 문화계를 경험한 김이석 등이 있다.

- 해방 후 최고의 동요 동화의 아동문학가 소천(小泉) 강용율
- 순수한 통속·대중소설가 끝뫼 김말봉
- 「세월이 가면」과 「목마와 숙녀」 50년대 모더니즘 시인 박인환
- 2018년 정부가 건국포장을 추서한 「모란이 피기까지는」의 시문학파 시인
  영랑(永郞) 김윤식
- 「백치 아다다」의 소설가, 가명 하태용, 우서(雨鵲) 계용묵
- 남한, 북한, 중국, 러시아 교과서에 수록된 '빈궁문학'의 최고봉 소설가
  서해(曙海) 최학송
- 「님의 침묵」, 『불교유신론』 불세출의 지조 인물 만해(萬海) 한용운
- 「파초」, 「내 마음은」, 「수선화」 까칠한 시인 초허(超虛) 김동명
- 동학의 기린아, 아동잡지 《어린이》 창간, 색동회 어린이날, 소파(小波)
  방정환

- 월남하여 종군작가, 「실비명」의 소설가 김이석과 박순녀
- 1920년대 문단의 다재다능 모던보이 〈우리의 소원〉을 작사한 석영(夕影)
  안석주
- 〈동승〉의 원작자, 사실주의 극작가 함세덕
- 동요 〈오빠생각〉의 '오빠' 소파 방정환의 마니아, 아동문학가 영주(泳柱)
  최신복
- 대한민국 연극계의 선구자, 서라벌예술대학 연극영화과 초대 과장 온재(溫齋)
  이광래
- 「남으로 창을 내겠소」 전원시인 월파(月坡) 김상용

중랑구에 거주하거나 관련 맺은 주요작가들은 한반도 대표작가인 망우리공원
인물들과 연계하여 삶의 지남차로 발전하기 바란다. 먹골배 이조년 다정가, 사가정
별서 서거정, 동강정사 별서 이항복, 단종 의금부도사 신내동 왕방연, 중화동 김광섭·
전상국, 망우동 정완영, 묵동 박재삼, 면목동 김주영·유재용·구자운·하종오·나희덕,
상봉동 장준하·김명인·김명수·전상국·조선작, 망우리공동묘지 작업 인부 이문구
등이다.

5부.

한 걸음 더 나은
사회를 위한 맵찬 걸음

들어가는 말
주의자와 독재와 저항정신

망우리공원에는 사회주의 독립운동, 해방공간 좌우이념대립, 6.25한국전쟁, 국토
분단 그리고 독재정권, 4.19혁명, 5.16군사쿠데타, 6.3항쟁, 산업발달 등 자신의
신념과 이념에 따른 민족과 나라를 위한 삶과 사상을 펼치고 살다가 생을 마감한
지사들이 묻혀 있거나 이장되었다.

- 1공화국 사회비평가. 『폭정 12년—경무대의 비밀』 김석영
- 1공화국 독재자 이기붕은 효령대군 후손이다. 4.19혁명 당시 민중들이
  몰려가 이기붕의 사저를 털자 4월인데도 수박이 나왔다고 전해진다.
  4.19혁명의 기폭제인 3.15부정선거와 부통령 당선. 아내 박마리아 여사의
  욕심에 의해 비극적 가족사를 남긴 이기붕, 박마리아 부부
- 오세형 집안, 조선공산당 재건을 목적으로 함남 진남포에서 노동조합
  결성을 기도하는 등 활동하다가 체포되어 징역 5년 옥고를 치르다가
  중병으로 형집행정지되어 출옥한 후 옥고 여독으로 순국한 사회주의
  독립운동가 오기만, 오기만의 제수인 대한민국민회지방회 김명복. 사법살인
  당한 진보당 당수 죽산 조봉암
- 반민족행위특별조사위원회 조사1부장. 제2, 3대 민의원 독립운동가 이병홍
- 4.19혁명의 열사 박동훈과 수송국민학교 6학년 전한승
- 4.19혁명의 꽃 경기고 2학년 이종랑과 한성여중 2학년 진영숙
- 근우회 창립총회 갖고 활약. 강연회를 통해 여성의식향상과 민중계몽에
  힘쓰는 등 1928년 1월 5일 사망 때까지 4년여간 여성운동 전개하고 요절한
  조선사회주의 여성운동선구자 박원희

- 1919년 서울에서 국민대회를 조직·참여·체포·투옥. 조선사회운동의 통일을 위해 활동하였으며 1924년 10월 귀국하여 고려공산동맹을 결성하고 책임비서를 역임한 김사국
- 좌와 우 이념 대립 사이에 사라진 삼학병
- 5.16군사쿠데타 군부세력에 의해 간첩혐의로 사형당한 《민족일보》 사장 조용수
- 5.16군사쿠데타 사형 집행 미복권 독립운동가 통일운동가 최백근
- 6.3항쟁. 얌전한 성품. 부모에게 보낼 편지 "데모엔 취미가 없어 안심하라더니" 이윤식

일제강점기 학병 출신
삼학병

김명근, 박진동, 김성익

金命根, ?~1946. 朴晉東, 1921~1946. 金星翼, ?~1946

낙이망우 망우리공원 주차장에서 사무실을 거쳐 100여 미터 오르면 사색의 길 삼거리가 나온다. 일방통행길 반대인 오르막길로 1킬로미터 정도 오르면 사색의 길 왼쪽 사색의 길 아래에 월파 김상용 시인의 유택이 자리하고 있다. 김상용 시인의 묘지를 오른쪽에 두고 50여 미터 오솔길을 내려가 형제약수터 쪽 길을 버리고, 철조망 울타리 왼쪽 작은 길을 따라가면 향나무 네 그루가 앞에 자라는 곳이 삼학병 유택이다.

왼쪽부터 "학병(學兵) 김명근(金命根)·박진동(朴晉東)·김성익(金星翼) 義士

삼학병 유택

之墓"라고 새긴 묘비와 상석이 각각 봉분 앞에 자리 잡고 있다. 묘비 뒷면에 "1946년 1월 19일 祖國을 爲하여 죽다"라고 똑같이 새겨져 있다. 망주석은 세 분의 무덤 앞으로 서 있다.

일제가 태평양전쟁에서 궁지에 몰리자 1944년 1월 20일 한국인 학병 강제 징집이 시작되었다. 이에 앞서 일제는 1943년 10월 20일 육군 지원병 임시 채용 규칙을 공포하였다. 이것이 '학도병 지원병제'로 조선의 대학생 및 졸업생에게 군대 지원을 명령한 것이었다. 하지만 학생들의 지원 상황은 극히 부진했다. 이에 당황한 일제는 학생들의 고향까지 찾아다니며 부모를 협박하는 방식으로 지원을 강요하였다. 그래도 지원하지 않는 학생들은 휴학 처분을 시켜 공장, 광산 등의 노동자로 징용하겠다고 위협하였다. 아울러 친일 부역자들에게 학도병을 권유하는 강연을 시키는 등 갖가지 지원을 독려하였다.

윤치호를 필두로 이광수, 김활란, 최남선, 모윤숙 등 조선의 지도자들은 조선과 일본을 오가며 "황군에 복무하는 것은 조선민족의 영예"라며 출정을 권유했다. 1943년 최남선이 동경제국대학 대강당에서 조선 학생을 대상으로 학병을 권유하는 강연을 한 적이 있다. 이때 법학부 학생 한 명이 "일본군에 들어가는 것이 그렇게 좋다면 당신들 자식부터 내보내라"고 일갈하였다. 당시 최남선의 아들 최한검이 동경제국대학 법학부 학생이었는데, 학병을 거부하고 있었기 때문이다. 최남선을 곤혹스럽게 한 이 학생의 이름은 신상초다. 이렇게 물불 가리지 않은 일제의 공작으로 전국에서 수천 명이 억지로 입대하였다. 이날 입대하는 학병들을 위하여 해당 지역의 군수, 서장, 지방의 유지 등이 축사를 하였다. 그러나 그것은 축사가 아니라 조사(弔辭)였다.

학병에 대한 학생들의 입장은 두 가지였다. 학병을 거부하거나, 징집에 응하거나. 학병 거부의 대표적 인물은 빨치산 지도자 일명 남도부인 하준수였다. 경남 함양의 부잣집 아들인 하준수는 일본 중앙대학 법학과 재학 중 학병으로 징집되자 이를 거부하고 귀국해 지리산에 숨어들었다. 그는 이곳에서 조선공산당 간부 이현상을 만나 보광당을 결성해 해방 때까지 항일활동을 벌였다. 국내에서는 보성전문대학의 이철승과 경성제국대학의 이혁기 등이 주동하여 한 달 동안 학병 거부운동을 펼쳤다. 그러나 이철승과 이혁기도 요시찰인물로 지목되어 결국 강제 징집되었다. 아이러니하게도 해방 직후 이철승은 반탁학생총연맹을 결성해 우익의 행동대장이 되고, 이혁기는 조선국군준비대를 결성해 좌익의 행동대장이 된다. 하준수는 잠시 이승만 박사의 경호대장을 하다가 실망하고 다시 지리산에 들어가 빨치산이 되었다. 1943년부터 해방 때까지 약 4,300명의 조선 학생들이 초보적인 군사훈련만 받은 채 중국과 동남아 전선에 배치되었다. 대다수 학생들은 가족들의 안위를 위해 학병에 응했다. 학병세대의 수기 중 걸작으로는 장준하의 『돌베개』, 김준엽의 『장정』, 박순동의 『모멸의 시대』, 신상초의 『탈출』 등을 들 수 있다.

'학병동맹'은 일제가 학병제도 실시 후 8.15광복 후 곳곳의 전쟁터에서 살아 돌아온 학생들의 모임이다. 1946년 1월 19일 무슨 일이 있었던가? '학병동맹사건'이 일어난 날이다.

당시 일제강점기 징병 징용 정신대 등을 당한 젊은이들의 희생은 지금도 치유되지 않고 있다. 1992년부터 일본군에게 성폭행당했던 정신대 및 일본군 위안부 피해 할머니들 중 정의기억연대 소속 할머니들의 주도로 서울 종로구 중학동 주한일본대사관 앞에서 매주 수요일에 집회가 열리고 있다. '수요시위' 또는 '위안부 할머니 집회'라고도 한다. 동일한 주제로 열린 세계 최장 기간의 시위로, 평화비 동상이 대한민국을 넘어 세계 곳곳에 세워지고 있다.

학병으로 나가 돌아온 젊은 지식인들은 불합리한 시대 상황에서 좌파

세력에 가담했다. 학병동맹도 좌파 정치세력으로 간주되어 그동안 우리 역사에서 잊혀간 존재였다.

1945년 12월 27일 모스크바, 미국 영국 소련 3상 회의에서 한국의 신탁통치를 발표하자 남한 사회는 반탁의 우파와 찬탁의 좌파로 갈려 격렬한 대립의 소용돌이에 빠져들었다. 반탁과 찬탁 서로는 상대의 존재를 인정하지 않았다. 매일 격한 토론과 심하면 몸싸움까지 빈번히 일어났다. 하루가 멀다 하고 싸움이 지속됐던 해방 정국 혼란 중 1946년 1월 19일 마침내 사건이 터졌다. 고려대 정외과 이철승 학생이 위원장인 반탁전국학생연맹과 찬탁파인 좌익 학병동맹원 사이에 충돌이 일어나 양쪽에서 40여 명이 다치는 사건이 발생한 것이다. 학병동맹이 총기를 소지했다는 정보에 경찰은 다음날인 19일 새벽 서울 삼청동 학병동맹본부를 포위했고, 학병과 대치하는 과정에서 총격전이 벌어졌다. 이날 경찰의 총격으로 학병동맹원 3명이 피살됐다. 그 세 희생자가 바로 이곳 망우리공동묘지에 묻힌 삼학병이다.

역사의 한 페이지에서 사라진 학병동맹사건은 그 피해자의 본명조차 잘못 알려져 있다. 2004년 박용찬의 저서 『광복기 시의 현실인식과 논리』는 『사회과학대사전』에 의거해 삼학병의 이름을 박진동, 김성익, 이달(李達)이라고 써놓았지만, 실제 무덤 비석에는 이달의 이름은 보이지 않고 대신 김명근이 쓰여 있다. 어느 것이 맞을까. 1946년 1월 29일자 《조선일보》가 그에 대한 답이다. 이달의 본명이 김명근이었다. 삼학병 중 김성익은 학병동맹의 부위원장이었고, 박진동은 진주고보 11회 졸업생으로 학병동맹의 군사부장이었다.

LG그룹 일가를 취재한 2005년 5월 16일자 《서울신문》은 "박진동은 남해군수를 지낸 박해주의 아들로 LG그룹 창립자인 구인회 회장의 장녀 15세 양세와 결혼하였으나, 광복 후 좌우익 투쟁 중 학병동맹본부 피습 사건으로 사망하였다"라고 보도했다. 그의 동기 백석주는 후일 증언을 통해 박진동의 죽음에 대해 이렇게 밝혔다. "19일 아침 7시 학병동맹회관에 이르니 전쟁터를 방불케 할 정도로 어지러워져 있었다. 경찰은 모두 철수하고 없었고 박진동은 마루에 쓰러져 있었는데 눈을 감지 못하고 있어 눈을 감겨주었다."

세 학병의 장례식은 1946년 1월 31일 거행됐다. 그해 《조선일보》 2월 1일자는 "천일(天日)조차 무색(無色)하다. 3학병 연합장의 성대"라는 제목으로 장례식을 상세히 보도하며 애도했다. 그리고 그 기사의 오른쪽에는 이런 제목의 기사가 실렸다. "좌우익은 회개하라. 난국에 비분. 비정치 인사 궐연(蹶然)." 1946년 1월 22일 시인 임화는 삼학병 영령에게 「초혼」을 바쳤다.

필자는 관동대지진 세계 유일 다큐멘터리를 제작하는 오충공 감독을 후원하는 후원자를 찾기 위해 여러 사람을 만났다. 그중에 LG그룹과 GS그룹 관련 인사와 만나 이야기를 나누었다. 나 홀로 다큐멘터리 제작의 힘을 보태주고 싶으나, 한일관계 정치 경제 문화적 면을 고려하여 어렵다는 답이 왔다. 망우리공원 박진동 의사의 이야기도 나누었는데 개인적인 묘지 관리는 꾸준하게 이어지고 있었다.

사회주의자 김사국과 여성운동가 박원희,
부부 독립운동가

해광 김사국, 박원희

解光 金思國, 1895~1926. 朴元熙, 1898~1928

서울청년회를 주도한 김사국은 1895년 11월 9일 충남 연산에서 상민의 아들로 태어났다. 일명 해광이다. 1907년 아버지를 여의고 같은 주의자인 아우 김사민과 함께 어머니를 따라 금강산 유점사에서 불도와 한학을 공부했다. 보성고등보통학교에 입학했다. 생활고로 중퇴하고 1910년 일제에 나라가 강제로 합병되자 만주와 시베리아를 유랑하였다. 1919년 국민대회 사건으로 2년간 옥고를 치렀다. 인품이 호탕하고 활동적이었으나 나중에 망명 중 폐결핵에 걸려 귀국 끝에 1926년 5월 8일 숨졌다.

김사국과 그의 장례식 사진

1921년 1월에 창립된 이영, 김명식, 장덕수 등과 서울청년회 결성을 주도했다. 4월부터 조선청년회연합회위원, 조선노동대회의 간부로 활동하다 7월 박원희와 결혼한 뒤 11월 비밀리에 초청받아 도쿄로 건너가 박열, 김약수, 조봉암 등과 함께 흑도회를 결성했다. 1920년대 국내 사회주의의 상징적인 인물이다. 조선고학생동우회에도 참여해 1922년 2월 동우회선언을 발표했다. 1923년 전조선청년당대회를 주도했으나, 자유노동조합사건으로 블라디보스토크로 망명했다.

　　1922년 봄 일본에서 귀국하자 서울청년회를 중심으로 노동자·농민의 사상단체를 조직하며 자신의 정치적 기반을 확대해나갔다. 그해 3월에 열린 조선청년연합회 제3회정기총회에서 '사기공산당사건' 관련자인 장덕수, 김명식, 박이규의 제명을 제안하고, 이영 등과 18개 단체로 이루어진 연합회에서의 서울청년회 탈퇴를 주도하였다. 이 사건은 좌우세력의 불분명한 관계가 명확해지는 하나의 계기였다. 또한 4월에 열린 조선노동공제회 제3회 정기대회 때 차금봉과 손잡고 조직의 주도권을 장악, 10월 25일 자유노동자대회를 개최하고 자유노동조합 발기총회 개최를 지도하였다. 11월에 일어난 신생활사 필화사건이 계기가 되어 아우 김사민은 투옥되었고 김사국은 만주로 건너갔다.

　　김사민은 1923년 1월 16일 경성지방법원에서 소위 출판법 위반 등으로 징역 2년을 받는다. 서대문감옥에서 수감생활 중 부당한 대우에 항의하여 간수의 칼을 빼앗아 머리를 찍어 중상을 입혔다. 김사민은 이 일로 모진 고문을 당하여 정신이상자가 되었다. 김사민은 1924년 출옥 후 석왕사에서 어머니의 간호를 받는다. 아마도 형이 죽음에 이르기까지도 동생은 석왕사에 있었던 것으로 보인다. 김성숙은 김사민에 대해 다음과 같이 언급한 대목이 있다. "(김사국은) 서울 사람으로, 정상적인 학교교육은 제대로 받지 못했으나 한문을 많이 알았어요. 동생이 사민이었는데 그 역시 항일운동을 하다가 왜놈의 감옥에서 하도 심하게 고생해서 미쳤지요. 그래서 미친 사람으로 돌아다니다가 죽었지요. 어머니는 뒷날 중이 되었습니다."(『혁명가들의 항일회상』, 50쪽)

서울파 공산주의그룹은 1923년 2월 고려공산동맹 창립을 위한 대표자회의를 소집하고 김사국, 김영만, 이영, 임봉순, 장채극, 김유인, 강택진 등 17명의 중앙위원을 선출하였다. 김사국을 대표(책임비서)로 선임하여 블라디보스토크 코민테른집행위원회 원동부에 파견하였다. 처음 때 공산주의운동 사나운 장수였다. 김사국은 블라디보스토크에 파견되었다가 1923년 3월 용정에 동양학원, 영고탑에 대동학원을 설립하고 사회주의 이념을 전파하기 위해 노력하였다. 중국 관헌의 탄압으로 재차 러시아로 망명하였지만 폐병이 악화, 귀국하여 1924년 5월 통일적 당 건설을 위해 '13인회'를 주도하였다. 12월 사회주의자동맹 창립에 참여하였다.

이를 계기로 1920년대 우리나라 사회주의운동의 양대 산맥이 형성되었다. 서울파의 지도자로서 화요회(맑스가 태어난 1818년 5월 5일이 화요일이기에 명명. 홍명희, 홍증식, 조봉암, 윤덕병, 김재봉, 박일병, 조동호, 김찬, 박헌영, 김단야, 임원근 등)와 대립했다. 1924년 12월 6일에 결성된 사회주의자동맹 집행위원, 1925년 4월 전조선노농대회 준비위원에 선출되었으며 조선사회운동자동맹 상무위원에 선임되었다. 같은 달 고려공산동맹 대회가 개최되었고 중앙위원에 선출되어 활발히 활동하는 등 선두에서 조선공산당과 대립하는 파벌투쟁을 전개하였다.

1925년 4월 17일 조선공산당(그때 신문기사 내용: 김재봉, 김두전(약수), 유진희, 권오설, 김상두, 진병기, 주종건, 윤덕병, 송봉우, 독고전, 홍덕유, 조봉암, 김찬, 조동우(호) 등은 재작년 사월 십칠일 오후 한시 경에 시내 황금정 아서원이란 중국요리점에 모여 조선을 일본의 기반으로부터 벗어나게 하는 동시에 조선의 사유재산제도를 부인할 목적으로 조선공산당이란 비밀결사를 조직하야……)이 탄생될 때 김사국의 서울파는 배제되었다. 김사국은 만주와 러시아 그리고 동경을 오가며 조선공산주의운동 일통을 위하여 애썼던 피 끓는 주의자였다.

1926년 5월 8일 서울청년회 회관에서 폐병으로 사망했다. 김철수는 화요회와 서울파의 40여 단체가 연합하여 사회단체합동연합장례식을 추진했다. 일제의 감시 속에서 그의 마지막을 보러 온 민중은 철저히 차단됐다. 만장이 동대문까지 이어졌다. 1,000여 명의 군중이 몰려들어 그의 마지막 모습을 보는 가운데 수철리(금호동)공동묘지에 안장되었다.

김사국과 박원희 사이에서 태어난 인석(仁石) 김사건(金史建, 1925~2010) 여사의 『인석 김사건 여사 고희기념문집』을 우체국택배로 소중하게 받았다. 김사건 여사의 사랑을 듬뿍 받고 자란 조카 김영훈 소설가 본인의 작품집 『익명의 섬에 서다』, 『장군님의 말씀』 두 권과 함께 정성 담긴 택배로 보내주었다. 김사건 여사의 고희기념문집을 읽고 김사국·박원희 부부 독립운동가에 대한 궁금증이 많이 풀려 귀중한 자료였다. 고희문집의 첫 장 '나의인생 나의 시련' 중 '나의 출생' 내용과 생애 활동을 소개한다.

"나의 아버지 金 思자 國자와 어머니 朴 元원 熙희자의 딸로 서울 종로구 계동 225의 1호에서 태어났다. 내가 태어난 곳은 친가가 아닌 외가댁이었다. 그러나 2세에 독립운동을 하시던 아버지가 돌아가시고, 3세 되던 해 12월 13일에 역시 독립운동을 하셨던 어머니마저 돌아가셨다. 고아가 된후, 나는 외조모님의 보살핌 속에서 성장했다. 아버지 얼굴도 어머니의 얼굴도 알지 못하고, 외할머님이 사랑 속에서 자라났다. 독립운동을 하시다부모님도 돌아가셨다는 것도 내가 어느 정도 철이 들어서였다. 내가 지금 아련하게 떠오르는 첫 기억으로는 어느 겨울날 이종사촌 오빠에게 업혀서 어딘가를 갔는데 사람이 많이 모여 있었다. 앞에 어머니 사진이 걸려 있었다. 오빠 등에 업혀 돌아올 때 밤하늘에 별이 반짝이던 생각이다. 후일에 안일이지만 내가 갔던 곳은 교동에 있는 천도교 강당에서 어머님이 돌아가신 후 1주년 추도식에 참석했던 것이었다. 3세 되던 해 12월 13일에 돌아가셨으니 1년 후인 4세 나던 해 12월 13일이다. 이것이 나의 출생 이력이다."

이후 김사건 여사는 외할머님의 사랑으로 공부도 잘하면서 씩씩하게 대자유치원, 재동보통학교, 배화여자고등보통학교를 졸업했다. 이때 육영수 여사와 배화여고 동기였다. 농촌계몽운동으로 농한기를 이용하여 한글 해독을 하게 했다. 새마을운동 및 학교 자모회장 일을 맡으며 청와대의 전폭적인 지원을 받아 학교 앞 다리 건설 및 학교 신관건립과 도서구입, 교회 봉사 등 지도자로서 역할을 다했다. 서예에도 일가를 이루었다.

친할머니와 외할머니 사이가 좋지 않았다. 집 문제였다. 김사건 여사는 친할머니 안국당 여사가 집에 오는 것이 싫었다. 배화여고 졸업 후 조선총독부 집계계에 취직했다. 정신대 문제로 은행을 다니는 김상태 씨와 1944년 결혼하여 종로구 원서동에서 신혼생활하다 1945년 대동아전쟁으로 서울 소개령을 겪으며, 남편의 고향인 청양군에 정착했다. 농촌계몽과 학교 및 교회 봉사활동으로 칭송을 많이 받았다. 자식들의 교육을 위해 갖은 고생을 다한 장한 어머니와 모범적인 지성인이었다. 부모님의 독립운동에 대한 신문 자료를 뒤져가며 발품과 정성을 다하였다. 하나하나 찾아서 기어이 독립운동 유공자로서 서훈을 받는 기틀을 다졌다.

박원희

여성권익 향상에 힘쓴 독립운동가 박원희는 1898년 3월 10일 대전 유성에서 태어나 1928년 1월 15일 서울에서 생애를 마감했다.

경성여자고등보통학교를 졸업한 후 철원보통학교의 교사로 3년간 재직하다 일본에 유학하였다. 귀국 후 여성운동에 뛰어들어 남편인 김사국이 주도한 서울청년회계의 청년당대회에 참여하였다. 1923년 김사국이 간도 용정에 동양학원을 설립하여 민족교육을 실시하는 한편, 항일선전문을 배포하고 폭탄으로 일제 기관의 파괴를 계획하자 이에 참여하였다가 체포되었으나 임신 중이었으므로 기소유예로 풀려났다.

1924년 5월 서울에서 여성동우회를 창립하면서 여성의 권익향상과 계몽운동에 투신하였다. 이어 1925년에는 경성여자청년회를 주도 조직하고 집행위원에 선임되었다. 동회는 일요강습회를 개최하여 여성들에 대한 사회교육을 실시하는 등 여성계몽운동을 전개하였다.

1927년 4월에는 중앙여자청년동맹의 집행위원에 선임되어 '청소년 남녀의 인신매매 금지, 만 18세 이하 남녀의 조혼폐지, 청소년 남녀직공의 8시간 이상 노동야업 폐지, 무산아동 및 산모의 무료요양소 설립' 등을 주장하기도 하였다. 1927년 4월 당시의 여성운동가가 망라되어 신간회의 자매단체로서 근우회를 조직할 때 창립준비위원으로 참가하여 회원모집의 임무를 맡았으며 이후 교양부의 책임자로서 계몽강연에 힘쓰는 등 활발한 활동을 전개하였다.

이와 같이 여성의식 향상과 민중계몽에 힘쓰던 중 그는 병을 얻어 30세의 나이에 서거하였다. 그의 장례는 사회단체연합장으로 1,000여 명의 각계 인사가 참여한 가운데 거행되었다.

정부에서는 고인의 공훈을 기리어 2000년에 건국훈장 애족장, 남편인 김사국은 2002년에 건국훈장 애족장을 추서하였다.

사회주의 독립운동가 김사국과 여성권익 사회운동의 독립운동가 박원희 외손자인 김영열 선생과 전화로, 외조부모님의 삶과 그 따님인 어머니 김사건 여사의 외조부모님 기개를 닮아 맵고 짠, 삶을 극복한 이야기를 나눴다. 어머니 김사건 여사의 두 분에 대한 서훈 추서를 위한 노고는 말로 표현할 수 없을 정도였다.

두 분의 초장지는 수철리(금호동)공동묘지였다. 해방 이전 망우리공동묘지의 어머니 안국당 묘지 입구 왼쪽 위로 이장했다. 2002년 10월 28일 대전 국립대전현충원(애국지사 2-1012)으로 이장하여 안장됐다. 서훈받기 전 사회주의운동 전력으로 숨죽이던 연좌제의 그늘에서 수많은 나날을 고뇌와 아픔을 겪었다.

또한 망우리공원 안국당 묘지 앞에 며느리 박원희 묘비는 서 있고, 아들 김사국 묘비는 그 아내 묘비 앞에 묻히게 된 사연을 알게 되었다. 국립대전현충원으로 이장한 날 포클레인으로 작업하다가 김사국 선생의 묘비는 손상을 입어 땅에 묻게 되었다. 독립운동가 아들과 며느리의 나라 사랑 마음을 조금이나마 위로하기 위해 어머니 안국당 묘지 왼쪽에 박원희 묘비는 세우고 김사국 묘비는 묻었다.

김사국 박원희 외조부모님에 대한 '학술 논문'이 포함된 어머니 인전 김사건 여사 회혼기념 문집 『노을에 기대어 건져올린 세월』을 택배로 보내줬다. 중랑구청에서 후손들의 모임이나 자료 요청이 오면 적극적으로 협조하겠다고 말씀을 나눴다.

사회평론가.
『폭정 12년 제1집 이제야 모든 진상을 알게 되었다』

김석영

金夕影, 1929~1966

김석영 편, 『폭정 12년-경무대의 비밀』

사회평론가 김석영은 『폭정 12년-경무대의 비밀』 5권의 시리즈를 펴내려다, 제1권만 내고 말았다. 그의 질병으로 이어가지 못했다. 제1권 안에 내용 중 조봉암 초대농림부장관 낙점, 이기붕 박마리아 경무대 입성 그리고 부통령이라 부르는 권세, 4.19혁명까지 세밀한 그림을 그리듯 글을 엮어 1공화국 전모를 파악하는 데 도움이 컸다.

묘비 앞면. 淸州金公夕影(斗奉)之墓〔청주김공석영(두봉)지묘〕.

묘비 뒷면. 석영 김두봉 평론가 1929년 함남 이원군 차호읍 용황리 김오종 5남으로 태어나다 석영은 청소년기에 왕성한 기백으로 필봉을 가다듬어 사회평론에 두각을 나타내다 1966년 12월 20일 홀로 가다 아까운 才氣재기와 함께 여기 묻히다 1989년 4월 5일 재건 일어 오제도 조카 김세국.

1966년 12월 20일 서거하여 12월 22일 망우리공동묘지에 묻혔다. 묘지번호 103459이다.

"부음 김석영씨 평론가 20일 새벽 서울 중림동 성요셉병원에 입원 중 작고 22일 동병원에서 발인, 장지 망우리묘지 연락처 서린동 151 오제도법률사무소."(1966.12.21. 《조선일보》 3면 사회기사. 반공검사 오제도가 보도연맹 활약할 때 월간지 《창조》를 발간하는 데 문인 김석영이 관여했다)

묘역은 제비형국으로 망우리공원 묘역에서 옹색하고 봉분 떼가 자라지 않아 찾기도 어렵다. 오재영 연보비 아래 샛길 이중섭 화백 묘역으로 가는 길 30미터를 걷다 왼쪽 30미터에 김석영의 유택을 둘러싸고 개나리 잣나무 아까시나무 수풀이 우거져 있다. 봉분이 작고 묘역이 좁고 개나리 잣나무 숲에 가려 떼와 잔디가 뿌리를 내리지 못한다. 아까시 씨앗 꼬투리가 날아 앉아 뿌리를 내려 여름이면 보기가 민망했다. 2020년 가을에 묘지 주변 수풀을 제거했다.

『폭정 12년-경무대의 비밀』 시리즈가 제1권으로 끝남을 아쉬워하는 듯 석영의 묘지는 서향이다. 경복궁과 청와대 진산인 백악산을 바라보고 벌컥 거리는 성정을 그대로 보여주는 듯 잔디 한 뿌리 자라지 않은 상황이 당당하게 느껴졌다.

어렵게 구한 『폭정 12년 제1집 이제야 모든 진상을 알게 되었다-경무대의 비밀』(김석영 편, 평진문화사, 1960)의 서문에 해당하는 '무제록(無題錄)'의 일부를 소개한다. "한 사람 한 사람 개개인에게도 적지 않은 비밀이 있으려니와…… 하물며 신비에 가까운 경무대와 그 주변에 있어서랴! 우선 이와 같은 전제 아래 이 책자를 꾸미기 시작했다.

다만 이 '무제록'을 통해서 한 가지 밝혀 둘 것은 이승만 박사의 인간과 그 생활을 비난한다거나 또는 이박사의 지난날 업적을 찬양한다거나 하는 선입적인 정치적 의도 없이 순수한 입장에서 '알고 있는 그대로'를 묘사했을 뿐이라는 점이다. 짧은 한정된 기간과 지면으로 책을 내느라 경무대의 비사가 남김없이 소개됐으리라고는 꿈에도 생각지 않고 있으며 다만 우리가 알지 못했던 비밀의 일부가 독자 앞에 다소나마 전해졌을 것은 의심치 않고 있다. 앞으로 2집 3집이 나옴에 따라 더욱 구체적이고 흥미 있고 어마어마한 얘기가 독자 앞에 나타날 것을 기대하고⋯⋯ 4293년 5월 하순 김석영."

4.19혁명 열사.
서울법대 신입생

박동훈

朴東薰, 1941~1960

망우리공원에서 4.19혁명에 참여한 열사들은 필자가 현재까지 여섯 분
으로 파악하고 있다. 1963년 9월 20일 국립4.19민주묘지로 이장한 박동훈
열사는 비문이 남아 있다. 만해 한용운 연보비 아래 숲속에 세워져 있다. 한
성여중 2학년 진영숙, 경기고 고완수 이종량, 덕성여중 최신자, 수송국민학
교 6학년 전한승은 묘지 위치나 비석은 찾지 못했다. 박동훈 열사의 묘지번
호는 109617이다. 망우리공원 만해 한용운 연보비 왼쪽 뒤로 100미터 내려
가면 박동훈 열사 묘비가 세워져 있다. 진영숙, 전한승 등은 묘지등록부에

박동훈 묘비

기재되지 않은 것으로 미루어봐, 더 많은 열사들이 묻혔다고 볼 수 있다.

묘비 앞면. 朴東薫 墓 그는 正義와 情熱이 불타는 靑年으로 不正과 腐敗에 抗拒 우리나라 民主主義의 蘇生을 爲하여 一九六0. 四. 一九 그 先頭에 서다 享年 20으로 이곳에 자다 1960. 五. 八 立.

묘비 뒷면. 여기 先人의 때문은 역사일래 피 빛 가슴으로 해 따른 별 하나이 잠드노니 우리 그 앞에 民主의 힘찬 기틀 세우리 薫의 영전에.

국립4.19민주묘지 1묘역 202배위 묘비 앞면. 서울大學校 朴東薫 墓.

묘비 뒷면. 일구사일년 십이월 삼일 서울 출생(남) 서울대학법대 일년 재학 일구육0년 사월 십구일 경무대앞 시위 중 총상 같은날 국립의료원에서 사망 부 박찬희 모 김수정.

부패한 독재정권을 무너뜨린 4.19혁명은 시작부터 끝까지 학생들의 힘으로 이뤄낸 혁명이었다. 3.15선거를 앞두고 있던 자유당 정권은 야당세가 강하던 대구 지역에서 민주당이 지지세력을 모으지 못하도록 민주당 유세 당일인 2월 28일(일요일), 학교 일선에 학생들을 등교시키도록 지시했다. 이에 반발한 대구 각 지역의 고등학생 수백여 명은 길거리 시위에 나서는 등 자유당의 횡포에 저항했다. 경북고등학교의 선언문에는 "정의에 배반 되는 불의를 쳐부수기 위해 이 목숨 다할 때까지 투쟁하는 것이 우리의 기백이며, 정의감에 입각한 이성의 호소"라는 내용이 담겼다.

3.15부정선거에 항거했던 마산의거의 주역 역시 중고등학생들이었다. 자유당 정권은 야당 참관인들을 퇴장시킨 채 공개적인 부정투표를 자행했고, 민주당 간부 30여 명은 마산 시내에서 의거를 감행했다. 수천 명의 시민과 학생들이 그 뒤를 따랐고 오후 7시경에는 만여 명이 모여 "부정선거를 즉

시 정지하라!"라고 외치며 시청으로 행진했다. 경찰은 의거 행렬에 총격을 가했고, 최루탄까지 발사했다. 그 결과 8명이 사망하고, 80여 명의 중상자가 발생했다. 이때 행방불명된 김주열의 시체가 4월 11일 중앙동 해안에서 발견되며 마산은 들끓어 올랐고, 제2차 마산의거에서는 "살인범을 잡아내라!", "선거 다시 하라! 등의 구호가 울려퍼졌다.

마산의거의 배후로 공산당을 지목하고 부정선거와 시민들의 사상에 대해 어떠한 사과도 하지 않은 이승만의 행태는 결국 대학생들이 혁명의 주체로 등장하는 계기가 됐다. 서울대 학생들은 문리대 학생들의 주도 아래 4월 21일을 시위 일자로 정하고, 15일부터 의견을 모아 선언문과 격문, 구호를 작성하는 등 준비 모임을 가졌다. 그러나 고려대 학생들이 18일 오후 1시에 시위를 감행했고, 이에 맞춰 전체 시위 날짜도 19일로 앞당겨졌다. 19일 아침부터 자유당 정권에 분노해 쏟아져 나온 인파가 거리에 가득한 상황에서 서울대 학생들이 대오를 갖춰 국회의사당까지 평화행진을 한다는 계획은 무의미해졌다. 문리대를 비롯해 공대와 미대 등 각 단과대의 학생들이 조직적으로 또는 개별적으로 시위에 나섰다. 자유를 갈망하는 목소리가 드높았고 분노로 들끓었던 4월 19일의 서울 거리는 결국 수백 명의 피로 뒤덮였고, 그 피는 자유당 정권을 역사의 뒤안길로 밀어냈다.

박동훈 열사의 동생 박동수 씨는 스무 살 나이에 세상을 등진 형님을 강직하고 속 깊은 '어른'으로 기억했다. 교사의 박봉으로 힘겹게 7남매를 키우던 집안에서 혼자 힘으로 법대에 진학한 박동훈 열사는 가족 전체의 자랑이었다. 형제 중에서도 가장 불의에 민감했던 열사는 경복고 3학년 재학 시절 학생들을 불성실하게 지도하던 담임을 교체해달라고 청원운동을 벌이기도 했다. 당시 경복고 교감으로 재직하던 열사의 아버지는 교장실에 불려가 "(박동훈 열사가) 빨갱이니까 집에 데려가라"라는 말을 들었다. 그렇게 강단 있던 박동훈 열사는 1960년 4월에 입학한 후, 보름 남짓 대학생으로 살다가 영원히 잠들었다.

박동수 씨는 4월 19일 자정이 넘어 들린 어머니의 울음소리로 형의 죽음을 알았다. 열사의 아버지가 오후 4시경 서북시립병원 응급실에서 연락을 받을 때까지, 가족 누구도 열사가 18일 고대생 시위에 동참했고 19일에도 광장으로 향했다는 사실을 알지 못했다. 당시 전염병 전문병원이던 서북시립병원은 적당한 처치를 하지 못했고, 수도의과병원(고려대병원)으로 옮겨 응급처치를 했다. 그러나 수도의과병원에서는 수술 능력이 없다며 집도를 거부했다. 결국 8시가 넘어 국립의료원에서 수술을 받았지만, 이미 피를 많이 흘린 박동훈 열사는 숨을 거뒀다.

열사의 죽음은 가족들에게는 씻을 수 없는 상처였다. 애주가이던 열사의 아버지는 4.19혁명이 일어나기 2년 전, 7남매 걱정에 금주를 결심했었다. 하지만 아버지는 아들의 죽음이 남긴 공허함을 술로 달래려 했는지 4.19혁명 1주기가 되던 날 망우리공동묘지에서 통곡하고 돌아온 저녁부터 다시 술을 마셨다. 4.19 당시 15세이던 박동수 씨는 때때로 밥상에서 형의 밥그릇 하나가 없는 걸 볼 때 허전함을 느꼈다. 박 씨는 그 채워지지 않는 허전함에, 유신통치와 80년대 군사정권을 겪으며 '형은 바보야. 왜 죽었어. 뭐가 달라지냔 말이지'라는 생각이 머리에서 떠나지 않았다고 했다.

박동훈 열사 옆에 세워졌다 세 토막으로 깨졌다가 지금은 없어져버린 이 묘비와 관련한 이야기가 궁금해 찾아보고 있다.

묘비 앞면. 陸軍中尉朴東星之墓 뒷면 女息 眞珠 西紀 一九六四年 三月 日 謹立.

독립운동 명가.
사회주의운동 독립운동가

오기만

吳基萬, 1905~1937

오기만은 1905년 8월 21일 황해도 연백에서 태어나 1937년 8월 23일 순국하였다. 이명으로 오기만(吳基滿), 윤철(尹哲, 尹喆), 윤광제, 박태성, 주인국, 윤창선을 썼다.

서울 배재고등보통학교 제2학년을 수료한 후 면학을 목적으로 수차례 중국을 왕래하면서 민족 운동가들과 교유하였다. 1928년 4월 16일 신간회 백천지회 설립대회 당시 준비위원으로 홍세혁 등과 함께 격문을 배부하려다 연백경찰서에 붙잡혀 해주지방법원에서 소위 출판법위반 및 보안법위반

오기만 가족묘지와 오기영의
전집 『사슬이 풀린 뒤』

342

으로 옥고를 치렀다.

출옥 후 중국 상해로 망명하여 1929년 1월 홍남표의 권유로 유일독립당상해촉성회에 가입했다. 동년 겨울 홍남표, 김형선, 구연흠 등과 함께 유일독립당상해촉성회를 해체하고 유호한인독립운동자동맹을 결성하여 민족운동 기념일마다 재류한인들에게 격문을 반포하여 민족의식을 고취시키는 활동을 전개하였다. 또한 구연흠, 조봉암 등과 사회주의운동에 참여하여 청년반제상해한인청년동맹을 결성하고 집행위원장으로 활동하였다. 이 단체들은 중국공산당민족위원회 산하 청년반제대동맹에 소속되어 있었다.

1931년 6월 상해에서 김단야로부터 국내의 김형선과 협력하여 적색노동조합과 조선공산당 재건명령을 받고 귀국하여 동년 7월 경성에서 김형선을 만나 협의한 결과 함남 진남포에서 활동하라는 지령을 받았다. 1932년 1월 진남포로 간 그는 한국형, 심인택 등과 적색노동조합 결성을 기도하여 동년 10월 적색노동조합부두위원회를 조직하고 활동하였다. 이 외에도 진남포상공학교 적색비밀결사를 조직하였고, 평양에서는 면옥노동자총파업을 선동하는 등 활동을 전개하다가 1933년 9월 상해로 도항하여 코민테른 원동부에 상황을 보고하였다.

1934년 4월 조선총독부에서 파견한 일경에 붙잡혀 국내 경기도 경찰부로 압송되었다. 동년 12월 경성지방법원에서 소위 치안유지법 위반으로 징역 5년을 받고 서대문형무소에서 옥고를 치르다가 중병으로 인해 1936년 6월 형집행정지로 출옥하였으나 옥고 여독으로 순국하였다. 정부는 고인의 공훈을 기리어 2003년에 건국훈장 애국장을 추서하였다.

오기만 가족묘지는 국가등록문화재 제691-4호로 지정되었다. 묘지번호 204390이다.

형님 오기만을 비롯한 독립운동가들을 그리워하는 애끓는 마음이 녹아 있는『사슬이 풀린 뒤』(오기영, 1948, 성균관대학교 출판부, 2002 복간)의 지은이

오기영은 일제 때《동아일보》기자였다. 열 살 나던 해 3.1혁명을 맞아 또래 아이들과 함께 태극기를 만들어 흔들었다가 일제 헌병 분견대에 잡혀가 모지락스런 족대기질을 당하였던 오기영은 1937년 도산 안창호 등과 같이 '동우회 사건'에 얽혀들어 괴로움을 당한 독립운동가이다.

아버지 오세형과 형님 오기만 그리고 아우 오기옥 4부자가 모두 항일투쟁에 몸 바쳤던 집안이다. 첫 부인인 치과의사 김명복은 시아주버니 오기만의 독립운동 밑돈 무리꾸럭이었다. 매제 강기보는 제3차 고려공산청년회 평남 채잡이로 기운차게 움직이다가 왜경한테 붙잡혀 징역 2년 살고 1933년 만기 출옥했다. 그러나 고문 후유증으로 출옥 2년 만에 순국했다.

"많은 사람들의 눈물을 자아내고 더구나 몇몇 학교에서 임시교재로 썼다"는『사슬이 풀린 뒤』였다. 이 책은 일제 식민권력에 앙버티었던 식구들에 대한 이야기로 짜여 있다. 오기영이 책을 쓰게 된 까닭이다. "꿈이 아닌 현실로서 몸에 얽혔던 사슬이 풀리니 역사발전에 대한 강철 같은 믿음을 굽힐 수 없어 목숨조차 수월히 여긴" 선형(오기만)을 추모하기 위해서였다.

3.1혁명 때부터 광복될 때까지 한 가정의 4부자와 사위까지 민족해방운동전선에 투신하여 고생한 사실을 기록하여 많은 사람들의 눈물을 자아내고 몇몇 학교에서는 임시교재로 쓴 동생 오기영의 자서전이다. 백범 김구의『백범일지』에 견주어도 손색없는 피와 눈물과 뼈와 살의 기록이다. 이승만 정권이 성립되고 닷새 뒤 1948년 8월 20일 머리말에 이렇게 썼다.

"삼 년 전 해방의 감격은 벌써 하나의 묵은 기억이 되어버렸다. 그렇게도 기쁘더니, 그렇게도 감격스러웠더니, 이제 우리의 가슴속에는 이 기쁨과 감격 대신에 새로운 슬픔과 환멸이 자리를 바꾸어 들어찼다.

이제야 제2의 해방이 있어야 할 것은 누구나 아는 바요, 그것을 기다리는 마음도 누구나 초초하다. 삼 년 전의 해방을 정말 해방으로 알고 기쁨과 감격의 눈물로 엮은 이 책을 읽을 때에 누구나 달라진 세월에 부대끼며 다시금 슬픔을 아니 느낄 수 없이 되었다.

무엇이 달라진 세월인가? 똑바로 따지면 다르기는, 1945년 8.15 이후 잠깐일 것이다. 도로아미타불이라면 심한 말일까? 전날에 내 형을, 내 매부를 죽게 하였고, 내 아버지를, 나를, 내 아우를, 내 조카를 매달고 치고 물 먹이고 하던 사람들에게 여전히 그러한 권리가 있는 세상이다.”

스스로 '자유주의자'임을 내대며 해방 뒤에도 중도주의를 내세우며 정치 논설을 많이 나타내 보이던 오기영은 친일세력에 바탕을 둔 이승만 정권 밑에서 괴로워하며 친일경찰이 그대로 제 권리를 행사하는 세상 된 것을 보고 도로아미타불이요 제2의 해방이 필요하다 외치다가 1949년 초 평양으로 올라가고 말았다.

1945년 8.15해방 다음 날 오기영은 망우리공동묘지 가족묘지를 찾아갔다. 무덤 위에 태극기를 덮어놓고 그 앞에 서서 걷잡을 수 없는 눈물을 흘렸다. 그곳에는 사회주의자이자 독립운동가인 형님 오기만 그리고 시숙의 후원자이자 그의 아내인 김명복이 안장되어 있었다.

살아서 무덤에 조문하는 이들도 죽음의 상처로 얼룩진 소유자들이다. 사회주의자로서 독립운동을 하다 수감 중에 해방과 더불어 서대문감옥에서 놓여나온 동생 오기옥과 조카 오장석 그리고 사회주의운동으로 수감된 적이 있는 여동생 오탐열, 독립운동으로 수감 중에 얻은 병으로 친정오빠를 잃은 오기옥의 부인, 독립운동으로 수감 중에 얻은 폐결핵으로 사망한 남편을 둔 누님이 함께했다. 그 자리에서 오기영은 소리쳤다. 이제부터는 노예의 무덤이 아니다. 그것은 기쁨의 탄성이면서 심장에서부터 울려나온 통곡이었다. 그 가족의 수난사, 가족사이면서 민족사, 대서사시이다. 가족(9명)들의 독립운동 내용을 간략히 소개하면 다음과 같다.

부친 오세형은 고향 배천의 3.1혁명 주동자로 투옥. 모친은 6인의 자녀들이 독립운동으로 고초를 겪는 역사를 온몸으로 감당. 본인 오기만은 신간회 사회주의운동과 상해 한인청년동맹 집행위원장으로 활동하다 체포되어 5년형을 받고 수감 중 얻은 폐결핵으로 병사(2003년 건국훈장 애국장 추서). 동생 오기영은 3.1혁명으로 투옥(11세), 사상범으로 투옥, 수양동우회 등 총 4회 투옥. 동생 오기옥은 치안유지법 위반으로 수감 중 해방을 맞아 석방. 제수인 치과의사 김명복은 오기만의 동지로 시숙 오기만의 독립운동 자금 조달원으로 여섯째 아이를 낳던 중 간독으로 병사. 누이 오탐열은 사회주의운동으로 수감. 매제 강기보는 오탐열의 남편으로 제3차 고려공산청년회의 평북 도책으로 활동하다 체포되어 수감 중 얻은 폐결핵으로 순국(2007년 건국훈장 애족장 추서). 조카 오장석은 사회주의 운동으로 수감.

독락정 정자에서 구리둘레길 제1길을 타고 올라 면목동 양지말마을치성터를 지나 망우산 주능선에서 내려다보이는 산자락 밑 사색의 길 위 죽산 조봉암 선생 묘역이 끝나는 지점의 의자를 지나 오른쪽 소나무와 측백나무가 둘러싸고 있는 곳이 오세형 일가 가족묘지 납골묘역이다.

4.19혁명 기폭제.
3.15부정선거 부통령 당선

만송 이기붕

晩松 李起鵬, 1896~1960

이기붕 박마리아 묘비

이기붕은 1896년 12월 20일 충북 괴산군 청천면 후평리 299번지에서 부친 이낙의와 모친 송정현의 외동아들로 태어났다. 그 후 1898년 서울로 이주하여 종로구 사직동에서 성장하였다. 그는 조선 태종의 둘째 아들인 효령대군 이보의 17대손으로, 그의 가계는 대대로 높은 관직에 오른 명문가였다. 이기붕의 증조부 이회정은 흥선대원군의 측근으로 예조판서에 올랐으나 1882년 임오군란 당시 명성황후의 상사를 발표하였던 일로, 명성황후의 민씨 정권에 의해 유배되었다가, 1883년 처형되었다. 전라북도 전주에서 잠시 유아기를 보냈다. 그의 가계는 몰락하여 어렵게 지냈다. 이기붕은 10세 때 부친이 작고해 홀어머니 밑에서 끼니를 거르며 가난하게 성장했다. 모친의 교육열로 상경해 보성중학과 연희전문에서 수학했다. 보성중학 시절엔 종로 YMCA회관에 나가 이상재, 이승만 등으로부터 가르침을 받았다. 보성중학 교장인 최린과 주시경 선생님의 영향을 받았다. 동기로는 허정, 김도연, 염상섭, 최승만 등이 있다. 선교사의 도움으로 미국에 건너가 농장 일, 호텔 일, 접시 닦기 등으로 고학하며 대학을 졸업했다.

대학 졸업 후 워싱턴에서 허정, 장덕수, 윤치영 등과 이승만의 독립운동을 도와《3.1신문》을 발간했고, 1934년 귀국 후에는 잡화상, 광산업 등에 실패한 후 종로의 대형 요릿집 국일관의 지배인을 지냈다. 부인 박마리아와는 미국 유학 중 만나 약혼한 뒤 1935년 서울에서 결혼했다. 이기붕의 출셋길은 광복 후인 1945년 10월 이승만의 귀국으로 열렸다. 윤치영 비서실장의 비서를 지내다, 비서실장으로 승진했고, 윤보선에 이어 서울시장으로 1949년 6월부터 1951년 4월에 걸쳐 재임하던 중 6.25한국전쟁을 맞았다.

이승만은 대통령 연임을 위해 부산 정치파동을 일으켜 발췌개헌안을 통과시킨 후 유공자인 장택상, 이범석을 밀어내고 1953년 원내외 통합자유당의 2인자인 중앙위원회 의장으로 자신의 충복인 이기붕을 내세웠다. 1954년 이기붕은 3대 국회의원에 당선되고 민의원 의장에 선출된 뒤 이승만에게 초대 대통령의 영구 출마를 보장한 사사오입 개헌안을 억지로 통과시켜 보답했다. 같은 해에 인하공과대학 이사장으로 취임했다. 1956년 제3대 대통령선거 때 부통령선거에 나섰다가 장면에게 패했고, 1960년 3월 15일 사상 최악의 부정선거로 부통령에 당선됐다.

4.19혁명 이후 26일 오전 이승만이 하야 선언을 했다. 장기집권을 획책했던 이승만, 이기붕과 자유당 정권은 부정선거 42일 만에 붕괴하고 말았다. 이기붕 일가는 두 차례에 걸쳐 피신했다. 제1차 피신은 19일 오후 2시경. 제2차 피신은 25일 오후였다. 장소는 육군 제6군단이었다. 이기붕 일가는 27일 저녁 7시경 경무대에 도착, 그다음 날인 28일 새벽 집단자살로 세상을 등졌다.

이기붕 일가족 장례식은 30일 상오 9시 50분 수도육군병원 강당에서 조객들이 찬미가를 부르는 가운데 간소히 거행됐다. 망우리에 11시 15분에 도착했다. 지금의 면목고 후문 500미터 위 오거리 쉼터 정자 아래 2,000평 그곳에 어머니 송씨와 장모 고씨와 11년 전 심장병으로 요절한 딸 강희 양의 묘지가 있었다. 강희양의 묘지 뒤에는 이기붕 씨와 박마리아 씨가 나란히 자리를 잡고 그 앞에는 강석 군과 강욱 군이 자리를 각각 잡았다. 그 뒤로 종종 강석을 사랑한 젊은 여성이 망우리 그 무덤가에 앉아 울고 있는 것을 목격하였다.

이기붕의 비석 앞면 상단. 國會議長 晚松李起鵬先生墓 夫人朴瑪利亞女史祔左.

앞면 하단. 여기 거칠고 험한 일생을 슬프고 애처롭게 걸어 예신 내외분이 잠드셨으니 三一五선거의 잘못을 책임지시고 온가족이 함께 애절한 최후를 마치신 리기붕 선생과 부인 박마리아 여사이십니다. 세상에는 그 잘못의 책임을 질줄 아는 사람은 너무도 드뭅니다 만송선생은 손수 이끌어가시던 정당이 저지른 잘못을 확인하시자 아랫사람의 죄를 대속하시려고 부인과 두 아드님을 데리고 미련 없이 담담하게 가신 것입니다. 칠십 평생 만송선생의 걸음걸이 깨끗하였듯이 선생의 최후도 또한 깨끗하였습니다. 모시던 저희로서 영광스러운 고종명을 누리시게 해드리지 못한 것을 못내 송구하게 여기오며 높고 밝으신 덕을 추모하면서 작은 정성을 모아서 삼가 영복을 비옵니다. 10주기를 맞아서 만만클럽 회원일동

첫째 딸 이강희의 묘비 앞면. 十李康姬之墓.

묘비 뒷면. 강희야 귀한 강희야 어두운 밤 무서워 말고 눈보라 빗바람에 떨지 말고 천사 너를 직히리니 여기 고히고히 잘 쉬여라 요단강 건너가 다시 만나자 一九四九年 十一月 二十二日 애닯은 아빠 李起鵬 엄마 朴마리아

이승만 대통령 양아들로 입적하여 육사를 졸업하고 육군 소위로 부모와 동생을 권총으로 쏘고 자살한 비극의 가족사 장본인인 이강석의 묘비 앞면. 리강석의 무덤.

묘비 뒷면. 불타는 정의감이 있었기에 부모님 모시고 동생 데리고 기꺼이 웃으며 자진해서 간 것을 우리는 아노라 李康石君 一九六0年 四月 二十八日 二十四歲로 散花함.

연세대 재학생으로 아버지가 당선되면 나라가 망하고 떨어지면 집안이 망한다며 4.19혁명 당시 데모 대열에 합류한 둘째 아들 리강욱의 묘비 앞면. 리강욱의 무덤.

묘비 뒷면. 한창 피어오르던 어린 싹 너에게 때 아닌 찬서리를 맞혀 피기도 전에 지게 하다니 진정 애처롭구나 李康旭君 一九六0年 四月 二十八日 二十歲로 散花함.

망우리공동묘지 이기붕 일가의 묘지는 이기붕 관련 친목모임인 만만클럽에 의해 1976년 4월 17일 고양시 사설공원묘지로 이장하였다. 당시 군 실세 사단장의 힘으로 가족의 유해와 비석을 헬기로 옮겼다는 설이 있다. 그 이후 이순자 여사 조부도 1978년 용인 금박산 황후지지에 밤하늘 헬기로 이장하였다고 알려졌다.

필자는 2020년 3월 30일 이기붕 가족묘지를 찾았고, 이어 4월 28일 이기붕 60주기 추모제에 참석했다. 고양시 소재 사설 공원묘원 이기붕 일가 묘지에서 전주이씨 효령대군파 문중 중심으로 코로나19 여파로 예년에 비해 간소하게 열렸다. 이기붕 씨와 가장 가까운 7촌 조카와 문중회장 등의 말을 종합하여 이기붕 씨 일가의 가족묘지 행적을 정리하면 다음과 같다.

작년까지 강욱의 친구들과 삼사 년 전까지도 강석의 여자친구라는 분이 참석하였다. 강석의 여자친구는 망우리공원에 자주 찾아온 젊은 여인이었다. 지금의 묘역도 그 여자 분이 시집가는 대신 장성 출신인 아버지한테 결혼 비용으로 받아내 13년 전에 조성하였다. 묘역은 500여 평 정도였다. 지금의 서대문 4.19도서관인 이기붕 씨의 집 안을 데모 군중들이 들어와 파괴하고 집기와 물건을 가져갈 때, 현장에 있던 집안 분의 말은 냉장고 안에서 수박이 나왔고, 열대 과일 등과 선물로 받은 모직물 두루마리가 많이 쌓여 있었다고 증언했다.

이기붕 씨의 몸이 아파 모든 걸 내려놓겠다고 해 몇 번 기회가 있었으나 박마리아 여사의 과욕으로 비극의 가정으로 전락했다고 전했다. 4.19혁명 당시 두 번에 걸쳐 '모든 것을 ~내려놓겠다'는 담화를 박마리아 여사의 힘으로 '모든 것을 ~고려해보겠다'는 것으로 변하여 발표하였다. 그래서 걷잡을 수 없이 번지게 되어 이렇게 비극으로 끝날 수밖에 없었다고 아쉬워했다.

독립운동가. 반민족행위특별조사위원회 조사1부장.
2, 3대 민의원

현포 이병홍

玄圃 李炳洪, 1891~1955

이병홍 묘비

이병홍은 제2, 3대 국회의원을 지낸 대한민국의 정치인이다. 제3대 국회의원 임기 중 사망했다. 경성 오성학교를 졸업했다. 경남 진주 3.1혁명을 주도하고, 대한민국 임시정부에 참여했다. 해방 후 반민족행위특별조사위원회 제1조사부장을 역임했다. 1948년 5월 10일 제헌 국회의원 경남 산청군 지역구에서 낙선했다.

이병홍은 1891년 경남 산청군 단성면에서 태어났다. 1919년 3월 3일에 있은 고종황제의 국장일을 계기로 하여 거족적인 민족운동이 전국 방방곡곡에서 일어났고, 진주 또한 3월 18일부터 5월까지 대소 20여 회에 가까운 시위에 3만 명이 넘는 인원이 참여하였다. 진양군 내에서 발생한 주요한 만세 시위운동은 정촌면과 미천면을 들 수 있다. 단성면 배양리에 거주하던 이병홍은 평소 가까이 지내던 정촌면 관봉리 강재순에게 서울의 3.1혁명을 목격하고 숨겨 가지고 온 독립선언서를 넘겨주고 동지 이종언과 수백장의 선언서를 찍어내어 인근 동지들에게 비밀리에 전달하여 다 같이 봉기할 것을 촉구하는 등 조국 광복에 힘썼다.

상해임시정부 요인으로도 활약한 바 있으며, 해방 후에는 무소속으로 출마 2, 3대 민의원과 반민특위 제1조사부장을 역임했다.

반민법 개정에 대한 이승만 대통령의 담화에 대하여, 1949년 2월 17일 자 연합신문의 "대통령 담화는 경악할 만한 거라는" 제하의 반민족행위특별조사위원회 제1조사부장 이병홍 명의의 반박 담화를 보면 이렇다.

"15일부 대통령담화는 그 내용이 너무도 우리들의 상식과 상치되므로 다시금 그 담화 내용을 확인하기 전에는 사실 대통령이 그런 담화를 발표하였다고 믿고 싶지 않다. 적어도 일국의 원수로서 국회에서 결정되고 대통령 자신이 서명 공포한 법을 그 법이 아직 때도 되기 전에 조변석개한다면 그 나라의 장래가 어떻게 될 것인가? 생각만 하여도 대단히 불쾌한 일이다. 더욱 반민법은 민족의 대의를 세계와 후세 자손에게 밝히는 것이므로 말이 법률이지 우리들은 그 법률을 일종의 민족적 성전으로 생각하고 이 법을 말할 때에는 언제나 옷깃을 바르게 하며 경건하고 엄숙한 태도로 대하는 것이다. 이 감정은 전 민족이 동일하게 가지리라고 믿는다. 그런 법률을 대통령이 만약 개정을 요청하였다면 우리는 참으로 경악을 금할 수 없는 바이다. 흔히 와전이 많은 세상이므로 동 발표가 진상이 아니기를 빈다. 더구나 고문 운운은 전혀 사실무근이며 일국의 원수로서 반민자들의 허위적 낭설을 믿고 부화뇌동한다는 것을 우리는 믿을 수 없다."

이렇게 반민법의 본래 취지를 퇴색시키려는 이승만 정권의 반민법 개정을 경계하고 있다.

대한민국 정부 수립 후, 제헌 국회는 1948년 9월 7일, 전문 3장 32조로 된 반민특위법을 통과시키고, 9월 22일 정부가 이를 공포하였다. 1949년 1월 8일 반민족행위자 박흥식을 제1호로 체포하며 반민특위의 활동이 본격적으로 시작되었다. 반민특위는 이후 1년 동안에 걸쳐 전 국민적 기대 속에 총 682건의 사건을 취급했다. 그러나 해방 후에도 여전히 위세를 떨치고 있던 친일파들과 그들에게 의지하고 있던 이승만 대통령의 집요한 방해에 의해 결실을 맺지 못했다. 이승만은 3권 분립에 어긋난다며 반민법의 공포를 거부하기도 했으며, 거듭 담화를 발표하여 반민특위를 비난하기도 했다. 그러한 이승만의 지지를 배경으로 경찰은 반민특위 관련자들에 대한 테러와 암살을 기도했고, 1949년 6월 6일 반민특위 사무실을 습격하기까지 했다. 이후 공소시효 기간을 1년 1개월이나 단축한 법개정안이 국회에서 통과되고, 특위활동에 비판적이었던 인물들이 자리를 메꾸어 반민특위의 활동은 용두사미가 되고 말았다. 반민특위가 취급한 682건의 사건 중 체형판결이 내려진 것은 12건에 불과했으며, 그중 5건은 집행유예가 선고되었고, 실형으로 복역한 사람들도 곧이어 발발한 6.25전쟁기간 동안 모두 석방되었다.

망우리공원 관련 인물 중 반민특위 피의자로 소환되어 조사를 받은 자는 박희도와 오긍선 등이다. 3.1혁명 민족대표 33인으로 시중회 회원,《동양지광》창간, 국민총력 조선연맹 참사, 조선임전보국단 평의원 등으로 활동한 박희도는 1949년 2월 21일 서울 신설동 자택에서 반민특위 김제선 조사관의 출두명령을 받고 이튿날 출두하였다. 이후 그는 불구속 상태에서 조사를 받았으나 최종 결과는 자세히 알려진 것이 없다.

해관 오긍선은 교육자, 세브란스의학전문학교 교장, 경성부회 의원, 국민총력조선연맹 이사, 경성기독교연합회 평의원, 조선임전보국단 평의원 등으로 활동하였다. 1949년 친일 반민족 행위에 대한 조사가 착수되자, 8월 반민특위에 자수해 취조를 받고 풀려났다.

이병홍은 1955년 10월 17일 새벽 심장마비로 삼청동 자택에서 사망했다. 그의 묘소에는 해공 신익희가 쓴 묘비가 세워져 있다. 묘지번호 205129이다.

묘비 앞면. 民義院議員 玄圃李炳洪之墓.

묘비 뒷면. 檀紀四千二百八十八二十二日 同志一同建立 海公申翼熙書.

독립운동가 이병홍 묘역은 용마산 방향과 독락정 정자 쪽으로 갈라서는 사색의 길 삼거리 전 화장실 지나 전파 송신탑 전, 좌측 위에 눈에 띄는 묘비가 있는 곳이다. 묘지의 인물보다 묘비에 써진 글씨에 대해 먼저 생각하게 되는 유택이다.

임시정부 국무위원 김승학이 김구의 지시로 작성한 친일파 263명 '반민특위' 살생부 초안에 들어간 망우리공원 관련 인물은 시류 따라 기웃거린 기회주의자의 변절 행로 박희도(정치), 근대화 지상주의에 매몰된 재사 황국신민화운동의 기수 설산 장덕수(언론), 친일의 길을 걸은 여성 지도자의 대명사 김활란(교육), 근대 예술을 빛낸 팔방미인이고 일제강압으로 내선일체를 합리화하고 영화감독과 작사를 한 석영 안석주(영화), 조선임전보국단 부인대 지도위원으로 일제 말 전쟁 지원 강연을 한 숙명여대 초대 총장 임숙재(교육) 등이다.

민족문제연구소 간행 친일인명사전 704에 수록된 인물은 박희도(교육), 오긍선(교육), 장덕수(정치인), 김활란(교육), 임숙재(교육), 박마리아(교육), 함세덕(연극), 이광래(연극), 최신복(아동문학), 김상용(교육), 윤상필(군인), 민병덕(교육, 중추원), 이영찬(중추원), 홍재설(군수, 노해면장) 등이다.

6.3항쟁. 얌전한 성품.
부모에게 보낼 편지 "데모엔 취미가 없어 안심하라더니"

이윤식

李允植, 1945~1964

이윤식 6.3항쟁 신문기사(《경향신문》, 1964.7.30.)

1964년 '6.3항쟁'으로 부르는 '한·일 수교 반대투쟁'에서 목숨을 잃었던 고 이윤식 씨가 2009년 2월 '민주화운동 관련자 명예회복 및 보상 심의위원회'로부터 민주화운동 관련자로 인정받아 명예를 되찾으면서 명예학위수여식이 45년 만인 2009년 5월 8일 열렸다. 건국대학교는 이씨의 어머니 이삼순(85세) 씨를 초대한 가운데 명예학위수여식을 열고 사망 당시 지역사회개발초급대학 농경과 1학년생이었던 이씨의 명예졸업장을 전달했다.

이윤식 씨는 1945년 전남 보성에서 태어났다. 이씨는 비상계엄령이 선포되던 1964년 6월 3일 광화문에서 건국대 학생 600여 명과 함께 '굴욕 한일회담 반대' 시위대와 함께 트럭을 타고 이동하다, 중부소방서 앞길에서 트럭에서 떨어져 차 뒷바퀴가 이씨를 깔아 넘어 두개골골절, 늑골골절, 폐와 간 파열 등의 중상을 입고 서울대병원에서 치료 중 6월 7일 상오 9시 반 사망했다. 6.3항쟁으로 계엄령이 선포되고 심문 검열이 시작된 지 7일 만에 비로소 경찰 공식 발표로 그 사실이 시민에게 알려진 건국대 1학년 이윤식(19세) 군의 죽음이었다.

이씨는 당시 전남 강진세무서 직세과 소비세 계장 이병일(43세, 광주시 서석동 23반) 씨의 장남으로 광주농고를 졸업, 건국대에 합격하여 입학했다. 집안 형편과 다섯 동생의 교육도 생각해서 학교까지 걸어서 30분이나 걸리는 성동구 구의동 146 이구현(28세) 씨 집 문간방에 보증금 5,000원에 월 500원의 셋방을 얻고 자취를 시작, 우선 보증금 2,000원을 지불했다.

"너무나 얌전해 집 안 사람들과 말도 없던 이 군이 3일 아침 학교에 간다고 나간 후 사흘이나 소식이 없기에 무척 걱정됐습니다. 같이 있던 사촌 동생이 3일 만에 죽었다는 애길 들려줘 비로소 알았습니다. 이 군이 우리 집에 온 지 꼭 14일 만이었죠"라고 집주인 이씨는 말했었다. 이군의 어머니 이삼숙(40세) 씨는 6월 4일 맏아들의 부상 소식을 듣고 상경했고 아버지 이씨도 뒤따라 올라왔다. 세 차례나 수술해야 할 중상이었던 아들은 산소텐트에서 겨우 명맥을 유지하고 있었다. 당시 경찰은 유족과 상의도 없이 6월 9일 망우리공동묘지에 서둘러 묻어버렸다. 부모는 아들의 숨결이 새겨진 자취방을 찾아 아들의 얼굴을 되찾았으나 주인 잃은 책만이 아들의 성격을 말하는 듯 책상 위에 단정히 정리되어 있을 뿐이었다.

아들의 자취방에서는 아들이 죽기 이틀 전에 써놓은 아버지에게 보내는 편지가 부모를 기다리고 있었다. "데모에는 취미가 없으니 안심하라던 윤식이었는데……" 하고 어머니 이삼숙 씨는 부모와 멀리 떨어진 곳에서 외롭게 숨져간 아들에의 아쉬움을 못내 떨치지 못했다.

어머니는 광주 무등산 중턱의 광덕사를 날마다 5시간을 오가며 49재를 올렸다. 아버지는 죽음에 체념한 듯 말했지만 한편 "자식을 기르는 마음은 죽은 영혼을 그리는 심정이나 산 자식을 키우는 심정이나 다 같다"고 부처님 앞에서 아들의 넋을 위로하는 어머니였다. 45년 만에 졸업장을 안은 어머니는 이렇게 회상했다. "자라던 나무의 중간을 끊어놓으면 어떻겠어요. 장손을 잃은 집안이 꼭 그와 같았어요." 그러던 어느 날 밤 꿈에 아들이 찾아왔다. 훤칠한 키에 백옥 같은 양복을 입은 아들은 울타리 밖에서 두 주먹을 굳게 쥐고 늠름하게 어머니를 바라보고 있었다. "아들은 그 뒤 다시는 꿈에 나타나지 않았어. 그 뒤부터는 나도 일부러 밝게 살았지." 이씨는 "내가 죽었으면 이런 일도 없었을 것인데. 살다 보니 다시 빛을 보는 날이 온다"고 말했다. 묘지번호 0713099이었다. 묘지는 2003년 무연고처리로 용미리공동묘지로 합장 이장하였는데 그 장소를 누구도 모른다. 독립운동가 신명균 한글학자도 같은 처지이다. 고려대학교 상과대학 학생회장이던 이명박 전대통령은 이명백으로 이름이 잘못 알려져 위기를 모면하였다. 집 안까지 경찰이 침투하고 수사망이 좁혀 오자 스스로 자수했다.

경기고 2학년 이종량과 한성여중 2학년 진영숙.

4.19혁명

이종량, 진영숙

李鍾亮, 1942~1960. 陳永淑, 1946~1960

T. S. 엘리엇 시인은 '4월은 가장 잔인한 달'이라고 노래했다. 대한민국 근현대사의 4월은 제주 4.3항쟁과 4.19혁명으로 피어린 민주주의 꽃이 피었다. 대한민국 헌법 전문에 살아 있는 4.19혁명의 주역은 누구일까? 학생이다. 186명의 희생자 중 77명이 학생이었다. 대학생의 숫자는 22명밖에 되지 않는다. 고등학생이 36명이었고, 초등학생과 중학생이 19명이었다

고은 시인의 연작 『만인보』 시편들은 1960년 꽃피는 4월에 죽어간 학생

어머님께
시간이 없는 관계로 어머님 뵙지 못하고 떠납니다.
끝까지 부정선거 데모로 싸우겠습니다.
지금 저와 저의 모든 친구들 그리고 대한민국
모든 학생들은 우리나라 민주주의를 위하여
피를 흘립니다.

어머니, 데모에 나간 저를 책하지 마시옵소서.
우리들이 아니면 누구가 데모를 하겠습니까.
저는 아직 철없는 줄 압니다.
그러나 국가와 민족을 위하는 길이 어떻다는 것을 잘 알고 있습니다.
저의 모든 학우들은 죽음을 각오하고 나간 것입니다.
저는 생명을 바쳐 싸우려고 합니다. 데모하다가 죽어도 원이 없습니다.

어머니는, 저를 사랑하시는 마음으로 무척 비통하게 생각하시겠지만,
온 겨레의 앞날과 민족의 해방을 위하여 기뻐해주세요
이미 저의 마음은 거리로 나가 있습니다.
너무도 조급하여 손이 잘 놀려지지 않는구요 부디 몸 건강히 계세요
거듭 말씀드리지만 저의 목숨은 이미 바치려고 결심하였습니다.
시간이 없는 관계상 이만 그치겠습니다.

한성여중 진영숙이 쓴
어머니께 보내는 편지

들의 이름과 그들의 토막 난 삶을 노래했다. 4.19혁명의 도화선이 된 마산상고 입학생 김주열, 마산고 1학년 13반 급장 김용실, 중학생 교복을 입은 지 열하루 만의 차대공, 수송국교 6학년 3반 전한승, 염리동 철공소 소년 이채섭, 열세 살의 덕성여중 최신자, 야간공민학교 우등생 홍성순, 경기고 2학년 수학천재 이종량, 2대 독자 김효덕, 금호국교 6학년 정태성, 동래여고 김순임의 편지가 든 책가방을 교실에 두고 나온 부산고 이의남, 부산 남학생들의 여신이었던 데레사여고 정추봉, 죽음을 예감하기라도 한 듯 '부모님 전상서'를 쓰고 나온 한성여중 2학년 진영숙…….

진영숙은 교복 깃에 달린 학교 배지를 뽑아 학생증과 함께 재봉틀 서랍에 놓고는 풀이 빳빳한 새 칼라로 교복깃을 하얗게 바꿔 달고 집을 나섰다. 2세 때 아버지를 잃고 동대문 시장에서 옷장사를 하던 어머니 밑에서 자라 농구선수가 된 14세 학생은 시위대가 장악한 버스에 올라탔다. 4월 19일 오후 4시 성북 경찰서 앞으로 이동하던 버스에서 구호를 외치다가 미아리고개 버스 안에까지 실탄 사격을 하던 경찰에 의해 사살당했다. 진영숙이 어머니에게 4시간 전에 남긴 비장한 편지는 유서가 되었다. 한성여중에서는 묘비를 기증하고 진 양의 1주기 때 망우리공동묘지에 학생대표 및 선생님들이 참배하고 명예졸업장을 수여했다.

1960년 4월 19일, 부정선거를 자행한 자유당에 맞서서 학생들이 일어섰다. 대광고 학생들은 첫 번째 시위를 주도하며 결의문을 발표하였다. 덕수상고에서는 김재준, 최정수 열사가 시위 중 절명했다. 두 열사의 추모비는 서정주 시인이 추모시를 짓고 조선어학회 사건 33인인 이만규 한글학자의 따님이며 가수 서유석의 어머니인 당대 최고의 서예가 갈물 이철경이 글씨를 써, 같은 해 11월 29일, 윤보선 대통령이 참석한 가운데 제막식이 거행되었다. 추모비 역시 행당동 교사로 같이 이전되었다. 동성중고등학교는 거의 전교생이 모여 커튼을 뜯고 종로로 행진했다. 이 과정에서 천복수 열사가 희생되었다. 여기서 중상을 입은 김경한 님은 이로 인해 24년간 투병 끝에 세상을 떠나기도 했다. 학교 바깥 혜화동 로터리에 기념비가 자리 잡고 있다. 경기고등학교에서는 4.19혁명 대열에서 순국한 2명의 학우(57회 고완기, 58회 이종량)와 2명의 동문(55회 최정규, 56회 박동훈)을 추도하기 위한 4.19 학생 위령비로 1960년 개교 60주년 기념일에 제막한 것으로, 이희승이 비문을 짓고, 김충현이 글씨를 쓰고, 윤영자가 설계하고 조각하였다.

이종량은 경기고 2학년 3반 부반장으로 야구, 수영, 등산 등 운동과 문학에도 조예가 깊고 수학의 천재로 알려졌다. 친구 9명과 '새벽클럽'이라 명하고 어울리다, 죽은 뒤에도 친구들이 변함없이 부모님을 찾아뵙고 망우리 공동묘지에 자주 참배하며 먼저 간 동무를 위로했다. 《경향신문》에 네 번에 걸쳐 '벗은 4월에 갔으나 우정은 강물처럼' 제목으로 기사를 실었다. 서울시립대 교수인 아버지 이휘재 씨는 참척의 아픔을 『四月에 핀꽃』(민중서관공무국, 1960)으로 간행하여 먼저 간 아들을 위로했다. 또한 어려운 학생들의 학비를 대주고 4.19혁명 유족회 회장을 역임하며 서대문 4.19혁명기념도서관 운영에 밑거름을 놓았다.

4.19혁명 당시
수송국민학교 6학년

전한승

全漢昇, 1948~1960

문재인 대통령과 부인 김정숙 여사는 2020년 4월 19일 오전 제60주년 4.19혁명 기념식 후 기념탑 뒤편으로 이동해 4.19혁명 희생자 중 무연고인 고(故) 전한승 군과 고(故) 진영숙 양의 묘역을 참배했다. 문 대통령 내외는 묘역에 꽃바구니를 헌화하고 묵념하며 희생자의 헌신과 뜻을 기렸다.

　고 전한승 군은 서울 수송초등학교 6학년이던 1960년 4월 19일 수업을 마치고 귀가 중에 얼굴과 머리에 직격탄을 맞고 쓰러져 바로 수도의대병원으로 후송됐으나 숨을 거두었다. 당시 초등학생 의거의 시발점이 되었다.

　고 진영숙 양은 한성여중 2학년이던 1960년 4월 19일 시위에 참가해

전한승 모교 수송국민학교
학생 4.19혁명 시위 사진

미아리 파출소를 거쳐 시내로 가다가 미아리고개에서 머리에 총상을 입고 세브란스로 옮겨졌으나 사망했다. 진영숙의 유서가 되어버린 어머니에게 쓴 편지 내용이다. "시간이 없는 관계로 어머님 뵙지 못하고 떠납니다. 끝까지 부정선거 데모로 싸우겠습니다. 지금 저와 저의 모든 친구들 그리고 대한민국 모든 학생들은 우리나라 민주주의를 위하여 피를 흘립니다. (중략) 저는 생명을 바쳐 싸우려고 합니다. 데모하다가 죽어도 원이 없습니다. 어머니는 저를 사랑하시는 마음으로 무척 비통하게 생각하겠지만 온 겨레의 앞날과 민족의 해방을 위하여 기뻐해주세요. 부디 몸 건강히 계세요. 거듭 말씀드리지만, 저의 목숨은 이미 바치려고 결심하였습니다. 시간이 없는 관계상 이만 그치겠습니다."

다음은 수송국민학교 4학년 강명희가 쓴 4.19혁명 추모시 「나는 알아요」이다.

아…… 슬퍼요 / 아침 하늘이 밝아 오며는 / 달음박질 소리가 들려옵니다 / 저녁놀이 사라질 때면 / 탕탕탕탕 총소리가 들려옵니다 / 아침 하늘과 저녁놀은 / 오빠와 언니들의 피로 물들었어요 // 오빠와 언니들은 / 책가방을 안고서 / 왜 총에 맞았나요 // 도둑질을 했나요 / 강도질을 했나요 / 무슨 나쁜 짓을 했기에 / 점심도 안 먹고 / 저녁도 안 먹고 / 말없이 쓰러졌나요 / 자꾸만 자꾸만 / 눈물이 납니다 // 잊을 수 없는 4월 19일 / 학교에서 파하는 길에 / 총알은 날아오고 / 피는 길을 덮는데 / 외로이 남은 책가방 / 무겁기도 하더군요 // 나는 알아요 우리는 알아요 / 엄마 아빠 아무 말 안 해도 / 오빠 언니들이 / 왜 피를 흘렸는지를 // 오빠와 언니들이 / 배우다 남은 학교에서 / 배우다 남은 책상에서 / 우리는 오빠와 언니들의 / 뒤를 따르렵니다

수송국민학교 6학년 1반 학생인 전한승 군이 4월 19일 오후 4시 20분경 같은 반 두 명의 엄마 뒤를 쫓아 담임 이봉구 선생님께 "선생님 그럼 가보겠습니다"라고 꾸벅 절하고 마포구 공덕동 집으로 향했다. 세종로 사거리를 건너 마포행 전차 정류장에 이르러 학우들과 그 어머니를 놓치고 말았다. 이때 콩 볶듯 터져나오는 칼빈 총탄에 거리 한복판 가득했던 군중들은 사방으로 흩어지고 아카데미극장 옆에서 책가방을 내려놓고 박수를 치며 구경하던 전 군만이 아스팔트 위에 붉은 피를 흘리고 쓰러졌다. 이때가 4시 30분경이었다. 소란이 잠시 가라앉은 뒤 서울의대 학생들이 머리와 얼굴에 총탄을 맞은 전 군을 싣고 수도의대 병원으로 달려갔으나 이미 때는 늦었다. 문 안의 소동도 모른 채 한적한 공덕동에서 여느 때보다 늦은 아들을 기다리는 집에 어둠이 몰려오는 저녁 7시경 찾아든 손님은 뜻밖의 3대독자 아들의 처참한 죽음을 알리는 담임 선생님이었다.

20년간 서울시청 공무원 생활을 하고 5년 전에 정년퇴직한 아버지 전중현(60세) 씨는 칠남매 가운데 오직 하나인 아들을 잃고 "큰집의 기둥이 무너졌다. 아무것도 모르는 국민학생을 죽이라는 총은 아닐 텐데 내 아들 죽인 책임을 누가 질 것인가?"라고 얼빠진 채 한숨만 지었다. 오직 하나인 아들을 좀 더 나은 학교로 보내기 위하여 어린아이를 무리가 될 줄 알면서도 수송국민학교에 입학시켜 아침 7시 20분에는 틀림없이 등교시키기를 5년간이었다. 학교에서도 드물게 보는 5년 개근으로 공부도 썩 잘하는 모범학생이었다. 보이스카우트 대원으로 명랑하고 쾌활한 성격인 전 군은 집안에서도 늘 웃음보를 터트려 셋방살이 어려운 살림 가운데에서도 즐거웠노라고 한 어머니 유정길(46세) 씨는 "죽은 놈에게 새 양복 한 벌 해 입히지 못한 것이 원통하다"고 통곡하였다.

심술궂은 꽃샘바람에 꽃잎처럼 쓰러진 전한승 군의 넋만은 세종로네거리에서 잠들지 못한 채 엄마 아빠 그리고 여섯 누이들이 지켜보는 가운데

20일 하오 3시경 6녀 1남 중 다섯째인 3대독자 전한승은 망우리공동묘지에 묻혔다.

수송국민학교 4~6 고학년 학생들이 1~3 저학년은 학교에 있게 하고 4월 26일 시위에 참여해 악을 바락바락 외쳐 주위 어른들이 이제 그만 진정하라 해도 계속 이어가 그 시위대 주변을 피했을 정도로 씩씩했다.

1961년 3월 6일 수송국민학교 833명 어린이와 함께 전한승 군 영령에 스승과 교우들의 눈물 속에 명예졸업식을 치렀다. 같은 해 5월 8일 열한 돌 어머니날에 4.19의 꽃다운 용사를 길러낸 어머니 41명을 표창했다. 모범 어머니를 대표하여 전 군의 어머니 유정길(47세) 여사가 "저희들의 힘이 약하였기에 더 좋은 어머니로서의 힘을 다하지 못한 것이 부끄러우며 앞으로 어질고 인자한 어머니로서 겨레를 위해 이바지하겠다"고 답사를 하였다.

어머니 꿈에 외아들인 한승이는 나는 절대 죽지 않았다고 몇 번 나타났다. 마포구 공덕동 65번지에 사는 아버지 61세 전중현과 어머니 47세 유정길 사이에 이듬해 3월 25일 남동생이 태어났다. 당시 김상돈 서울시장이 전군의 집을 방문하여 '4월의 경사'라고 축하하며 금일봉을 전하고 아버지와 두 딸의 취직을 돕겠다고 약속했다.

1962년 4월 4.19혁명 두 돌을 맞아 희생자 186명에게 건국포장을 수여했다. 1963년 9월 20일 전한승 군은 4.19혁명유공자로 국립4.19민주묘지 1묘역 195배위로 이장했다.

1968년 4월 19일 동생 전우정 군이 중앙대학부속국민학교 1학년 1반에 입학하여 형의 무덤에 분향하였다. 동생은 형을 닮아 '산수를 잘하고 달걀만 잘 먹으며 개구쟁이 점잖이'라고 불렀다. 세 살 때부터 부모님 따라 수유리 4.19묘지에 있는 형 묘지에 참배하며 의젓이 분향하고 꽃을 바쳤다. 전군의 가족은 남영동에 살다 이웃 가구점에 불이 나 보상 한 푼 받지 못하고 경기도 파주군 천현면 가야리에 단칸 셋방을 얻어 내외가 하루벌이로 살아갔지만 우정 군의 자람에 보람을 느끼며 나날을 살았다.

전한승 군 외에도 국민학교 학생 4명이 희생됐다. 임동성(1950년 9월 17일생~1960년 4월 19일 사망), 종암초등학교 학생, 시위대열에서 총상 사망, 임충수(부) 최복순(모). 안병채(1950년 2월 12일생~1960년 4월 19일 사망), 동신국민학교 학생, 신설동국민학교에서 사망. 박동일(1950년 7월 13일생~1960년 4월 19일 사망), 부산서면경찰서 앞에서 총상 사망, 정대성(1946년 5월 1일생~1960년 4월 19일 사망), 금호초등학교 학생, 동대문 경찰서 앞 시위 도중 사망했다.

《민족일보》 사장.

5.16 군사쿠데타 군부세력에 의해 간첩혐의로 사형

조용수

趙鏞壽, 1930~1961

5.16 군사쿠데타 이후 혁명재판에 회부되어 1961년 12월 21일 사형을
당한 이들은 경무대경찰서장 경무관 곽영주, 내무부장관이었던 최인규, 영
화로 유명했지만 정치깡패였던 본명이 권중각이었던 임화수 그리고 사회당
조직부장 최백근과 민족일보사 사장 조용수 등이다. 이 중에 망우리공동묘
지에 묻혔던 이는 곽영주, 임화수, 최백근, 조용수다. 2018년 최백근 선생을
마지막으로 망우리공원에서 이장하였다.

　　경기도 하남시에 사는 조용준 씨는 1961년 12월 22일을 아직도 잊지

조용수 재판정 사진

못한다. 당시 그는 서울 서대문형무소에서 사형당한 형 조용수의 시신을 인계받았다. "아침에 형에게 면회 갔더니 부모님을 잘 부탁한다고 당부하더라. 이틀에 한 번 꼴로 면회를 다녔는데 그 말이 형의 마지막 유언이 될 줄 몰랐다." 면회를 마치고 나온 용준 씨는 12월 21일 오후 4시 라디오로 형의 사형집행 소식을 들었다. 당시 형의 나이 31세였다. 《민족일보》 창간을 문제 삼아 사형까지 시킨 박정희 군사쿠데타 세력에 대한 분노가 컸다. 이튿날 시신을 수습한 용준 씨는 아버지와 상의해 조용수 형님을 깜깜한 밤인 9시 반 넘어 언 땅을 피눈물로 파 망우리공동묘지에 묻었다. 1963년 남한산성 동문 밖 경기도 광주시 중부면 검복리 야산 자락 중턱으로 이장했다. 2020년 12월 19일 조용수 민족일보사 사장 59주기 추도식 행사를 묘역에서 치렀다. 코로나19 제3차 유행으로 민족일보기념사업회의 관계자 몇 분만 참석했다.

조용수 사장과 용준 씨는 네 살 터울이었다. 동생 용준 씨에게 형은 까다롭고 엄격한 스승에 가까웠다. 1961년 2월 13일 《민족일보》가 창간되고 형이 사장을 맡자, 용준 씨는 기획실장으로 들어갔다. 폐간될 때까지 매일 3만 5,000부를 발행했다. 그 당시 제일 잘 팔리던 신문이 《동아일보》였는데 가판에선 《민족일보》가 그보다 앞서 1위로 불티나게 팔리고 있었다. 창간전후 용준 씨는 주로 형의 자금 마련 심부름을 했다. "아버지는 살고 있던 부산 집을 팔아 창간 자금을 댔다. 진주에서 병원을 하고 있던 형의 고향 친구도 제법 큰돈을 보탰다."

하지만 창간 3개월 만에 터진 5.16 군사쿠데타 세력이 《민족일보》와 조용수 사장에게 간첩혐의를 뒤집어씌워 5월 18일 구속했다. 일본에서 조달한 창간 자금을 문제 삼았다. 박정희 정권의 중앙정보부는 조용수 사장이 조총련계 자금 1만 환을 받아 《민족일보》를 창간했다고 밝혔다. "형의 장인어른이 일본에서 파친코를 하던 민단 간부였다. 거기서 들어온 돈을 박정희와 김종필 등 군사쿠데타 세력은 조총련 자금이라고 날조했다. 중앙정보부와 검찰이 공소장에 쓴, 형에게 돈을 댄 북한 간첩이라고 지목한 이영근은 나중에 노태우 정부로부터 국민훈장까지 받았다. 이런 기막힌 일이 세상에 어디 있는가?" 조용수와 함께 사형선고를 받았다가 무기징역으로 감형된 송지영은 1969년 출소했다. 출소 후 송지영은 문예진흥원장과 KBS 이사장, 광복회 부회장 등을 지냈다. 시인 박인환과 어울리며 1956년 노래 〈세월이 가면〉이 태어난 '경상도집'에 함께했고, 망우리공원 시인 박인환 묘역 단비의 시와 글을 송지영이 새겼다.

조용수는 1930년 경남 진주 대곡면의 부유하고 보수적인 집안에서 태어났다. 진주봉래초등학교를 졸업했다. "2·3·4대 자유당 의원을 지낸 조경규 씨가 삼촌이고, 미군정 시기 남조선 과도정부 입법의원을 지낸 하만복 씨가 외삼촌이다. 조용수는 진주에 있던 외삼촌 집에서 자라면서 광복 후 진주중학에 진학해 주로 우익 학생모임 '민연'에 가담해 활동했다." 좌익학생들과 마찰을 빚어 대구 대륜고로 전학 졸업했다. 이만섭 국회의장이 동기동창으로 연세대학 정경학부에 진학한 조용수는 한국전쟁이 나자, 부산으로 내려가 외삼촌 하만복 의원 비서로 근무했다.

1951년 9월 일본으로 건너가 메이지 대학 정경학부 2학년으로 편입했다. 조용수는 재일 한국인 모임인 거류민단 기관지 《민주신문》 기자와 논설위원으로 언론과 첫 인연을 맺는다. 일본에서 그의 활동은 대부분 보수적이었다. 재일동포 북송 사업이 한창이던 1956년 조용수는 앞장서서 '북송 반대 운동'을 조직했다. 1958년 이승만 정권이 진보당 대표 조봉암을 간첩혐의로 구속한 사건을 계기로 조용수의 활동에 변곡점이 생긴다. 진보당 사건이 터지자 조봉암의 비서였던 이영근 씨가 일본으로 도피했다. 1959년에는 '조봉암 씨 구명청원서명운동위원회'에서 활동했다. 1959년 7월 31일 조봉암이 사형당했다. 1960년 이승만 정권이 4.19혁명으로 무너진다. 조용수는 귀국길에 올랐다.

결국 조용수는 자신이 진보 신문 창간에 전념하겠다고 나섰다. 그는 자금 마련을 위해 다시 일본으로 건너갔다. 모금에 성공한 조용수는 《민족일보》를 창간했다. 사시로 '민족의 진로를 가리키는 신문', '부정부패를 고발하는 신문', '근로 대중의 권익을 옹호하는 신문', '조국의 통일을 절규하는 신문' 등을 내걸었다. 특히 《민족일보》는 중립화 평화통일론을 역설했다.

박정희 군부는 군사쿠데타 이후 바로 혁신계 체포에 돌입했다. 5월 18일 《민족일보》 간부 10여 명을 전격 체포했다. 《민족일보》는 5월 19일 지령 92호를 마지막으로 강제 폐간됐다. 당시 선고공판 배석 판사가 대쪽판사라 알려졌던 대한민국 대통령 후보였던 이회창이었다. 군사정권은 국내외의 구명운동에도 불구하고, 그를 1961년 12월 21일에 사회당 간부 최백근 등과 함께 사형을 집행했다. 조용수는 형장의 이슬로 사라지기 전 입회한 윤형중 신부의 인도로 천주교에 귀의했다. 그날 사형당한 분 중 가장 나중 집행했고 목숨을 쉬이 놓지 못했다는 후일담이 전해진다.

그로부터 한 달 뒤 1962년 1월 국제저널리스트협회는 조용수에게 '국제기자상'을 추서하고 그의 죽음을 애도했다. 2007년 '송건호언론상' 심사위원회는 '조용수 민족일보사 사장'을 '제6회 송건호언론상' 수상자로 선정했다. 청암 송건호 초대 한겨레신문 사장은 필자의 고교 선배로 모교 교지 《한성》에 학창 시절 헌책방 순례하며 책읽기를 통해 성장했다는 글을 실었다. 그 글을 읽고 길을 좇는 또랑시인 청암 선생의 뜻이 조금이라도 흘러가길 바라며 기를 쓰고 있다. 2019년 3월 오충공 감독과 국립 5.18 민주묘지를 참배하며 청암묘역 앞에 깊이 머리 숙여 한참을 머물렀다.

2006년 '진실·화해를 위한 과거사정리위원회'는 조용수 민족일보사 사장에 대한 사형집행이 위법이라고 판단하고 재심을 권고했고, 2008년 1월 16일 법원은 무죄를 선고했다.

2020년 10월 15일 (사)민족일보기념사업회는 김자동 대한민국임시정부기념사업회장의 작년 제1회 수상에 이어, 고승우 80년 해직언론인협의회 상임대표를 제2회 민족일보 조용수 언론상 수상자로 선정해 수상했다.

독립운동가. 통일운동가.
5.16군사쿠데타 사형 집행 미복권

수암 최백근

崔百根, 1914~1961

서울시 중랑구에서 망우리고개 너머 구리시 교문동 딸기원 마을 오른쪽 상덕마을 구리시장애인복지센터 건물 뒤 산자락에 북향으로, 독립운동가 및 통일운동가 최백근 선생의 유택이 자리 잡고 있었다. 그 장애인복지센터 자리는 옛 간이화장터였다.

묘비 앞면. 최백근 성생의 묘 1961. 12. 21. 졸 1962. 12. 20. 가장 1963. 4. 14. 옮김.

묘비 뒷면. 사람이 사람을 억압해서는 안 되고 사람이 사람을 수탈해서

2018년 마석모란공원 이전 후
최백근 묘비

379

도 안 되며 나라가 외세의 지배로부터 벗어나야 하고 분단된 나라가 자주 민주 평화적 방법으로 통일되어야 한다는 선생의 높고 참된 뜻은 이룩되고야 말 것입니다.

최백근 선생의 어록을 새긴 비문은 조국분단과 남한 민중의 고통을 고스란히 안고 눈보라를 이기고 굳건하게 서 있었다. 평화세상·평등세상·통일조국을 원하던 서릿발 같은 민족 투사는 5.16군사쿠데타로 헌정을 유린하며 들어선 박정희 군사독재에 의해 결국 형장의 이슬로 사라졌다. 지금으로부터 60년 전인 이날엔 당시 5.16군사쿠데타를 일으킨 박정희 정권의 사형집행에 의해 모두 5명의 인사들이 서대문형무소에서 형장의 이슬로 사라졌다.

이승만 정권에서 3.15부정선거를 저지른 곽영주 전 경무대 경무관, 최인규 전 내무부장관, '정치깡패' 임화수 그리고 조용수 민족일보사 사장과 최백근 사회당 조직부장 등이 그들이다. 박정희 군사독재에 의해 '빨갱이'라는 누명을 쓰고 사형이 집형된 최백근 선생의 매년 추모행사는 민중들의 한을 담은 눈발이 날리고 꽁꽁 언 한겨울 추위가 맹위를 떨치는 가운데 거행되었다. 억압과 착취, 수탈, 전쟁, 분단, 사대, 매국, 배족, 부정, 부패, 군사독재를 거부하는 것이 죄가 되어 교수형에 처해진 최백근 선생의 그 넋은 아직도 사면받지 못한 채 구리시 공동묘지 한적한 곳에서 씁쓸하게 역사를 지켜보고 있었다. 최백근 선생의 추모식에 참여한 인사들은 "가자 북으로 오라 남으로 만나자 판문점에서" 구호에 민족자주성과 반외세가 빠졌다면서 최백근 선생이 그 구호 앞에다 "이 땅이 뉘 땅인데 오도 가도 못하느냐"를 넣었다고 한다.

2018년 12월 21일 마석 모란공원에서는 최백근 57주기 묘역 참배행사가 열렸다. 2018 4월 11일 망우리 묘역에서 마석모란공원 민주열사묘역으로 이장한 후 처음으로 추모행사가 열렸다. 민족의 하나 됨을 바라셨던 선생의 그 절절한 염원을 풀지 못하고 분단 72년의 세월을 이어가야 하는 오늘의 분통한 현실에 가슴을 쥐어뜯으며 슬픈 오한을 느꼈다. 수암 최백근 선생은 1914 전남 광양군 골약면 태인리(태안도)에서 태어나 1930년 하동 보통학교를 졸업했다. 1932년 4월 27일 출판법 위반혐의로 부산지법, 진주지원에서 금고 6월을 선고(항일운동 관련)받고 투옥되었다.

1948년 4월 전조선 제정당사회단체대표자연석회의(남북연석회의)에 근로인민당대표단으로 참가했다. 1948년 8월 21일 황해도 해주 개최 남조선인민대표자대회에 근로인민당 대표로 참석. 9월 초 돌아왔다. 1949년 4월 북으로 가 재북 근로인민당 당무부장을 역임하고. 6.25전쟁 시기 남으로 내려와 충북 청원, 충남 청양 등지에서 활동하다 9.28 이후 북으로 갔다. 1952년 9월 자주통일운동을 위해 남으로 내려와 강화도, 인천, 경상도 지역에서 활동하다 1952년 12월 경찰에 체포되어 1953년 9월 14일 대구고등법원에서 국가보안법 등 위반혐의로 2년형 선고받고 대구, 춘천형무소 등에서 복역하고 1955년 9월 14일 만기 출소 후 1960년 5월 혁신동지총연맹에 가입 후 중앙조직부장을 맡았다.

1960년 7월 29일 민·참의원선거 때 혁신동지총연맹 공천으로 전남 광양에서 출마. 1960년 11월 최근우, 유병묵, 유한종, 문희중, 김영옥, 진병호, 이석준 등 동지들과 함께 사회당 창립 발기인으로 참여했다. 1961년 2월 16일 서울시청 앞 광장 한미경제협정반대 성토대회·가두지휘 등을 조직했다. 1961년 2월 25일 종로 천도교 대강당에서 민족자주통일 중앙협의회 결성대회(중앙상무위원)를 주도했다. 1961년 3월 22일 서울시청 광장 2대 악법(반공임시특별법, 데모규제법안) 제정성토대회 조직사업(3만 여 군중)과 이어서 1961년 5월 10일 남산예식장에서 민자통 서울시협의회 결성대회 조직사업을 이루었다. 1961년 5월 13일 서울운동장, 남북학생회담 환영 및 통일추진걸기대회 조직사업(4만 5,000여 군중. 행진, 가자 북으로! 오라 남으로! 만나자 판문점에서!). 5.16 박정희 군사쿠데타로 혁신정당, 사회단체 대탄압으로 6월 5일 쿠데타 집단에 체포되어 9월 14일 쿠데타 세력의 이른바 혁명재판소에서 특수범죄처벌에 관한 특별법 제6조 적용(국가보안법 1조 규정 등, 현행 국보법 3조 4조 등) 사형 언도하여 1961월 12월 21일 박정희 집단에 의해 사법살인 당했다.

통일열사 최백근 선생의 묘에서는 석영 안석주의 〈우리의 소원〉을 읊조리며 열사 앞에 선 가슴에 민족통일 의지가 다져진다. 북녘 평양시 신미리 애국열사릉에 최백근 가묘가 조성되어 있다. 북한은 최백근을 남조선혁명 조직원으로 소개하고 있다. 특히 최백근은 북한에서 공화국영웅칭호와 조국통일상을 받았다. 전직 대남공작요원들의 전언에 의하면 김일성이 말년에 회고록을 쓰면서 과거에 자신과 특별한 연고를 맺고 있었던 인물이나 유가족들을 찾아 만난 바 있는데, 그 가운데 대남공작과 관련된 유가족은 성시백, 박정호, 이현상 그리고 최백근 네 가족 정도라고 한다. 이것은 최백근이 평범한 공작원이 아니라 대남공작의 대부로 알려져 있는 성시백과 박정호 그리고 지리산빨치산 대장이었던 이현상과 어깨를 나란히 할 정도로 상당히 비중 있는 남파공작원, 거물간첩이었다는 것을 말해주고 있다.

수암 최백근 묘지를 찾아 참배하며 남과 북 관계에서 아까운 인물들이 이념 대립의 희생물로 민족의 제단에 바쳐진 현실이 안타까웠다. 간간이 들려오는 추모식은 공개적인 행사가 아닌 비공식이었다. 몇몇 옛 동지들은 이제 세상을 등지고 제2, 3세대들의 조국의 현실에 대한 무거운 발걸음이 이어졌다. 신문을 통해 수암 최백근 묘지가 남양주 마석모란공원 민주열사묘역으로 이장하였다는 사실을 알았다. 필자는 안타까워 이장 전 묘역을 다시 찾았다. 묘비를 세워두고 갔는데, 묘비를 누가 가격하여 거의 반 이상 산산조각이 나 최백근 이름만 그래도 읽을 수 있게 남았다.

이념을 떠나 살 수는 없다. 그러나 묘비가 무슨 일을 할 수 있는가. 후학들이 이곳을 성역화하여 새 이념의 못자리가 된다. 대한민국의 국력과 저력이 이것밖에 되지 않을까? 이제는 제발 그 이념과 계층 지역 그리고 분노와 무지 막무가내 떼쓰는 일은 그만두길 바란다. 망우리공원은 의병과 관군, 친일과 독립운동, 이념대립으로 남과 북으로 갈라선 정치인과 예술인, 독재정권, 산업화 과정에서의 희생자 등 대한민국의 근현대사 150여 년의 파노라마를 생생하게 되새길 수 있는 교육의 장이다. 늦기 전에 전수조사와 현장 보존 그리고 자료 모으기 등 유족들과 연락하여, 없애기 전에 귀한 흔적들을 역사관에 전시할 수 있는 기회를 앞당겨지길 바란다.

독재와 4.19혁명, 5.16군사쿠데타, 6.3항쟁

마석민주열사묘역으로 이장한 민족통일운동가 수암 최백근—서울 민주 민족 전선
결성대회 서울 민전—5.16군사쿠데타 세력에 사형 당해 미복권·북한 혁명열사
묘역에 가묘가 조성되었다.
같은 날 사형 당해 꽁꽁 언 땅을 파 늦은 밤 묻은《민족일보》조용수는 남한산성에
이장했다.

대통령 이승만 박사의 이른바 집정 12년간에 있어 실질적으로 지배한 두
여인이 있다. 그 첫째 여인은 이승만 박사의 부인인 오지리 태생의 프란체스카
여사이고, 그다음의 여인은 전 민의원 의장 이기붕 씨의 부인 박마리아 여사였다.
이 두 여인은 대통령 이승만 박사 집정 12년간 그 배후에서 한국을 움직여온
장본인이라고 하여도 과언이 아닐 것이다. 프란체스카 여사와 더불어 세칭
제2의 국모라고 알려진 민의원 의장 이기붕 씨의 부인 박마리아 여사는 어떤
여인이었을까? 이 두 여인은 정부의 각료들을 제 마음대로 주물렀으며 그들의 호령
한마디면 산천이 무색할 정도로 서슬이 시퍼렇던 것이다. 이 두 여인은 서로 혈통이
다른 동양과 서양인이면서도 급기야는 같은 핏줄기를 나눌 수 있기까지 얽히지
않으면 안 될 그 어떤 숙명적 운명이 있었던 것이다.
이화여고 다닐 때 가난한 아이들 수십 명에게 학비를 대어주어 장례식 때 그
아이들이 울면서 장례행렬을 뒤따른 고명딸이 먼저 죽었다. 너무도 슬퍼서
유리관에 안치하여, 보고 싶으면 가서 볼 수 있는 무덤을 조성했다고 알려질 만큼
가족들은 슬퍼했다.
그 딸의 무덤을 중심으로 쓴 이기붕과 그의 처 박마리아 두 아들의 가족묘지는

지나친 정치적 욕망이 빚어낸 한 가족의 몰락을 말없이 드러냈다.

4.19혁명의 열사로 박동훈 가족사의 비극도 가슴을 후벼 판다.
수송국민학교 6학년 전한승 군의 가족에 얽힌 이야기도 언론에 가장 많이 드러나
아픔을 함께했다. 3대 독자로 연로한 부모님인데도 1년 후 남동생이 태어나 당시
서울시장과 대통령까지도 축하 전보와 선물을 하였다. 10년 후 그 동생의 4.19 묘지
참배 소식도 기사화되었다. 60여 년 세월이 흘러 묘역에 꽃 한 송이 놓이지 않는
무연고 묘지로 변했다.
얌전한 성품으로 부모에게 보낼 편지 "데모엔 취미가 없어 안심하라더니"의
6.3항쟁 이윤식의 묘지는 2003년 무연고 처리로 용미리공원묘지로 합장
이장하였으나 그 위치를 누구도 모르는 상황이다.

6부

아픔과 고독을 이기고
자신을 불태운 예술혼

들어가는 말

문화예술계, 체육계 영원한 거장들

해강 김규진, 청강 김영기 부자와 한국 현대 미술계에서 3대 거장으로 불리는
박수근, 이중섭, 권진규 중 망우리공원에 이중섭, 권진규 두 분의 유택이 있다.

아소 이인성 〈가을 어느 날〉, 〈경주의 산곡에서〉 등은 해방 전 최고 작품으로
평론가들의 평가를 받고 있다.
망우리공원의 대향 이중섭과 함대정 묘비를 제작한 조각가 차근호 등을 들 수 있다.

망우리공원 사색의 길 독락정 정자에서 시작하는 산 능선에서 영화감독 노필,
민요를 채록하여 국민음악으로 이끈 작곡가 채동선, 그리고 1930년대 역대급
스포츠 스타 이영민, 60년대 오빠부대 원조인 가수 차중락 유택이 이어져 자리
잡았다.
필자는 이곳을 예체능계열 능선이라 일컫는다.

- 국민화가, 은지화 〈황소〉 대향(大鄕) 이중섭
- 한국 최초 조각연구소 설립 4.19학생혁명기념탑 비운의 조각가 차근호
- 관동대지진 참상의 아픔을 그려낸 한국영화 풍운아 〈아리랑〉의 춘사(春史)
  나운규
- 4대 음악 집안, 동요 〈우리나라 꽃〉 작곡한 음악가 함이영
- 〈고향〉 작곡가, 바이올리니스트 산남(山南) 채동선
- 〈밤하늘의 부르스〉, 음악영화 일인자, 영화감독 노필
- 최초 스카우트 야구인, 만능스포츠맨, 스포츠 행정가, 동대문야구장 원조

홈런타자 이영민
- 1960년대 가요계의 오빠 원조 〈낙엽 따라 가버린 사랑〉 차중락
- 한국 근대 미술 천재 화가 아소(我笑) 이인성
- 근대조각의 선구자 권진규
- 일본 주오대학 경제학부 서양화 화가 함대정
- 소리꾼 임승근, 예명 임방울

낙이망우 사색의 길을 걸으며 한 분 한 분 따로따로 삶과 사랑과 작품 등을
소개하여도 몇 권의 책으로 묶어낼 수 없는 예술혼과 열정 그리고 재능과 끼와
힘 참배하며 그 기운을 받아 자기의 소질을 힘차게 드러낼 수 있는 망우리공원
고갱이를 교육하고 터득하는 도장이길 기대한다.

한국의 사실주의 조각을 한 단계 끌어올린 비운의 조각가.
한국미술 3대 거장

권진규

權鎭圭, 1922~1973

2009년 개교 80주년을 맞은 무사시노 미술대학은 권진규를 졸업생 중 '가장 예술적으로 성공한 작가'로 선정하고 그해 10월 권진규 회고전을 도쿄 국립근대미술관과 무사시노 미술대학 미술자료박물관에서 열었다. 권진규의 작품은 한국뿐 아니라 일본의 미술교과서에도 실려 있다.

이중섭, 박수근과 함께 현대 한국미술의 3대 거장으로 꼽히는 조각가 권진규는 1922년 함남 함흥에서 와세다대학 상과 출신 아버지 권정주의 아들로 태어났다. 3층으로 된 서양식 건물의 양품점 '송도옥'을 경영했으며, 부동산과 건축업으로 황금정 지역을 재발견하는 등 경제적으로 풍족했다. 어

권진규 묘비

머니 조춘도 유복한 참봉가 출신으로 재능이 많은 현모양처 사이의 2남 4녀 중 차남으로 태어났다. 어려서부터 남달리 흙을 만지기 좋아하였고 손재주가 뛰어났다. 장난꾸러기라고 불릴 만큼 활동적이고 명랑한 성격이었다. 1930년 4월, 함흥제1공립보통학교에 입학한다. 1934년, 습성 늑막염으로 휴학한다. 고모부가 경영하는 노정의원에 장기 입원한다. 1937년 3월, 보통학교 6년 과정을 졸업한다. 함흥공립중학교의 수험에 응시하나 낙방한다. 가벼운 연성형 말더듬이증이 있어 이를 신경 쓰느라 길게 이야기하려고 하지 않았다. 말더듬이증이 치료된 후로는 이러한 증상도 없어졌고, 성격도 침착해졌다. 이즈음 아버지가 사 준 카메라로 사진 촬영을 즐겼다.

1937년 함흥제1보통학교를 졸업하고 공기 좋은 춘천에서 병약한 몸을 요양하면서 1938년 입학하여 3학년 제3학기에는 총대표, 4학년 제2학기에는 급장, 5학년에는 기숙사 대표를 맡았다. "책임감이 강하며 계속 노력함"이라고 평가받으며 통솔력도 인정받았으며, 1943년에 우등생으로 졸업식에서 도지사상과 우등상을 받았다.

춘천공립중학교를 졸업하고 일본의과대학에 재학 중인 형 진원과 함께 일본에 갔다. 미술연구소에 들어갔지만 곧바로 비행기 부품공장에 징용되었다. 1944년 가을에 도망쳐 고향 과수원에 숨어 1년을 지냈다. 서울에 정착하여 성북회화연구소에서 김서봉, 김숙진, 임직순, 김창렬, 심죽자 등과 함께 연구했다. 이때 이쾌대에게서 들은 시미즈 다카시의 이야기가 무사시노미술학교 진학을 결심하게 된 동기가 된 것으로 여겨진다. 1947년 김복진의 유작인 속리산 법주사 대불 제작을 윤호중이 이어받아 6개월 참여한다. 1948년 야마가타현 사카타시의 대학부속병원에 근무하고 있던 형 진원의 악성 폐렴을 간병하기 위해 밀항했다. 다음 해 형은 병사했지만 권진규는 일본에 머물러 1949년 동경 무사시노미술학교 조각조소과 입학하여 부르델의 제자인 시미즈 다카시 문하에서 조각을 공부하여 1953년 졸업했다.

1953년 일본의 이과회에서 최고상인 특대를 수상함으로 그의 재능을 보여주었다. 미술학교를 다닐 때 6.25한국전쟁이 일어나 한국에서 학비도 끊겼다. 밤에는 마네킹 만드는 공장에서 아르바이트를 하면서 학비를 벌었다. 1951년 이 학교에서 서양화를 공부하던 1년 후배 도모에게 모델을 의뢰해 만나서 1953년 동거했다. 도모 여사도 남편을 도와서 아르바이트 미싱, 재봉, 봉제 등의 일을 했다. 권진규는 영화사의 부품 제작 일을 하면서 작업을 1957년까지 지속했다. 마네킹 공장에 나가 아르바이트를 1959년 귀국할 때까지 하였다. 이때가 가난은 했지만, 서로를 이해하면서 보낸 6년간이 권진규에게는 가장 행복했던 때라고 할 수 있다.

1955년 9월 8일 오전 11시, 서울시 종로구 사간동 9번지에서 아버지 권정주가 급사했다.

1959년 어머니의 건강이 좋지 않다는 통지를 받자 권진규는 귀국을 결심한다. 형과 아버지가 이미 세상을 떠나 어머니 혼자 살고 있었기 때문에 이제 자신이 장남으로서의 역할을 해야 한다는 책임감으로 귀국을 결심하게 된다. 당시 한국과 일본 사이에 아직 국교가 수립되지 않아 도모와 함께 귀국하는 것은 곤란했다. 따라서 한국에서의 생활이 안정되면 도모를 부르겠다고 하며 8월 6일에 네리마구청에 혼인신고서를 제출한다. 9월, 하네다 공항에서 홀로 형 진원의 유골을 가지고 귀국한다. 1960년 4월, 서울대학교 공과대학에 비상근 강사로서 죽을 때까지 근무한다. 1961년 영화사 관계의 일로 알게 된 전화교환원과 재혼했으나 곧 이혼한다. 1963년, 덕성여자대학 의상과와 생활미술과에 조교수로 취임한다.

1965년 6년이 지나도록 엽서 한 장 보내지 않자 도모의 부모가 한국으로 이혼장을 보냈다. 4월 20일 권진규도 이혼장에 도장을 찍어 일본으로 보냈다. 그 후 도모는 가사이 세고와 재혼한다. 1965년 서울의 신문회관에서 제1회 개인전을 가졌으나 몇몇 뛰어난 감식가를 제외하고는 화랑계의 주목을 끌지 못하였다. 1966년 3월, 홍익대학교 미술학부 조각과에 비상근 강사로 1968년까지 조각을 가르친다. 7월 어머니 조춘이 사망한다.

1968년 2회 개인전을 일본 동경의 니혼바시화랑에서 가졌다. 전시회 성과가 좋았으므로 모교인 동경미술학교에서 교수로 초빙했고, 화랑에서도 작품 제작을 후원하겠다고 제안했다. 그러나 일본의 여러 제의를 거절하고 귀국하였다. 개인전을 열고 있는 중에, 집안 조카인 화가 권옥연의 주선으로 옛 아내 도모 여사와 만났다. 1970년 화목한 가족을 희망하며 이화여자대학 영문과 출신 여성과 재혼하지만 곧 헤어진다. 여동생 권경숙 가족과 동거가 시작된다. 1971년 4월, 수도여자사범학교(세종대학교)에 비상근 강사로 근무하게 된다. 1971년 명동화랑에서 우리나라 최초의 초대 개인전 형식으로 제3회 개인전이 열렸다. 아틀리에의 벽에 "범인에게는 침을, 바보에게는 존경을, 천재에게는 감사"라고 쓴다. 자기 비판적이기도 하며 미술계 전체를 경멸하는 내용으로도 해석할 수 있다.

권진규는 1973년 5월 4일 "인생은 공(空), 파멸"이라는 짧은 문구를 친구 두 명에게 남기고는 서울 성북구 동선동의 언덕에 있는 자신의 아틀리에에서 스스로 세상을 떠났다.

주요 작품은 〈말〉, 〈만남〉, 〈자각상〉, 〈소녀의 얼굴〉, 〈여인상〉 등이다. 그 외 속리산 법주사 대불 입상 작업에 참여했다. 1967년 작인 〈지원의 얼굴〉은 중학교 교과서에 실렸다.

1959년 권진규가 직접 설계하여 서울 동선동에 지은 작업실인 권진규 아틀리에는 독특함과 문화적 가치를 인정받아 2004년에 등록문화재 134호로 등록되었다. 그 후 2006년 12월에 동생인 권경숙이 (재)한국내셔널트러스트 문화유산기금에 기증 시민문화유산 제3호가 되었으며, 기증을 통해 확보한 한국내셔널트러스트운동의 문화유산 보존의 좋은 사례였다.

20세기 한국의 대표적인 조각가 권진규의 유작 718점이 17년 전부터 떠돈 이력이다. 권진규기념사업회(대표 허경회)가 2004년 미술관 건립을 전제로 하이트에 작품을 양도하였으나 2010년 하이트와의 이견으로 작품 돌려받았다. 2015년 다시 권진규미술관 설립을 전제로 대일광업에 작품을 양도했으나 2018년 미술관 건립 약속이 지켜지지 않아 대일광업(대일생활건강) 상대로 미술품 인도 청구 소송 제기했다. 2020년 8월 유족이 승소하여 9월 서울시립미술관에 작품 기증 계획을 발표했다. 11월 초 작품 8점을 케이옥션에 출품하였다 11월 25일 경매 당일 출품 철회했다. 2021년 1월 28일 서울시립미술관은 한국 근대조각 거장 권진규 상설전시장을 내년 남서울미술관에 마련할 예정이라고 밝혔다.

권진규 작품의 이력만큼이나 망우리공원 권진규 묘지(묘지번호 201743)를 찾아 가기 쉽지 않다. 지석영 묘지에서 출발하여 구리둘레제1길에 들어서 구리시 쪽으로 100미터 걸으면 소나무 한 그루에 권진규 묘지 가는 길이라고 안내문이 매달려 있다. 안내문이 중간중간 걸려 있다. 한여름 나무가 우거지면 몇 번을 돌다가 찾아간다. 중랑구청에서 2022년 권진규 탄생 100주년을 맞아 진입로를 낼 계획이다. 가족묘지로 가운데 부모님 합장묘를 중심으로 우측에 형님, 좌측에 권진규 묘지이다. 소나무 한 그루가 잘 자라고 있다. 서북향이다.

최초 사진관과
근대적 화랑 설립자

해강 김규진, 청강 김영기 부자

海岡 金圭鎭, 1868~1933. 晴江 金永基, 1911~2003

중랑구청 발주 한국내셔널트러스트 망우분과 망우리공원 전수조사를 실시한 첫째 날 대박이 터졌다. 망우리공원 건너편 강소천 묘역 지역과 딸기원마을 아래 구리시 교문리 사거리 쪽 묘역을 답사했다. 박종평 위원이 무전기를 잃었다가 찾고서, 오솔길을 걷다가 문인석을 보고서 필자와 둘이서 올라갔다. 남평문씨세장비 뒷면에 주인 김규진이라 새겨 있었다. 왜 이곳에 김규진 선생이? 반문하며 묘역에 올랐다. 해강 김규진, 청강 김영기 부자 묘역 가족묘지였다.

해강 김규진 유택

해강 김규진 선생은 1868년 평남 중화군에서 태어나 1933년 6월 66세로 서울에서 서거했다. 본관은 남평. 자는 용삼(容三), 호는 해강·만이천봉주인·백운거사이다. 근대 서화 계몽운동에 적극적으로 활동했다. 8세 때부터 외삼촌인 서화가 이희수에게 글씨를 배웠고, 18세 때 중국에서 8년간 서화를 공부했다. 귀국 후 왕세자인 영친왕의 사부가 되어 글씨를 가르쳤다.

1902년경 일본에 가서 사진기술을 익혀 1903년 소공동 대한문 앞에 '천연당'이라는 사진관을 열었고, 1912년 아들 영기 돌 기념사진을 찍었다. 1913년 그 사진관 안에 '고금서화관'이라는 최초의 근대적 화랑을 개설하여 서화매매를 알선하기도 했다. 1915년 '고금서화관' 신축건물에 다시 '서화연구회'라는 사설 미술학원을 열어 후진양성과 전람회를 개최했다. 이때 학생들의 교재로『서법요결』,『난죽보』,『육체필론』등을 펴냈다. '서화미술회', '서화협회' 창립발기인으로 참가했으며 조선총독부 미술전람회의 서예부 심사위원을 맡기도 했다. 서예의 각체에 두루 능하며 특히 활달한 대필서로 이름을 날렸고, 금강산 구룡연의 20미터에 달하는 미륵불 예서, 내금강의 천하기절 초서, 법기보살 해서 등 각서가 남아 있고 전국의 궁전, 사찰, 현판에 많은 글씨를 남겼다. 그중에서도 해인사의 〈가야산해인사〉, 부벽루

김영기 돌 사진(천연당 사진관, 1912)

의 〈금수강산〉, 서울의 〈보신각〉, 〈희정당〉, 〈대조전〉 등이 유명하다. 그림으로는 1920년 창덕궁 희정당에 그린 벽화 〈총석정절경〉과 〈금강산만물초승경〉이 있는데 화려한 색채와 사실적 묘사로 그의 대표작이라 할 만하다. 문인화가답게 호방한 필치가 돋보이는 묵죽이 뛰어나며 근대적 화풍이 엿보이는 〈폭포〉, 〈말〉 등의 작품도 있다.

청강(晴江) 김영기(金永基, 1911~2003)는 영친왕의 서화 스승이자 〈해금강총석도〉의 작가 김규진의 아들로 1911년 서울에서 태어나 경기중·고등학교를 졸업하고 가업을 물려받아 중국 베이징의 푸런대학에서 공부하며 근대 중국화의 거두 중 하나인 제백석에게 사사했다. 졸업한 뒤로는 8.15광복 이후 최초의 미술그룹인 단구미술원을 창립하고 초대 회장을 지냈다. 초기에는 조선미술전람회를 중심으로 일본문인화전·홍아서도회전 등에 출품하여 수상했으며 일본 화단도 견학했다. 1940년부터는 고려대학교·성균관대학교·이화여자대학교 등에서 후학 양성에 힘썼다. 제백석의 영향을 받은 활발한 필치로 초기에는 중국 미술의 테두리 안에서 전통적인 사군자·산수화를 주로 그렸으나 1950년대부터는 사생을 바탕으로 한 풍경을 그려 문인화적인 뜻그림에 더 가까왔다. 1960년대에는 한자로 만들어내는 자화미술을 그려 거의 서양적인 추상화에까지 접근했다. 대표작은 〈월하의 행진〉, 〈계림의 가을〉, 〈장백산 폭포〉 등이다.

1997년에는 정부로부터 은관문화훈장을 받았으며, 2001년에는 90세의 노령에도 불구하고 '21C, 현대 한국미술의 여정전'에 참여하여 〈백두산의 새벽〉을 출품했다. 주요 저서로는 『조선미술사』, 『신라문화와 경주고적』, 『동양미술사』, 『오창석』, 『중국대륙 예술기행』 등이 있다.

음악영화 일인자.
영화는 흥행했으나 제작자와 갈등. 자살

노필

盧泌, 1928~1966

노필은 1927년 서울에서 출생하였다. 노필은 한국전쟁 이전 1949년 약관의 나이로 영화감독으로 데뷔를 하였다. 데뷔작 〈안창남 비행사〉(1949)는 비행사 안창남의 전기를 다룬 영화로 일제강점기 천재 비행사였던 그의 일대기를 다룬 영화이다. 안창남은 암울한 식민지 조선의 하늘을 날며 독립의 의지를 굳혔던 조선 청년으로 독립군의 숨은 조력자였다. 공군 항공대의 제작 후원을 받아 제작된 영화는 안창남이 고난 끝에 일본인을 누르고 비행사가 되어 민족의 울분을 달래고, 해방 후에는 항공개발에 앞장선다는 내용의

노필 유택

전기 영화였다.

1930년 4월 중국의 산시 항공학교에서 안창남이 타고 있던 비행기는 이륙 후 몇 초 지나지 않아 추락해서 그는 젊은 나이에 생을 마감하였다. 노필은 공군 항공대의 제작 후원을 받아 갑작스러운 비행기 추락사로 일생을 마감한 안창남 비행사의 이야기를 영화로 만들어 해방 조국의 민중들에게 큰 감동을 선사하였다.

노필은 일찍 영화감독으로 데뷔를 했으나 10여 년 넘게 영화를 만들지 않았다. 그러다 1950년 중반 이후 한국영화가 중흥기를 맞이하게 되면서 노필은 두 번째 영화를 만들게 되었다. 그의 두 번째 영화는 이민, 이빈화, 김신재 주연의 〈그 밤이 다시 오면〉(1958)이었다. 노필의 세 번째 영화는 〈꿈은 사라지고〉(1959)였다. 그는 계속해서 1964년부터는 멜로드라마를 1년에 한 편씩 연출했지만, 큰 관심을 받지 못했다. 〈빗나간 청춘〉(1964), 〈검은 상처의 부르스〉(1964), 〈애수의 밤〉(1965), 〈밤하늘의 부르스〉(1966) 같은 작품들이 있다. 노필은 〈밤하늘의 부르스〉(1966)를 마지막으로 작품 활동을 그만두었다.

노필은 1949년 데뷔해서 한국영화의 중흥기인 1950년대 중반부터 1960년대 중반까지 활동했던 영화감독이었다. 그는 1960년대 한국영화가 전성기를 구가하던 시절 충무로에서 활동하면서 영화 발전을 위해 노력했던 음악영화의 일인자였다. 더욱이 그가 만들었던 멜로드라마는 관객들을 위로해주기 충분했고, 우리는 아직도 그런 그를 기억하고 있다.

영화감독 노필의 묘지는 사색의 길 삼거리에서 우측 오르막길 장덕수 연보비를 지나 오르막 끝나는 곳 좌측 동락정 정자를 돌아 사잇길이 나온다. 그 길을 조금 내려가면 갈림길이 나온다. 우측 길을 선택해 가면 곧바로 오른쪽 위로 오르는 계단이 나온다. 영화감독 노필의 유택이다. 향은 남서향이다. 묘비는 자연석이 아닌 시멘트로 빚은 위가 둥근 선에 가운데가 둥

글게 봉긋 솟은 모양이다. 묘비 앞면에 한자로 "映畵監督(영화감독) 交河盧公泌之墓(교하노공필지묘)", 뒷면에는 자식들의 이름, 옆면 좌측에 "한국영화인 일동, 우측 서기 1966년 7월 29일"이라 새겨져 있다. 봉분과 묘역은 크지 않고 조그맣다. 햇빛이 들어오지 않기에 잔디가 잘 자라지 못하고 수풀이 우거져 안타깝다.

노필은 서울 화동에서 부잣집 4대 독자로 태어나 경기중학교를 졸업하고 연세대 국문과 재학 중에 〈안창남 비행사〉로 영화계에 데뷔했다. 음악영화의 일인자로 〈밤하늘의 부르스〉가 흥행에는 성공했으나 제작자와의 갈등을 빚었다. 1966년 7월 29일 새벽 삼청공원에서 목을 매, 집 한 채라도 남기겠다는 가장의 쓰라린 주검은 영화 연출하듯 흉하지 않게 발견됐다. 다음 날 오후 흐린 하늘에서 내리는 부슬비 속에 망우리공동묘지(묘지번호 204942)에 묻혔다.

1930년대 조선 최고의 만능 스포츠스타 및 스포츠행정가.
이영민 타격상

송운 이영민

松雲 李榮敏, 1905~1954

이영민은 1930년대 조선 최고의 만능 스포츠스타였다. 야구, 축구, 육상, 농구 등 타고난 재능이 빛났다. 또한 체육 행정에도 뛰어난 능력을 발휘하였다. 학창시절에 조선 축구 대표선수로 일본과 중국 상하이 등지에 원정하고 뒤에 야구선수로 전향하였다. 1928년 경성의전 주최 야구대회에서 한국 최초로 홈런(경성 야구장)을 날려 타격왕이 되었다. 1933년 전 일본 대표팀의 일원으로 미국 직업 선수단과 대전하였고, 1934년부터 3년간 조선 대표선수로 일본 도시대항대회에서 두각을 나타냈다.

이영민 묘비

8.15해방 후 조선야구협회 초대 이사장이 되었고, 1948년 런던올림픽 대회 제14회 올림픽경기대회 조사연구원감독으로 파견되었다. 1950년 일본에서 열린 세계 논프로야구회의에 한국 대표로 참석, 1954년 대한야구협회 부회장, 아시아야구연맹 한국 대표 등을 역임하였다. 행정·기술연구·선수로 활약한 한국 야구계의 선구자였다.

1905년 12월 1일 경북 칠곡 출생인 이영민은 대구 계성중학에 다니다, 1924년에 서울 배재고보로 올라와 야구선수로는 이 땅에서 '스카우트 제1호'를 기록했다. 이영민이 가장 자랑스럽게 내세울 수 있는 국내 야구의 '제1호 기록'은 경성운동장(옛 동대문운동장, 현재 동대문디자인플라자DDT)에서 제1호 홈런을 때린 것이다. 배재고보를 졸업, 연회전문으로 진학한 이영민은 1928년 6월 8일 경성운동장에서 펼쳐진 제2회 연회전문-경성의학전문(현 서울대 의대) 정기전에서 1회말 3번 타자로 나서 구장개장 이래 최초의 홈런을 기록했다. 1926년 개장한 이래 3년 만에 처음 보는 경사였다.

임시집행부 형식으로 되어 있던 조선야구협회가 정식으로 발족한 것은 1946년 3월 18일이었다. 이영민과 이정순의 주도면밀한 계획으로 63명의 야구인이 식산은행 구락부회의실에 모여 발기총회를 열었다.

그의 말년은 불우했다. 바로 아들의 총에 목숨을 잃은 것이다. 1954년 8월 12일 새벽 이영민은 필동 자택에서 괴한의 총탄 3발을 맞고 즉사했다. 경찰은 며칠 뒤 범인 3명을 검거했는데 그 가운데에는 이영민의 셋째 아들 스무 살인 이인섭이 포함되어 있었다.

인물 좋고 실력 좋은 체육인 이영민은 1930년대 최고의 신랑감이었다. 그를 사로잡은 사람은 당시 이화여전에서 정구선수로 이름을 날렸던 이보배였다. 이보배는 구한말 인삼 등을 취급하며 무역업으로 떼돈을 번 서대문의 알부자 이지성의 딸이었다. 이영민과 이보배의 결혼은 당시 최고의 스포츠 커플의 탄생이었다. 그러나 두 사람의 결혼생활은 이영민의 여성 편력 때문에 순탄치 못했다. 이영민은 1941년 이보배와의 결혼생활을 정리하고 김모 씨와 재혼한다. 이후 이영민은 전처소생 자식들을 거의 돌보지 않았다. 이혼 당시 일곱 살이었던 이인섭은 불량 청소년으로 자라났고 아버지에 대한 원망이 매우 컸던 것으로 알려졌다.

대한야구협회는 이영민이 타계한 후 1957년 말 이사회 결의를 거쳐 그를 추모하는 상을 마련, 매년 각종 국내대회에서 최고타율을 기록한 고교선수에게 '이영민 타격상'을 수여해오고 있다.

사색의 길 최학송 계용묵 안내판을 지나 망우리공원 중랑전망대를 지나 100미터 지나면 우측에 이영민 묘소 160미터 안내판이 서 있다. 전파송신탑 쪽을 안고 우측으로 내려서 오솔길을 걸어가 두 갈래 길에서 좌측으로 100미터 걸어가면 소나무 숲속의 상당한 크기의 직사각형 묘비만 서 있다.

묘비 앞면. 李榮敏之墓 1908. 12. 20~1954. 10. 19.
묘비 뒷면. 단기 四二八八年十月十二日立 大韓野球協會.

천재화가, 식민지의 비애를
향토적 색채의 미로 구현한 서양화가

아소 이인성

我笑 李仁星, 1912~1950

이인성은 1912년 8월 29일 대구 남성로에서 태어나 1950년 11월 4일 북아현동 자택에서 불의의 권총 오발 사고로 생을 마쳤다. 대표작은 〈가을 어느 날〉, 〈경주의 산곡에서〉, 〈한정〉, 〈카이유〉, 〈여름 실내에서〉 등이다.

대구의 가난한 집안에서 출생하여 보통학교를 졸업하고 진학을 하지 못한 가운데 정치가이자 화가였던 서동진으로부터 수채화 지도를 받았다. 1931년 일본에 건너가 1935년까지 머무르며 도쿄의 다이헤이요미술학교에서 데생과 그림 수업을 받았다. 조선의 향토적인 미를 구현하여 원시성과 서정성이 강하게 배어나는 작품을 남겨 '조선의 고갱'이라고 불린다.

이인성 합동추모제(2018.4.5.)

이인성은 어린 시절부터 그림에 재능이 뛰어났으나 집안 형편이 어려워 양친은 이를 못마땅하게 여겼고, 보통학교 역시 11세가 되어서야 들어갈 수 있었다. 3학년 때 담임선생의 권유로 도쿄에서 열린 세계아동작품전에 출품해 특선을 수상했으며, 6학년 때는 소파 방정환 선생이 주도하고 동아일보사가 후원한 세계아동예술전람회에서 〈촌락의 풍경〉으로 개인 부문 특선을 수상할 정도로 뛰어난 재능을 드러냈다. 보통학교를 졸업한 후에도 집안 형편 때문에 상급학교로 진학하지 못했으나, 사생대회에서 이인성을 눈여겨본 서양화가 서동진의 배려로 그가 운영하던 대구미술사에 기숙하며 그림을 배울 기회를 얻었다.

1929년, 18세 때 제8회 조선미술전람회(선전)에서 수채화 〈그늘〉로 입선했고, 1931년 제10회 선전에서는 수채화 〈세모가경〉으로 특선을 받았다. 이인성의 재능을 높이 산 대구 지역 유지들이 그의 도쿄 유학을 주선해주었다.

이인성은 그의 재능을 인정하고 격려해주었던 대구 지역의 유지들과 선후배, 그리고 경북여자고등학교 교장이었던 시라가 주키치의 지원으로 스무 살이 되던 해인 1931년 일본으로 유학 갈 수 있었다. 당시 일본에서의 정착을 도와주었던 오오사마 상회가 있었다. 오오사마 상회는 귀한 미술재료와 전문서적을 취급하던 곳으로 이인성에게 그림을 그릴 수 있는 화실을 내어주고, 그가 자신만의 개성 있는 화풍을 심화할 수 있도록 아낌없이 배려해주었다.

이인성은 1934년 동경유학 시절 패션디자인을 공부하는 신여성이었던 김옥순(〈노란 옷을 입은 여인〉 작품 속 모델)과 사제지간으로 만나 연인으로 발전하였고, 1935년 귀국하여 결혼식을 올렸다. 결혼 후 당시 대구 남산병원의 원장이었던 장인 김재명은 병원 3층에 이인성을 위한 화실을 내어주었고 이곳에서 그는 예술을 토대로 새로운 시도를 도모하였다.

당시 이인성은 본인의 이름을 건 양화연구소를 개소하기도 하였고, 남정으로 이사하여 집의 일부를 개조하여 아르스(ARS) 다방을 운영하는 등 미술계를 넘어 문화계 전반에서 활발하게 활동하는 황금기를 누렸다. 더불어 '사랑하는 고향'이라는 뜻으로 이름을 붙여준 첫째 딸 애향을 얻기도 하였으며, 사랑과 행복 그리고 열정으로 가득한 시기를 보낸 공간이다. 이 화실에서는 〈온일〉(1930년대 중반), 〈침실의 소녀〉(1930년대 후반), 〈정원〉(1930년대 후반), 〈사과나무〉(1942) 등의 명작이 그려졌다.

남산병원의 화실은 1936년부터 '이인성 양화연구소'라는 이름을 걸고 국내에서 최초로 서양화를 교육하는 공간으로 운영되었다. 이인성은 이러한 후원으로 1931년 미술용품을 만들던 킹 크레용 회사에 취직하여 그곳 화실에서 공부했으며, 이듬해 도쿄의 다이헤이요 미술학교에 들어갔다. 그는 1935년까지 미술학교에 적을 두고 도쿄와 대구를 오가며 전람회에 작품을 출품했다. 1932년, 선전에서 〈카이유〉로 특선을, 그해 일본 제국미술전람회(제전)에서 〈여름 어느 날〉로 입선을 차지했다. 그는 일본《요미우리신문》에 "조선의 천재 소년 이인성 군"이라고 소개되는 등 한국과 일본에서 젊은 천재 서양화가로 이름을 날렸다. 1944년 마지막 선전이 개최될 때까지 단 한 차례도 거르지 않고 작품을 출품하여 입선과 특선, 최고상인 창덕궁 상을 받았으며, 일본 문부성 미술전람회와 제전, 광풍회전 등에서도 수차례 입선과 특선을 수상하며 '조선 화단의 귀재'라고 불렸다.

1937년에는 26세의 젊은 나이로 선전의 추천 작가가 되었다. 짧은 그의 인생에서 20대의 젊은 날들이 예술가로서의 전성기였다. 그의 대표작 〈가을 어느 날〉, 〈경주의 산곡에서〉, 〈한정〉 등은 이 시기의 작품이다.

1942년 이인성은 아내와 사별하면서 정신적으로 힘든 나날을 보냈다. 그는 1940년대에 주변 인물이나 정물을 많이 그렸다. 이 시기 작품에서 그는 기존의 강렬한 색상 대신 담담한 색채로 인물들의 심리를 묘사하는 데 주력했는데, 1944년 작품인 〈해당화〉에는 인물들의 애환이 잘 묻어나 있다. 이러한 화풍의 변화는 개인적인 아픔에 더해 시대 상황에 따른 고민과 성찰의 결과로 여겨진다. 그런 한편 1940년대 중후반에는 작품 활동보다 후진을 양성하고 화단의 중진으로 활발하게 활동했다. 1945년에는 이화여자고등학교에서, 이듬해에는 이화여대에서 교편을 잡았으며, 서울대학교 미술대학 설립 추진위원회에도 참여했다. 1949년에는 제1회 대한민국미술전람회 심사위원을 맡았다.

그러나 1950년 11월 4일, 술을 몇 잔 먹고 돌아온 집에서 불의의 사고를 당해 39세의 나이로 요절했다. 당시는 한국전쟁 와중이라 경찰의 검문이 강화되었던 때였는데, 북아현동 입구 굴레방다리 파출소의 초짜 경찰이, 학부형과 빈대떡집에서 한잔하고 있는데 어찌나 빡빡하게 굴던지 야단을 좀 쳤던 이인성을 검문하고 집에까지 찾아와 시비가 붙은 와중에 어이없는 총기 오발 사고가 일어나 다음 날 새벽에 운명했다. 이후 이인성은 화단에서 잊힌 화가가 되었다. 1954년, 회고전이 한 차례 열렸으나 가난을 극복한 천재 화가, 요절한 천재 화가라는 인생 역정이 더욱 많은 관심을 받았고, 그의 작품에 대해서는 제대로 평가가 이루어지지 않았다.

소설가 최인호는 북아현동에 있는 필자의 모교 한성고 정문 앞 복수탕 2층 월세 15만 원 신혼방에서 『별들의 고향』을 쓰기 시작하여, 역사소설까지 쓴 인기 작가로서, 이인성의 예술성과 죽음을 다룬 『누가 천재를 쏘았는가』소설을 써 천재 작가의 예술혼을 달래주었다.

필자는 대학 은사인 구상 선생 기념사업회 운영위원으로 대구 옛 골목 투어에 참가했다. 이인성 화가의 대구 활동과 이중섭 화백과 구상 시인과의 생활을 엿볼 수 있었다. 또한 이인성 화가의 아들 이채원 화가와 교유를 하였다.

망우리공원 인물 유족들 중 누구나 조상을 추모하는 마음은 같을 것이다. 특별하게 자료를 준비하고 전시 및 기념 달력 엽서 등을 직접 관리하고 우편 발송까지 도맡아 일을 하고 있다. 이인성 화백에 대해 강의 및 묘지 답사를 무료로 적극적으로 후원하고 선물을 주기까지 하고 있다. 이인성 화백 탄생 100주년 기념 전시회에 중학교 동기인 배우 안성기와 함께 덕수궁 현대미술관에서 '국민배우 안성기와 함께 떠나는 그림 여행' 행사를 치렀다. 2022년 이인성 화가 탄생 110주년 기념 전시회를 마련하기 위해 준비와 홍보에 열성을 다하고 있다.

제7회 전국학교예술교육페스티발(2017.10.18~19. 서울올림픽공원)에 상봉중·신현고 연합동아리(지도교사: 상봉중 이순미, 신현고 정종배) 망우리공원 인문예술 체험활동 '중랑구로 오세요~ 망우리에 오세요~'에 이채원 화가도 격려차 방문하여 귀한 자료와 선물을 주면서 고마워하였다.

묘지는 도산 안창호 선생 묘지 터에서 구리둘레길 위로 올라서 구리시 방향으로 왼쪽 향산 이영학 독립운동가 묘역을 지나 50미터 정도에 자리 잡고 있다. 망우리공원 묘역 상석은 그림 그리는 팔레트 형상이고, 오른쪽에 사설 묘비와 오른쪽에는 화가의 대표작인 〈해당화〉를 심어 돌멩이로 둘러싸 보호하고 안내문을 세웠다. 작년부터 해당화 꽃이 피기 시작하였다.

필자는 2018년 학기 중 매주 목요일 오전 수업이 없어 망우리공원을 답사하는 가운데, 4월 5일 목요일 식목일에 이인성 화백 합동추모제와 이인성 유작 환수위원회 발족식에 참가하여 자작시 한 편을 낭송했다.

대중적 인기와 드라마틱한 삶과 가족과 친구 관계.
국민화가. 한국미술 3대 거장

대향 이중섭

大鄕 李仲燮, 1916~1956

대향 이중섭 화백 묘비.
조각가 차근호 제작. 화가 한묵 글

2016년 5월 21일 토요일 오전 10시부터 오후 5시까지 청리은하숙 세계시민학교 미술대회를 개최했다. 김병기, 이중섭 탄생 100주년 사생대회가 수림문화재단이 주최하고 ㈜중랑문화연구소가 주관하여 김희수기념아트센터와 국립산림과학원 일원에서 열렸다. 서울시 미술영재고등학교 상명고, 서울고, 청량고 등 학생 100여 명이 참여했다. 오전 10시에 김희수기념아트센터 공연장에서 이중섭 화가 평양종로보통학교 동기인 김병기 화백이 100년을 거쳐온 자신의 예술관과 친구 이중섭과 교류한 예술인 등 국보적인 인물들을 이야기했다. 수림문화재단 하정웅 이사장이 그림 1만 여 점을 수집하여 국내에 기증한 미술 컬렉션 이우환, 전화황, 조양규, 송영옥, 천경자, 피카소, 앤디 워홀 등 화가와 그림 수집의 일화와 메세나 및 봉사정신을 강연했다. 『이중섭 평전』을 쓴 최열 미술평론가의 '이중섭의 인간 이중섭과 예술성'에 대한 강의가 있었다. 2017년 7월에는 광주시립미술관과 광주 및 영암의 하정웅미술관을 관람하며 청리은하숙 세계시민학교 체험 활동을 실시하였다.

한편 수림문화재단은 중앙대학교 이사장으로 22년간 재직한 김희수 선생(1924~2012)이 2009년 설립하였다. 수림문화재단은 교육과 문화입국을 목표로 '북촌뮤직페스티벌·수림문화예술 대학생 아이디어 공모전·수림문화재단 인문학 아카데미·수림문학상·수림미술상·임방울 국악제·전주세계소리축제·청리은하숙 세계시민학교' 등 40여 행사를 주최·후원하고 있다.

김병기 화백과 교류를 주선하며 작업실을 찾아갔다. 수림문화재단 하정웅 이사장, 동경한국학교 무용교사 박경란, 오충공 감독 등도 시간을 함께했다. 김 화백을 만난 지인들은 가슴 벅찬 감동으로 한동안 시간이 정지되는 느낌이라 정말 고맙다고, 김 화백과 다시 만날 약속을 주고받았다. 수림문화재단 동교 김희수기념아트홀에 전시된 서구식 현대적 기법의 춤을 창작하고 공연한 최초의 인물로 8.15해방 이전의 한국무용계를 주도했던 무용가 '최승희 사진전'을 찬찬히 감상하며 최승희 사진을 보면서 "어글어글 잘생겼다"며 평안도 사투리로 70여 년의 과거를 눈앞에 펼쳐놓은 듯 말씀하였다.

북한 정부 수립 후 평양에서 시인 백석의 생활, 윤동주 시인의 숭실고보 시절 기억 등 이제는 어느 누구도 전할 수 없는 귀중한 증언을 머리 하얀 소년이 어제 일처럼 말씀을 이어갔다. 오장환, 황순원, 김광섭, 김광균, 조지훈, 박인환 등 작가들과의 사귐을 말씀하였다. 시인 구상과의 만남은 이중섭 화가를 통해서였다. 시인 구상과 김병기 화백은 이대원 화가의 단골집인 인사동 '선천집'에서 김광균, 이중섭, 김이석, 양명문, 차근호 등과 자주 만나 광복전후 남북관계, 한국전쟁 전과 후의 어려움을 서로 위로하며 삶과 예술을 이야기하였다. 한국전쟁 시 종군화가와 작가로서 함께 조국의 운명을 열기 위해 고민하고 예술세계에 대한 격려와 뜻을 펼쳤다.

대향 이중섭과 시인 백석과 구상의 외모에 대한 말씀을 하였다. 세 분은 사람들이 알아주는 미남으로 인정하였다. 백석은 구수하고 지성적이며 어수룩한 평안도 사투리를 구사하였다. 백석 시인의 남과 북 어디에도 치우치지 않은 삶과 예술을 높이 평가하였다. 시인 구상의 따뜻한 웃음으로 구도자적인 삶과 시와 사람을 구별하지 않은 만남은 지금도 본받고 싶다고 하였다. 시인 구상을 이중섭과 우리가 더 오래 사귀었다며 어디서 굴러온 돌이 박힌 돌을 뽑는다며 친구들과 놀리면 구상 시인은 환한 웃음으로 답을 하였다며 입가에 미소를 지었다. 시인 구상의 딸인 구자명 작가와 사위 김의규 조각가, 수필가 임완숙, 소설가 홍행숙 등과 2018년 가을 찾아뵙고 석식과 함께 시간 가는 줄 모르고, 101세에 예술원회원이 된 103세 현역 화가의 놀라운 이야기꽃의 향기에 취했다.

이중섭 화가의 생일(1916.9.16.)과 김병기 화백(1916.4.10.)의 생일이 바뀌어 이제야 바로잡았다. 고은 시인이 이중섭 평전인『이중섭 그 예술과 생애』를 쓰기 전 김병기 화백과 대화 중에 4월 10일 김병기 화백의 생일을 이중섭 화가의 생일로 기록하여 지금까지 기념하였다. 필자가 망우리공원 인물들의 일화를 2018년 월간《작은 책》에 연재하며 서귀포 이중섭미술관 전은자 큐레이터에게 전화를 해, 김병기 화백의 말을 전했다. 이중섭 특별전도 4월 10일 기준으로 행사를 준비하고 있었다며, 모든 일정을 9월 16일로 바꿔야겠다고 고마워했다. 이중섭 생일을 기록한 유일한 공식 문서인 제국미술학교 학적부 '생년월' 항목에 '대정(大正) 5년(1916) 9월 16일생이라고 기록되어 있다.

이중섭은 박수근과 권진규와 더불어 한국 현대미술의 3대 거장으로 꼽히는 서양화가이다. 평남 평원의 부유한 농가에서 둘째 아들로 태어나 3세 때 아버지를 여의고 8세 때 평양 이문리 외가에 머무르며 평양종로공립보통학교를 다녔다. 평북 정주의 오산학교에 입학해 몸이 아파 휴학한 후 복학하며, 유학파이면서 최초의 부부 화가 임용련, 백남순으로부터 미술지도를 받았다. 임용련은 예일대학교 미술과를 수석으로 졸업한 수재로 학생들에게 향토적인 주제에 의한 미의식을 가르쳤고 이는 이중섭의 화업에 결정적인 영향을 주었다. 이 무렵 그는 들에 있는 소를 관찰하며 스케치에 열중했고, 오산학교를 졸업할 때는 앨범의 서명란에 한반도를 그리고 현해탄에서 불덩이가 날아드는 그림을 그려 소동을 빚기도 했다.

1937년 일본으로 건너가 도쿄 제국 미술학교에 들어갔다가 문화학원에 재입학해 20세기 모더니즘 미술의 자유로운 경향을 공부했다. 이때 이정규, 김환기, 유영국, 김병기, 문학수 등과 사귀었다. 1938년부터 일본 추상그룹인 미술창작가협회에 참여했으며 1941년에는 협회상인 원명 조선예술상인 태양상을 받았다. 그해 김환기, 유영국, 문학수 등과 서울에서 신미술가협회를 결성하고 창립전을 가졌다. 프랑스 유학을 원했으나 형의 반대로 이루지 못했다. 1943년 귀국하여 2년 후 문화학원 후배인 야마모토 이남덕과 결혼하여 원산에 정착해 살면서 8.15해방을 맞았다. 1946년 북조선미술동맹에 가입하여 절친인 시인 구상의 시집 『응향(凝香)』 표지그림을 그린 후 필화 사건에 연루되어 고통을 받기도 했다. 그 뒤 불우아동들의 무료강습소에서 그림을 가르쳤다. 1950년 겨울 남하하는 국군을 따라 가족과 함께 월남하여 부산, 서귀포, 통영 등지로 전전하며 피난살이를 했다.

1952년 UN군부대 부두노동을 하며 양담배갑을 모아 은지화를 제작했다. 생활이 어려워지자 부인은 두 아들을 데리고 일본으로 떠났고 이듬해 부인을 만나러 일본에 한 차례 건너갔다 온 것을 제외하고는 만나지 못했다. 궁핍과 고독의 나날을 보내면서 종군화가로서 몇 차례 단체전에 출품했고 1953년에는 통영에서 유강렬과 함께 지내며 다방에서 40점의 작품으로 개인전을 열었다. 이듬해 진주를 거쳐 상경했고 박생광의 초대로 진주로 내려가 작품 활동을 했다. 서울 누상동에 거주하면서 국방부, 대한미술협회 공동주최의 대한미협전에 출품했다. 1955년에는 미도파 화랑과 대구의 미국공보원에서 개인전을 가졌다. 그해 7월 정신이상 증세가 나타나 대구의 성가병원에 입원했다. 친구들의 배려로 여러 병원으로 옮겨 다니며 치료해 얼마간 호전되었으나 무단으로 퇴원한 후 불규칙한 생활로 병세가 악화되어 1956년 9월 6일 적십자병원에서 죽었다. 유골은 삼등분 해 망우리 공동묘지 안장과 일본 부인에게 1년 뒤 시인 구상에 의해 전해졌고, 박고석 화가가 보관하다 정릉에 뿌려졌다. 묘역을 뒤덮고 있는 소나무는 대향이 평소 즐겨 불렀다는 독일민요 〈소나무〉를 생각해 절친인 시인 구상이 심었다. 1957년 조각가 차근호 제작으로 묘비가 세워졌다. 대표작으로 〈아이들과 물고기와 게〉, 〈싸우는 소〉, 〈흰소〉, 〈투계〉 등이 있다.

한반도를 목소리로 울린
국악인

송정 임방울

松汀 林芳蔚, 1904~1961

"함평천지 늙은 몸이 / 광주 고향을 보랴 하고 / 제주어선 빌려 타고 / 해남으로 건너갈 제 / 홍양의 해는 보성에 비껴 있고 / 고산의 아침 안개 영암에 흘렀다……"로 이어지는 단가 〈호남가〉의 첫 대목이다. 남도 소리꾼 명창들도 판소리 부르기 전 목을 풀기 위한 단가로 〈호남가〉를 자주 불렀다. 특히 국창이라 일컫는 임방울 명창이 불러 널리 알려졌다. 〈호남가〉는 두 차례 전라감사를 지낸 이서구(李書九, 1754~1825)가 호남의 54고을 이름을 빌려 지었다고 알려졌다. 〈호남가〉는 민초의 노래로 불리다가 경복궁 낙성

망우리로 가는 임방울 장례행렬

식(1867) 때 전라도 대표가 나가 불러 장원을 하였다. 그 뒤로 전국적으로 퍼져 한말과 일제강점기 만주나 일본 등을 유랑하는 망국의 한과 고향을 그리는 비원의 노래로 애창되었다.

임방울은 국악인, 판소리 명창, 작사가, 작곡가, 편곡가이다. 본명은 임승근이며 아명은 임종규이고 호는 송정이다. 임방울이라는 이름을 얻게 된 데는 두 가지 설이 있다. 어릴 적 울지도 않고 방울방울 잘 놀아서 임방울이라 불렸다는 증언과 다른 하나는 임방울이 판소리하는 장면을 당대의 명창이 소리를 듣고 탄복하면서 "너야말로 은방울이다"라고 칭찬하면서 이름으로 굳어졌다는 견해도 있다.

본관은 나주이며 광주시 광산구 송정1동에서 출생하여 함평군에서 유아기를 보냈다. 임방울의 아버지인 임경학은 소리로 이름을 떨칠 정도는 아니었으나, 인근에서 '비가비소리꾼' 정도로 인정받아 친지들이 모인 데서 벌어진 소리판에서는 칭찬을 받았다고 한다. 임방울이 태어날 무렵, 전남 지역에서 활약하는 판소리 명창들이 수도 없이 많았다. 임방울의 어머니와 누나가 무업을 행했다는 증언도 있다.

임방울의 외숙이 당대의 국창 김창환이다. 김창환은 전남 나주 출생의 고종, 순종 때의 명창이다. 그는 서편제 유파로 원각사에서 창극을 연출했으며, 협률사를 조직하여 활동하였다. 특히 〈흥보가〉 중에 〈제비노정기〉는 김창환의 독보적인 경지를 표현해낸 더늠이다. 김창환의 아들인 김봉이, 김봉학도 명창으로 이름이 널리 알려져 있었는데, 임방울은 어려서부터 외사촌형인 이들에게 틈틈이 소리를 배웠다. 이 같은 환경이 임방울을 당대 최고 판소리꾼으로 키우는 데 중요한 요인이 되었다.

임방울은 서편제의 명창으로 서편제 소리의 최후 보루라고 알려져 있다. 선천적으로 아름다운 목소리를 가지고 태어났고 성량도 풍부하여 막힌 데가 없는 통성이었다. 어려서부터 가세가 빈곤하여 판소리 공부에 숱한 고난을 겪으면서도 아버지의 뜻에 따라 고향에서 박재현에게 판소리 〈춘향가〉, 〈홍보가〉를 공부하였고 공창식 문하에서 다시 닦았다. 유성준에게 〈수궁가〉, 〈적벽가〉를 사사했다.

전남의 거상인 남국일에게서 경제적 후원을 얻어 판소리에서 두각을 나타냈다. 임방울이 큰 뜻을 품고 상경한 것은 25세 1929년 9월 때였다. 외숙부 김창환의 소개로 무대에 나갔다가 크게 인기를 얻었다. 매일신보사 주최 '조선명창연주회'에 명창들의 소리를 듣기 위해 관객이 구름 같이 몰려들었다. 이 명창연주회에는 그의 외숙인 김창환 명창을 비롯하여 송만갑 명창, 이동백 명창, 정정렬 명창 등의 특별출연이 있었다. 임방울의 〈쑥대머리〉는 독특한 더늠에, 강렬한 전라도 사투리로 애절하게 내어서 청중을 사로잡았다. 아름다운 목소리와 맛있는 목구성으로 청중을 휘어잡은 명창이다.

서편제 중 특히 단계면조에 능하였다. 일제강점기 때 라디오 방송에 출연하는 한편, 컬럼비아·빅터 레코드 회사의 전속으로 있으면서 〈춘향가〉, 〈심청가〉 등의 전집을 제작하였다. 현재 빅터레코드판 〈춘향가〉 전집과 오케이판 〈홍부가〉 전집이 남아 있다. 일본에서 〈쑥대머리〉와 〈호남가〉를 취입한 음반은 당시에 100만 매가 팔렸다고 한다. 판소리 다섯 마당에 모두 정통하나 특히 〈춘향가〉 중에서 그의 창작으로 전하는 〈쑥대머리〉와 〈수궁가〉에서 '토끼와 자라' 대목이 유명하다. 편곡을 비롯하여 작곡에도 재주가 있었으며, 〈호남가〉와 〈사별가〉를 남겼다. 그 뒤 음반취입과 판소리 공연에만 힘을 쏟았고 창극운동에는 가담하지 않았다. 그리하여 그를 판소리 전통을 최후까지 고수한 사람으로 보고 있다.

한때 광복 후 1946년에서 이듬해 1947년까지 한국독립당 문화예술행정 특보위원을 지냈고 1960년 국악상을 받았다.

1960년 봄, 부산 공연 때였다. 임방울은 무대에서 자신의 특장이었던 〈쑥대머리〉를 부르더니, 〈심청가〉 가운데서 '심청이 선인들에게 팔려가던 대목'으로 바꾸어 불렀다. 장내가 술렁대기 시작했다. 이번에는 〈춘향가〉 한 대목을 내더니, 다시 〈수궁가〉로 옮겨와 이것저것 마구 바꾸어 불렀다. 누가 말릴 틈도 없었다. 갑자기 얼굴에 핏기가 가시면서 임방울은 무대 위에 쓰러지고 말았다. 쓰러지면서도 소리를 질러 내어 목구멍에서 피가 쏟아졌다. 그해 가을, 임방울은 쇠약해진 몸을 이끌고 주위 사람들의 만류를 뿌리치고 김제 공연에 나섰다. 그는 입버릇처럼 소리를 하다가 죽는 것이 소원이라고 했다. 김제 장터에서 소리를 하다가 다시 피를 흘리고 쓰러졌다. 그길로 서울 초동 집으로 옮겨졌으며, 이듬해 1961년 5월 10일 새벽, 끝내 일어나지 못한 채 숨을 거두고 말았다. 임방울이 57세 되던 해였다.

그의 장례는 한국국악 사상 처음으로 국악예술인장으로 치러졌다. 임방울의 장례식은 국악인의 장례 가운데 가장 의미심장한 것이 되었다. 그날 200여 명의 여류명창들이 소복을 입고 상두꾼이 되었다. 소복을 한 상두꾼들이 상여를 메고 지날 때 서민들은, 서민의 목소리 국창 임방울을 잃은 슬픔에 잠겼다. 김소희 명창을 포함하여 몇몇 명창들이 앞소리를 맡고 수많은 여류명창들이 떠나는 님의 상여 끝자락을 잡고 뒷소리를 맡으며 흐느꼈다. 시청 앞에서의 노제를 거치고 임방울은 망우리 공동묘지에 한의 소리와 함께 묻혔다. 어린 딸이 관 속에 낡은 음반 한 장을 묻어 그 자리를 울음바다로 만들었다.

한동안 잊혔던 임방울을 다시 되찾아 오는 일이 그가 죽은 뒤 25년쯤 지나면서 차차 생겨났다. 1986년 9월 12일, 광주 광산구 송정공원 안에 '국창임방울선생기념비'가 세워졌다. 1988년 11월 20일 망우리의 묘가 여주 남한강공원묘지에 이장되었다.

2017년 98세로 영면하신 필자의 장인 김동영 어르신 유택을 남한강공원묘원 임방울 명창과 한 블럭 사이를 두고 마련했다. 두 분의 살아 생전 만남은 함평읍 기산영수 관덕정 국궁대회 뒷풀이 초청 명창 임방울 판소리와 영광 예인 공옥진 춤과 명궁수 김동영 북장단이 함께했다. 공옥진 예인은 함평 영광 무안 세 군에서 인물 으뜸이라 손꼽으며, 장인 어른의 할이데이 비슨 오토바이 뒷좌석에서 비포장 먼지께나 뒤집어쓴 채 꼭 붙들고 함께 살자 애원하며 호남가를 불렀다.

1992년 12월에는 광주 문화예술회관에 '국창 임방울선생 흉상'이 세워졌다. 1977년 8월에 송정청년회의소 주최로, '제1회 임방울명창기념 명창경연대회'를 열었으며, 이를 기회로 삼아 1999년에는 '(사)국창 임방울선생 기념문화재단'이 설립되었다. 2000년 10월 20일 문화의 날을 맞아 문화예술발전에 기여한 공로로 은관문화훈장이 추서되었다.

2008년 광주광역시에는 그의 이름을 딴 임방울대로(광산구 우산동 상무교차로~북구 양산동)의 명칭을 부여했다.

임방울 명창의 외손녀 박성희 소프라노가 활발하게 활동하고 있다. 임방울의 사위들 가운데 한 분은 가수 김완선의 외숙부이며, 김완선의 외조부는 임방울과 사돈간이자 한국무용가 한영숙의 친정 6촌 오빠이다.

한국 최초 조각연구소 설립.
비운의 조각가

차근호

車根鎬, 1925~1960

차근호

　　망우리공원에 조각가 차근호 묘지가 있었
다는 사실을 시인 이용상의 주홍반세기 한국
근대인물 비화 다큐멘터리『용금옥시대』(서울신
문사, 1993)를 읽으며 알았다. 용금옥은 추탕 집
으로 곰보추탕, 형제추어탕 등 서울식 3대 추탕
집으로 알려졌다. 이용상 시인은 50여 년간 국
내외 손님들을 용금옥에서 만났다.

　　망우리공원 대향 이중섭 화백 유택 조각 묘
비를 제작하고, 1959년 서울 정동에 우리나라
최초 조각연구소인 '차근호 조각 연구소'를 개소한 조각가 차근호는 1925년
생으로 출생지는 명확하지 않다. 1948년 평양미술대학 회화과 졸업, 미술
동맹에 참여하지 않고 숨어 있다 1.4후퇴 때 월남했다. 1952년부터 광주에
거주한 것으로 보인다. 화가 이중섭을 친형처럼 따랐고, 구상 시인과 함께
이중섭 화백을 청량리 뇌병원에서 적십자병원으로 옮겨 입원시켰으며, 망
우리 이중섭 묘지를 쓸 때 "중섭이 형을 따라가겠다"고 몸을 던지는 소동이
있었다.

4.19혁명 후 과도정부 하에서 '4.19혁명 기념탑' 제작, 동아일보사 주최 공모전에 총 76점 응모하여 당선작 없는, 4.19혁명 기념탑 건립위원회의 이윤형, 김영중, 최기원이 합작한 작품과 차근호 작품을 9월 6일 가작으로 뽑았다. 두 팀이 합작하든지 단일안을 다시 제출하도록 하였다. 심사위원 김환기, 주원, 김중업, 김재원, 최순우, 이상범, 방택근 등과 응모 작가 명단에 최만린, 최기원, 김영중 등 쟁쟁한 작가들도 함께 있다. 다른 작가와 합작 권유를 받은 차근호는 단일안을 내지 않고 심사위원이 특정 학교와 연관된 점을 지적하며 편파 판정에 관한 시비가 일어나자 재공고하였다. 결국 12월 14일 이일영의 안이 1등, 차근호의 안이 2등으로 선정되었다.

　차근호는 《조선일보》에 유서를 보내고 12월 17일 조각연구소에서 음독 응급처치를 했지만 19일 35세 생을 마감했다. 심사위원이었던 이병도는 "이일영 안이 서양의 것을 모방하지 않은 창의적인 것으로 차근호 것과는 200점 이상이나 차가 났다"고 술회하였지만, 박고석 화가는 "패거리와 정치에 의해 좌우되는 남한 화단에 대해서 부조리에 대해 죽음으로 항거하였다"고 반박한 바가 있다.

　유서에 "행여 4.19탑 설계 및 모형 제작 등에 소요된 빚더미에 절망한 음독으로 오해 말라"고 쓰고, 지인에게 갚아야 할 돈과 소소한 술집 외상에 대한 당부가 적혀 있었다.

　홍제동 화장터 불구덩이에 처넣고 시인 구상과 일초 시인 고은(태)은 쐬주를 밤새 퍼마셨다.

　"지금은 고인들, 황소 은지화의 국민화가 이중섭, 말을 시작하기도 전에 벌써 쓸쓸해진다는 내용 없는 아름다운 시인 김종삼, 포대령 이기련, 호소력 있고 진지했던 조각가 차근호 등 모두 눈물 나는 이름들이다. 별명 도깨비 김종삼은 '힛힛힛 킥킥킥' 하는 괴성을 연발하면서도 언제나 쓸쓸한 얼굴이었다. 그 당시 어울려 우리 집까지 표류해온 난파선들은 이들뿐만 아니었다. 구상, 고은, 박인환, 전봉건, 최창봉 등등 우리 집 술값은 언제나 연말결산이었고 단골손님들이 먼 길에 와주는 것만도 감사한 노릇이다."(『용금옥시대, 그리운 사람들아!』 중에서)

4.19혁명기념탑은 5.16군사쿠데타로 정권이 바뀌며 기념탑 건립 주체도 바뀌는 우여곡절 끝에 친일 전력의 조각가 김경승의 작업으로 마무리되어, 현재 국립4.19민주묘지 '사월학생혁명기념탑'이다. 광주학생독립운동기념탑과 부조, 연무대 무명용사탑, 육군 상무대 을지문덕상, 육사 화랑상과 범무상, 망우리 화가 함대정 묘비, 이무영 묘비 등 작품과 서라벌예술대학에서 조각을 가르쳤다. 1959년 서울 정동에 우리나라 최초 조각연구소인 '차근호 조각 연구소'를 개소하는 등 의욕적으로 활동했다. 망우리 동원중학교 뒤 산자락에 있던 함대정 묘지가 이장하며 차근호 제작 함대정 묘비도 사라졌다.

가수 배호와 원조 오빠부대.
〈낙엽 따라 가버린 사랑〉. 27세 요절

차중락

車重樂, 1942~1968

차중락은 1942년 3월 2일 서울시 중구 신당동 304번지 603호에서 부친 차준달과 모친 안소순의 8남 3녀 중 3남으로 태어났다. 차중락의 부친은 보성전문학교 마라톤 선수로 해방 전에는 서울시청 공무과장이었다. 해방 후 ㈜신흥인쇄소를 경영했다. 중구로 변경되기 전 성동구갑부란 소리를 들었을 정도로 집안은 매우 부유했다. 모친은 경성여자고등상업학교 시절 단거리 선수였다. 시인 김수영은 차중락 큰이모 아들로 이종사촌 형이고, 문학평론가 안막은 외당숙으로 그의 부인은 세계적인 무용가 최승희이며, 〈엄마야 누나야〉, 〈부용산〉을 작곡한 안성현은 외가 6촌 형이다.

차중락 망우리 묘지 소녀팬들(1969.1.)

유년기에는 화종이었다 1953년 말 중락으로 개명했다. 서울장충국민학교, 서울경복중고등학교를 졸업했다. 그는 중고등학교 시절부터 예능과 체육에 남다른 특기를 발휘했다. 특히 그림 삽화와 유화를 잘 그렸다. 첫째 형 중경은 역도선수 출신으로 파독 광부였고, 둘째 형 중덕은 연세대학교 4번 타자로 야구부 주장이었다. 차중락은 형님들의 영향을 많이 받고 성장하였다. 차중락은 장래 희망이 영화감독이었으며 회화적 감성의 영화를 만들고 싶어 했다. 특히 초등학생 시절 포스터 그림을 그렸다. 그 그림이 거리마다 붙어 있을 정도로 그는 그림에 소질이 있었다.

한양공대 연극영화학과를 다닐 때, 그의 어머니 친구인 손목인 작곡가의 아들인 프랭키 손이 일본에서 활약하다 귀국을 하여 차중락이 부르는 노래를 우연히 듣고 "차중락이 너는 일본에 가면 필경 대성공을 거둘 것이다"라는 말을 하여 차중락은 일본행을 결심했다. 그는 21세 때 대학교를 중퇴하고 밀항선도 탔지만, 그가 도착한 곳은 부산 바닷가였다. 밀항 사기에 걸려든 것이었다.

그는 서울로 돌아와 사촌형 차도균(키보이스 구성원 중 일원)의 권유로 1963년 키보이스에 합류했다. 그는 미8군 무대에 오른 첫날부터 큰 인기를 끌었다. 시민회관 공연 때는 검은 고무장화를 신고 나갔는데 이 모습까지 비슷하다 하여 '한국의 엘비스'로 각인되는 계기가 되었다. 차중락의 애인은 에바 가드너와 비교될 만한 미인이었으며 이름은 옥주였다. KAL 대한항공 스튜어디스로 취업했다. 키보이스 멤버인 윤항기의 1980년대에 발간한 수필에서는 이화여자대학교 메이퀸이었다고도 한다. 그러나 그녀와 차중락의 사랑은 오래가지 않았다. 1966년 가을 어느 날, 차중락의 애인은 미국으로 떠나 버렸다. 그리고 그해 11월 10일, 엘비스 프레슬리의 〈Anything that's part of you〉를 번안 및 편곡한 차중락의 〈낙엽 따라 가버린 사랑〉이 전국에서 크게 히트하였다. 제2회 MBC 10대 가수상 신인 부분에 정훈희와 함께 수상자가 되었으며 동년 연말 동양방송(TBC) 신인가수상에는 이봉조 작곡 〈사랑의 종말〉이란 노래가 대히트했는데, 차중락 본인이 가장 좋아했던 취입곡은 바로 방송금지곡이었던 〈마음은 울면서〉와 〈철없는 아내〉란 노래였다.

차중락은 한양공과대학교 연극영화학과 1학년 시절이던 1961년도 미스터 코리아 전국대회에 출전하여 2등 준우승을 할 정도로 몸짱이었다. 당시 1등을 한 사람이 바로 2002년 간암으로 별세한 〈수사반장〉의 유명 탤런트 조경환 한양대학교 연극영화과 후배였다.

대한민국의 가요사에 라이벌 구도가 1970년대 팬들 사이에 남진 팬, 나훈아 팬 두 그룹이 양산되었지만, 사실은 이미 배호 VS 차중락이란 사전 라이벌 구도판이 실재했고, 키보이스 중심 보컬로 미8군에서 국내 가요계에 첫발을 내디뎠던 시기 부산극장 무대에 섰을 적에 극장 입구는 물론 부근의 건물 유리창이 부서지고 담벼락이 무너졌을 정도로 인산인해의 인파들이 붐볐다고 베이스기타를 치며 노래했던 차도균 가수는 증언하였다. 오빠부대 원조는 바로 한국의 비틀즈란 닉네임을 얻었던 KEY BOYS(키보이스) 그룹사운드였고 지금으로 치면 BTS(방탄소년단)의 할아버지 격으로 봐야 된다. 차중락이란 가수가 지닌 진짜 특기인 춤과 팝 뮤직에 관한 천부적 소질로 엘비스 프레슬리 창법을 완벽히 소화해내는 굵직한 저음의 매력적 바이브레이션 창법과 춤 동작, 미8군 무대에서 갈고 닦은 장기를 다 토해내지 못하고 요절한 차중락의 죽음은 가을이 다가오고 찬바람이 불어오고 낙엽이 떨어지면 그리워지며 생각나는 것이다. 배호, 차중락 이런 보이스컬러를 지닌 목소리의 가수는 다시는 나오질 않는 불세출의 명가수들인 것이다. 1968년 가을 월남 파병 위문 공연을 다녀온 후, 1968년 10월 중순 청량리 동일극장 무대에서 살인적인 스케줄로 누적된 피로에 고열을 동반한 뇌수막염으로 쓰러진 차중락은 신촌세브란스 병원으로 이송되었다. 미8군 무대에서 엘비스 프레슬리 노래에 감동해 줄기차게 쫓아다녔던 적극적 팬인 평화봉사단원으로 활동하다 돌아갔다가 미국에서 급거 입국한 '알린'이란 여성과 모친의 정성스런 간호도 아랑곳없이 혼수상태로 전신 마비로 11월 10일 젊은 나이에 요절하고 말았다. 민주공화당 성동지부 여성위원장에 어머니회장을 오랫동안 역임했던 모친은 사랑하는 아들이 유명을 달리하자 큰 충격을 진정하려고 담배를 피우기 시작하였다.

그의 묘는 망우리공원에 있다. 다음 해 2월 폭설로 뒤덮인 망우리묘지에서 차중락 추모비 제막식이 거행됐다. 묘비의 글인 '낙엽의 뜻'은 조병화 시인이 짓고, 그의 맏형 차중경이 썼다. 묘비의 아랫 부분에는 차중락기념사업회 최희준, 위키李, 박형준, 유주용, 배호, 이미자, 김상희, 정훈희, 남진, 이상열, 문주란, 한명숙, 이금희, 현미, 태원, 윤항기 등 당시의 유명 가수들과, 허장강, 신성일, 문희, 김희갑, 전우, 이봉조, 신대성, 김기덕 등 60여 분들의 이름이 새겨졌다. 묘비를 자세히 들여다보면 낙서가 보인다. 못이나 날카로운 칼끝으로 새긴 글자가 보인다. 극성팬인지 아니면 동네 아이들의 행위인지 알 수 없지만 다른 묘비에서 볼 수 없는 낙서를 차중락 묘비에서 찾을 수 있다.

차중락 유택

그다음 해부터 가수 차중락을 기리는 '낙엽상'이 제정되어 그해 가장 뛰어난 신인들에게 이 상을 줬다. '낙엽상' 제정 첫해 수상자는 나훈아와 이영숙, 1972년 제4회 때는 김세환, 이수미가 수상했다.

　　당시 가수 나훈아와 라이벌이었던 남진이 수학한 학교 경복중·고등학교 선배이자 동시에 한양대학교 연극영화과 선배인 차중락이 진짜로 오빠부대의 원조였던 것이다. 차중락은 배호와 더불어 우리나라 가수 팬클럽 오빠부대 원조라 할 수 있다. 열성 팬들은 무덤에서 밤샘을 하고, 사인북을 만들고 언 땅을 파 올 때마다 보관 장소인 움 안에 편지글을 넣어두었다. 이화여고 3학년 정숙(가명)은 오랫동안 펜클럽 회장을 맡았다. 1969년 대중잡지 《로맨스》에 열성 팬과 그 팬들이 남긴 편지와 일기장을 소개했다. 이름 모를 팬이 눈물로 쓴 팬레터와 정기적 행사처럼 꽃바구니는 장장 20년간 지속되었고, 극성스런 팬들의 절절한 성원은 시대적 애잔한 슬픔을 전래해주는 전설의 가수로 남았다. 차중락을 사랑한 이방인 가족들과 병상의 마지막 임종을 지킨 '알린'의 편지를 유족들이 보관했다. 김영식 작가의 『그와 나 사이를 걷다』 책에 공개했다.

정지용 시 「고향」, 김영랑 시 「모란이 피기까지는」 작곡가.
현악4중주단. 민요채록

산남 채동선

山南 蔡東鮮, 1901~1953

채동선 묘비(2012년 보성벌교 채동선음악당 뒤 이전하기 전)

채동선은 1901년 6월 11일 전남 보성군 벌교읍 벌교리에서 부호인 아버지 채중현의 장남으로 태어났다. 채동선은 순천보통학교를 거쳐 서울 경성제일고등보통학교에 다니면서 홍난파에게 바이올린을 배우기 시작했다. 3.1 혁명 참가로 인해 학교를 채 마치지 못하고 일본으로 떠나 와세다대학 영문과에 입학해서도 바이올린을 계속 공부했으며 대학을 마치고 본격적인 음악공부를 위해 독일 슈테른 음악학교에서 바이올린과 작곡을 공부했다. 1929년 귀국하여 이화여자전문학교에서 음악이론과 바이올린을 가르치면서 4회의 바이올린 독주회를 열었다.

1933년 정지용의 시 「고향」에 곡을 붙였는데 그의 동생인 소프라노 채선엽의 독창회에서 처음 발표되어 도쿄 유학생들의 심금을 울렸다고 한다. 1937년 작곡발표회를 갖고 작곡집도 펴냈다. 현악4중주단을 조직하여 실내악 활동을 했고, 1938년 동아일보사 주최 제1회 전조선창작곡발표 대음악제에서 〈환상곡 D단조〉를 자신의 바이올린 연주로 발표했다. 전통음악에도 관심을 보였는데 〈육자배기〉, 〈춘향가〉 등 민요나 판소리를 채보했고 〈진도아리랑〉, 〈새야새야〉, 〈뱃노래〉 등을 편곡하기도 했다.

8·15해방 직후 고려음악협회를 조직하여 협회장과 작곡가 협회장에 취임했고 문필가협회 부사장, 국립국악원 이사장, 예술원 회원 등을 지냈으며, 고려합창협회를 조직하여 합창 지휘도 했다. 정지용의 월북으로 1950년대 이후 가곡 〈고향〉의 가사 사용이 금지되자, 박화목의 시 「망향」과 이은상의 시 「그리워」를 같은 곡에 붙여 불렀던 까닭에, 한 곡이 세 개의 가곡명으로 불리게 되었다. 1988년 월북문인 해금에 따라 정지용의 문학작품에 대한 규제도 풀리면서, 1980년 출간된 『채동선가곡집』 중 〈고향〉이 대표작으로 애창되고 있다.

8.15해방 후 한때 경기여고에서 교편을 잡았고, 1952년에는 서울대학교와 숙명여자대학교에서 독일어를 가르치기도 했으나, 1953년 2월 2일, 6.25한국전쟁의 종전을 알리는 포성이 한창일 무렵, 채동선은 부산 피난 생활의 고생으로 병을 얻어 부산으로 피난한 서울대학병원에 입원했으나 영양실조에 복막염이 겹쳐 53세의 나이로 생을 마감했다.

1983년 '채동선기념사업회'가 그의 부인 이소란과 평론가 박용구 등의 주도로 조직되었고 1984년 '채동선음악상'을 제정했다. 대표작으로 가곡 〈고향〉, 〈모란이 피기까지는〉, 그 밖에 현악4중주 바이올린 소나타, 현악모음곡, 교성곡 〈한강〉, 진혼곡 〈조선〉, 〈조국〉 등이 있다. 1979년 은관문화훈장이 추서되었다. 채동선이 작곡하여 발표한 가곡은 12곡이다. 그중 8곡이 정지용 시를 가사로 썼다. 〈고향〉, 〈압천(鴨川)〉, 〈다른 하늘〉, 〈향수〉, 〈산엣색시 들녘사내〉, 〈또 하나의 다른 태양〉, 〈바다〉, 〈풍랑몽〉의 8곡이다. 나머지 네 곡은 〈그 창가에〉(모윤숙), 〈내 마음은〉(김동명), 〈모란〉(김영랑), 〈새벽별을 잊고〉(김상용)이다. 김상용, 김동명, 김영랑 시인의 묘지는 망우리공원에 있다가 김동명, 김영랑 시인은 이장했다. 내년 중랑구청에서 묘지관리권을 서울시에서 옮겨오면 두 시인의 묘지를 재이장하는 날이 오길 기대하며 힘을 쓰고 있다. 채동선의 묘지는 2012년 5월 2일 고향 전남 보성 벌교 채동선기념관 뒤 부용산 산자락으로 이장했다. 아버지 채중현 묘지도 함께 이장했다. 현재 망우리공원에 남아 있는 채동선 일가의 묘지 터를 알려주는 직사각형 대리석에 새긴 조그마한 '채씨지묘' 안내석만 남아 있다. 망우리공원 문화예술인 묘역을 조성하면서 채동선이 작곡하고 망우리 관련 시인들이 작시한 노래의 공연과 상설 기념관에서 듣고 부를 수 있는 날이 오길 기대한다.

2019년 10월 28일 채동선이 1931년부터 말년까지 작곡과 삶의 터전으로 삼았던 서울 성북동 옛집이 재개발하기 위해 전격 철거되어 학계와 지인들이 "좀더 빨리 보존조치했어야" 하면서 아쉬워하였다. 한국내셔널트러스트에 관여하며, 건물보존 상황을 살펴온 윤인석 성균관대 건축학과 교수는 "한국 근대 음악사의 소중한 산실이 역사적 가치를 되살리지 못한 채 사라져버렸다"고 안타까워했다.

일본 주오대학 경제학부.
서양화 화가

함대정

咸大正, 1920~1959

함대정은 1920년 평북 박천읍에서 3남 3녀의 장남으로 태어나 고향에서 소학교를 다녔다. 신의주동중학을 거쳐 일본 중앙대경제학부에 입학했으나 학병 동원을 피해 중국 서주로 건너갔다. 당시 서주에 사는 한국인 친목단체인 협려산업주식회사에서 일했으며 제2차 세계대전이 끝나자 1946년 귀국 선편으로 부산에 도착했다.

"함대정이 그림을 그리기 시작한 것은 30세가 넘어서였다. 그는 해방 후 타고난 노래솜씨 때문에 가수가 될까 생각한 적도 있으나 우연히 50년부

함대정 묘비 조각가 차근호
제작

터 그림에 몰두하게 됐다. 그는 동란 중 대구 부산으로 전전했다. 이 기간이 작가 수업의 초기임에도 매우 열의에 차 있었다"고 화가 박고석은 기억했다. 함대정 작가는 그전에 그림을 그린 일이 없건만 불과 화업 3년 만에 대구USIS에서 첫 개인전을 열었다. 그때의 풍경들은 원근법을 무시한 평면적인 구도였으며 화폭의 하늘도 푸르게 표현하지 않았다. 그는 서구의 야수파 경향을 다분히 받아들였으며 특히 1954년 서울USIS의 2회째 개인전에서 두드러지게 드러났다. 그는 국전에 처음 출품하여 입선했으며 1955년 대한미협전에 응모해 최고의 협회장상을 받았다. 그리고 1956년 세 번째 개인전을 갖고 도불의 꿈에 사로잡혀 1957년 도불전과 동시에 파리로 떠났다. 그의 도불은 국민대 회화과 박영남 명예교수 아버지인 고향 선배이자 평생 후원자 박기훈 씨를 비롯해 금세영, 황중희 씨 등 고향의 친지들이 경제적 뒷받침을 해줬고 함태영 부통령이 여권 절차를 도왔다.

그는 파리에서 1년여를 머무르는 동안 그곳의 추상운동에 자극되어 반추상으로 전향했다. 그의 단칸방 아파트는 50호의 작품을 제작할 수 없도록 비좁았지만 당시 파리에 신축된 모 예술인회합장소에 500호의 벽화를 제작, 기념작을 남겼지만, 현존 여부는 확인할 길이 없다.

함씨는 1959년 초에 일시 귀국해 '체불전'을 가졌다. 결혼도 하고 다시 건너갈 생각이었는데, 그해 10월 갑작스런 간염으로 세상을 떠났다. 화가 함대정 씨의 추도식과 묘비와 팔레트 모양의 꽃을 꽂는 화병도 비운의 조각가 차근호 제작으로 제막식을, 고인의 기념사업회와 동창회의 마련으로, 1주기 때 지금의 동원중학교 뒤편 망우리 묘지에서 치렀다.

그는 화업 8~9년에 5회의 개인전을 가질 만큼 재능 있는 정열적인 작가였다. 적어도 150점 이상 남겼을 것으로 추산되나 현재까지 확인된 것은 20점 미만이다. 그의 동생도 월남했지만 그리 왕래하지 않고 끝내 독신생활을 하는 괴팍한 성격이었다. 여성을 가까이하지 않았을뿐더러 화단에 번잡하게 교류하지도 않았다. 그는 특별한 화론을 내세우지 않았지만 '작가가 정신을 가지고 작품을 제작해야 한다'는 지론에 철저했다. 대표작으로 〈뒷거리〉, 〈군조(群鳥)〉, 〈익사자〉 등이 있다.

"비록 작품세계를 완성하지는 못했지만 1950년대 한국 화단에서 인상에 남는 천재적 작가임에 틀림없다. 단기간에 탁월한 변모를 보여줬는데 좀 더 살았더라면 하는 아까운 작가다였다"고 화가 권옥연은 말했다.

함화백은 한국 화단에선 보기 드물게 숨은 후원자에 의해 작가 수업을 했던 행운아다. 한국전쟁 전후의 어려운 시기에 혜성처럼 나타났다가 사라졌지만, 그의 작가적 자세와 역량은 앞으로 새로운 각광이 비쳐 재평가될 것으로 보인다.

묘지는 중랑캠핑숲을 조성하면서 어디론가 사라졌다. 작업한 관계 기관의 기록이 있을지 모른다. 조각가 차근호가 제작한 묘비라도 찾아 다시 세우길 바란다.

1948년 8월 최초 초등노래책. 동요 〈우리나라 꽃〉 작곡가.
4대 음악인 집안

함이영

咸二榮, 1915~1957

함이영 묘비

"무궁화 무궁화 우리나라꽃 삼천리 강산에 우리나라꽃 피었네 피었네 우리나라꽃 삼천리 강산에 우리나라꽃."(《우리나라 꽃》, 작사 박종오, 작곡 함이영. 1948년 미 군정청 초등노래책에 실림).

2015년 8월 15일 광복절에 음악인 함이영 묘비를 찾았다. 필자와 고교 동기인 이인철 목사, (사)중랑문화연구소 이수종 이사와 초등학교 학생 10여 명이 영화인 춘사 나운규 망우리공원 묘지 터를 찾으려 망우리공원에 올랐다. 춘사의 묘지 터는 어렴풋이 확인하였다. 음악인 함이영 묘비를 필자의 고등학교 동기인 이인철 목사와 함께 찾았다. 묘비 발견 이후 함이영 작곡가의 후손들을 몇 번이나 찾았으나 실패한 뒤, 2020년 2월 27일 오후 5시 27분 드디어 함이영의 큰따님인 함천혜 여사와 연결되었다. 핸드폰으로 한 시간 넘게 통화했다. 함이영은 2남 1녀 중 가운데 둘째로 1915년 부산 동래구에서 태어났다. 아버지가 원산에서 바이올린 독주회를 열었다. 아버지와 함이영과 그의 딸 넷과 외손녀 등 4대 음악인 집안이다.

함이영은 어릴 때 일본으로 건너가 우에노음악학교(현 도쿄예술대)를 수료하고 경성사범학교를 졸업했다. 원산사범학교를 거쳐 창덕여고 음악교사로 근무하다 6.25한국전쟁 부산으로 피난을 가, 부산여고에 근무하며 교가를 작곡해 현재도 부르고 있다. 종전 후 숙명여고 음악교사로 부임했다. 숙명여고 운동부 응원가를 작곡해 사랑을 받았다. 농구 경기가 열리는 체육관이 들썩일 정도로 흥겨운 응원가를 작곡해 선물했다. 경성제일고녀 출신 최구자 초등학교 교사와 결혼하여 인왕산 아래 서촌 누하동에 살았다. 딸을 내리 여섯 낳고 막내로 아들을 얻었다. 아들을 낳기 위해 여섯째 딸의 이름을 '복순'이라 지었다.

1946년 8월 미 군정청은 『초등노래책』을 새로 엮었는데 최초의 국정 음악 교과서였다. 많은 음악가가 동요 작곡에 참여했는데 함이영의 〈우리나라 꽃〉, 김메리의 〈학교 종〉, 박목월이 작시하고 손대업이 작곡한 〈얼룩송아지〉 등이 새 교과서에 실려 널리 불렸다.

큰딸 함천혜 여사는 "학창시절, 국민음악연구회에서 만든 중학교 음악 교과서에 〈옛날〉이란 가곡이 있는데, 아버지 작품이었어요. 일반적으로 많이 불리지는 않았던 것 같아요. 멜로디는 기억에 남지만 지금은 흔적을 찾을 수 없어요." 첫 소절이 궁금하다고 하자 "잃어진 그 옛날이 하도 그리워서……"라고 부르더니 "더는 생각이 안 난다"고 했다.

"옛 KBS방송국이 있던 남산 자락의 적산가옥이 우리 집이었어요. 6.25가 터지고 인민군이 찾아와서 집에 있던 악기들을 가져갔죠. 그랜드피아노가 있었는데 빼앗겼어요. 당시 숭의여전 자리에 인민군 군악대가 자리했는데 그곳으로 옮겨졌죠. 집에 있던 첼로도 그날 이후로 볼 수 없었어요. 아버지도 의용군에 차출되어 남산초등학교로 끌려가셨는데 밤에 담을 넘어 도망쳐서 집 지하실에 숨어 계셨어요. 피란은 1.4후퇴 때 부산으로 갔었죠."

집에는 음악인들이 자주 드나들었다. 작곡가 금수현과 조상현 선생을 대표적으로 꼽을 수 있다. 조상현 선생은 함이영 부부의 중매로 결혼했다. 효자동 전차 종점 근처에서 전후 음악교과서를 유일하게 출판했던 국민음악연구회 이강명 사장과 함이영 작곡가는 교류하였다.

1957년 8월 25일 아침 산책을 마치고 집에 들어와 뇌출혈로 43세 아까운 나이로 운명했다. 큰딸 천혜가 열네 살, 막내아들이 두 살, 6녀 1남 일곱 명의 어린 자식들을 두고 어찌 생을 마감할 수 있었을까? 숙명여중 2학년인 함천혜는 아버지 영결식 때 관 앞에서 바이올린을 연주했다. 가정적이고 자상하며 따뜻한 가장이었다. 8월 27일 망우리공원 평산신씨 선산을 지나 지금의 돌산공원 위에 유택(묘지번호 0728014)을 마련했다. 1967년 춘사 나운규 영화인의 묘지가 함이영 음악인 묘역 아래 자리 잡았다. 함천혜 여사는 가족과 성묘할 때 보았던 묘비가 크고 멋진 춘사의 넓은 유택을 기억했다.

함천혜 선생이 카톡으로 김구용 시인의 수필 「돈가스와 가을과 바이올린」을 보내왔다. 함이영 선생의 맏손자가 구글을 검색하다 할아버지 관련 수필을 찾아 식구들과 공유한 것이다. 《좋은 수필》 2013년 10월호에 다시 읽는 좋은 수필로 재수록했다. 그 내용을 간략히 소개하면 다음과 같다.

'숙명여고 강사로 나가는 김구용 시인이 신문 부고란에 함이영 작곡가의 부고를 읽었다. 김 시인은 학교 나간 기간이 짧아 기억을 못하는데, K선생을 만나 음악선생인 함이영 작곡가를 기억했다. 함 선생의 혈압 관련 약봉투 영어 번역과 김 시인의 시는 어려워 작곡하기 어렵다는 함 선생의 말, 점심을 자주 돈가스로 먹은 일, 함 선생의 장례식 때 숙명여중 재학 중인 큰딸의 바이올린 연주를, 그 맏딸이 나이를 먹은 뒤 울지 않고 켜는 연주를 듣고 싶다는 것이다.'

함이영 작곡가의 부인 최구자(최규자) 여사가 1993년 5월 18일 75세 일기로 천안공원묘지에 안장되며 이장하여 합장했다. 최구자 여사는 일곱 자녀를 초등학교 교사와 피아노 레슨으로 꿋꿋하게 생활하며 가정을 지키며,

함이영과 두 딸

제 능력을 발휘할 수 있는 역량을 길러줬다. 딸 여섯 중 넷이 음대에 진학했을 정도로 예술가 가정을 이뤘다.

첫째 천혜 씨는 서울대 음대를 나와 38년간 KBS 교향악단 수석 바이올리니스트로 활동했다. "다시 태어나도 오케스트라 플레이어가 되고 싶다"고 했다.

둘째 순혜 씨는 홍익대 미대를 나와 옛 동양방송(TBC) 미술부에서 일하다가 캐나다로 이민을 갔다. 슬하에 1남 1녀를 뒀는데 예술 전공자는 아니라고 한다.

셋째 영혜 씨는 한양대 음대에서 바이올린을 전공했다. 어머니가 그랬듯 어린이를 위한 바이올린 교육에 헌신했다. 슬하에 1남 1녀를 두었다. 딸은 한양대 음대에서 피아노를 전공했다. 딸의 남편은 국민대 음대 이승묵 교수이다.

넷째 혜경 씨는 서울대 음대에서 피아노를 전공했다. 학창 시절 동아콩쿠르에서 입상했고 명동성당 오르간 주자로 활동했다. 대학원을 졸업한 뒤 캐나다에 정착, 몬트리올대에서 박사 학위를 받았고 뱅쌍트 음악원 교수로 정년퇴임했다.

다섯째 순자 씨는 성신여대 사회사업학과를 졸업했고 홀트아동복지회에서 근무하다 캐나다로 이민을 떠났다.

여섯째 복순 씨는 서울대 음대와 동 대학원을 나왔다. 피아노 전공. 총신대 강사와 덕원예고, 선화예고 교사로 재직했다. 그의 딸이 바이올리니스트 최유진이다. 최유진은 서울예고와 서울대 음대를 졸업하고 미국으로 건너가 줄리아드에서 석사를, 보스턴대에서 박사학위를 받았다. 조선일보사

콩쿠르 1위, 서울 청소년 실내악 콩쿠르 1위, 서울대 음악 콩쿠르 현악 부문 입상 등 각종 경연에서 수상하며 주목을 받았다. 2010년 음악저널 '올해의 신인상' 및 '강혜선 음악상'(현대음악 해석상)을 수상했으며 활발하게 연주 활동 중이다.

일곱째 승우 씨는 홍익대 전자공학과를 나와 이민을 떠나 캐나다에서 15년간 사업을 하다가 귀국했다. 지금은 교회 관련 예술도서를 출간하고 있고 원곡문화재단 임원으로 재직 중이다.

민중들의 애환이 서린 발자취

망우리공원 묘비의 모양이나 크기 특히 종교의 다양성을 엿볼 수 있다.
기독교인들의 묘비가 다른 종교인보다 숫자가 많아 보인다. 북쪽 고향의 본적이
새겨진 비석도 찾아볼 수 있다. 통일을 바라는 마음의 간절함을 읽을 수 있다.

필자가 파악한 망우리공원 유명인사 조상 묘역은 상봉동에 살았던 《사상계》의
장준하 부모님 조부모님 가족묘지이다. 장준하 선생의 의문사에서 손에 배인
풀물은 사고당하기 전날 성묘하며 손으로 풀을 뜯었다는 것이다.
역사학자 이이화 선생은 구리시 아치울에서 생활하면서 모친 성묘를 다녔다.
1960년대부터 망우리공원의 중요성을 알렸다. 대학 문창과 후배, 야산 선생, 주역
공부, 망우리공원 등 몇 겹으로 겹쳤고, 필자를 격려하며 사색의 길 답사 책 발문을
미리 불러주었다.
대한민국 국무총리인 정원식 정운찬 한명숙, 수필가 피천득 부모님, 차의과대학
분당 차병원 어머니, 배순훈 장관 조부모, 윤주영 장관 조모, 3.1혁명 민족대표 33인
유일한 민간인 이갑성의 아내이며 이용희 장관 어머님, 이순자 여사 할아버지,
유원그룹 가족묘지, 전인권의 할아버지, 허정 과도내각 수반의 장모와 김상협
국무총리 장인과 몇몇 장관 및 국회의원 등이다.

기념탑 및 무연고묘비는 13도창의군탑, 국민강녕탑, 노고산천골취장비,
이태원묘지무연분묘합장묘 및 합장비 등이다.
주민들의 산신제단은 오거리쉼터 부근 국평정 터와 양지말 산신제 터 및 동락정
정자 북쪽 면목동 양지마을 산치성터와 제단, 서광조 연보비 전 망우산 제1보루

오르는 서울둘레길 위쪽 남촌(응달말) 산신제단 등이다.

고구려 산성과 보루는 아차산성 및 망우산제1보루, 망우산제2보루, 망우산제3보루 등이다.

망우산 구리둘레길제1길을 걷다 보면 토성의 흔적을 볼 수 있다. 특히 설산 장덕수 묘역 오른쪽에서 뚜렷하게 그 흔적을 찾을 수 있다.

6.25한국전쟁 중 망우산 전투 흔적은 묘비나 상석 문인석 등에서 상흔이 남아 있다. 특히 설산 장덕수 묘역 문인석에 잘 나타나 있다. 명온공주와 김명근 혼유석에는 미군들의 낙서가 남아 있다. 올봄 전수조사 때 찾아낸 주산 신명균, 도산 안창호 선생 묘지 터 아래 비석과 소설가 김이석 묘지 남서쪽 묘비가 벌집처럼 깨진 것으로 미루어보면 치열한 상황이었음을 엿볼 수 있다.

7부

국가와 민족의 삶의 질을 높인
사연마다 고개를 숙이는 굽이길

교육자, 학자 및 언론, 사회사업, 문화와 의료인

망우리는 조선조 태조의 건원릉부터 주목받기 시작했다. 동래 정씨 600년 주거지인 능말, 의령 남씨, 경주 임씨, 파평 윤씨 등 집성촌을 이뤘다.

망우리공원 유택을 잡은 인물 중 교육자, 학자 및 언론인, 사회사업가, 문화, 의료인 등 다양한 인물들의 이야기가 화수분으로 펼쳐진다.

- 세종대왕 이래 최고의 기상학자, 최초 기상학 이학박사, 한국기상학회 창립 초대회장, 제2대 기상청장 국채표
- 예수그리스도후기성도교회 첫 침례신자, 26개 직종의 명함, 콩박사 김호직
- 대한민국 민속학 인류학 박물관의 태두 송석하
- 한국 근대건축의 기틀을 다진 조선의 건축가 박길룡
- 조선어학연구회를 조직한 국어연구가, 교육자, 법조인 박승빈
- 경기여중고 교장 15년, 은석초 설립자, 장덕수 부인 박은혜
- 한영중 설립자이며 '조선어 표준말 사정 위원회' 사정위원, 한글학자 박현식
- 개화기의 유학자 선각자, 설태희의 영민한 유전인자 후손들 설원식·설의식·설정식·설도식
- 제3대 보사부장관, 대한적십자사총재 손창환
- 교육자, 국어학자, 창씨개명에 분개. 나철 사진을 품에 안고 순국한 대종교인, 독립지사 신명균
- 대한중석 초대사장 안봉익
- 고아원 양로원 최초 설립자, 피부의학 분야 선구자 오긍선
- 8대 역관 집안, 『근역서화징』 저자, 간송 전형필의 멘토, 서화가, 민족의 어르신

오세창

- '이 겨레를 위해 나의 모든 것을', 여성 사회운동가 이경숙
- 제3대 세브란스의학전문학교 교장 및 병원장, 국회부의장 이영준
- 대한민국 최초의 간호사, 해외 유학생으로 간호사 1호 이정애
- 청산리대첩에 참가한 독립운동가, 서울대학교 국어교육학과 교수 명재 이탁
- 1936년 손기정 선수 일장기 지우기 결정적 역할을 한《동아일보》기자 임병철
- 한국에 처음 종두법을 도입·실시, 근대 의술과 한글 연구와 활용 선구자 지석영
- 조선총독부 기사, 농상공부 식산국 산림과장, 영림창장 역임, 포플러(미루나무)와 아까시나무 첫 도입하고 식목일 제정한 사이토 오토사쿠

세종대왕 이래 최고의 기상학자. 한국 최초 기상학 이학박사.
한국기상학회 창립 초대회장. 제2대 기상청장

국채표

鞠採表, 1906~1967

국채표

낙이망우 망우리공원 바다의 날과 관련된 인물로, 한국 최초 기상학 분야 이학박사 학위를 받은 기상학자 국채표는 한국 기상학 발전의 토대를 마련한 선구적인 기상학자이다. 본관이 담양이고 전남 담양군 출신이다.

국채표는 일제강점기 연희전문학교 수물과와 교토제국대학 수학과를 졸업하고, 이화여자고등보통학교에서 15년간 재직했다. 교사로 있는 동안 신문과 잡지에 과학 관련 글을 꾸준히 게재하고 라디오 방송에 출연하여 과학 정보를 전달했다. 주로 계절과 절기와 관련된 자연변화나 대기 현상, 기상 현상 등에 관한 이야기를 하며 과학 대중화에 앞장섰다.

해방 후 국채표는 교직에서 물러나 국립중앙관상대로 자리를 옮기며 기상학계에 처음 발을 내디뎠다. 이 기관의 대장은 한국 최초의 이학박사이자 연희전문학교의 스승이었던 이원철이 맡고 있었고, 국채표는 부대장으로 발탁되었다. 부대장이 된 그는 1947년 '고층권 기상연구'의 책임자로서 일제가 5킬로미터 상공까지만 올렸던 기상관측 기구를 23킬로미터 상공까지 올리는 데 성공했다. 당시 언론에서는 최빈국이었던 한국이 거둔 세계적 성과이자 미래의 한국 항공기술에 중요한 밑거름이 될 것으로 소개했다.

국채표는 관상대에서 본격적으로 활동하려면 기상학을 전문적으로 배워야 할 필요를 느껴 세계 기상학을 이끌고 있던 미국으로 유학을 가기로 결심했다. 새로운 학문에 입문하기 위해 1949년 시카고대학 기상학과에 입학한 그는 대학원 석사 과정까지 수료하고, 캘리포니아에 위치한 미군 제6군단에서 강사로 2년간 근무했다. 그 후 대학으로 돌아온 그는 미 해군으로부터 연구비를 지원받아 'On the prediction of three-day hurricane motion'이라는 성과를 발표했고 1958년 석사 학위논문으로 제출하여 인정받았다. 이 연구는 미연방 기상국에서 인정하는 기상 연구의 주요 성과 중 하나로 꼽힐 정도로 뛰어났다. 그는 위스콘신대학 대학원 박사 과정에 진학하여 연구를 이어갔으나(농업기상학 전공) 중앙관상대 책임자를 맡기 위해 서둘러 귀국하는 바람에 박사 학위를 받지는 못했다.

1961년 귀국하자마자 박정희 정부는 그를 이원철의 후임으로 중앙관상대 대장에 임명했다. 제2대 중앙관상대 대장이 된 그는 기상예측에 필요한 기자재를 정부에 요청했고, 미국에서 배운 기상학에 바탕을 둔 새로운 방법을 국내 기상예보 시스템에 적용하고자 했다. 구체적으로 전화로 일기예보를 자동응답으로 전달받는 '자동일기예보기'를 설치하고, 고층 대기권의 기상 현상을 관측할 '고층기상관측소' 설립, 해외 기상도를 실시간으로 전달받는 '기상 팩시밀리' 구입 등을 추진하여 한국의 기상시스템 현대화에 큰 공헌을 했다.

또한 그는 일본의 교토대학에 「한국 및 한국 부근에 내습할 우려가 있는 태풍의 운동 및 중심시도의 통계적 예보법」(1964)이라는 논문을 제출하여 기상학 분야에서 한국인 최초로 박사 학위를 받았다. 이는 미국 시카고

대학 시절부터 연구해온 내용을 발전시켜 한국에 적용한 것으로 태풍진로 예상법을 제안한 획기적인 논문이었다. 그가 논문에서 제시한 '국(鞠)의 방법(Kook's Method)'은 국제적으로 알려졌고, 당시 기상예보에도 활용되었다.

국채표 대장은 한국의 현대적 기상예보 기술과 기상학의 제도적 발전을 이끈 과학자였다. 낙후된 한국의 기상학 발전을 위해서는 기상학을 연구하는 학자 간의 교류 및 후진 양성이 중요하다고 여겼기에, 1963년 중앙관상대의 기술연구원들과 기상학 관련 대학교수들과 함께 한국기상학회를 창립하고 초대 회장으로 선출되어 활동했다. 1965년에는 지금은 세계적 학술지가 된《한국기상학회지》를 창간하며 한국 기상학의 제도화에 앞장섰다.

그가 기상학계에 남긴 이러한 유산은 오늘날 세계적 수준으로 평가받는 한국의 기상학 및 기상예보의 초석이 되었고, 이러한 공로로 과기정통부, 2020년 과학기술유공자 명예의 전당 헌정 인물로 선정되었다.

세종대왕 이래 최고의 기상학자로 평가받는 국채표 박사의 부음 기사를 소개한다.

"전 중앙관상대장 국채표 박사(64세, 서울시 성북구 성북동 38)가 5일 상오 9시 우석대학부속병원에서 별세했다. 이날 국 박사는 친지를 찾아 집

국채표 묘비

을 나섰다가 눈길에 미끄러져 뇌진탕을 일으켜 병원에 입원 가료 중이었다. 국 박사는 연전 수물과를 나와 일본 동도제대 수학과에서 수학하고 다시 미국 시카고대학에서 기상학을 연구한 후 귀국, 5.16 직후부터 67년 7월까지 6년 동안 관상대장으로 일했다. 영결식은 8일 상오 10시, 종로5가 연동교회, 장지는 망우리 가족묘지. 유족으로 부인과 3남이 있다."(《중앙일보》, 1969.2.6.)

단비의 비문. "고 국채표 박사 영전에 드림 한 떨기 설매꽃처럼 청하하고 높은 님의 자취 이곳에 남기시니 님 가신 곳 더욱 빛나오리다. 1969년 3월 25일 문학박사 이병도 글 문하생 씀."

중랑구 마을지킴이 선두주자 김완숙 선생이 이끄는 '중랑을 걸어요' 일행과 찾은 국평정지터와 이기붕 가족묘지터를 확인하고 답사팀은 내려가고 다시 혼자 눈여겨본 묘지를 찾았다. 국채표 씨 묘비인데 중앙고보 은사인 이병도 국사학자 글을 문하생이 썼다. 국채표 가족묘지였다. 부모님 유택은 옛 모습 그대로 잘 관리되고 있다. 국채표 묘지도 이장하지 않았다. 평장으로 묻힌 듯 봉분을 찾을 수 없다.

4대 음악인 가족인 함이영의 맏딸인 함천혜와 국채표 둘째 아들은 서울대학 동창으로 지금도 연락을 하고 있다. 국채표 후손들은 거의 다 미국에 이민하여 살고 있다. 후손 중 둘째 아들 국정련의 둘째 딸인 국미여가 미국 매사추세츠주 윌리엄스대학에서 할아버지와 같은 기상학 분야 교수로 활동하고 있다.

콩 박사. 한국 예수그리스도후기성도교회 첫 침례신자.
선종할 때 26개 직종 명함

김호직

金浩稙, 1905~1959

망우리공원 묘역 안에서 유일하게 사유지의 개인 묘지이다. 망우리고
개 6번 국도에서 가장 가까운 유명인사 묘지이다. 망우리고개를 가로지르
는 오작교에서 낙이망우교로 이름이 바뀐 다리에서도 거리는 제일 가깝지
만, 김호직의 묘역을 참배하려면 망우로에서 망우리공원 입구 들어서자마
자 왼쪽 산으로 오르는 골짜기를 타고 올라, 능선 나오기 20미터 전 왼쪽으
로 꺾어, 50미터 수풀을 헤치고 들어가면 단장이 잘된 유택이 보인다. 망우
리공원을 정비하면서 진입로를 깎아 시멘트 옹벽을 쳐버렸다. 벼랑 위에 김

김호직 유택

호직 박사 묘지입구 안내석이 서 있다. 여름철 나무가 무성하면 접근하기 어렵다. 사설묘지이기에 어렵겠지만 관계 기관에서 안내문과 접근하는 길을 내주길 바란다.

김호직은 1905년 4월 16일 평안북도 벽동군에서 향교 교장 아들로 태어났다. 벽동농업학교를 거쳐, 1924년 3월 수원고등농림학교를 우등으로 졸업하며 졸업생 답사를 했다. 전주 신흥학교 박물교사, 이후 생물학을 전공했다. 1930년 도후쿠대학 생물학과를 졸업하고, 그해 5월부터 대구 계성학교 박물교사로 근무하며, 교감 박정근의 여동생 박필근과 결혼했다. 1931년 이화여자전문학교와 1939년 숙명여자전문학교에서 생물학과 영양학을 가르쳤다.

김호직은 우리의 전통적인 식생활에 관심을 가지고 한반도의 역사·기후·풍토가 우리의 식생활과 어떤 관계가 있는지를 연구했다. 즉 오랜 문화사적 배경을 가진 우리의 전통적인 음식물을 연구하기 위해 그 영양가를 조사했다. 한편 우리의 역사·기후·풍토가 우리의 식생활과 어떤 관계에 있는가를 생태학적으로 연구하여 1944년 『조선식물개론』을 펴냈다. 우리나라 음식물의 우수성을 조명하고 우리나라 음식물에 대한 연구법을 제시했다.

1945년 9월 숙명여자전문학교 재건에 전력하여 교장을 역임하고, 1946년 2월 국립수원농사시험장을 거쳐 1947년 12월 농사개량원 부총재가 되었다. 1948년 11월 대한민국 정부 대표로 FAO 제2차 총회에 출석했다.

1949년 2월 정부 파견 제1호 유학생으로 도미, 1950년 2월 코넬대학에서 영양학 석사(M.N.S.) 학위를, 이어 1951년 귀국 9월 동 대학원에서 논문 「콩단백의 영양학적 연구」에 의해 이학박사 학위를 받았다. 귀국 후 부산 수산대 학장에 취임, 1953년 2월 국민 영양 계몽·개선·농사교육 보급에 공헌하여 대통령상을 받고, 그해 3월 연희대학교 교수가 되었다. 1955년 3월 교육부 차관에 취임, 1956년 11월 인도의 뉴델리에서 개최된 유네스코(UNESCO) 제9차 총회에 정부 대표로 참석하고, 서울대 대학원 생화학 강사·학술원 회원·유네스코 한국 집행 위원·서울시 문화 위원·한국 생물 과학 협회 부회장·한국 영양 협회장·도의 생활 연구회장·창신육영회 이사 장·한글학회 이사장 등을 역임했다. 선종 당시 명함에 26개 직함이 기록되 어 있었다.

당시 미국 유학파이며 이학박사로 종교, 교육, 사회 등 다양하고 왕성한 사회활동을 할 수밖에 없는 처지였을 것이다. 자신의 의지와 실천력, 종교 적인 신앙의 힘과 몸에 밴 봉사정신에서 비롯되지 않았을까. 60여 년 전 대 한민국 인재풀의 진면목을 엿볼 수 있는 인물로, 건강을 살피고 돌봐 콩 박 사로서 널리 자신의 뜻을 펼쳤으면 좋지 않았을까? 아쉬움이 크다.

한국을 떠나기 전 개신교 장로교인였던 김호직은 미국 유학생활 과정 에서 학교 친구였던 올리버 웨이맨의 전도로 예수그리스도후기성도교회, 속칭 모르몬교의 신앙을 접하였고, 1951년 7월 29일 46세 나이로 한국인 으로서 최초로 예수그리스도후기성도교회의 침례를 시스케하나 강에서 받 았다. 그가 물에서 올라올 때 강하고 부드러운 음성이 두 귀에 들렸다. "내 양을 먹이라(Feed my sheep)." 이후 그의 삶의 지남차가 되었다. 1952년에 한국으로 다시 돌아온 후에는 영양학자·교육자·예수그리스도후기성도교 회의 개척자로 활동했다. 한국에서 예수그리스도후기성도교회의 시작은 1950년 6.25한국전쟁 시기에 유엔군으로 한국에 파견된 군인 가운데 예수 그리스도후기성도교회의 교인들이 예배를 드린 것이 처음이었다. 주로 부 산에서 모임이 활발하였는데, 부산의 여러 대학에서 영어 공부 모임을 광고 하여 이에 관심을 가진 젊은 대학생과 함께 성경 공부 모임을 꾸려나갔다. 귀국한 뒤 김호직 역시 부산 모임에 참여하며 활발하게 활동했다.

귀국 후 1951년 문교부 차관·부산수산대학교 현 부경대학교 학장·건 국대학교 축산대학 학장으로 교육행정과 후학을 기르며, 콩의 영양에 대한 연구에 전념하여 콩을 주요 재료로 하는 특허등록번호 448호의 보강식을 발명했다. 이 밖에도 우유와 고기에 의한 영양개선에 관한 연구도 하였다. 논저로는 「소맥분 보강에 대한 연구」, 「콩단백에 관한 연구」 등이 있다. 국민 영양의 계몽·개선과 농사교육 보급에 이바지한 공으로 1953년에 대통령상을 받았다.

1957년에는 개신교 주류의 반대를 뚫고 예수그리스도후기성도교회의 재단 설립에 크게 공헌하였다. 1959년에는 세계식량농업기구의 세미나에 초대되어 인도로 출국하였으나 고혈압으로 쓰러져 불편한 몸으로 귀국하였다. 이후 1959년 8월 28일 서울시 교육위원회 회의에 참석하여 '학생들에게 잡부금을 걷는 문제'의 토론을 벌이다가 뇌일혈로 쓰러져, 1959년 8월 31일 연세대 부속 병원에서 세상을 떠났다.

사회장으로 치러진 장례 행렬에 종로에서 동대문까지 차량이 통제되었다. 건국대 축산학과 59학번 제자 60여 명이 꽃상여차 상여줄을 전후좌우에서 붙잡고 행진했다. 건국대 체육관에서 거행된 장례식에 정부요인을 비롯하여 천여 명이 참석했다. 모르몬교 의식으로 진행됐다. 학생들의 인도로 망우리 사설묘지에 안장되었다.

장남 김신환(1932~2019)은 아버지의 뜻을 이어 서울대학 생물학과를 졸업했다. 프랑스 파리 소르본대학에서 유학하던 중 뒤늦게 성악에 눈을 떴다.

1957년 파리 성악콩쿠르에 한국인 최초로 1위 입상했고, 이듬해에는 프랑스 국립고등음악원에 입학해 본격적인 음악 공부를 시작했다. 이탈리아 벨칸토 창법의 최후 계승자로 알려진 그는 1776년 개관한 이탈리아 밀라노 라스칼라 극장 최초의 동양인 솔리스트로 명성을 떨치기도 했다. 한국 오페라의 초석을 다진 성악가로 귀국 뒤에는 영남대 음대 교수, 서울시 오페라단 창단 및 초대 단장, 예술의전당 이사장, 한국예술가곡진흥위원회 초대 공동대표 등을 지내며 한국 오페라 발전을 위해 노력했다. 서울올림픽

문화훈장(1988), 이탈리아 공화국 대통령 훈장(1992), 한국예술평론가협의회 한국최우수예술인상(1995) 등도 받았다. 자신의 이름을 내건 '김신환 국제 콩쿠르'를 설립하는 등 후진 양성에 공헌했다. 6.25한국전쟁 군악대 참전으로 호국원에 안치되었다.

한국 최초의 방송인 노창성과
최초 여자 아나운서 이옥경 부부

노창성, 이옥경

盧昌成, 1896~1955. 李玉慶, 1901~1982

노창성, 이옥경 부부 묘비

한국 최초의 여자 아나운서는 마현경과 이옥경이다. 1926년 11월 30일 서울 중구 정동, 지금의 덕수초등학교 자리에 개국한 경성방송국은 1927년 2월 16일 방송 개시 직전인 1927년 1월 5일 조선인 아나운서 2명을 채용했다. 이옥경과 마현경이다. 이옥경은 조선인 최초의 라디오 아나운서이며, 마현경은 최초의 공채 출신 아나운서였다. 둘은 모두 경성방송 개국 멤버의 아내이기도 했다. 이옥경의 남편은 기술부 직원 노창성, 마현경의 남편은 방송 사상 최초의 PD로 꼽히는 최승일이었다. 마현경은 경성여자고등보통학교 재학 땐 노래를 잘 불러 '여왕' 별명을 얻었다.

첫 여자 아나운서의 가족 중에도 선구적 인사들이 있다. 마현경 아나운서의 시누이, 즉 남편 최승일의 여동생이 전설적 무용가 최승희다. 이옥경 아나운서 아홉 자식 중 둘째 딸이 바로 한국 최초 여성 패션디자이너이자 판탈롱·미니스커트를 소개한 본명이 노명자인 노라노다.

낙이망우 망우리공원 전수조사 셋째 날 대한민국 최초 여자 아나운서 이옥경과 방송인 노창성 부부 묘지를 찾았다. 묘지번호 105601이다. 이옥경과 노창성의 이력은 다음과 같다.

이옥경 아나운서는 인천세관 관리이자 황태자 영어교사이며 제령학교 영어 강사였던 이학인 씨의 무남독녀로 서울에서 1901년 9월 7일 태어났다. 1910년 경술국치 후 미국 망명길에 중국 안동에서 영국인 친구를 만나 안동 영국 세관에 근무하여 이옥경도 안동현고등여학교를 졸업하고 도쿄의과대학에 입학했다. 이옥경의 아버지가 갑자기 사망하며 귀국해 오늘날 인천여자고등학교를 졸업했다. 그녀는 학창시절 공부뿐만 아니라 명문에 명필, 마라톤 대표, 전교 테니스 대표선수, 압록강에서 연마한 아이스 스케이팅 선수 등 노래만 빼고는 모든 면에서 빼어났다. 졸업하던 해《일본신문》에 "꽃 중에 꽃"이라 대서특필했다. 그녀의 빛나는 두 눈동자, 배꽃같이 하얀 살결 동그스름한 그의 얼굴, 호리호리한 몸맵시 명랑한 목소리는 그때의 방송국 안 여러 사람의 눈을 황홀케 한 때가 많았다.

이옥경은 경성방송국 개국 첫날 발탁되어서 방송을 시작했는데 이는 일본말을 유창하게 할 수 있었기 때문이다. 채용 과정도 '첫날 발탁'이나 '추천'에 의했다. 그녀를 '발탁하고 추천한' 사람이 바로 다름 아닌 남편인 노창성이었다. 그 무렵 노창성은 조선총독부 체신국 직원으로 방송국 설립의 기술 일을 맡아 하고 있었다. 1926년 6월부터 시험 방송을 하던 중 개국이 가까워 아나운서가 모두 남자여서 청취하는 시민들이 딱딱하게 느낄 것을 염려한 노창성이 문득 미모에다가 고운 목소리를 겸비한, 그러면서 일본어에 능통한 부인 이옥경에게 아나운서 역할을 권유했다는 것이다. 1927년 2월 16일 오후 1시부터 진행된 경성방송국 개국식은 이옥경 아나운서와 방송부 주임 일본인 미쓰나카가 한국어와 일본어를 번갈아가면서 사회를 맡아 진행했다. 1928년 둘째 딸 노라노(노명자)가 태어나 방송국을 떠났다.

우리나라 최초의 여자 아나운서를 탄생시킨 최초의 방송인 노창성은 서울 출신으로 동경고공 전기화학과를 졸업한 기술자였다. '실험방송의 주역, 초대 방송관리국장과 조선방송협회 제2방송부장 및 사업부장', '동양전선주식회사 생산부장', '조선방송협회 방송국장' 그리고 훗날 '공보처 방송관리국장'을 지냈다. 1924년 11월 첫 전파를 발사하며 마이크로폰 앞에서 "지금은 실험방송 중입니다"라고 외친 노창성은 친일인명사전에 수록되었다. 두 사람은 만주 안동 소학교 선후배로 동경 유학 시절부터 사랑이 싹터 결혼했다.

명신중·여중 설립자. 사업가.
중추원 참의

송엽 민병덕

松葉 閔丙德, 1894~1957

송엽 민병덕 묘비

황해도 재령군 출신으로 공립보통학교와 보성중학을 졸업한 뒤 삼성농장을 경영했고 기업체를 운영했다. 주요 사업 분야는 재령택시와 재령트럭 등 운수업이었다. 1920년 7월 《동아일보》 재령지국 총무 겸 기자였다. 1921년 7월 조선인산업대회 10월 조선흥농회 발기인으로 참여했다. 1922년 2월 재령운수창고주식회사, 1923년 4월 재령상사주식회사 취체역을 맡았다. 1923년 7월 조선민립대학기성회 재령지방부 집해위원 겸 회계위원으로 활동하고, 1924년 시대일보 창간 시 1만 원을 출자하고 영업국장을 거쳐 1927년 10월 신간회 재령지회 창립총회에서 부회장으로 선출되었다. 1929년 재령상사주식회사 11월 재령재목상회주식회사 사장이었다. 1930년 1월 재령식산조합 취체역이었다. 1933년 5월 황해도 도의원 선거에 당선되었다. 1934년 9월 황해도 재령소득조사위원회

위원으로 임명되었으며 1935년 재령식산공사 사장에 취임했다. 1936년 4월 재단법인 명신고등보통학교 설립기성회를 조직하고 기성회장으로 활동하면서 명신고등보통학교유지재단 상무이사를 겸직하며 설립하였다.

망우리공원 시인 박인환은 경기중학과 한성학교를 거쳐 명신중학을 졸업했다. 1937년 2월 황해흥업주식회사 취체역과 5월 황해도 도회의원에 재선되었다. 1937년 8월 재령군에서 거둔 애국기 황해호 건조비용 1만 원을 재령군민을 대표해 헌납했다. 1938년 2월 황해도 재령군농회 평의원과 《황해일보》이사와 1939년 재령수산조합 조합장과 동방사 취체역과 6월 조선총독 자문기구인 충추원의 주임관 대우 참의에 임명되었다. 1941년 6월까지 재임하면서 매년 600원 수당을 받았다. 1939년 11월 일본의 침략전쟁을 후방에서 지원하기 위해 조직된 조선유도연합회의 평의원으로 활동했다. 1941년 8월 흥아보국단 설립을 위한 준비위원회에서 준비위원 및 황해도 위원. 9월 조선임전보국단 황해도 지역 발기인으로 참여하고 10월 평의원에 선출되었다. 1942년 2월 재령군 명신고등여학교 증설기금으로 8만 원을 기부하고 1943년 5월 황해도 재령읍 읍회의원에 선출되었다.

해방 후 1945년 9월 한국민주당 발기인으로 참여하고 대한독립애국금헌성회 중앙위원과 경리부 상무부원을 맡았다. 1935년 총독부가 편찬한 『조선공로자명감』에는 353명의 공로자 중 한 명으로 수록되어 있다. 일제 강점기 말기에는 조선총독부 중추원 참의를 지냈으며, 전쟁 지원을 위해 결성된 흥아보국단 황해도 지역 위원, 조선임전보국단 평의원으로도 활동했다. 일제 패망 후에 월남하여 대한민국 영역에 머물다가, 1949년에 반민족행위처벌법이 발효되면서 반민특위에 체포되어 재판을 받은 바 있다. 이후 기업 경영에 종사하여 전남방직 부사장을 맡는 등 기업인으로 활동하였다. 2009년 친일반민족행위진상규명위원회가 발표한 친일반민족행위 704인 명단에 포함되었다. 1957년 11월 2일 사망하였다. 비분은 주요한이 썼다.

일제강점기 한국 근대건축의 기틀을 다진

조선 건축가

일송 박길룡

一松 朴吉龍, 1898~1943

1898년 11월 20일 서울 종로구 예지동 278번지, 현재 종로 4가의 상가 밀집 지역에서 2남 3녀 중 장남으로 태어났다. 본관은 밀양. 부친은 영세한 미곡상 박명옥이다. 집이 어려워 10세가 되어 물장수, 쌀 배달 등으로 학비를 대어 신흥초등학교를 졸업했다. 박길룡이 "그 당시만 해도 사공농상의 관념이 잔존하던 시기였기 때문에 건축을 공부한다는 것은 이단시되었으나 둘이서 타협 끝에 내가 공업전문 입학원서 2장을 사다가 같이 써낸 것이 건축 공부의 시초가 된 것이다"라고 증언했다. 김정현, 이기인과 아울러 한국인 최초로 경성공업전문학교에 입학한 박길룡은 재학 내내 급장을 도맡았다.

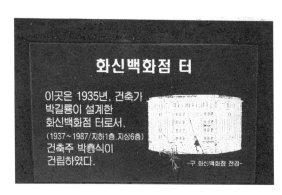

화신백화점 터 표지비

1919년 3월 15일 제2회 졸업생으로 경성고공을 졸업한다. 1920년 조선총독부의 건축 기수가 되었다. 이것은 판임관이라고도 한 하급 관리직이었다. 총독부에 배치된 박길룡은 조선총독부 청사의 신축공사의 실무자로 참여했다. 1920년에서 1932년까지, 기수로 있은 12년 동안 박길룡은 나름 일본인에게 역량을 인정받았다. 특히 설계도면을 빠르고 정확히 그려내는 데 놀라움을 샀다. 1927년 일본에 출장을 다녀오고, 1932년 조선총독부의 기사가 되었다. 이것은 건축물을 세우는 관에 있어선 최고기술자를 이르는 관명이었다. 그러나 이틀 만에 기사직에서 물러앉아 1932년 7월 7일 박길룡건축사무소를 개설하는데, 주소는 관훈동 197번지였다.

박길룡의 사무실은 개인의 역량을 바탕으로 건축 활동을 전개했고, 1920년대 말에 성장한 몇 개 기업의 촉탁을 받았으나 1930년대 들어 전시 체제에 돌입되다 보니 일은 제한되었다. 1941년 내선일체를 추진하고 일제에의 멸사봉공을 촉구한 국민총력조선연맹의 중앙조직의 사무국 문화부 위원에 위촉되었다. 문화부 산하 연락계는 학술·교화·예술·출판·생활 부문으로 나뉘었다. 박길용이 있던 생활 부문에서 그는 유일한 한국인이었다. 1943년 견지공평정회의 정총대가 되었다.

박길룡은 1931년 경성제국대학 본부(총독부하 공동설계), 1931년 동일은 행남대문지점, 1934년 한청빌딩, 1935년 화신백화점, 1937년 경성여자상업학교 교사 및 강당, 1940년 평양 대동공전 교사, 1943년 혜화전문학교 본관, 1943년 이문당 사옥, 종로구립박노수미술관 등을 설계했다.

박길룡은 저술 활동도 활발하여『조선과 건축』에서 김윤기와 쌍벽으로 가장 많은 글을 실었는데, 이들 글에는 구조·의장·고건축·설비 등에 관심이 집중되어 있다. 1930년부터는 작고하기까지《동아일보》,《조선일보》에서 기고하였고,《과학조선》에서 편집을 했고,《도시의 건축》에서도 많은 글을 기고했다. 이 외 단행본『제래식 주거 개선에 대하여』를 내었다. 1941년

4월 14일엔 타블로이드식 월간신문《건축조선》을 창간했는데, 이는 조선인 건축가에 의한 최초의 건축 잡지였다. 그의 상업건축물에서는 건축의 합리성과 합목적성을 볼 수 있으며 주거 공간에 관한 관심에서는 민족적이고 지역적인 건축 양식을 추구했음을 알 수 있다. 한국 근대건축의 기틀을 잡았다.

1943년 4월 27일 공평동 사무실에서 뇌일혈로 쓰러져 생을 마감해 망우리공원(묘지번호 109709)에 묻혔다. 2005년 2월 개인묘지로 이장했다. 음악평론가 박용구가 그의 장남이다.

성북동 보화각(간송미술관), 경운동 민병옥 가옥, 월계동 각심재 등이 건축가 박길룡이 설계한 건축물이다. 1928년~1930년경 유물 수집을 시작하며 간송은 우리의 소중한 역사유물을 제대로 수장하고 연구할 수 있는 시설을 꾸리고자 1934년 성북동 97번지 일대 1만여 평 부지를 한양에 살던 프랑스 무역상 블라상으로부터 매입했다. 간송의 스승 위창 오세창 선생은 선잠단의 북쪽에 있는 이 부지에 북단장이라는 이름을 붙여주었고, 북단장은 우리 문화재의 수장, 연구, 공개를 목적으로 한 우리나라 최초의 사립박물관, 보화각의 보금자리가 되었다. 간송으로부터 설계를 의뢰받은 건축가는 당시 한양 사람들의 80퍼센트가 방문을 할 정도로 화제가 되었던 화신백화점을 설계한 건축가 박길룡이다. 모더니즘의 합리성을 갖춘 단정하게 정제되어 있는 외관, 공간 활용을 극대화한 기둥이 없는 전시공간, 태양광이 함께 어우러진 선룸(Sun Room), 한양도성의 성곽을 한눈에 담아내는 옥상정원까지 우리 민족의 소중한 유산을 담은 보화각은 한양도성의 전경까지 품에 안도록 차경의 원리를 적용해 지었다. 우리의 역사와 문화를 안전하게 보존하기 위해, 최고의 건축가에 의해 최고의 자재로 지어졌음에도 불구하고 화려함보다는 견고함을 중시하여 건실하게 지어진 까닭에 1936년에 완공된 지 80년이 지난 현시점에서도 간송의 신념에 한 치도 어긋나지 않는 모습으로 우리 문화재를 굳건히 지키며 우리와 함께하고 있다.

간송의 스승 위창 오세창 선생은 박길룡이 지은 이 우리나라 최초의 모더니즘 건물에 '빛나는 보물을 모아둔 집'이라는 뜻을 담아 '보화각'이라 이름 지었다. 보화각은 광복 때까지 간송의 소장품들과 연구자료들을 한자리에 모아 보호하는 곳이었다. 하지만 해방 후 혼란기와 한국전쟁이라는 우리 근현대사의 풍파를 그대로 겪어내기도 했다. 6.25 당시 혜곡 최순우, 소전 손재형 두 사람의 지혜로 한 점도 북으로 빠져나가지 않았다. 간송이 본명 최희순을 아들들과 같은 항렬인 순우로 지어 고마운 정표로 선물했다.

박길룡 묘지 터를 찾기 위해 한국내셔널트러스트 김금호 국장, 김영식 작가, 김수종 작가, 한철수 시인 등 망우리공원 관련 전문가(?)들과 나섰다. 그러나 두 시간 동안 추정한 주위를 맴돌아도 흔적을 찾지 못했다. 서울시 시설관리공단 망우리공원 사무실에서 1991년 작성한 묘지번호와 위치 등을 궤도 식으로 작성한 도면을, 이장한 분들의 묘지를 화이트로 지워버려 정말 아쉬움이 크다. 김영랑, 안석영, 송진우, 임방울, 이기붕 등의 묘지 터는 1990년 이전에 이장하였기 때문에 도면에 없었다. 김영랑, 나운규, 김동명(부인 묘비), 김사국, 조종완 등의 묘비는 묘지 터에 묻혀 있다. 함이영, 임숙재, 강학린, 문명훤, 최백근, 서병호, 안창호, 신명균, 이탁, 박찬익, 김진성 등의 묘비는 남아 있다. 현재 파악하고 있는 유명인사 묘역 중 관리가 아쉬운 분은 계용묵, 김분옥, 서동일, 나우, 이영학 등이다.

일제강점기 조선어학연구회를 조직한 국어연구가.
교육자. 법조인

학범 박승빈

學凡 朴勝彬, 1880~1943

박승빈 묘비

학범 박승빈은 1880년 9월 29일 강원도 철원군에서 태어나, 1943년 10월 30일 서울에서 별세하여, 망우리공원 동락천 약수터와 가까운 해관 오긍선 연보비 뒤쪽에 유택을 마련했다.

학범 박승빈은 한말에 관비유학생으로 1907년에 일본 주오대학 법학과를 졸업하고 귀국하여 1910년 변호사를 개업해 활약했다. 법률가로서는 한국인 변호사만으로 된 경성 제2변호사회 창립에 참여한 것과 조선변호사협회 대표로 중국에서 열린 국제회의에 참석한 것이 알려져 있다. 또한《계명》(1921. 5.~1933. 1.),《신천지》(1921. 7.~1922. 11.) 등의 잡지를 간행했고《동아일보》,《조선일보》 등을 통해 구습타파와 신생활을 주장했으며, 강연을 통해 일종의 신생활운동을 전개했다.

1925년 보성전문학교 교장에 취임하여서는 당시 운영난에 봉착하였던 그 학교를 유지·운영하는 데 진력하였다. 그가 국어연구에 뜻을 두게 된 직접적 동기는 법률가로서 법전 편찬을 기획하면서 국어표기법의 통일이 필요함을 절감하게 된 데에 있었다고 전한다. 주위의 대세가 자신의 주장과는 상반되는 역경 속에서였지만, 자신의 소신을 끈질기게 주장하며 시류에 맞섰던 의지와 집념의 인간이었다.

학범은 보성전문학교(고려대학교)와 중앙불교전문학교(동국대학교)에서 조선어학을 강의했다. 1931년 계명구락부를 발판으로 '조선어학연구회'를 조직해 '조선어학회(처음에는 조선어연구회)'와 대립했다. 1934년 2월에 조선어학회의 기관지《한글》에 대항해 조선어학연구회의 기관지《정음》(1934~1941)을 창간하고 조선어학회의 '한글맞춤법통일안'을 저지하기 위해 격렬한 공세를 폈다. 주시경 계통의 조선어학회 회원을 흔히 '한글파'라고 부르고 박승빈 계통의 조선어학연구회의 회원들을 '정음파'라고 부른 것은 이들 기관의 잡지 이름에서 연유한다. 같은 해 6월 '조선문기사정리조성회'를 조직하여 7월 '한글맞춤법통일안 반대성명서'를 발표하는 등 혼신의 힘을 기울여 조선어학회에 대항했다. '한글맞춤법통일안'에 의해 '먹으니, 먹고'와 '없으니, 없고'로 적는 것은 그의 표기법으로는 각각 '머그니, 먹고'와 '업스니, 업고'로 적게 된다. 소리 나는 대로 적되 된소리 표기에서 'ㄲ·ㄸ' 대신 'ㅅㄱ·ㅅㄷ' 등의 된시옷 표기를 사용하고 'ㆆ' 받침을 쓰지 않으며 복자음을 받침으로 쓰지 말자는 그의 표기법이론은 일종의 역사주의적이고 음소론적인 성격을 띠는 것으로서, 훈민정음 창제 이래 우리 민족이 사용해온 표기법을 거의 그대로 따르자는 것으로 요약된다.

국어표기법에 대한 그의 사고는『조선어학』에 서술된 것을 통하여 판단할 수 있거니와, 구체적으로는 1936년에 나온 「조선어학회 사정 '한글맞춤법통일안'에 대한 비판」에 상세히 밝혀져 있다. 그의 생각은 역사주의와 편의주의라는 말로 요약될 수 있다. 언어에 대한 연구이론은 복잡한 것이 될 수 있지만, 일반대중이 사용할 정서법은 간편해야 하는 것이며, 또한 한 민족의 언어나 표기법은 역사적 지속체여야 한다는 명제를 바탕으로 하여, 복잡하며 혁신적인 「한글맞춤법통일안」에 반대하였던 것이다. 그러나 불운하게도 사회의 동조를 얻지 못한 채 실의 속에서 타계하였다.

1931년 조선어학연구회를 조직하고 기관지《정음》을 발간하여 주류인 주시경 계통의 조선어학회와 대립하였다. 저서에는 『조선어학강의요지』(1931), 『조선어학』(1935), 『조선어학회사정 '한글맞춤법통일안'에 대한 비판』(1936), 『간이조선어문법』(1937) 등이 있다. 조선축구협회 초대 회장을 역임하였다. 묘지번호 203610이다.

경기여중고 교장 15년.
은석초 설립자. 장덕수 부인

난석 박은혜
蘭石 朴恩惠, 1904~1963

장덕수 박은혜 부부 묘비

박은혜는 1904년 평남 평원에서 목사인 박예헌의 장녀로 태어났다. 《동아일보》 부사장 겸 초대 주필을 역임한 장덕수의 부인이다. 목사나 장로의 딸들이 입학했던 것이 관례였던 서울의 정신여학교를 졸업하고 일본에서 후쿠오카여자고등학교를 거쳐 이화여자전문학교 영문과를 졸업하였다. 이어 미국으로 건너가 아이오와 주 두부크 대학 석사 과정을 이수한 후 뉴욕의 비빌리 컬신학교에서 종교학 석사 학위를 취득하였다. 미국 유학 중인 1932년에 이화여자대학교 총장을 지낸 장덕수의 청혼을 거절한 김활란의 소개로 장덕수를 만나 종교 활동을 펼치다가 1933년 같이 귀국하여 한때 아동잡지인 《아이생활》을 편찬하였다. 박은혜는 그 용모로 하나 체격으로 하나 미스코리아 경연대회도 나가면 미스코리아가 될 만한 얼굴과 몸매를 지닌 여성이었다고 김동길 박사는 말하고 있다.

1934년에는 이화여자전문학교에 부임하여 종교학을 강의하였으며,

1937년 10월에 장덕수와 결혼하였다. 슬하에 딸 둘, 아들 둘을 두었다. 광복 후 고황경의 뒤를 이어 경기여자중학교 교장에 부임하여 1960년까지 15년간 교육에 열중하였다. 그가 교장으로 있으면서 어린학생들에게 심어준 정신은 하나이다.

"경기여고 학생들은 뒤에서 보아도 경기여고 학생인 것을 알게 해야 한다. 너희들에게 가장 필요한 것은 자존심이다." 그 시절에 경기여고에 다녀오늘 80이 넘은 졸업생들은 그 시절을 가장 아름답게 기억한다. 사임하고 사립국민학교인 은석초등학교(동국대학교부설초등학교)를 설립해 이사장에 취임했다.

1947년 12월에는 서울 제기동의 자택 청설장에서 부군이 정치적인 피살을 당하는 비운을 겪었다. 이러한 실의를 딛고 여성교육에 열정을 바쳐 강직한 성격의 소유자라는 평판을 받았다. 김활란은 박은혜를 이화여자대학교의 총장이 되게 하여 뒤를 이어주기를 바랐지만, 난석은 완강히 거절하고 1963년 회갑도 지나지 않은 젊은 나이에 세상을 떠났다. 제자 중 이화여자대학교 총장을 지낸 김옥길을 가까이 두면서 '이화 우먼'으로서 우리나라 여성해방운동의 일익을 담당하였다. 저서로는 각종 연설문과 작품 등을 모은 자서전적인『난석소품』이 있다.

설산과 난석의 묘역은 아차산성 토성의 흔적을 확인할 수 있는 중요한 장소이다. 아차산성 보루와 보루를 연결하는 토성은 대부분 흔적조차 찾을 수 없는데 이 부부의 묘역은 토성과 연결되어 있다. 묘역은 넓고 묘비와 상석은 크고 위엄이 있어 보인다. 가까이 가서 보면 6.25한국전쟁 망우리전투의 상흔이 남아 있다. 문인석과 망주석에 총탄으로 떨어져 나간 곳이 드러나 있다. 몇 주 전 페이스북 친구인 안영정 작가께서 얼굴이 반쯤 나간 사진을 올려 모 국회의원 얼굴로 빗대었다. 6.25한국전쟁 당시 설산의 일제강점기 반민족적 행위를 알고서 훼손했다면 민족의 아픔을 조금이나마 달래주었다고 하여야 하는가? 아직도 아물지 않은 친일 행위와 그에 추종하는 이들의 뿌리를 찾아보면 반민족적 행위를 한 자는 죽을 때까지 찾아 그 뿌리를 뽑아 다시는 민족을 배반하는 일이 없도록 청산을 해야 하는데 그러지 못한 역사를 이어가야만 하는지? 지금도 어용학자들의 식민사관은 언제나 발붙이지 못할까? 걱정스럽다.

한영중·고 설립자. '조선어 표준말 사정 위원회' 사정위원.
한글학자

오봉 박현식

五峰 朴顯植, 1894~1954

박현식 흉상(한영중·고 교내)

　　오봉 박현식 선생은 1894년 12월 30일 (음력) 평남 대동군 금제면 대정리, 속칭 산데 마을에서 아버지 박태진 씨와 어머니 이숙원 씨 사이에서 1남 2녀 중 장남으로 태어났다. 오봉은 6세에 마을에서 2킬로미터 떨어진 4년제 광염학교에 입학했다. 이 학교는 기독교장로회 계통에서 세운 교회 부설학교로 서구의 발달된 문물과 신문학을 가르쳤다. 일찍이 오봉은 성장하면서 자애로우며 평소 검소하기로 소문난 모친의 영향을 받았다.

　　광염학교 시절 오봉은 어린 나이였지만 학업성적이 뛰어났다. 한번은 민족의 지도자 도산 안창호 선생이 평양 지방을 중심으로 학업성적경시대회를 개최했다. 이때 오봉은 광명학교 대표로 대회에 참가했다. 오봉은 최고의 성적으로 뽑혀 시상은 도산 선생이 직접 수여했다. 그런데 오봉이 집에서 어리광이나 부릴 아이였다. 도산 선생은 놀라고 기특하게 여겨 식이 끝난 후 어린 오봉을 어깨 위에 무등을 태우고 식장을 돌며 기뻐했다.

오봉은 12세에 광염학교를 졸업하고 탁지부 관리로 있던 부친을 따라 서울로 올라왔다. 오봉은 관립 한성외국어학교 일어부에 입학하여 1910년 소정의 2년 과정을 수료했다. 1912년 4월 18세 되던 해에 경성제일고보 부설 임시교원 양성소를 입학하여, 다음 해 3월 졸업한다. 그리고 바로 재동 보통학교 교사가 되어 4년간 일한다. 이때의 제자 중 유명인사는 유진오·백두진·이규백 등이다. 그 후 1917년에서 1920년까지 중동학교 초등부 교사를 역임하고 1923년 동경 이송학사 고등사범부 과정을 수료하고 중등교원 자격증을 취득한다. 1923년에서 1937년까지 중동학교 중등부 교사로 재직하면서 1933년 한영학원을 개교하였다. 그 동안 단 한 번의 결근도 없었고, 어린 아들이 홍역으로 사망했다는 소식을 듣고도 이를 숨기고 끝까지 수업을 마치고 귀가할 만큼 교육에 대한 열정과 책임감은 놀라울 정도였다. 이후 1945년 조국광복과 1950년 동족상잔의 6.25전쟁 등 숱한 격변기를 지나 온갖 고난을 극복하며 한영학원 초석을 놓았다. 1953년 10월 건국 이래 최초로 시행된 대한민국 제1회 교육공로자상을 수상한 것은 너무나 당연한 일이었다.

1930년 12월 13일 조선어학회는 총회를 열어 권덕규, 김윤경, 박현식, 신명균, 이병기, 이희승, 이윤재, 장지영, 정인섭, 최현배, 정열모, 이극로 등 당대의 국문학자 12인에게 한글맞춤법통일안을 제정토록 위임할 것을 결의한다. 그 후 김선기, 이갑, 이만규, 이상춘, 이세정, 이탁 등 6명이 증원되어 원안을 심의하였다. 이 위원회는 총 69회차 회의를 거듭하고, 원안에 대한 두 차례의 수정을 거쳐 1933년 10월 29일 '한글 맞춤법 통일안'을 작성 공포하였다. 이에 따리 1934년 8월 '조선어 표준말 사정 위원회'가 구성되고 사정위원으로 앞서 공표한 맞춤법 제정 위원들 외에 각 도별 인구비례로 위원을 선정하니, 오봉 선생은 백낙준, 방종현 제씨와 함께 평안도를 대표했다. 망우리공원에 묻힌 오봉 박현식, 주산 신명균, 명재 이탁 세 분이 활동했다.

오봉이란 진리·윤리·의리·성근·평화의 봉을 의미하며 이 다섯 가지의 봉으로 터 잡고 집 지어 일하며 잘 살자는 뜻이라 하였다. "사람이 사람이면 다 사람이냐, 사람이 사람다워야 참 사람이다"라는 말을 학생들에게 강조하였다. 한영중 교훈으로 감은·성근·협동을 제정하여 교육 지침으로 삼았다. 그 외 교직원의 신조도 만들었다. 1. 우리는 자치의 순풍을 확립함. 1. 우리는 책임을 완수함. 1. 우리는 항상 솔선수범함 등이었다.

1954년 3월 9일 아침 오봉 선생은 그렇게도 아끼고 사랑했던 학교 교정에서 제자들을 앞에 놓고 훈시하던 중 뇌일혈로 쓰러졌다. 선생의 나이 60이었다. 오봉 선생은 슬하에 2남 1녀를 남기고 뜻 그대로 모든 근심을 털어버린 채 망우리공동묘지에 안장되었다.

조선총독부 기사. 농상공부 산림과장. 영림창장.
포플러 아까시나무 도입. 식목일 제정

─

사이토 오토사쿠

齊藤音作, 1866~1936

사이토 오토사쿠 묘역

사이토 오토사쿠는 1986년 10월 니이 가타현 출생이다. 1891년 도쿄농림학교 임학과를 졸업하고 농상무성 산림국에서 근무하였다. 1895년 동경 우시고메 일본 기독교회에서 세례를 받았다. 그해 청일전쟁에 종군한 경험을 인정받아 대만 총독부 임이포무간서장이 되고 혼다와 함께 옥산 탐험에 성공하였다. 1899년 귀국 후, 이시카와현 기사를 거쳐서 1902년 야마나시현 제6과 초대과장으로 '삼림 정치'를 담당했다.

1906년부터 홋카이도청 임정과장으로 임용되어 국유림 존폐 구분의 실시, 가문비나무와 분비나무의 천연 갱신법을 연구하고, 1908년 6월 1일 삿포로 군 노보로의 국유림 내에 내무성 노보로 임업시험장을 설치하였다. 홋카이도청 임정과장 겸 지방 임업과장 겸 임업시험장장 등을 역임하였다.

1910년 1월 대한제국 산림국 기사로 초빙되어 조선에 들어왔다. 조선 총독부 식산국 산림과 초대과장으로 조선 임야 분포도를 제작하였고, 조선

삼림령을 작성하였으며, 기념식수 제도를 만들었다. 이 제도는 단순히 애림 사상을 보급하는 것이 아니라 치산치수와 목재 생산을 의식하고 시행한 정책이었다.

1915년 영림창장으로 신의주에 갔다가 1918년 퇴직과 동시에 조선산림회를 창립하여 상담역이 되었다. 제국 삼림회가 설립되자 평의원이 되었고, 주식회사 황해사 임업부 고문의 이름으로 전 책임을 맡아 산림 신탁업부를 만들었다. 그 후 업무 일체를 계승하여 사이토 임업 사무소를 세워 조선의 녹화 및 활산 활수의 촉진에 노력하였다. 사이토 오토사쿠는 조림업에 매진하며 경성로타리클럽 회원으로서 활약하고 경성기독교청년회 평의원에 뽑히기도 했다.

사이토는 "원래 조선인들 사이에서는 산을 소유한다고 하는 관념이 전혀 없었다. 그 때문에 조선인 대다수는 남벌 폭채를 일삼고 식림을 행하는 것이 적었다. 산에 대한 소유권이 안정되어 있어야 자기 땅에 대한 관심이 생기고, 그렇게 해야 비로소 나무를 심어야 한다는 의식도 생기는 법이다"라고 하여 조선인들 사이에는 원래 임야 소유권 의식이 존재하지 않았으며, 그 결과로 임야 황폐 현상이 극심해졌다고 주장하였다.

1932년 경기도의 지침인『조선 임업 투자의 유망』이라는 저서를 출간하였다. 1936년 별세하여 망우리공원묘지에 안장되었다.

사이토 오토사쿠는 열성적인 기독교 신자로 알려져 있으며, 경성 일본기독교회 장로로 활동하였다. 그는 일제 산림정책의 총수로 일제의 조선 임야 수탈을 지휘했으며, 강압적이고 고식적인 식목정책을 추진했기 때문에 비난을 면치 못하지만, 다른 한편으로는 우리나라 임업 근대화를 주도했다는 긍정적인 평가도 받고 있다. 한국에 식목일을 제정하고 아까시와 포플러 (미루나무)를 심는 것을 건의하고 주도적으로 실행했다.

사이토 오토사쿠의 경기여고 출신인 손녀가『두 조국』이라는 책을 썼다. 우찌무라 간조의 친구인 사이토 오토사쿠의 조선신궁에 대한 생각을 엿볼 수 있다.

사색의 길 일방통행 길을 따라 동락정 정자를 지나 조봉암 선생 유택 전 우측으로 오기만 선생 안내판 전 묘역 입구 들어가는 돌문 두 개 사이로 30미터 올라가면 일본식 묘비가 서 있다. 1970년대에는 일본에서 유족들이 망우리공원 묘역을 찾으려 직접 방문하였으나 허탕을 치고 그냥 돌아갔다.

아버지 설태희. 개화기의 유학자. 선각자.
영민한 유전인자 후손들.《동아일보》편집국장. 언론인

소오 설의식

小梧 薛義植, 1901~1954

설의식은 함남 단천에서 설태희의 5남매 중 2남으로 태어났다. 그의 아버지 오촌(梧村) 설태희(薛泰熙, 1875~1940)는 구한말 헤이그에 밀사로 파견된 이준 열사 등과 함께 한북흥학회를 조직하는 등 애국계몽운동과 교육구국운동의 발흥에 나섰던 개화기 때 선각자였다. 경술국치 이전 갑산군과 영흥군 군수로 임명되어 경술국치 일제가 주는 전별금을 받지 않은 두 분 중 한 분으로 대한자강회와 조선물산장려운동을 주도적으로 이끌었다. 첫째 아들 원식과 더불어 한글학회 조선어학회 사전편찬 비밀후원자 명단에서 부자의

설태희 묘역에서 손자 설희순
(설정식 둘째 아들)

이름을 찾을 수 있다.

설의식은 1916년에 협성실업학교를 졸업하고, 1917년 서울중앙학교에 입학했다가 3.1혁명과 관련하여 퇴학당했으며, 이후 니혼대학을 졸업하였다. 1922년 4월에는 전남 장성의 약수학교 교사로 재직한 적도 있었다.

1922년《동아일보》사회부 기자로 언론계에 들어가 주일특파원·편집국장 등을 지냈다. 1929년 주일특파원을 마치고 귀국하여《동아일보》의「횡설수설」단평란을 집필했고, 1931년 잡지《신동아》를 창간할 때에는 편집국장 대리로 있으면서 제작을 총괄하였다. 그가 편집국장으로 있던 1936년 8월《동아일보》와 그 자매지《신동아》와《신가정》의 일장기 말소사건으로 신문사를 떠났다. 광복 후《동아일보》가 복간되자 주필과 부사장을 지냈으며 1947년에 동아일보사를 떠나 순간지인《새한민보》를 창간하여 한국민주당 노선과는 달리 미소공동위원회의 성공을 지지하거나 남북협상의 성공을 바라는 등, 중간파적인 정치적 입장을 보이는 논조를 보였으며,《서울신문》의 고문을 지내기도 했다.

6.25전쟁 이후에는 '충무광(忠武光)'이라는 소리를 들을 정도로 충무공 연구에 공을 들였다.『난중일기』,『민족의 태양』등을 저술했고, 8.15해방 후에 생긴 조선신문학원에서 문장론과 시사문제를 강의하기도 했다. 그 밖의 저서로는『해방이후』,『해방이전』,『화동시대』,『금단의 자유』,『통일조국』,『치욕의 표정』,『역풍기의 진로』,『소오문장선』,『화의 만필』등이 있다.

가족묘지는 1970년대 말까지 우면산 산자락에 있었다. 1980년대 초 예술의 전당 공사가 시작되며 망우리공원에 이장하여 현재에 이르고 있다. 설태희 선각자 비문은 위당 정인보 선생의 글이다.

설태희 선각가 셋째 아들 설정식 시인의 둘째인 설희순 선생은 가족묘지 안에 전 가족 묘비를 새로 세우고자 노력하고 있다. 묘비를 세우면서 첫째 아들 설원식 사위인 김우창 교수를 좌장으로 가족 중심 학술대회 개최를 제안하였다. 홍보대사는 셋째 설정식의 외손자 의리 김보성 배우로 정하였다.

개화기 선각자 오촌 설태희의 머리 좋은 DNA를 타고난 1녀 4남 후손들을 소개하면 다음과 같다. 딸 정순의 남편인 김두백은 《동아일보》 기자로 조선노동당 최고인민위원회 위원장, 한글학자 김두봉의 동생이다. 《한국일보》 워싱턴 특파원 설국환과 영문학자 설순봉의 아버지이고, 설순봉의 남편이 김우창 교수로 그 아들이자 한국인 최초 옥스퍼드대학 수학자 김민형 교수 외할아버지이며, 조선어학회를 아버지 설태희 선각자와 비밀리 후원한 경제인 석천거사 설원식이 첫째 아들이다. 손기정 선수 일장기 지워버린 『난중일기』 최초 한글 번역하여 충무공 이순신 홍보에 목숨 걸어 '충무광'으로 불리운 언론인 소오 설의식이 둘째 아들이다. 2012년 탄생 100주년 기념 『설정식 문학전집』 발간한 희한 정혜 희순 희관 1녀 3남 시업과 저술 활동과 의리의 영화배우 김보성 외조부인 시인 오원 설정식이 셋째 아들이다. 대중가수와 사업가인 넷째 아들이 설도식이다.

2015년 새해 해돋이를 설태희 선각자 가족묘지 뒤 능선에서 맞이하며 사진을 찍었다. 소나무와 개나리 줄기가 어우러져 용이 여의주를 물고 있는 모습으로, 찍은 장소를 묻는 이가 많았다.

제3대 보사부장관,
대한적십자사총재를 역임한 의사이자 행정가

정촌 손창환

靜村 孫昌煥, 1909~1966

손창환 묘비

중랑구청이 발주하고 한국내셔널트러스트 망우분과에서 시행하는 낙이망우 망우리 공원 전수조사 두 번째 날, 전날 사진을 찍지 못한 김중석 독립운동가 묘역을 가기 위해 전수조사팀이 만나는 오전 10시보다 1시간 앞서 양원역에 내려 서울둘레길 제2코스를 오르다, 극락사 맞은편 능선에 이장하고 묘비와 상석과 망주석이 그대로 남아 있는 손창환 의사의 이장 터를 찾아 들어갔다. 묘비를 읽어내려 가다 필자의 고향 전남 함평 태생이라 새겨 있어 반가웠다. 묘비 내용을 소개한다.

묘비 앞면. 밀양손공창환지묘 배 밀양변씨부좌.
묘비 뒷면. (생략) 아버지는 휘 길수요 어머니는 밀양 박씨로서 1909년 6월 12일 전남 함평에서 태어났다. 어려서부터 성품이 온유하고 재주가 뛰어났더니 일찍 일본으로 건너가 32세에 경웅대학 의학부를 마치고 연구를 거듭한 뒤 37세에 고국으로 돌아와 해방 후에는 이화여자대학 의학과장과 동부속동대문병원장 등을 역임하고 47세에는 서울대학교에서 의학박사 학위를 얻었다. 그리고 이어 보건사회부장관에 취임하여 국내의 보건사회 행정을 바로잡는데 진력하는 한편, 대한적십자사 총재로서 국제적으로 활약하여 서서국(스위스)적십자평화훈장과 정말국(덴마크)적십자공로훈장 등을 받았다. 그는 평소에 뜻이 곧고 깨끗했으므로 1966년 2월 11일 58세로 세상을 여읜 뒤에도 벗들과 문중이 모두 그를 잊지 못하고 그의 무덤 앞에 비를 세우고자 내게 글을 청하므로 나는 그의 명복을 빌고 이어 행적을 대강 적어 뒷 자손들에게 길이 전하는 바다.

묘비 옆면. 사자 영재 함재 녀 경재 손 종규 1966년 6월 일 립, 또 다른 옆면, 노산 이은상 찬 소전 손재형 제 해관 손경식 서.

한국민족문화대백과사전과 나무위키에 수록된 손창환 의사의 약력에는 경남 사천 출신으로 나와 있다.

손창환 보건사회부장관(3대 재임, 1957.6.~1960.4.)이 4.19 입원자 위문하였다는 사진이 국가기록원에 남아 있다. 하지만 1960년, 4.19혁명 이후 사임하고 연이어 부정선거의 공범으로 구속된 뒤 5.16군사쿠데타 이후 정치정화법 대상자가 되었다. 그러나 1963년에 정치정화법 대상자에서 해금된 뒤 박정희 대통령의 특사로 석방되었다. 그동안 두 차례에 걸쳐 대한적십자사 총재를 지냈다. 「급성 외과 질환 시의 균혈증에 관한 연구」 등의 논문이 있다.

"1948년 73세 때 대통령직을 맡았던 시아버지였지만 주치의는 따로 없었다. 시아버지는 여든세 살 때인 1958년 9월 27일 북한산에 올라가 문수사를 찾아서 '문수사'란 휘호를 쓸 정도로 건강했다. 이에 대통령직에서 물러나기 전만 해도 시아버지는 병원과 의사의 신세를 졌던 일은 별로 기억이 없다.

다만 시아버지는 대통령으로 선출되기 전 이화장에서 이기붕 씨의 소개로 당시 이화대학부속병원의 의사였던 손창환(3대 보사부장관) 박사를 알게 됐다. 손 박사는 이기붕 씨의 위수술을 성공적으로 해줬던 훌륭한 의사였다.

시아버지보다는 시어머니가 손 박사의 진료를 받았던 기억이 있다. 1953년 11월 27일 대만 장개석 총통의 초청으로 시아버지가 자유중국을 방문했을 때, 그리고 1954년 7월 25일 아이젠하워(Dwight D. Eisenhower) 대통령의 초청을 받아 시부모가 미국을 방문했을 때, 80세가 다됐던 시아버지는 주치의 없이 공식방문을 무사히 마치고 돌아오셨다. 그렇지만 지금 생각해보면 지혜로운 일은 아닌 것 같다."(이승만 박사 양며느리 조혜자 여사의 '프란체스카 여사의 살아온 이야기' 중에서)

교육자. 국어학자. 조선어학회 창씨개명에 분개.
나철 사진을 품에 안고 순국한 대종교 독립지사

주산 신명균

珠汕 申明均, 1889~1941

신명균 묘비

신명균은 경기도 고양군 독도면 동독도리(성동구 성수동)에서 태어났다. 신명균은 한말과 일제시대에 국어학자와 교육자였지만, 일제의 창씨개명에 항의하는 차원에서 자결했다. 1940년에 접어들자 일제는 창씨개명을 강요했다. 같은 해 2월부터 8월 10일까지 신고하도록 다그쳤다. 조선민중의 징병·징용을 손쉽게 하려는 것이었다. 이러한 횡포에 항의하여 죽음을 선택했다. 조선어학회 사건이 터지기 전인 1941년 11월 20일 나철의 사진을 품고 자결한 대종교인으로 그의 행적이 제대로 조명되지 않았다. 조선어 신문조차 없어진 일제 말기라는 상황과 국어학자들의 무관심 때문에 일제에 항거한 그의 고결한 삶과 투쟁은 해방 뒤 지금까지 묻혔다.

신명균은 한성사범학교를 졸업하였으며, 1911년 조선어강습원 1기생으로 김두봉, 이규영, 최현배, 이병기, 장지영 등과 함께 주시경으로부터 직접 가르침을 받았다. 1913년 3월에서 1914년 4월까지 신명균은 조선어강습원 초등과 강사로서 활약하였다. 그는 1914년에서 1922년까지 8년간 뚝섬공립보통학교에서 교원으로 있었다. 1927년에는 보성전문학교에서도 조선어를 강의하였다. 동덕여학교에서 오랫동안 교원으로 있었으며, 1921년 장지영, 이윤재 등과 함께 조선어연구회의 창립 동인으로 활동하였다. 동인지《한글》의 편집 겸 발행인으로서 권덕규, 이병기, 최현배, 정열모 등과 함께《한글》(1927.2.~1928.12.)을 펴내어 한글의 연구와 보급에 진력하였다.

1930년대에 들어가 신명균은 조선어학회에서 한글의 통일과 보급에 중추적인 활동을 하였다. 조선어학회의 핵심인물로 이극로, 최현배, 이윤재 그리고 신명균을 들 수 있다. 1대 간사장 이극로의 뒤를 이어 2대 간사장을 그가 맡았다. 일제에 맞선 그의 언어독립투쟁은 조선어학회사건 예심종결 결정문에도 자세히 기술되어 있다. 신명균은 조선어학회가 추진한 한글맞춤법통일안 제정위원으로서, 이의 완성을 위해 처음부터 마지막까지 관여하였다.

1931년부터 조선어연구회를 모체로 하여 조선어학회가 발족되자 그 기간회원으로서 활약하였으며, 기관지인《한글》(1932년 재창간) 등을 통하여 「한글맞춤법통일안」 제정사업에 앞장을 섰다. 국어연구 및 맞춤법통일안 제정사업과 관련된 일부 업적은 「한자음 문제에 대하여」(《한글》, 2~6호), 「된시옷이란 무엇이냐?」(《한글》7호, 1927.11.), 「조선글 철자법」(1928), 「맞춤법의 합리화」(《한글》3호, 1932) 등이며, 또한『한글』(1권 8호, 1933)에서는 된소리는 각자병서 ㄲ, ㄸ, ㅃ 등으로 표기해야 한다는 것을 학구적으로 논술하고 있다. 이는 맞춤법통일안의 된소리 표기의 이론적 뒷받침이 되기도 하였다.

1933년에는『조선어문법』이라는 문법서를 간행하였다. 이 책은 '청년상식보급회'가 계획한 청년상식총서 가운데 들어 있는데 그의 저서로 알려져 있다. 이 책에 담긴 내용을 보면 주시경, 김두봉으로 이어진 문법체계를 거의 그대로 따르고 있다. 곧 품사분류 등에서 조사나 어미를 품사로 인정하는 문법관을 보여주고 있는 것이다. 다만 이 문법에서는 품사명을 한자어로 적고 있다는 점이 색다르다. 한편 출판사 중앙인서관을 경영하면서 소년지《신소년》과 조선문학전집으로서 『시조전집』, 『주시경집』, 『가사집』, 『소설집』, 『백옥루』 등을 펴냈다. 그가 심혈을 기울여 간행한 이 자료집은 당시로서는 가장 집대성된 고전문학자료로 평가된다.

2021년 5월 2일 한국내셔널트러스트 망우리공원 전수조사 5일차 사색의 길과 구리둘레제1길이 만나는 지점에서 김상용 묘역 쪽 도로 10여 미터 아래 남아 있는 주산 신명균 묘비를 찾았다. 민족문제연구소 연구위원인 박용규 역사학자가 한글학회 연구위원일 때 두 번에 걸쳐 보훈처에 신청하여 2017년 건국훈장 애국장을 서훈받았다. 묘지는 무연고 처리로 2003년 용미리시립공원묘지로 합장 이장하였다. 그런데 누구도 그 장소를 몰라 안타까운 현실이다.

대한중석 초대 사장

안봉익

安鳳益, 1910~1957

    망우리공원 묘역은 망우산 능선 동서로 나눠 서울시 중랑구와 구리시
로 나뉜다. 대한중석주식회사 초대 사장 안봉익 유택은 서울시 시내를 바라
본다. 오기만 묘역에서 시작된 능선은 구리시 동쪽은 만해 한용운 묘역으
로, 서울시 서쪽은 안봉익 유택으로 내려간다. 서울 쪽 안봉익 묘역으로 가
는 용맥은 세 번 네 번 살아 꿈틀대며 오르내리다 안봉익 유택 입수맥에 서
는 순간 시계가 시원스레 트인다. 누구나 가슴이 환해져 감탄사가 절로 나
온다. 불수사도북—불암산, 수락산, 사패산, 도봉산, 북한산—연봉의 능선

안봉익 유택

508

이 한눈에 들어온다. 묘역도 단장이 잘되어 있다. 묘비는 앞면, 옆면은 한자로 새겨져 있고, 뒷면의 공적 내용은 한글로 새겨져 있다.

묘비 앞면. 故 安鳳益先生之 墓.

묘비 뒷면. 선생은 하루도 편히 쉴 사이 없이 한국광업계의 발전에 공헌하고 중석광 생산과 처리의 현대화에 진력하여 한국경제재건에 분투하던 중 아깝게도 사십 팔세를 일기로 세상을 떠나시다 평소에 선생의 굳은 신념과 뜻을 받들어 일하던 동지들로서 선생을 추모하는 마음을 둘 곳 없어 말 없는 돌에나마 정성으로 글자를 새겨 기리 애도의 정을 표하나이다

대한중석 초대 사장 안봉익의 이력을 새긴 묘비의 한자를 한글로 풀이하여 소개한다.

"단기 4243년(1910) 12월 27일 함경북도 경성군 경성면 승암리 327번에 출생 경성고등보통학교 경성고등공업학교(서울대학교 공대 전신) 광산과를 필하여 이래 광업계에 투신 지하자원 개발에 필력한 지 20여 년으로 해방 후 4279년(1946) 9월 대한중석광업주식회사 이사 4285년(1952) 2월 동회사 사장으로 피임하여 한국중석광업의 지위를 세계적으로 유명케 하였으나 4290년(1957) 8월 9일 순직함 그의 유족에 영규 마옥순 여사 영식 택준 용준 및 영애 율자 요자 광혜 영혜가 유함 상공부직할 대한중석과업주식회사 상무 취체역 단기 4290년 8월 15일 건립."

대한중석 회사 소개란을 보면 다음과 같다. 1960년도, 당시 대한민국 유일의 외화벌이 국영기업이자, 회사의 수출액이 국가 전체 수출액의 약 60%까지 차지한 거대 기업이었던 대한중석의 역사는 1916년 4월, 강원도 영월의 상동 광산이 발견되면서 시작되었다. 당시 어느 기업체보다도 큰 자금력을 지니고 있었으며, 세계 최대의 단일광구였던 상동 광산과 달성 광산

을 주축으로 전 세계 중석 매장량의 8%, 자유진영 공급량의 10~20%까지 담당하고 있었기에 대외적으로 막강한 영향력을 행사했다. 1960년대에 뉴욕과 런던 그리고 동경에 지사를 설립하면서 영업을 확대시켰다.

1968년 4월, 대한민국 정부의 합작투자로(정부 75%, 대한중석 25%) 포항 종합제철을 설립하였다. 1994년 3월, 문민정부의 공기업 민영화 방침으로 인해 민영화 1호 기업으로 거평그룹에 인수되었다. 이후 외환위기로 인해 거평그룹이 부도 처리되면서, 외국 매각 1호로 IMC그룹에 인수되어 사명을 TaeguTec으로 변경하게 되었다. 세계적인 투자회사 버크셔 해서웨이의 회장인 워런 버핏이 최대주주로 있으며, 2007년과 2011년 두차례 대구 본사를 방문한 바 있다

'한강의 기적' 주역들의 발자취를 기리기 위해 2006년 10월 20일, 서울대 공대가 선정, 발표한 '한국을 일으킨 엔지니어 60인'은 1950년대 광업·탄광산업에서부터 2000년대 최첨단 정보기술(IT) 산업에 이르기까지 각 시대별로 주요한 산업분야 현장에서 직접 땀 흘리며 일하는 가운데 기술을 개발해 한국의 산업부흥을 이끈 인물들이다. 곧 현재의 '산업기술 강국' 한국을 이끈 주인공들이다. 1950년대 인물 중 고(故) 안봉익 대한중석 사장을 선정했다. 안봉익 대한중석 전 사장은 한국전쟁 직후에 국내 유일한 외화 획득원이었던 중석산업을 부흥시킨 업적을 인정받았다. 1952년 이승만 대통령에 의해 광산 개발 책임자로 임명돼 대한중석 사장을 지내는 동안 채광의 기계화 및 세계적 화학처리공장 착공 등을 통해 대한중석을 현대적 기업으로 일궈냈다.

워런 버핏이 보유한 유일한 한국기업이 바로 '대구텍'이다. Korea 소재의 기업으로서는 유일하며, 심지어 아시아에서도 몇 안 된다.

안봉익 묘역 우측 돌로 2층 단을 쌓은 곳이 남아 있다. 산신 제단으로 보기엔 넓이가 꽤 넓다. 제당이나 산신당으로 볼 수 있다. 제사를 모실 때

쓰는 제기나 그릇 등을 보관하는 시설이다. 산신당은 우리나라 민간 신앙 샤머니즘과 도교 그리고 유교가 융합된 고유한 전통이라고 볼 수 있다. 지금도 묘역 맨 위에 대리석 반반한 작은 바위나 큰 돌멩이를 놓고 제사 음식 고수레를 한다.

안봉익 유택의 묘비를 읽으면 태어난 고장이 승암리(勝岩里)다. 바위를 이긴다는 뜻이다. 현 서울대학교 광산과를 졸업과 대한광업중석 초대 사장으로 우리나라 광산업계의 선구자적 역할을 담당한 것으로 미루어 인걸은 지령이라는 말을 유추할 수 있다.

당시 대한중석 안봉익 사장의 명성이 얼마나 자자하였으면 기생들의 입에서 오르내릴 정도였겠는가? '기생 십년생이 말하는 남성' 시리즈 제1편에 실린 일화를 소개한다. "요새 술 취한 손님이 택시를 타면 안봉익 집으로 가자고 하는데 안봉익은 대한중석 사장의 이름인데 이것은 그런 의미가 아니고 안국동, 봉익동, 익선동을 말하는 것이에요."('기생 십년생이 말하는 남성', 《야담과 실화》, 1957년 3월호)

2021년 5월 문재인 대통령 방미길에 경제인으로 동행하여, 22일 오전 (현지 시간) 워싱턴 한 호텔에서 열린 '한미 백신 기업 파트너십 행사'에서 스탠리 어크 노바백스 CEO가 안재용 SK바이오사이언스 대표와 악수했다. 안재용 대표는 안봉익의 손자이다.

고아원 양로원 최초 설립자.
연세대학 의과대학 기틀 다진 피부의학 분야 선구자

해관 오긍선

海觀 吳兢善, 1878~1963

해관 오긍선은 1878년 10월 4일 충청남도 공주군 사곡면 운암리에서 사헌부감찰을 지낸 아버지 오인묵과 어머니 한산이씨의 아들로 태어났다. 자는 중극이다. 8세부터 서당에서 한문을 배웠다. 1892년부터 1895년까지 이후 서당에서 과거시험 준비를 위한 한학을 수학했다. 관직에 올라 상경하였다가 일찌감치 개화사상에 눈을 떴으며, 이후 누이동생들인 오현관과 오현주는 신교육을 받은 여성 운동가로 자라났다. 1896년 초 관직에 올라 내부 주사로 근무하다, 10월 배재학당에 입학하여 협성회와 독립협회 활동에

오긍선 유택

참여하고 서재필, 이상재, 윤치호 등과 함께 만민공동회 간부로 활약하였다.

배재학당 학생으로서 1897년 독립협회에 가입했고, 배재학당 안에 조직된 학생단체인 협성회의 간사로 활동했다. 그는 이승만과 함께 협성회의 간부로 청년 계몽 사상가를 길러내고 지도하였다. 오긍선은 배재학당에 입학하여 맞이한 첫 크리스마스이브 행사에 참석한 것을 계기로 개종하여 아펜젤러에게 세례를 받았는데, 알렉산더의 권유로 미국에 유학하면서 장로교도가 되었다. 1902년 1월 배편으로 일본을 거쳐 미국으로 유학, 이때 본국의 부친 별세 소식을 받고 급히 귀국하던 알렉산더 의사가 청년학도 오긍선을 데리고 들어가서 학비 등 일체를 담당해주며 켄터키주 센트럴대학에 3월 입학하여 화학과 물리학을 전공했다. 1907년 3월 센트럴대학 의학부를 졸업함과 동시에 미국 의사면허(피부의학)를 취득하였는데 서재필, 김점동(박에스더)에 이어 세 번째이다.

1907년 8월 미국 남장로회 선교부로부터 한국파견 선교사 자격을 얻어 귀국하였다. 그해 9월 전라북도 옥구군 군산에 세워진 야소병원에서 다니엘의 조수로 근무를 시작해 11월 병원장을 맡았다. 한편 자신의 사재와 월급 등을 기부하여 1909년 옥구군의 구암교회 예배당을 설립, 헌당하였다. 또한 교육선교사업에도 관심을 쏟아 군산에 1908년 8월 안락학교와 1909년 영명학교를 세워 교장을 겸했다.

1908년 11월, 선교부의 지시로 군산을 떠나 전라남도 목포로 가서 목포진료소장으로 취임하였고, 1909년 5월에 군산야소병원장으로 부임하였다. 1910년 봄 전남 광주야소병원으로 옮겨 병원장을 맡았다. 1911년 9월에 목포 목포야소(앳킨슨)병원장으로 전임하며, 목포정명중학교 교장을 겸했다. 그곳에서 교육 사업에 심혈을 기울이던 중 1912년 5월 미국 남장로회 선교부 대표 자격으로 세브란스의학교 조교수 겸 진료의사로 전임하였다. 세브란스병원장 에비슨(Avison)의 추천으로 세브란스의학전문학교 최초의 조선인 교수가 되었고, 총독부의 전문학교 교수 자격 제한 조치에 따라 일본 정부의 주선으로 1916년 4월 도쿄제국대학 의학부에서 피부비뇨기과학을 전공, 수학한 뒤 1917년 5월 전문학교로 승격된 세브란스의학전문학교에 피부과교실을 신설하고 과장 겸 주임교수로 취임했다. 1918년 뜻 있는 사람들과 토요구락부를 조직하여 시국문제를 토론하기도 했고, 1919년 1월에는 윤치호, 김병찬 등과 함께 경성고아구제회에 참여하였으며, 같은 해에 재단법인 경성보육원(한국 최초의 고아원, 지금의 기독보육원, 안양 좋은집)의 이사로서 고아양육 활동을 하였다.

한편 1920년대부터 유행하는 청소년과 미성년자의 음주와 담배, 대마초 흡연의 유해성을 알리고 이를 금지, 자제할 것을 촉구하기도 했다. 또한 공창제폐지기성회에 참여하여 창녀촌과 매춘업 금지와 폐지를 촉구하였다. 한편 조선총독부 학무국을 상대로도 청소년과 미성년자의 흡연과 음주 금지 법안을 제정할 것을 요구하였다.

1921년 3월 세브란스의학전문학교 학감이 임명되었으며, 4월에는 친일단체인 유민회의 평의원에 선임되었다. 유민회는 1919년 11월 친일세력과 자본가들이 3.1만세혁명 이후 민심을 안정시키고 자치청원을 위해 '경제개발, 생활안정' 등을 내세우며 조직한 친일단체다. 1923년부터 경성부협의원, 서대문금융조합장으로 활동했다. 1924년 4월에는 '내선융화의 철저한 실행'을 강령으로 내걸고 내선융화를 목적으로 한 동민회에 참여했고, 1925년부터는 평의원이 되었다. 1929년 9월부터 약 1년간 세계를 여행했으며, 귀국 후 세브란스의학전문학교 부교장이 되었으며, 1931년에는 재단이사로 선임되었다. 1931년에는 경성양로원(지금의 청운양로원)을 설립하여 재단이사장을 겸했다. 1934년 2월 제2대 세브란스의전 교장에 취임했으며, 센트럴대학교에서 명예의학 박사학위를, 루이빌대학교에서 명예법학 박사학위를 받았다. 1932년부터 1940년까지 조선교육회 평의원으로 활동했고,

1934년에는 세브란스의학전문학교 교장, 1935년에는 조선교화단체연합회 이사가 되었다.

1937년 중일전쟁이 발발하자 8월 경성군사후원연맹 부회장이 되었고, 1938년 조선지원병제도축하회를 발기했고, 조선기독교연합회의 평의원이 되었다. 1939년 2월에는 경성부지원병후원회 이사, 5월에는 국민정신총동원 조선연맹 상임이사, 1940년에는 국민총력조선연맹 참사 겸 이사를 맡았다. 1941년에는 홍아보국단 경기도위원, 9월에는 조선임전보국단 발기인이 되었다. 매일신보사 등 일제의 관변 언론이나 단체에서 주관한 간담회에 참여하거나, 기고를 통해 일제의 침략전쟁에 협력했다.

1930년대 초반부터 일제가 황민화를 위해 설립한 조선교화단체연합회에서 활동하며 친일 활동을 벌이기 시작하여, 중일 전쟁과 태평양 전쟁 때는 적극적으로 친일에 참여했다.

자존심이 강했던 그는 창씨개명령이 떨어졌을 때 일본식으로 창씨하기를 거부하기도 했다.

세브란스의과대학 내과 교수와 피부과 교수를 겸하였고, 동시에 세브란스병원의 병원장도 겸임하였다. 그러나 선교사들을 옹호, 보호하는 등의 태도와 신사 참배 거부 문제로 조선총독부 학무국과 갈등, 마찰을 빚다가 1942년 압력으로 세브란스의학전문학교 교장을 사임하였다. 한편 세브란스의학전문학교 교장으로 재직하면서 그는 세브란스의학전문학교를 일본 문교성 지정학교로 승격시켰고, 인력과 시설을 확충시켰다. 세브란스의전 후신인 연세대학교 의과대학은 해관 오긍선 기념사업회와 함께 매년 기념 학술대회를 열고 있다.

1945년 광복 직후, 오긍선은 한민당 계열에 합류하였고, 해리 트루먼 미국 대통령이 그에게 친서를 보내 미군정 민정장관을 권하였지만 사양하였다. 의학 활동과 교육의 공로로 정부의 공익포장, 새싹회의 소파상 등을 수상하였다. 사후에는 건국공로훈장 대한민국장과 문화훈장을 받기도 했다. 1948년 대한민국 정부 수립 후 관계에 진출하라는 주변의 권유를 뿌리치고 안양기독보육원장(좋은집)으로서만 진력하였다. 1949년 8월 반민특위에 자수하여 취조를 받고 풀려났다.

시대의 벽을 넘지 못한 대한민국 최초의 여성 근대 서양화가와 소설가를 후원했다. 한때 불우한 처지에 빠진 화가 나혜석(1896~1948)을 돌보았다. 한편 일본에서 불우한 생활을 하던 김명순(1896~1951)을 국내로 데려오려 했으나 실패하였다.

제1공화국 초반 이승만의 거듭된 출사 요구로 구황실 재산관리총국장을 지내기도 하였다. 배재학당 2년 선배인 이승만 대통령은 초대 사회부장관을 제의했으나 모두 거절했다. 아들 오한영(1898~1952)이 제2대 보건부장관을 역임했다.

1963년 5월 18일 서울 서대문구 자택에서 사망하였다. "이제 여관에 있다가 이제 내 집으로 돌아간다"는 유언을 남겼다. 5월 22일 신문내예배당에서 연세대에 의해 의과대학장으로 장례식을 거행한 뒤 망우리공동묘지 동락천 뒤 가족묘지에 묻혔다. 묘지 봉분은 오석으로 특별하다. 가족묘지 맨 앞 묘비엔 "鄭喜羅利"라 새겨져 있다. 외국인 며느리 Hillary를 한자로 가차하였다. 3년 가뭄에 쌀을 풀어 도움 받은 옥구군 개정면 사람들이 1926년에 세웠으나 살아생전 논에 묻힌 아버지 오인묵 적선비가 사후에 가족묘지 입구 오른쪽에 옮겨 세워져 있다.

8대 역관 집안. 『근역서화징』 저자. 간송 전형필의 멘토.
서화가. 우리 민족 어르신

위창 오세창

葦滄 吳世昌, 1864~1953

위창 오세창 선생은 3.1혁명 민족대표 33인 중의 한 사람으로 1864년 7월 15일 서울에서 태어나 1953년 4월 16일 서거했다. 아버지 오경석, 2대에 걸친 문화재 수집과 감식안으로 이름을 떨쳤다. 천도교인이다. 위창 집안은 조선조 중종 때까지는 양반 신분이고 그 후로 8대 역관으로 중인 신분이었다. 조부 오응현은 역관 최고 직인 정3품 당상역관과 종2품 명예직 지중추부사를 역임했다.

부친 오경석은 당상역관 중국 사신 무역으로 부를 이뤄, 신서적 구입과

오세창 유택

신세대 인물들과 교류를 통해 개화파의 정신적 기반이었다. 중인 출신 학자 대치 유홍기의 후원과 갑신정변의 주역인 김옥균, 홍영식, 유길준 등에게 전수되었다. 1876년 강화도조약 막후 역할 보수파 역적으로 몰려 변장과 칭병으로 1년 후 병사했다.

위창은 자연스레 개화파와 교류해 20세부터 역관으로 활동했다. 1886년 박문국 주사로 우리나라 최초 신문《한성순보》기자 겸임 우정국 통신국장, 1897년 일본 문부성 초청으로 1년 동안 재일본 도쿄외국어학교 조선어 교사로 근무했다.

1902년 6월 개혁당 사건으로 일본 망명 중 손병희의 권유로 천도교에 입교했다. 1907년 귀국하여《만세보》와《대한민보》를 창설하고, 그 사장으로 취임하여 민족계몽운동을 전개했다.

1919년 3월 1일 오후 2시경 인사동의 태화관에 손병희 등과 민족대표로 참석하여 독립선언서를 회람하고 만세삼창을 외친 뒤, 출동한 일본경찰에 의해 체포되어 경시청총감부에 구금되었다가, 1920년 경성복심법원에서 소위 보안법과 출판법 위반 혐의로 징역 3년형을 선고받고 서대문형무소에서 옥고를 치렀다. 출옥 후에도 일본경찰의 감시를 피하여 독립운동가들과 극비리에 연락하였다.

광복 후에는 민주의원 의원을 겸하였고, 대한독립촉성국민회장과 전국애국단체총연합회 회장을 맡아보며 독립국가 건설에 공헌하였다. 1946년 8월 15일 민족대표로 일본으로부터 대한제국 국새를 돌려받았다. 백범 김구 암살 국민장일 때 장의위원장, 1953년 90세로 생을 마감하는 그날까지 민족의 어른으로 존경받았다.

정부에서는 고인의 공훈을 기리기 위하여 1962년에 건국훈장 대통령장을 추서하였다.

망우리공원 오세창 묘역은 국가등록문화재 제691-1호로 지정되었다.

묘지번호 203369이다.

묘비 앞면. 葦滄吳世昌墓.

묘비 뒷면. 이 墓에 잠드신 葦滄先生 吳世昌 어른은 一八六四年 七月 서울에 나시어 一九五三年 四月 世上을 떠나시니 享年 九十. 民族의 開化를 爲하여 몸소 그 先驅를 잡으셨고 祖國의 光復을 위하여 獨立宣言 三十三人 中에 列하시었을 뿐 아니라 文化의 發展에 크게 힘주시어 書藝와 金石 考證의 巨擘을 이루시니 平生에 남기신 偉功은 길이 빛나 비길 바 없다. 어른 가신 지 三年 後生과 遺族이 뜻을 모아 先生인 끼치신 빛을 오래 繼承하려 이에 一九五六年 十月 이 墓碑를 세우다. 一九五六年 十月 日.

묘비 옆면. 전홍진 찬撰 손재형 전篆 김응현 서書.

위창 오세창 선생은 대한민국 근현대사 서화 수집 및 감식과 언론과 서예 등 사계의 선구자 역할을 하였다. 조선 화가들의 모임 서화협회 정회원으로 1928년 신라 솔거 이후 추사를 높이 평가하고 이완용 해서와 행서까지 역대 서화가 편년체『근역서화징』을 펴냈다.

망우리공원 언론계 인물은 오세창, 문일평, 장덕수, 설의식, 김말봉, 조봉암, 최학송, 계용묵, 임병철, 장형두, 박인환 등이다.

대한민국 근현대 서예의 계보는 오세창, 김규진, 손재형, 유희강, 김충현, 김응현, 정환섭, 배길기, 김기승 등으로 망우리공원 인물들 묘비의 글과 글씨를 찾아볼 수 있다. 보화각 간송미술관 간송 전형필과 영원한 멘토 멘티 관계였다.

위창에게 전각과 서화 감정을 배워 박정희 대통령 서예 선생으로 서도 대신 서예란 말을 정립했던 전남 진도 2선 국회의원 소전 손재형. 세한도 연구로 박사학위 받고 소유한 경성제대 교수 지낸 후지쓰카 치카시(藤塚鄰).

1944년 당시 거금 3,000엔 전대를 차고 석 달 동안 문안인사에 감탄한 후지 쓰카 치카시가 마침내 "내가 돈을 받고 넘긴다면 지하의 완당 선생이 나를 뭐로 보겠소"라고 실토하고 그냥 넘겨 받아오는 대신 소장품 창고를 지어 줬다.

국회의원 선거 자금으로 사채업자 담보로 넘겨 개성 거상 손세기에게 넘어가 그의 아들 손창근 옹이 2010년 국립박물관에 무상으로 기탁했다. 1949년 위창이 소전의 청으로 이시영, 정인보, 청나라 인사 17명이 〈세한도〉에 제발을 쓰며 한시 한 수를 남겼다.

여초 김응현은 신안동김씨 김상헌 후손으로 형님 일중 김충현 선생과 형제 서예가로, 일중은 반듯한 서체이고 여초는 호방한 서체로 일세를 풍미하였다. 여초는 인사동 사랑방 터줏대감 역을 한동안 하였다. 지금도 인사동 술집에서 그 전통은 이어지고 있다. 지난 4월에 타계한 '쓴맛이 사는 맛'의 채현국 선생이 마지막 인물이 아니었을까.

현재 만해 한용운 묘비 앞면 글씨체가 광개토왕비문체이다. 2017년 9월 재일한국인 여성수필잡지 《봉선화》 편집인 오문자 선생이 망우리공원 답사 때 만해 한용운 묘비를 읽다 광개토왕 비문체를 알아보았다. 오 선생의 남편 이진희 사학자가 전공인 광개토왕 탁본 왜곡 관련 일에 발 벗고 나선 일화 등을 말했다.

위창 오세창은 이 땅의 문화유산 곧 민족문화재에 대한 최초의 근대적인 연구가이고 수집가였다. 3.1혁명 33인 민족대표의 일인으로서 항일투쟁에서도 선봉에 섰던 위창은 서예와 서화 감식안에서도 당대의 제일인자였다.

1910년 경술국치를 당한 뒤 위창은 집안의 민족문화 컬렉션을 새로운 감회로써 되만지기 시작했다. 민족의 앞날을 걱정하며 떠돌아다니는 민족문화의 유산들 특히 서화를 힘을 다하여 찾아 모았다. 위창의 서화 수집은 단순한 취미가 아니었다. 그는 역대 서화가의 이름과 확실한 관계 기록 및 진적을 조사하고 정리하여 우선 후학들을 위해 이 나라 서화가 인명사전을 펴낼 계획을 세웠다.

위창은 그의 컬렉션의 분류 정리와 편저에서 조선이란 말 대신에 이 땅의 상징적 명칭의 하나인 근역으로 표기했다. 그는 《근역인수》라 하여 역대 서화가와 명인들이 직접 사용한 각종 도장의 인영(印影)도 체계적으로 모으고 있었다. 이러한 한국 서화사 자료의 입체적인 조사와 개척적인 정리는 위창의 생애를 영광되게 한 큰 문화적 업적이다.

민족문화에 대한 그의 사랑과 집착은 그가 3.1혁명 민족대표 33인의 한 사람으로 기개를 보인 투철한 독립정신과 함께 당시 조선 사회에 참으로 값진 영향을 끼쳤다. 많은 뜻있는 학생과 인사들이 그의 주변에서 정신적인 영향을 받았다. 또 이 땅의 문화유산에 대한 지식과 긍지를 높였다. 그러한 위창의 영향력은 한국 근대문화 초기의 커다란 사회적 공헌이었다. 위창의 선각자적인 문화재 연구 업적과 공헌은 오늘의 고고학 및 미술사학계의 선구였다. 망우리공원 묘역은 붉은 소나무가 북서쪽 현무로 감싸고 있다.

"이 겨레를 위해 나의 모든 것을"
사회운동가

이경숙

李景淑, 1924~1953

이경숙 무덤 묘비

묘비 앞면. 李景淑무덤.

묘비 뒷면. 소년 시절엔 일정하 민족애의 꽃 청년 때엔 정열적인 어린의의 스승 장년엔 크리스찬홈의 태양 이 나라 MRA운동의 개척자의 하나 순수한 신앙 착한 덕행의 30년 일생은 이 고장 여성의 영원의 거울. 1953년 11월 18일 서울대학교 교수 유달영 씀.

성천 유달영 선생이 개성 호수돈여고 이경숙을 3년 내리 담임교사, 입학 때는 우울하다, 담임을 아버지로 믿고 따라 2학년부터 놀라운 성장에 눈을 몇 번이나 비벼 바라봤다, 평균 97점 성적으로 졸업했다. 늘 보잘것없는 사람이라 겸손했다. 유달영의 중매와 주례로 결혼했다. 이경숙의 한결같은 신념은 "이 겨레를 위해 나의 모든 것을"으로 페스탈로치와 같은 삶을 살고자 개성 큰 학교 스카웃을 외면하고 시골학교 교사로 늘 너그럽고 부드럽고 남 앞에서 말하기 쑥스러워하였지만, 불의에는 엄숙하고 날카로운 얼굴로 맞서며 몸과 마음을 다 바쳤다.

샤머니즘에 완고한 시어머니 시집살이 고달팠으나 "제 며느리는 성인이죠. 이 하늘 아래 그런 사람이 또 있을까요. 나도 착하고 어진 마음씨에 결국 항복하고 말았어요, 선생님" 며느리를 좇아 크리스천이 되었다. 성천에게 고백했고 화장터에서 이경숙 몸에서 사리가 나왔다.

큰 스승 시인 구상 말년에 불편한 몸을 필자가 고물차로 모시고 성천 집에 찾아가 수세하는 두 분의 우정을 지켜보며, 아끼는 제자 중 이경숙을 으뜸으로 여긴다며 두 손을 잡아주었다. 아사카와 다쿠미 유택과 남동쪽으로 이웃하여 4월 5일 식목일 전후 다쿠미 선생 추모식 참배객들이 많을 때는 이경숙 선생의 유택을 이용했다. 다쿠미 선생과 같은 남향이다. 묘지번호 203364이다.

이경숙의 호수돈여고 스승 유달영, 유달영의 양정고보 스승 김교신, 김교신의 무교회 운동 스승 우찌무라 간조와 연결되어 유달영 박사의 글을 소개한다.

"서울의 북한산 기슭에 김교신 선생이 개천의 돌을 주워 모아 집과 서재를 짓고 거기서 양정고보까지 자전거로 통근하면서 《聖書朝鮮(성서조선)》을 10년간 발간하였다. 그 집에서 겨울 방학에는 전국의 독자들이 모여서 약 1주일 동안 합숙하면서 성서 공부와 함께 일본에 병탄된 이 나라의 장래를 연구하고 토론하였다. 밤에 토론이 끝날 무렵 내가 농촌운동의 선구자인 샘골(泉谷, 천곡)의 최용신 양의 생애를 전기로 남겨두기를 바란다는 제의를 했다. 김교신, 함석헌 선생은 좋은 의도라고 찬성하였고 자리를 함께했던 다석 유영모 선생도 고개를 끄덕이면서 찬의를 표했다. 그의 출생지인 원산으로 찾아가서 그가 졸업한 루씨여고를 방문하고 재학 시절의 성장 과정과 학창 생활 등 자료를 조사했다. 그가 함께 자란 오빠 시풍 씨도 만나서 어린 시절의 고통스러운 생활 과정도 상세하게 알아냈다. 그리고 다시 최 양의 활동무대였던 시흥군 샘골에 가서 최 양을 도우며 함께 일하던 동지들과 밤을 새우며 그의 활동에 관한 이야기를 들었다. 내가 샘골에 자료를 수집하러 갔을 때에는 최 양의 바로 아래 동생인 최용경 양이 용신 양의 뒤를 이어 아이들을 가르치고 있었다. 나는 최 양이 쓰던 방에서 먹고 자면서 업적을 조사할 때에 최 양의 목소리를 직접 듣는 듯하였다. 개성으로 돌아와 혹독한 더위에 밤낮을 이어 글을 썼다. 전기의 스타일은 누구도 시도해본 일이 없는 편지체로 썼다. 조선의 딸에게 써 보내는 장문의 절절한 소원을 담은 편지로 썼다. 지금은 고인이 된 나의 담임반 졸업생 조윤희 양과 이경숙 양 두 사람이 박물실에서 철야하며 나를 도와주었다. 무의촌에서 일생을 바치려던 조양은 경성제대 의학부 연구생이었으며, 이양은 교육자로 제2의 최용신이 되려던 나의 동지들이었는데 모두 젊어서 고인이 되었다.ˮ

제3대 세브란스의학전문학교 교장 및 병원장.
국회부의장

행농 이영준

杏儂 李榮俊, 1896~1968

이영준 묘비

행농 이영준의 경력은 화려하다. 세브란스의학전문학교 교수, 세브란스의학전문학교 부속병원장, 제3대 세브란스의학전문학교장, 제헌국회의원, 대한적십자사 사무총장, 민의원, 국회부의장 등이다.

1896년 9월 17일 서울 남대문에서 출생했다. 대구인남학교 졸업하고 대구계성고등보통학교 졸업한 후 경기도 소학교 교원시험 합격했다. 경성 양정고등보통학교 졸업하고 만학도로 입학하여 1926년 세브란스의학전문학교를 졸업하고, 일본 동경제국대학에 유학(피부과, 비뇨기과)하여, 1931년 「유지방의 W. T. A. 반응과의 관계」라는 논문으로 의학박사 학위를 받았다.

귀국 후 세브란스의학전문학교 교수 및 세브란스의학전문학교 부속병원장, 세브란스의학전문학교장 등을 역임하며, 교육자로서 의학도 양성에 힘을 쏟았다.

광복이 되자 1948년 정계로 진출하여 1948년 제헌국회의원으로 동대문을 지역구에 당선되었다. 문교사회분과위원장을 역임하였다. 그 뒤 대한적십자사 사무총장을 지냈고, 제4, 5대 민의원에 당선되었으며, 제5대 국회부의장을 역임하는 등 정계의 중진으로 활약하였다. 그 밖에 정치활동으로는 민주당창당준비위원회 부위원장, 민주당 중앙위원장, 민주당동대문을구 당위원장, 민정당 간사장 등을 역임하였다. 1947년 12월 2일 설산 장덕수 암살현장에 있었다.

1968년 별세하여 현재 망우리공원에 안장되어 있으며, 해관 오긍선의 후임이기도 했던 만학도였던 이영준의 묘지는 오긍선의 가족묘역 입구 오른쪽에 있다. 묘비의 비문은 윤보선 대통령이 짓고 정필선이 썼다. 국한문 혼용체인데 한글로 번역하여 소개한다. 묘지번호는 203620이다.

묘비 앞면. 행농이영준박사지묘.

묘비 뒷면. 이영준 박사는 신의학계의 태두이며 교육가요 또한 지조 높은 정치가다. 서기 1896년 9월 17일 대구 출생 1968년 8월 18일 73세를 일기로 서울에서 서거 호는 행농 본관은 공주 부는 휘 병원 모는 정씨다. 일찍이 세브란스의학전문학교 졸업 동경제국대학에서 의학박사학위 취득 모교 세브란스의학전문학교교수 동 부속병원장 동 교장 등을 역임 의학계에서 25년간 종사하였다. 그러나 그의 애국충정은 조국 해방을 계기로 제헌국회의원 문교사회분과위원장 4, 5, 6대 민의원 의원 등 4대 국회의원에 연속피선 등 제5대 민의원 부의장 등을 역임하는 동안 야당의 원로로 독재부패정부를 바로잡는 구국운동에 일생을 바쳤다 이 박사는 높은 지조와 불의에 굴치않는 애국정신은 기리 후손에게 길이 빛나리라 부인은 최세리 본관은 해주며 호수돈여고 출신 1950년 5월 18일 석 향년 53세 슬하에는 사남이 있었다. 서기 1969년 추석 해위 윤보선 찬 해봉 정필선 서.

『한국의 과학기술자와 과학 아카이브』(김근배, 전북대 과학학과, 2001)는 "100인의 한국 근현대 과학기술자"를 정리했다. 망우리공원 인물만 소개한다. 선구자: (의약학) 지석영(종두법), 교육자: (의약학) 오긍선(세브란스 의전 초대 한국인 교장), 산업가: (이공학) 박길룡(화신백화점 설계자. 2012 이장), 정책가: (의약학) 이영준(세브란스의전 3대 교장, 국회부의장), (농수산학) 김호직(콩박사, 문교부 차관) 등이다. 대한중석 초대사장 안봉익은 '한국을 일으킨 엔지니어 60명'(매경/서울공대, 2006)에 선정되었다. 우리나라 기상학 최초 이학박사를 취득한 국채표 제2대 중앙관상대장 및 한국기상학회 초대회장은 한국 기상학 기틀을 확립한 공로로 2017년 첫 과학기술유공자 32인을 지정한 이후 올해 지정된 9명을 포함하여 현재까지 69명의 과학기술인이 과학기술유공자 명예의 전당 헌정 인물에 이름을 올리고 있다.

대한민국 최초의 간호사.
해외 유학생으로 간호사 1호

이정애

李貞愛, 1901~1954

이정애

우리나라 120년 간호사의 첫 장을 연 '백의의 선각자' 이정애 간호사는 대한민국 최초의 간호사이자 해외 유학생 간호사 1호이다.

이화고녀 3학년 때 3.1혁명에 참가한 독립유공자이다. 1925년 부모의 뜻에 따라 김옥현과 결혼하여 딸 하나를 낳고 2년 만에 별거하다 1928년 이혼했다. 당시 장안의 큰 화제였다.

이정애는 1901년 8월 17일 새벽 서울 새문안 오둘골에서 기독교 집안의 맏딸로 태어났다. 아버지 이명원은 구한말 주사를 지낸 관리로 배재학당을 졸업하고 특히 영어에 능통해 경인철도국에서 외국인기술자를 상대하는 직원으로 일했다. 어머니 박의신은 재색을 겸비한 전형적인 한국 여성으로 이정애의 미모는 어머니로부터 물려받은 것이다. 이정애는 여섯 살 때 여학교 양규의숙에 입학하여 낮에는 신학문이라고 일컫는 산술이며 국어를 배우고 밤에는 냉천동의 서당에 나가 천자문을 배웠다. 1910년 이화학당 중등과에 입학을 하였다. 이정애는 중등과정을 마치고 곧바로 고등과에 입학했다. 그녀의 진취적 기상과 아름다운 용모는 뭇사람들의 주의를 끌었고 특히 학교 성적이 뛰어나 급우들이 부러워했다.

이정애가 고등과 수업을 받던 중 3.1혁명이 벌어졌다. 모든 일에 앞장 서는 성격의 이정애는 전국에 발송할 편지와 유인물들을 등사하느라고 날 밤을 새우기가 일쑤였다. 자신은 옥에서 풀려나오고 친구들이 갇혔을 때는 분연히 음식과 편한 잠자리를 거부했다. 3.1혁명으로 연루되어 투옥된 동 료들 가정의 생활비를 위하여 삯바느질로 당시 쌀 한 가마 값이 일 원 오십 전 정도였는데 매달 오 원씩을 벌어 나누어주기도 하였다.

3.1혁명 여파로 이화여고 고등과 졸업식도 치르지 못한 채 집에서 쉬다 가 1923년 이화학당 대학과에 입학했다. 대학 시절 학교 규칙으로 기숙사 생활하였는데, 이정애는 줄곧 일등을 차지하였다. 또한 워낙 빼어난 미모로 학교 안에서는 동료들 간에 즐거운 질투의 대상이 되었고, 밖으로는 이 시 대의 절세미인이 이화학당에 숨어 있는데 누가 먼저 그 미인을 차지하는가 하고 내기를 거는 뭇 남성들의 가슴을 조여버리는 화제의 대상이 되기도 하 였다. 가장 용기 있다고 자처한 미혼 남성이라면 이정애에게 청혼하기 위 하여 이화학당 교문 밖으로 몰려들었는데, 누구도 성공하지 못한 채 허탕만 치고 돌아갔다고 한다.

그중에서도 빼놓을 수 없는 이야기는 안창남의 청혼 사건이었다. 안창 남은 우리나라 한반도 상공을 비행기로 날아다닌 최초의 비행사가 아닌가. 안창남은 1922년 12월 10일 박영효를 위원장으로 하는 '안창남 고국 방문 위원회' 주선으로 서울 상공에서 시범 비행을 펼친 것으로 유명한 인물이 다. 안창남이 서울 상공 시범 비행을 마치던 날 그 위원회에서는 각계 유명 인사를 초대하여 멋있는 연회 잔치를 벌였다. 안창남은 그 연회석상에서 어 쩌면 이 시대의 마지막 미인일지도 모르는 이정애라는 여대생이 이화여자 대학 기숙사에 갇혀 있는데, 용기 있으면 청혼해보라는 이야기를 들었다.

"이 시대의 마지막 미인 대학생이라고요?" 안창남이 매우 흥미 있다는 반응을 보이자 옆에 있던 인사들은 약속이나 한 것처럼 "그렇다니까! 하지만 안될걸" 하면서 안창남의 그런 흥미를 비웃듯 까르륵 웃어댔다. "……?" 안창남이 의아한 표정을 짓자 모 인사가 그 까닭을 소상히 알려주는 것이었다. "용기 있다는 조선 장정들이 그렇게 몰려가 이정애를 만나 청혼하려고 발버둥이지만 만나기는커녕 교문 밖에서 면회조차 거절을 당하고 말았다오." "그럼 좋습니다. 제가 나서보겠습니다. 만약 내가 청혼에 실패하면 나는 평생 장가갈 자격이 없는 것으로 선언하겠습니다." 그러나 안창남은 그러한 선언에도 불구하고 이정애로부터 청혼 거절을 당하고 말았다.

1928년 가을 이정애는 하와이로 떠나는 배에 몸을 실었다. 그 뱃길에서 잊을 수 없는 일은 그 배에 동승했던 일본의 황족 지찌부노미야가 이정애의 빼어난 미모에 반해버린 나머지 결혼을 간청했으나 그의 청혼 역시 여지없이 거절당해 결혼하지 않겠다고 다짐했다.

1925년 이화학당 대학과를 졸업했고, 1931년 하와이 호놀룰루에서 간호학 전공 학사학위를 받았다. 귀국하여 세브란스병원 간호실 부원장으로 취임했다. 그 당시 간호실 원장은 미국인이었다. 1937년 일제가 적국인 미국 유학 경력을 트집 잡아 세브란스병원에서 물러났다. 1937년 조선간호원협회를 설립하여 초대 회장을 역임했다.

1937년 7월 21일 영국에서 열린 국제 간호원대회 조선 간호협회장 자격으로 파견되어 조선에도 명실공이 조선인 간호사가 있음을 유감없이 알리기도 하였다. 대회 참가자를 위한 다과회가 영국 왕실 주최로 베풀어졌다. 화려한 왕궁의 특별연회장에서 열린 다과회에서 흰 저고리에 남색 치마를 입은 흰 고무신의 30대 미인 간호사 한 사람이 200여 참석자들의 눈길을 사로잡았다. 당시 영국의 에드워드 국왕과 소녀공주 엘리자베스 현 여왕이 날아갈 듯한 한복 차림의 이 조용한 동양 미인에게 뷰티풀을 연발하며 찬사를 아끼지 않았다.

1949년 미국 유학을 마치고 귀국하여 이화여대 간호교육과를 창설하고 초대과장으로 취임하여 후배 양성에 온힘을 다했다. 6.25한국전쟁 때 죽을 고비가 왔어도 친구의 위기를 더 걱정한 의리의 간호사로 휴전이 되고 안정을 되찾자, 유아기나 다름없는 대한민국 간호계에 선진 간호 시스템을 도입했다. 1953년 플로렌스 나이팅게일 탄생 133주년에 정부로부터 최초로 표창장을 받았다. 1954년 5월 8일 금란지교 김활란의 눈물 어린 간병에도 불구하고 유방암 투병 끝에 세상을 떠났다. 장지는 망우리 '금란동산'이었다. 현재는 경기도 가평군 설악면 이화여대수목원 이화여대에 공헌한 7인 묘역으로 이장하여 김활란 박사와 나란히 안장되었다.

김활란은 이정애를 망우리 '금란동산'에 편히 모셔놓고 다음과 같은 묘비를 세워줬다.

"이 티끌 세상에 한 송이 백합 높은 뜻 깊은 사랑 그윽한 향기 우리 맘에 영원히 풍기리."

김활란은 그러고도 이정애의 타계를 못 잊어 『우리 친구 이정애』라는 조그만 전기를 편찬하기도 하였다. 지금의 망우리 금란교회 설립도 이정애 친구를 위해 지었다고 알려졌다.

두 차례의 미국 유학을 거친 이정애는 간호학 개척을 위해 이화여대에서 혼신의 힘을 쏟았고, 친구인 김활란의 내조자로서 자기 직분에 충실했으며 모든 일에 김활란을 앞세우고 자신은 뒷전으로 물러나는 겸손과 미덕을 잃지 않았다.

청산리대첩에 참가한 독립운동가,
서울대학교 국어교육학과 교수

명재 이탁

命齋 李鐸, 1898~1967

명재 이탁 묘비

이탁은 1898년 6월 2일 경기도 양평군 용문면 연수리 137번지에서 충장공 이조윤의 아들로 태어나 1967년 4월 24일 생을 마감했다. 이명은 이씨종(李氏鍾)이다.

1919년 3월 만주로 망명하여 조맹선 등이 조직한 대한독립단에 가입하여 활동하였으며, 동년 9월에는 왕청현 대감자에 거주하는 공자교회의 유력자 김승과 협조하여 보황단을 조직하고, 그 취지문을 함북 온성 지방에 배부하여 단원을 모집하는 한편, 무산과 간도 지방에서 군자금 모집 활동을 벌였다.

1920년에는 북로군정서에 가입하여 사관연성소 특무반장에 임명되었으며, 청산리독립전쟁에 참전하여 혁혁한 전공을 세웠다. 1921년 9월에는 길림에서 교성대를 편성하게 되자 대장에 나중소, 부관에 최준형, 중대장 이범석 그리고 소대장에는 그와 이민화, 김훈, 남익 등이 임명되어 항일투쟁을 계속하였다.

1923년에는 길림성 거주 교포들의 교육기관인 화림의숙에서 교사를 지냈으며, 1924년 체포되어 청진지방법원에서 징역 3년형을 받고 옥고를 치르다가 1926년 12월 15일 가출옥하였다.

1929년부터 오산고등보통학교 교사로서 한글발음 표기 방법과 조선문의 맞춤법 등을 연구 발표하였고 조선어학회원으로 철자위원 및 조선어통일제정위원 등에 위촉되어 1945년 광복을 맞이할 때까지 우리 민족 고유의 한글 발전에 이바지하였다.

정부에서는 1991년에 건국훈장 애국장(1968년 대통령표창)을 추서하였다.

1992년 7월 9일 국립대전현충원(독립유공자 1-389)으로 이장하고 묘비와 상석이 남아 있다.

묘비 앞면. 命齋慶州李鐸先生之墓.

묘비 뒷면. 여기 젊음을 독립군에 불사르고 남은 생을 오로지 교육과 연구에 바치신 지사적 학자가 고이 누워 계시다. 선생은 경기도 양평 용문산의 정기를 받아 한말의 풍운 속에 소년 시절을 보내시고 잃은 나라 되찾으러 온 겨레 일어선 기미의 해 약관의 몸으로 북로군정서의 사관생도가 되사 청산리 전역에 참가 이년여의 옥고를 겪으시고 이후 한글학회, 정주 오산학교, 서울사대에서 국어학 연구와 후진 양성에 몸 바치시다가 뜻하신 바 다 이루지 못하시고 세상을 뜨시었다. 고고하신 생애에 빙탄불용의 엄하심이 있으시고 독창성에 차신 학풍은 후지자운(後之子雲)을 기약하시던 뜻 길이 받잡고자 오늘 이 주기를 맞이하여 여기 조찰히 몇 자를 새기어 삼가 세우다. 서기 1969년 4월 24일 서울대학교 사범대학 국어과 문하생 일동.

망우리공원 사색의 길 쉼터와 이병홍 묘역을 지나 일방통행 삼거리에서 용마산 쪽으로 서울둘레길 2코스(용마-아차산)를 500여 미터 직진하면 구리시와 사가정역의 갈림길이 나온다.

사가정역을 향해 깔딱고개 쪽으로 몸을 돌리면 우측에 국립대전현충원으로 이장할 때 세워두고 간 명재 이탁의 묘비와 상석이 수풀 속에 어렵게 자리 잡고 있다. 묘역은 사라졌으나 묘비와 상석을 통해 독립운동가이자 서울대 교수의 삶을 읽을 수 있다. 그 갈림길이 사람들이 잠시 쉬는 곳이다. 특별한 관심으로 답사한 사람이 아니면 묘역에는 관심이 없다. 명재 이탁의 독립운동과 삶의 내력을 안내하는 안내판 하나 세웠으면 하는 바람이다.

망우리공원에는 한글 보급에도 힘써 「신정국문(新訂國文)」(1905) 6개조를 상소하고, 1909년『자전석요(字典釋要)』를 간행하는 등 국문 연구에도 공적 있는 지석영이 있고 신명균, 박현식, 이탁 세 분은 한글맞춤법통일안 제정 작성위원으로 활동했다. 한글이 체계화되고 보급될 수 있도록 노력한 이종일 민족대표 33인 독립운동가, 한글학회 이사장 김호직, 박승직 변호사는 《정음》을 발행하며 한글 연구의 한 축을 이뤘다. 설태희, 설원식 부자는 큰 사전 편찬에 후원금을 냈다.

1936년 손기정 선수 일장기 지우기에 결정적 역할을 한
《동아일보》 기자

백담 임병철

白潭 林炳哲, 1906~1947

임병철 묘비

임병철은 함남 함흥 출신으로 연희전문
학교 상과를 졸업하고 1929년《동아일보》사
회부 기자로 입사했다. 1936년 8월에 발생한
《동아일보》일장기 말소사건에 연루돼 고초
를 치렀다. 이 사건으로《동아일보》는 1936
년 8월 29일자로 무기정간 처분을 받았으며
278일간 신문을 발행하지 못했다. 해방 후
1946년 4월 편집국장으로 복귀해 재직 중 지
병으로 1947년 7월 20일 별세하여 망우리공
동묘지에 묻혔다.

서울에 올라와 전문학교 다닐 때《개벽》에 투고한 글이 계기가 되어 당
시《동아일보》사회부장 소오 설의식과 자주 만나게 되었고 그의 권유로
1929년 3월 동아일보사 기자 공채시험에 응시, 치열한 경쟁자를 물리치고
언론인이 되었다. 임병철은 1930년 6월 동아일보사 평양지국 근무로 보직
을 받고 평양으로 갔다. 문장력이 깔끔하고 뼈대 있는 글을 인정받아 사회
부 기자보다는 학예부 쪽에서 일하는 것이 적임이라 하여 1934년 본사로

올라오게 되었다. 그가 본사로 온 지 2년이 채 못 된 1936년 8월 이른바《동아일보》일장기 말소사건이 일어났다.

일장기를 지워야겠다고 결심한 사람은 체육부 기자 이길용이었다. 이 기자가 복사한 사진을 들고 먼저 찾아간 사람은 조사부 전속 화가 청전 이상범이었다. 일장기가 지워진 사진은 곧바로 동판으로 만들어졌고 이길용은 그 동판을 들고 사회부 편집을 맡고 있던 장용서에게 다가가 실어달라고 했다. 동판을 받아 든 장용서가 생각을 가다듬고 있을 때 임병철이 거들었다. 그는 1932년 로스앤젤레스 올림픽에서 김은배 선수가 6위를 했을 때 눈에 거슬리는 일장기를 기술적으로 말소해 신문에 실은 일을 예로 들면서 "그때 총독부에서 별다른 트집 없이 넘어갔으니 싣도록 하자"고 부추겼던 것이다. 임병철의 이 말은 장용서를 움직이는 데 결정적 역할을 하였다. 그리하여 일장기가 말소된 손 선수의 사진은 그대로 인쇄가 되어 거리로 나갔다. 이로 인해《동아일보》는 1936년 8월 29일자로 무기정간 처분을 받았고 그 사건과 관련, 먼저 사진부 백운선, 서영호, 편집자 장용서, 사회부 임병철, 사진과장 신낙균, 조사부 이상범, 체육부 이길용, 사회부장 현진건 등이 차례로 경찰부에 구속되었다. 임병철은 경찰 신문에서 사진을 싣자고 한 것은 자신이라 주장했고 장용서는 임병철은 관여한 바 없고 책임은 모두 나에게 있다고 주장했다는 동지애의 아름다운 일화 한 토막도 전해지고 있다.

광복의 기쁨 속에《동아일보》는 복간하였다. 복간 직후 진용은 사장에 송진우(제8대), 편집국장에 고재욱이었으나 곧 주필에 고재욱, 편집국장에 임병철, 편집부장에 장용서, 체육부장에 이길용 등이 참여, 동아를 소생케 하는 데 큰 힘이 되었다.

임병철 씨는 위장병으로 그동안 시외 청량리 서울요양병원에서 치료 중 마침내 20일 상오 1시 42세를 일기로 별세하였다. 그는 함흥 출생으로 1920년 간도 영신소학교를 마치고 귀국하여 휘문중학·연희전문상과를 마친 다음 1929년에 사회부 기자로 입사하여 그 필진을 내외에 떨치고 사회부장으로 활약하다가 1940년 폐간과 동시에 일단 언론계를 떠났다.

해방 후 고려문화사 주간으로 다시 등장하여 활약하다가 이듬해 6월 《동아일보》 편집국장에 취임하여 광복조선의 여론지도에 심혈을 경주하였다. 유족으로서는 미망인 최(崔)씨와 4남 3녀가 있다. 그의 영결식은 22일 상오 11시 서울시 동대문구 휘경동 6번지 서울요양병원 광장에서 치렀다. 장지는 망우리묘지이고 호상소는 동 병원과 동아일보사였다. 오기영 기자의 추도사가 《동아일보》 1947년 6월 22일과 25일 2면에 곡백담 상, 하 두 번에 걸쳐 실렸다.

임병찬 묘지는 구리둘레길 1길 권진규 묘지 입구와 지석영 묘지 입구 중간쯤 왼쪽에 자리 잡고 있는데 관리가 되지 않고 있다.

한국에 처음 종두법 도입 실시.
근대 의술과 한글 연구 및 활용 선구자

송촌 지석영

松村 池錫永, 1855~1935

지석영은 조선 말기의 문신이고 개화 사상가이며 한글학자이다. 본관은 충주, 자는 공윤(公胤), 호는 송촌·태원(太原)이다. 『우두신설』, 『자선석요』, 『석자여의보록』 등의 책을 썼다.

지석영은 1885년(철종 6) 5월 15일 출생하여 1935년 2월 1일 별세하여 망우리에 묻혔다. 서울 종로구 관훈동에서 한의사였던 지익룡의 넷째 아들로 태어났다. 지석영의 증손자를 포함 5대 의사 집안이다. 장손 지홍창은 서울의대를 졸업했고 군의관 때 김종필 씨와 인연으로 박정희 대통령 주치

지석영 가족묘지

의였다. 송촌은 개화 사상가이자 시인인 강위의 밑에서 유길준과 함께 공부했다. 중국의 서양의학 번역서들을 많이 읽었는데, 특히 E. 제너가 발견한 우두접종법(천연두 예방법)에 큰 관심을 가졌다.

1876년(고종 13) 수신사의 수행원으로 일본에 파견된 한의 박영선이 오다키로부터 종두법을 배우고 구가가 지은『종두귀감』을 얻어 귀국하자 이를 전수받았다. 1879년 천연두가 만연하여 많은 어린이들이 목숨을 잃자, 그해 10월 부산으로 내려가 제생의원 원장 마쓰마에와 군의 도즈카로부터 종두법을 배웠다. 12월 하순 두묘(천연두 예방용 백신)와 종두침(천연두 예방 접종용 침)을 얻어 서울로 돌아오던 길에 처가의 고향인 충주 덕산면에 들러 두 살 된 처남에게 종두를 실시하여 성공하자 그 마을 어린이 40여 명에게 접종했다.

선각자의 투철한 도덕의식과 솔선수범하는 공공정신의 진정한 노블리스 오블리제 전형을 볼 수 있는 아름다운 이야기로 전해진다.

1883년 3월 문과에 급제하여 성균관전적·사헌부지평을 지냈다. 1885년에는 그동안 축적한 경험을 토대로 우리나라 최초의 우두 관련 서적이자 서양의학서인『우두신설』을 저술했다. 1887년 개화당 인사들과 가까웠다는 이유로 전남 완도 신지도로 유배되자 그곳에서『중맥설』과『신학신설』을 저술했다. 1892년 유배에서 풀려나 서울로 올라와 이듬해 우두보영당을 설립하고 접종을 실시했다. 1894년에는 갑오개혁으로 내무아문 내에 위생국이 설치되어 종두를 관장하게 되었다. 그 뒤 형조참의, 우부승지, 대구판관, 동래부사, 동래부관찰사 등을 역임하고, 1897년 중추원 2등 의관에 임명되었으나 독립협회에 가담하여 적극적으로 활동한 까닭에 이듬해 황해도 풍천으로 유배되었다. 1899년 의학교(현 서울대 의과대학 모태)가 설치되자 초대 교장으로 임명되어 교육에 힘쓰는 한편, 종두 및 전염병 예방과 관련된 각종 관제·규칙을 공포하도록 했다. 1907년 의학교가 폐지되어 대한의원의

육부로 개편되자 교장직에서 물러나 학감으로 자리를 옮겼다.

그는 한글에 조예가 깊던 강위의 영향으로 일찍이 한글과 한국어에 관심을 가졌다. 국문학교의 설립에 크게 기여했으며, 의학교 학생 모집 때도 국문을 시험과목으로 채택했다. 1905년 「신정국문」 6개조를 상소, 학부 안에 국문연구소를 설치하게 하고 그 연구위원이 되었으며, 1909년에는 한글로 한자를 해석한 『자전석요』를 간행했다. 그해 4월 통감부가 의학교육을 일본어로 해야 한다는 결정을 내리자 즉각 의견서를 제출하여 반대했다. 한편 국채보상연합회 부소장, 대한자강회 평의원, 기호흥학회 부회장 등으로 사회활동도 활발히 펼쳤다. 고종은 그의 공을 인정하여 태극장, 팔괘장 등을 수여했다. 1910년 한일병합이 되자 모든 공직에서 물러나 독서로 여생을 보내는 한편, 의학 발전을 위해 노력했다.

망우리공원 사색의 길 일방통행을 거슬러 왼쪽으로 오르면 첫 번째 만나는 연보비가 송촌 지석영이다. 봄이면 진달래꽃, 제비꽃, 살구꽃 흐드러진 가족묘지에 봄볕이 한참을 머물면 상춘객들이 지난겨울의 이야기를 나눈다. 오른쪽은 송촌의 맏이인 춘우거사 지성주 묘이다.

나가는 말

대한민국 문화 예술과 과학과 산업의 기틀을 다진 선구자와 그 후손들

망우리공원 인물들은 국가와 민족의 삶과 살림의 질과 양을 높이기 위하여 사연마다 후인들이 고개를 숙일 수밖에 없는 굽이굽이 도래샘이었다.

- 세종대왕 이래 최고의 기상학자 한국 최초 기상학 이학박사, 한국기상학회 창립 초대회장, 《한국기상학회지》를 1965년 창간, 제2대 기상청장으로 세 아들은 미국 이민으로, 작곡가 함이영의 맏딸 함천혜 여사와 대학 동기인 둘째 아들 국정련의 둘째 딸 국미여가 할아버지의 기상학 학문을 이어받아 미국에서 교수로 활동하고 있는 국채표
- 콩 관련 박사로 대한민국 국비 유학생 1기, 한국 예수그리스도후기성도교회 첫 침례신자로서 선종할 때 26개 직종이 새겨진 명함을 지녔던 김호직. 장남 김신환은 아버지의 뜻을 이어받아 생물학을 전공하다 프랑스 유학을 가 성악에 눈을 떠 한국인 최초 1957년 파리 성악 콩쿠르에서 1등 입상하고 한국 오페라에 주춧돌을 놓음
- 일제강점기 한국 근대건축의 기틀을 다진 조선의 건축가, 보화각 화신백화점 설계의 박길룡. 그의 장남은 음악평론가 박용구
- 일제강점기 '조선어학연구회'를 조직한 국어연구가, 교육자, 법조인, 서러운 2인자, 학범 박승빈의 아들은 박정희 독재정권이 싫어 이민했고, 딸은 유명한 일본어 학원 강사
- 경기여중고 교장 15년, 은석초 설립자로 김활란이 장덕수의 청혼에 딱지 놓고 소개하고 이대 총장 뒤를 이어달라는 것을 거절한, 몸과 얼굴 미스코리아 감인

장덕수 부인 난석 박은혜

- 오촌 설태희, 개화기의 유학자, 선각자 유전인자의 영민한 후손, 큰사전 편찬
  후원금을 낸 설원식의 사위인 영문학 문학평론가 김우창 교수, 그의 아들 수학자
  김현민. 언론인, 『난중일기』 한글 번역, 소오 설의식, 설정식. 외손자 의리 김보성
- 이기붕 위 수술로 이승만 대통령과 프란체스카 여인 주치의, 제3대 보사부장관,
  대한적십자사총재 정촌 손창환
- 1960년도, 당시 대한민국 유일의 외화벌이 국영기업이자, 회사의 수출액이
  국가 전체 수출액의 약 60퍼센트까지 차지한 거대 기업이었던 대한중석 초대
  사장 안봉익
- 봉분을 오석으로 덮은 가족묘지 입구 오른쪽에 아버지 오인묵 공덕비를 다시
  세우고 고아원과 양로원 최초 설립자 피부의학 분야 선구자, 세브란스병원 키워
  지금도 학술대회를 열어 추모하는 해관 오긍선
- 8대 역관 집안, 『근역서화징』의 저자. 간송 전형필의 멘토 서화가 민족의 어르신
  오세창, 아버지 오경석, 2대 서화 감식과 수집가
- '겨레를 위해 나의 모든 것을' 사회운동가 시어머니가 우리 며느리는 천사라고
  말한 몸에서 사리가 나온 성천 유달열 제자 이경숙
- 소학교 교사 만학도, 오긍선 지도로 제3대 세브란스의학전문학교 교장, 병원장,
  제헌의원 국회부의장 이영준
- 김활란과 우정으로 대한민국 최초의 간호사이자 해외 유학생으로 간호사
  1호. 빼어난 미모로 안창남 일본 황족 남성의 청혼을 거절하고 영국왕실
  초청파티에서 '한복 뷰티풀'을 연발하게 한 이정애
- 청산리대첩에 참가한 독립운동가. 서울대학교 국어교육학과 교수로 한글 발전에
  이바지한 이탁
- 한국에 처음 종두법 도입 실시, 근대 의술과 한글 연구 및 활용, 선구자 송촌
  지석영
- 5대 의사 집, 종두법의 노블리스 오블리제, 송촌 지석영 장손 지홍창은 박정희
  대통령 주치의였음

8부.

기독교 및 흥사단
정신의 부활

망우리공원 도산 안창호를 둘러싼 흥사단 단우들

망우리공원 묘역에 십자가가 새겨진 비석이 많다. 특히 북쪽에 고향을 둔 인물들의 묘비에서 쉽게 찾을 수 있다. 한반도 기독교 유입이 북쪽에서 남쪽으로 내려왔다는 역사적 사실을 읽을 수 있다. 평양이 한국 기독교의 못자리였다. 3.1혁명에 참가한 독립지사나 유명인들은 대부분 기독교인이었다.

흥사단 단우들은 거의 다 기독교인으로 도산 안창호(41) 선생의 유택을 둘러싸고 있다. 좌측에 김봉성(554) 허연(265) 조종완(563), 우측에 유상규(199) 문명훤(562) 나우(222) 김기만(142) 뒤에는 이영학(1095) 등이다.

안창호 선생의 유택이 망우리에 자리 잡았었다. 도산이 병원에서 평양에 가지 않고 망우리 상규군 옆에 묻히고 싶다고 하였다. 마침 조카사위 김봉성이 자기 아버지의 묘지 쓸 곳에 도산 선생의 묘역을 조성하였다. 1973년 강남 개발이라는 명분으로 도산공원으로 이장했다.

현재 유상규, 이영학, 나우, 허연, 김기만 단우들의 유택이 남아 있다.
나우 단우가 망우리에 묻혔다는 것은 4.19혁명 61주기에 국립4.19민주묘지에 참배하며 흥사단 단우들의 묘역을 참배하는 단우가 알려줬다. 단우들 대부분 독립운동을 하였다.

이영학 단우는 이북 출신이라 후손들이 유택을 돌보지 않고 있다. 1970년대 신문에 이영학 단우의 묘지를 흥사단에서 관리하고 있다는 기사가 실렸다. 2016년 도산 안창호 선생의 묘지 터에 옛 묘비를 세우는 행사가 3.1절 날에 있었다. 행사 뒤에 몇몇 흥사단 단우들이 이영학 독립지사 묘역을 참배하며 관리가 되지 않고 있음을 안타까워했다. 한국내셔널트러스트 김금호 국장이 다시 널리 알려 보훈처에 서훈받을 자료를 찾았고, 2020년 중랑구청에서 유관순 서거 100주기를 맞아 이태원묘지무연분묘 및 묘비 재단장 제막식에 맞춰 이영학, 김분옥 독립운동가 묘역을 임시로 나무를 제거하고 다시 단장하기로 약속하였다.

허연 단우는 후손이 신청했다가 보훈처와의 갈등으로 철회했다.

흥사단에서 표지비라도 세워 민족을 위해 피땀을 흘린 노고를 위로하길 빌어본다.

한국내셔널트러스트 망우분과 위원들이 중랑구청 용역을 받아 낙이망우 망우리공원 전수 조사를 4월 17일부터 일주일에 두 번 5월 말까지 실시했다. 망우리공원에 묻힌 기독교인들을 소개하면 다음과 같다.

아동문학가 강소천, 가수 강수지의 증조부인 목사 강학린 독립지사, 독립지사 김기만, 3.1혁명 전날 유관순과 이화여고 6인 결사대 김분옥 그의 어머니 박남신 권사, 제7안식일 교인 독립지사 김정규, 신출귀몰 김일성 모델 독립지사 김춘배, 콩박사 한국인 최초 모르몬교인 김호직, 이화여대 초석 김활란, 국어연구 독립지사 문명훤, 4.19혁명 불을 지른 이기붕 박마리아 부부, 민족대표 33인 변절한 목사 박희도, 독립지사 경아 서광조, 최초 유아세례 독립지사 송암 서병호, 일본인 사이토 오토사쿠·아사카와 다쿠미, 민족의 지도자 도산 안창호, 관동대지진 후원과 구원한 목사 오기선, 성천 유달영의 제자 이경숙, 선천의 2대 기업가 이영찬. 그의 동생 독립운동가 이영학, 장준하 아버지 목사 장석인, 사회의 눈을 뜨게 한 독립지사 조봉암, 제7안식일 교인 독립지사 허연 등이다.

함북 성진읍 욱정기독교회 목사,
3.1혁명 시위 주도 독립운동가

강학린

姜鶴麟, 1885~1937

강학린 목사는 1885년 6월 1일 함북 성진군 성진읍 욱리 596번지에서 태어나 1937년 7월 5일 선종하여 망우리공원에 묻혔다. 1919년 3월 7일 당시 성진군 성진읍 욱정기독교회 목사로 재직하던 중 김상필, 강희원 등 동지들과 함께 독립만세 시위운동을 벌이기로 계획하고 인근 각처에 연락을 취하는 등 준비를 갖췄다. 3월 10일 캐나다 선교사 구예선이 운영하는 제동병원 광장에 모인 5,000여 명의 군중들 앞에서 선언문을 낭독하고 궐기사를 하여 군중들의 기세를 높였다. 그가 독립만세를 선창하자 군중들도 일제

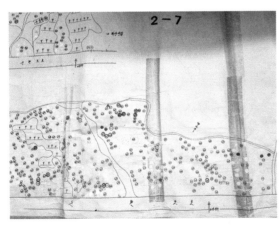

강학린 묘지 터 분묘 도면

히 독립만세를 외치면서 시위행진을 벌여 일본인 상가, 경찰서, 우체국 앞에서 시위를 전개하였다. 이에 일경이 무력으로 이들을 해산시키려 하였으나 오히려 군중의 분노를 사서 투석전이 벌어졌다. 이날의 시위로 인하여 그는 안성윤 등과 함께 주동 인물로 붙잡혔다. 그는 소위 소요, 보안법 및 출판법 위반으로 청진지방법원에서 유죄판결을 받아 불복 공소하여 같은 해 9월 2일 경성복심법원과 10월 11일 고등법원에서 각각 기각되어 1년 4개월여의 옥고를 치렀다. 정부에서는 1993년에 건국훈장 애족장을 추서하였다.

망우리공원 독립지사 묘역이 점점 사라져가고 있다. 후손들이 손자나 증손자로 이어진다. 묘지 관리 문제로 대부분 국립현충원으로 이장한다. 이장할 때 배우자도 함께 모셔갈 수 있다. 그런데 2003년 국립대전현충원으로 이장한 강학린 독립지사 묘지 터 아래에 배우자 묘지는 그대로 남아 있다.

강학린 묘비 앞면. "애국지사강학린목사추념비 배필 청송장씨 황주인 원봉지녀 학순"이 한자로 새겨져 있다. 가수 강수지 증조할아버지로 알려졌다.

묘비 뒷면. 1885.6.1생~1937.7.5졸 그의 일대기는 민족적 수난과 형극의 굴레 속에서 굴하지 않고 하늘나라를 선교하는 일이었다. 1917년 평양신학대학을 졸업하고 1918년 성진 욱정교회에 부임, 업덕 길주 명천 삼수갑산 혜산 풍기 차호 용대 단천 이원 등지에 교회를 세우고 1925년 함중노회를 창립. 작고하기까지 노회장을 여러 차례 역임하였다. 민족의 미래는 교육이 좌우하리라는 확신에서 캐나다 선교사 구례선 박사와 함께 교육사업을 일으켰다. 성진 보신남학교 보신여학교를 함께 설립하고 이사장직을 다년간 맡고 있었다. 1919.3.1. 독립만세운동 당시 동월 11. 성진, 학성 등지 일대에서 5~6천 명을 동원하여 독립만세운동을 주동했으며, 함흥 서울에서 재판을 받고 주모자로 동지들 14명과 함께 옥고를 치르시었다. 당시 상황은 사건 현장 목격자 구례선 선교사의 전도 수기와 운동 참가자 배만수

박사의 회고록과 한국독립운동사 제2권 4장 5절 城津郡에 자세히 기록되어 있다. 1993년 3.1절에 건국훈장 애족장이 추서되었고, 동년 6월 1일에 국가 유공증이 추서되었다. 평생 기도 속에서 절대자와의 대화를 통해 국권의 회복과 민족의 해방과 하늘나라의 실현을 열렬히 간구하는 선생의 길을 예비하고 계셨다. 그 신앙과 실천은 문중의 정신적 유산으로 응집되어 갔으며, 오늘도 그리고 대대로 후손에게도 영원히 이어져 내려갈 것이다.

추념비도 세월을 이기지 못하여 비스듬히 누워 있다 쓰러졌다. 주변에는 억새가 추념비를 둘러싸고 있어 더욱 분위기를 스산하게 만든다. 독립운동가 강학린 목사 추념비는 솔샘약수터 등산로 50여 미터 지나 우측 숲으로 난 오솔길을 70미터 정도 걸어 들어가면 만날 수 있다. 묘지번호 204311는 외로이 서 있다. 나뭇잎이 떨어진 계절에는 그래도 쉽게 찾을 수 있지만, 한여름 나무들이 우거져 있을 때는 쉽지 않다. 추념비에서 산 능선을 바라보면 시인 김동명 부부의 묘지 터를 가늠할 수 있다. 다시 솔샘약수터 가는 길로 나와 등산로 50여 미터를 오르면 왼쪽으로 임숙재 초대 숙명여대 총장 초장지 묘지석을 볼 수 있다.

상해임시정부 독립단 단원.
홍사단 단우 142번

김기만

金基萬, 1892~1956

김기만 묘비

김기만의 본적은 평안남도 용강군 오신면 한학리이다. 흥사단 단우번호 142번이다. 1921년 중국 원동위원부에서 흥사단에 가입했다. 1919년 7월경(7월 26일 기록)에 평안남도 지역에 연통제 특파원으로 파견된 기록이 남아 있다. 1922년 2월 16일《동아일보》기사에 상해 임시정부 독립단 단원으로 국내 잠입을 숨겨준 사실이 발각된 용강군 사건에 김기만 단원도 국내에 잠입한 이름 중에 있다.

묘비 앞면. 청주김공기만지묘.

묘비 뒷면. 공의 호는 명산(明山)이며, 아버님 이름은 원성(元性), 어머니는 순흥안씨이다. 두 분의 장남으로 임진년(1892) 3월 2일 평남 용강에서 태어났다. 부인은 풍천임씨인데, 4남 3녀를 두었다. 공은 어릴 때부터 우국애족의 마음이 특별히 뛰어났다. 중국 상해에 멀리 유학하여 대한민국 임시정부에 참여했으며, 도산 안창호 선생 등 많은 애국지사들과 나라를 세우는 일을 항상 도모하였으며, 이어서 광복이 되자 고국에 돌아와서 애국 국채 채권을 판매하였다. 홍사단 운동에 최선을 다해 노력했다. 예수교를 독실하게 믿었다, 하늘나라에서 어진 사람을 싫어하지 않아, 병신년(1956) 12월 27일 서울 돈암동 자택에서 영원히 돌아가셨다. 아! 슬프도다. 동생 기영이가 삼가 기록한다. 단기 4290년(1957) 정유년 3월.

안창호는 그의 일기(1920.5.15.)에서 김기만 군에게 손정도 목사 등을 비롯한 목사 3인이 외국 선교사를 초대한 비용과 여비에 대해 공채 발행 문제를 협의한 기록을 남겼다. 도산과 아내인 이혜련 여사와 주고받은 편지 속에서도 김기만의 이름을 확인할 수 있다. 1931년 제1회 동우회 사진에 도산 안창호, 유상규, 이영학, 김기만, 이광수와 함께 있었다. 사건 명단에도 이름이 보인다. 광복 후 고국에 돌아와 을지로 2가에서 출판업과 사무용품 사업을 운영한 것으로 추정된다.

국사편찬위원회 전자사료관 구익균 옹의 중국 임시정부(1929~1945)와 해방 전후사(1945~1961)의 생애 국사 편에 김기만도 포함되었다. 《LA중앙일보》 2019년 8월 15일 미주판 4면에 뉴욕 일원에 생존에 있는, 망우리공원에 유택이 남아 있고 무오독립선언에 참여한 것으로 알려지며 홍사단 단우이자 임시정부 내무부 참사로 보안책임자였던 독립운동가 나우, 본명이 나순응의 둘째 아들인 '마지막 광복군'인 나성돈(95세)의 회고담에서 그는 부인 나주석(90세) 씨와의 만남도 독립운동가 집안이 연결해준 특별한 사연이라고 설명했다. 부인의 부친 김기만 씨도 당시 상해에서 안창호 선생과 가까운 관계로 독립운동을 했었고 두 부친의 소개로 만남이 이뤄졌다는 것. 평안남도 출신인 김기만 씨는 독립운동 자금을 마련하다 이웃집의 신고로 체포되기도 했다고 말했다.

도산이 평양 선산에 가지 않고 망우리 유상규 군 옆에 묻히고 싶다 하여, 김봉성이 부친을 모시려던 망우리의 묘자리에 도산을 모셨다(오기영의 증언). 도산 안창호 선생 묘지를 중심으로 뒤에는 이영학 그리고 도산이 세운 평남 강서군 최초의 교회인 탄포리교회. 초창기 신도인 박남신 여사와 그 둘째 딸인 3.1혁명 전날 밤 유관순 열사 등과 결의한 6인 결사대 일원인 김분옥 여사, 왼쪽에는 형님 안치호의 딸인 안맥결과 결혼한 김봉성 독립운동가, 오른쪽에는 상해임시정부 비서였던 유상규 흥사단 단우 및 독립지사 묘역이 자리 잡았다. 이분들 외 단우인 독립지사 허연, 조종완, 문명훤 등이 망우리공원에서 현충원으로 이장했다. 애석하게도 도산과 김봉성 묘지도 이장하고 말았다. 현재는 나우, 허연, 이영학, 김기만, 유상규 단우와 박남신, 김분옥 모녀의 묘지만 남았다. 김기만 유택은 평산신씨 가족묘지에서 사색의 길 오르기 전 100여 미터 길 왼쪽 북서쪽 100미터 정도에 자리 잡고 있다. 묘지번호 104327이다.

주포기에서 주룰루 전도부인 선교사 아들로,
교육자. 독립운동가

김명신

金明信, 1899~1974

김명신은 일제강점기 유한양행 설립의 주역이고 교육자이며 독립운동가이다.

김명신의 어머니 주룰루(朱Lulu, 1879~1961)는 선교사이며 교육자이다. 한국의 초기 기독교 평신도 지도자, 전도부인의 한 사람이다. 1905년부터 1907년까지는 해주 의정학교 국어 교사였고, 1907년부터는 전도사가 되어 황해도 해주와 주변 지역에서 기독교 선교활동을 시작, 1945년까지 전도사로 활동했다. 본명은 주포기였으며 기독교 세례를 받고 세례명인 룰루로 이름을 고쳤다. 개성 출신이다. 3.1운동 당시 민족대표자의 한 사람이었던 박희도는 그의 사촌 누이 부군이 되었다.

김명신 가족묘지

김명신은 주룰루의 둘째 아들로 1899년 7월 3일 황해도 해주에서 태어나 1974년 8월 14일 서울에서 서거하여, 망우리공원 1964년 10월 30일에 쓴 아내 박경신 무덤에 합장했다(묘지번호 109461).

김명신은 1919년의 3.1혁명 직전 서울에서 만세시위 유인물과 태극기를 인쇄하여 해주군으로 비밀리 이송을 담당하였다. 그리고 3월 1일 만세운동이 벌어지자 해주군 해주읍내에서 최성모, 박희도, 오현경 등과 함께 만세운동을 주도한다.

1919년 3월 2일 옹진군 흥미면 만세시위를 주도한 곽정숭(郭貞崧, 1871~?, 2007년 건국훈장 애족장 추서) 지사의 자료에 따르면 "1919년 3월 1일 옹진에 독립선언서를 전달한 사람은 해주 출신 기독교인으로 서울에서 협성보통학교 교사를 하고 있던 김명신이었다. 그는 1919년 2월 28일 중앙기독교청년회 간사 박희도에게서 독립선언서 450매를 수령한 후 해주에 와서, 그날 오후 황학소에게 독립선언서 300매를 전달하였다. 다음 날인 3월 1일 김명신은 옹진군 옹진면 온천리에 도착하여 마산교회 전도사인 이경호에게 독립선언서 150매를 건네주었다. 이경호는 그날 오후 교인 7명을 동원해 독립선언서를 면내 곳곳에 부착하고 군내 주요 교회에 분배하였다"라고 기록되어 있다.

3.1운동을 계기로 구월산 투쟁, 신간회 사건에 참여한 독립투사 최봉직 옹의 부음기사 '파란의 생애 마친 노지사'에서 고인의 비망록 속에 김명신은 다음과 같이 등장한다. "삼일운동 직전인 4252년 3월 27일 최씨는 김명신(현 세브란스 사무처장) 씨의 지도로 서울에서 독립선언서를 자전거 타이야 속에 숨겨 황해도로 운반함으로써 20대에 구국투쟁에 뛰어들었다. (이하 생략)"(《경향신문》, 1961.8.1)

3.1만세운동 후 최성모, 박희도와 시위 주도혐의로 체포되어 투옥되었다가 1920년 출옥 후 목사 박계화의 딸 박경신(1900.10.4.~1964.10.26.)과 결

혼한다.

　　그 후 연희전문학교에 입학해 1926년 학사학위를 수여받는다. 같은
해, 광주 수피아여학교에서 근무하고 1939년 유한양행 영업과장과 1944년
상무이사로서 유한양행 설립자의 일원으로, 해방되던 1945년에 유한양행
사장을 역임한다. 1945년 해방 직후 세브란스의학전문학교 서무실 사무국
장을 거쳐 1946년 3월 배화여자중학교, 배화여자고등학교의 교사가 되었
다. 1960년 7월 12일에는 배화여자고등학교의 전임 교장이 재단에서 해고
되자 그가 배화여자고등학교 교장 대리로 임명되었다. 그러나 교장 해임과
그의 교장 대리 임명을 둘러싸고 재단과 학교 측의 분규가 벌어지기도 했
다. 1961년 9월 30일 정년퇴직하였다.

3.1혁명 선천군 선천읍
만세 시위 주도자

김봉성

金鳳性, 1901~1945

김봉성 묘비

김봉성은 1901년 3월 3일 평남 강서군에서 태어나 1945년 12월 18일 연탄가스 사고로 어린 딸과 함께 생을 마감했다. 1919년 3월 1일 평북 선천군 선천읍에서 전개된 만세운동을 주도하였다. 김봉성은 일제강점기 독립운동가로 도산 안창호 선생의 조카사위였다. 도산의 형 안치호 사위로, 아내 안맥결은 해방 후 경찰관으로 서울시 제3대 여자경찰서장을 지냈다. 오산학교 초대 이사장을 지낸 민족대표 이승훈이 1919년 3월 1일 독립만세운동을 펼칠 때 신성학교 4년에 다니고 있던 김봉성은 신성학교 스승인 교사 홍성익과 김지웅에게 학생들도 동참시킬 것을 요청하였다. 김지웅의 지시에 따라 동급생인 장일현, 고병간, 박찬빈 등과 도쿄 유학생들이 발표한 2.8독립선언서를 등사하고 태극기를 만들었다.

3월 1일 오후 2시 신성학교 학생들과 예수교 보성여학교 학생들은 함께 평북 선천읍 천남동 장터에서 독립만세를 외치며 독립선언서와 태극기를 사람들에게 나누어주었다. 선천 군민 천여 명이 선천읍 여러 곳을 돌아다니며 만세운동을 벌이자 경찰과 선천수비대는 총을 발포했고 십수 명의 사상자가 발생하였다.

김봉성은 주동자로 체포되어 1919년 6월 3일 평양 복심법원에서, 출판법과 보안법 위반으로 징역 2년을 선고받고 옥고를 치렀다. 1922년 일본으로 건너가서 쥬오대학교를 졸업하고 1927년 미국으로 건너가 남캘리포니아대학교 경제학과를 졸업했다. 귀국 후 1930년 홍사단에서 활동하였다. 1933년 《동아일보》 선천지국 기자 생활을 하다가 이듬해인 1934년 안창호의 조카 안맥결과 결혼하고 두 사람은 안창호가 설립한 점진학교에서 교사 생활을 하였다. 1938년 2월 도산 안창호 선생이 병보석으로 가석방되고 치료 도중 그해 3월 10일 별세하자 김봉성은 평소 죽으면 유상규 무덤 옆에 묻어달라는 도산의 유언에 따라 경기도 양주군 구리면 망우리 망우산 유상규 묘소 옆 아버지가 들어갈 못자리에 안창호 선생의 유택을 마련하였다.

1945년 12월 18일 딸 김자영(8세)과 함께 연탄가스 중독으로 숨졌다. 12월 20일 망우리공동묘지 도산 안창호 선생 묘소 왼쪽 30여 미터에 묻혔다(묘지번호 203550). 그 앞의 묘가 딸 김자영의 묘였다(묘지번호 203547). 2005년 대한민국 정부는 건국포장에 추서하였다.

2016년 4월 27일 유족들이 묘지 관리 어려움으로 국립서울현충원 충혼당 320실 055호로 김봉성 독립지사의 비석만 남기고 안장했다. 먼저 4월 24일 딸 김자영은 화장 후 산골했다.

안맥결(安麥結, 1901~1976)은 1901년 1월 2일 평안남도 강서군 초림면에서 평범한 기독교 집안의 장녀로 태어났다. 아버지 안치호는 도산 안창호의 친형으로 농사를 지었는데, 동생의 권유로 기독교장로회에 입교하여 평생 독실한 신자로 살았다. 맥결이란 이름은 춘궁기에 결실을 맺는 보리에 비유한 것으로 숙부인 안창호가 지어주었다.

3.1혁명을 겪고 난 이듬해인 1920년 초 안맥결, 권기옥을 비롯한 제11회 숭의여학교 졸업생이 주축이 되어 결백회를 조직했다. 결백단·일편단심회·절제회라고도 불린다. 송죽회의 민족의식과 항일활동을 계승한 단체로 정직과 검소·국산품 애용·금주·금연운동을 표방하며 지방순회강연에도 나섰다. 결백회 내에서도 특히 이영배, 안맥결, 배인수, 손옥련, 허경신 등은 '특별기도단'을 결성하여 망명한 애국지사를 은밀히 지원하는 활동을 펼치기도 하였다. 1937년 수양동우회사건으로 안맥결 부부가 체포되었다.

1945년 12월 남편이 죽은 후 서울에서 2남 1녀를 키우면서 생계를 꾸려나가기 어려워 두 아들을 평남 강서군의 친정집에 맡겼다. 이후 3.8선으로 남북이 가로막혀 이산가족이 되었다. 1951년 1.4후퇴 때 고향집에서 여동생 안성결이 두 아들을 데리고 서울로 내려와 다시 합칠 수 있었다.

1946년 5월 미군정청 경무부는 여자경찰관제도를 설치하고 여자경찰관 간부 지원자 모집 공고를 내고 우익단체의 추천을 받았다. 이때 안맥결을 비롯한 독립촉성부인회 등 우익단체 여성 지도자들이 많이 지원하였다. 6월에 간부급 여자경찰관으로 임용된 사람은 양한나, 안맥결, 고황경, 김용제, 김현숙, 김분옥 등 16명이었다. 이들은 국립경찰학교에서 간부 훈련을 받은 후 그해 7월 경무부 공안국 안에 신설된 여자경찰과(초대과장 고황경)에 배치되어 여자경찰관의 지도와 여자에 대한 범죄예방과 풍기 선도를 담당하였다. 망우리공원 3.1혁명 전날 유관순 열사와 결성한 이화여고 6인 결사대 김분옥 여사도 이때 경찰로 임용되었다.

1952년에는 총경으로 승진하고 3대 서울여자경찰서장에 임명되어 2년간 근무했다. 당시 여자경찰서는 부녀자, 노인, 소녀의 보호, 풍속 업무 등을 담당했다. 1954년 치안국 보안과 여경계장으로 복무했으며, 1957년 경찰전문학교 교수로 발령받아 후배 경찰들에게 한글과 영어를 가르쳤다. 1961

년 7월 사직하여 15년간의 경찰생활을 마감했다. 사직 때의 뒷이야기가 있다. 5.16쿠데타가 일어나고 군부로부터 정권에 합류하기를 권유받았으나, 안맥결은 민주주의를 짓밟은 군사정권에 협력할 수 없다며 단호히 거부했다고 한다.

안맥결은 경찰 재직 시 청탁 명목으로 뇌물을 가져오면 돌려보냈고, 직원들에게 항상 청렴과 봉사의 정신을 강조했다. 그의 성실한 근무 자세와 봉사정신으로 인해 1954년 무공포장(여자경찰서장)과 1960년 근정포장(경찰전문학교 교수)을 받았다. 1976년 1월 14일 향년 76세를 일기로 타계하였다.

안맥결 지사에 대한 서훈 신청은 유족과 흥사단을 중심으로 꾸준히 진행되어왔으나, 서훈 요건과 자료 미비로 국가보훈처로부터 여러 차례 반려되었다. 그러던 중 경찰청은 산하에 임시정부 100주년 기념사업단을 두고 올바른 경찰정신의 뿌리 찾기 사업을 벌였다. 그 사업의 일환으로 2018년 10월에 독립운동에 헌신한 경찰관 5명의 독립유공자 서훈을 국가보훈처에 요청했는데, 그중에 안맥결 독립지사가 포함되었다. 마침내 11월 17일 순국선열의 날을 맞아 안맥결 지사에게 건국포장이 추서되었다. 타계 42년 만에 독립유공자로 인정받은 것은 늦었지만 참으로 다행스러운 일이다.

안맥결 지사는 숙부 안창호 선생의 가르침대로 "애국자를 길러내는" 삶을 살았다. 일제에 치열하게 저항했으며 해방 후 청렴하고 성실한 삶으로 후배 경찰의 표상이 되었다. 여성독립운동가로서 세 아이의 어머니로서 강직한 경찰관으로서 살아온 안 지사의 웅혼한 삶은 오늘날 우리들에게 큰 울림으로 다가온다.

중국 간도 훈춘현
3.1혁명을 주도한 애국지사

송계 김정규

松溪 金貞奎, 1883~1960

김정규 묘비

독립운동가 송계 김정규는 1883년 6월 10일에 태어났다. 본적은 함경남도 함흥시 성내동 96번지이다. 호는 송계이다.

1913년 간도 용정촌에서 북장로파 계열의 영국인 목사 박걸이 혼춘지회를 조직할 때 참여하여 박태항, 한수현과 함께 선교활동을 통하여 민족의식을 고취하며 계몽활동을 전개하였다.

1919년 3월 20일 중국 길림성 혼춘 지방의 독립만세운동에 있어서 주동자인 황병길의 뒤를 이어 연설하고, 시위에 모인 군중 800여 명과 함께 큰 태극기를 앞세우고 군중들은 손마다 작은 태극기를 흔들면서 독립만세를 큰 소리로 외치며 행진하는 시위를 전개하였다.

1919년 9월 11일 노령의 대한국민의회 회장인 문창범으로부터 "국제연맹회의에서 한민족의 독립 문제를 논의할 때 세계 각국의 여론을 환기하기 위하여 군중들에 의한 시위를 거사하여야 한다"는 밀서를 받고 고일섭,

안태국, 김한익 등과 함께 협의하여 대한국민의회 본부에 시위운동 후원자의 파견을 요청하는 한편 시위운동의 구체적인 방안을 모색하는 등의 활동을 폈다.

1921년 9월에는 전 상해 임시정부 국무총리를 역임한 이동휘의 국권회복운동을 위해 협력 활동하는 등 2년 6개월간에 걸친 사실이 확인되었다.

1960년 9월 14일 서울에서 서거하여 망우리공동묘지에 9월 16일 묻혔다.

비석의 앞면. 第七日 安息日 예수再臨敎人 故松溪 金貞奎之墓 復活의 所望(제7일 안식일 예수재림교인 고송계 김정규지묘 부활의 소망).

정부에서는 고인의 공훈을 기리어 1990년에 건국훈장 애족장을 추서하였다. 2011년 3월 30일 국립대전현충원 애국지사 4묘역-345로 이장했다. 묘비는 세워두었다.

2019년 3월 4일 문재인 대통령이 "독립운동가 마지막 한 명까지 찾아내겠다"며 해외독립운동가 후손들을 청와대 영빈관에 초대해 오찬을 가졌다. 일제강점기 3.1혁명을 계기로 항일무장투쟁 등 독립운동전선에 뛰어든 독립유공자 64명을 한 사람 한 사람 직접 소개하며 평가를 했다. 특히 중국 동북지역에서 일제와 맞서 싸운 김정규, 이경재 독립운동가 등도 일일이 거론하며 재평가를 해 감동을 주었다.

망우리공원 사색의 길 삼거리 일방통행 오른쪽 길을 걷다 시인 박인환의 연보비를 지나고 송석하 선생의 묘지 터를 지나 서동일 연보비를 지나 오재영 연보비 맞은편 11시 방향 100미터 올라가면 수풀이 우거진 곳에 이장지(묘지번호 206177)가 남아 있다. 또한 2010년 9월 초 태풍 곤파스 때 일어난 산사태로 새로 물길을 내고 석축을 쌓은 흔적이 남아 있다. 묘지를 이장하고 비석을 그대로 세워두었다. 이곳은 바위가 곳곳에 솟아 있다. 수맥은 흐르지 않아 쾌적하다. 향은 북향으로 높이는 7부 능선이다. 안산은 송곡여고 뒷산인 봉황산이다. 조산은 불암산, 수락산 저 멀리 도봉산까지, 서울 동북부 노원구, 강북구, 도봉구 등으로 시계가 막힌 데 없이 드넓다.

상해임시정부 보안책임자.
아들 나성돈과 2대 독립운동가 집안

별산 나우

鰲山 羅愚, 1885~1960

나우 묘비

2021년 5월 22일 토요일 중랑구청 발주 한국내셔널트러스트 망우분과 망우리공원 전수조사 마무리 보충 답사를 하였다. 산삼 찾는 심마니보다 더 절실한 마음으로 2시간 헤매다 오후 3시 솔밭약수터 아래 북서쪽 100미터 지점 좁고 그늘진 독립운동가 나우 유택을 참배했다.

독립운동가 나우는 아버지 나의진과 어머니 송씨 사이 평남 용강 출생이다. 용강예수교 사범학교 수업 후 예수교진명소학교 교장을 역임하였다. 특기는 도화로 흥사단 단우번호 222이며 본명은 나순응이다

대한민국 최초 독립선언인 대한독립선언(무오독립선언) 39인 외 나우, 정안립, 정신, 서상용, 서일, 신팔균 등 6명은 선언에 참여한 것으로 알려져 있다. 어떤 사정으로 선언서에 누락되었거나 가명으로 연서하였을 것으로 추정된다. 임시정부에서 국장급 이하의 직위를 가지고 근무한 흥사단 단우 현황을 부처별로 살펴보면 다음과 같다. 내무부에서 특별단우인 김구(경무국

장)와 나우(참사, 1920.6.25.~), 문명훤(서기) 외에 전재순, 차균상(경호원), 외무부에서는 이탁(동삼성 외교위원부위원장), 오덕연(외교위원), 김붕준(주월대표), 한시대(주미외교위원), 양우조(외교연구위원) 등이다. 도산이 떠난 후 명칭을 원동지방위원회(1935), 원동위원부(1944)로 바꾸었다. 이 시기에는 홍재형, 조원창, 나우, 유진동, 김립, 허상련 등이 서무·재무·심사 등 실무를 담당하였다. 한국국민당의 활동은 주로 항일특무에 집중되었다. 중일전쟁 직후에는 본부를 난징에 설치해 조사·행동·특무·교통·연락부로 조직을 재정비하였고, 상하이 프랑스조계 호산로에 지부를 설치해 조상섭과 나우를 책임자로 파견하기도 했다. 1948년 6월 흥사단본부를 서울로 이전한 후 국내단우 중심으로 지도부를 재편하여, 5개 지방회에 책임간부를 두었는데 나우 단우는 시흥 지역을 맡았다. 또한 1957년 심사부장(심사회장)을 맡았다. 지금까지 나우 독립지사가 국가보훈처 서훈을 받지 못한 까닭을 찾지 못했다.

나우의 둘째 아들 나성돈 독립운동가는 1924년 7월 4일 상해에서 태어났다. 당시 부친 나우는 임시정부 보안책임자였다. 나성돈은 20대에 부친에 이어 중국의 농촌인 '푸앙'에서 1945년 광복 직전까지 제3지대 특수부대 일원으로 활동했다. 한국의 해방을 위해 미국정부와 전략을 짜며 현 중앙정보부(CIA)의 원형인 전략사무국(OSS·Office of Strategy Service)에서 파견된 직원에게 무전통신을 전수받기도 했다.

광복 이후에는 한국 주한미대사관 경제 부문에서 근무하며 미국에서 해외원조로 곡식을 보내오면 수급 조절하는 일을 했다. 1963년 대통령표창과 1990년 건국훈장 애족장을 수여했다. 1960년대 초 미국에 이민하여, LA와 라스베이거스 등에서 사업을 했고 1974년에는 가족과 함께 뉴욕으로 이사했다. 부인 나주석과의 만남도 독립운동가 집안이 연결해준 특별한 결혼이다. 망우리공원에 묻힌 부인의 부친 김기만 씨도 당시 상해에서 안창호 선생과 가까운 관계로 독립운동을 했었고, 두 부친의 소개로 만남이 이뤄졌다. 평안남도 출신인 김기만 씨는 독립운동 자금을 마련하다 이웃집의 신고로 체포되었다. 나성돈의 2남 2녀 중 첫딸 나인숙 씨는 1973년 유고슬라비아 사라예보에서 열린 제32회 세계탁구선수권대회에서 이에리사, 정현숙, 박미라 등과 함께 금메달을 거머쥔 유명 스포츠 선수였다. 나성돈 독립지사는 2020년 6월 27일 미국 롱아일랜드 딕스힐에서 별세했다. 11월 17일 국립대전현충원 독립유공자 제6묘역에 안장되었다.

흥사단 및 중랑구청에서 망우리공원에 잠들어 계신 사돈인 나우와 김기만 두 분의 독립운동가 서훈을 국가보훈처에 신청할 예정이다.

3.1혁명 맹산 시위 주도자.
임시정부 내무부 서기. 독립운동가

지기 문명훤

知期 文明煊, 1892~1958

문명훤 연보비

문명훤은 1892년 11월 30일 평남 평양 신양리 176번지 52호에서 태어나 1958년 10월 23일 서거했다. 1910년 국권이 침탈되자 1914년 중국으로 망명하여 항일투쟁 방략을 모색하다가 병을 얻어 귀국하였다. 1919년 3.1혁명이 일어나자 평남 맹산에서 시위를 주동한 후 다시 상해로 건너갔다.

"1919년 3월 초순 이 지역 사람들이 독립을 외치고 난 후 56명이 헌병대에 출두하라는 명령을 받고 그곳으로 갔다. 그들이 헌병대 안으로 들어서자 대문이 굳게 닫혔다. 헌병들이 담 위로 올라가더니 들어왔던 사람들 모두를 쏘아 죽였다. 그러고는 내려와서 죽은 사람들 사이를 걸어 다니며 아직 숨이 끊어지지 않은 사람들을 총검으로 다시 찔러 죽였다. 53명이 그곳에서 학살당했고, 나머지 세 사람은 나중에 그 주검의 더미에서 기어 나와 탈출하였다. 그들이 계속 살아 있는지 여부는 알려진 바 없다. 우리가 신뢰할 수 있는 한 여성 기독교인이 며칠에 걸쳐 여행한 끝에 그의 외

국인 친구에게 위의 사실을 전해주었다. 의심의 여지없이 그녀의 말은 사실이었다."(재한 선교사 보고 문건)

　미국인 선교사 모펫 등이 본국에 보고한 이 문건은 현장에 있던 여러 목격자의 증언을 토대로 작성된 것이다. 문제의 사건은 1919년 3월 10일 대동강이 발원하는 산간 지역인 평안남도 맹산군에서 일어났다.

　상해에서 영어전문학교를 수료하고 1920년 4월 14일 대한민국 임시정부 내무부의 서기로 임명되었다가 동년 6월 24일 의원 사직하고 미국으로 유학을 떠났다. 이곳에서 흥사단에 가입(단우 562)하여 활동하는 한편 노스웨스턴대학을 졸업하였다. 1931년 초에 귀국하여 상업에 종사하면서 흥사단의 국내 조직체인 수양동우회에 가입하여 민족주의 사상을 고취하는 등 활동하다가 1937년 6월 회원 150여 명과 함께 체포되었다. 4년여의 옥고를 치르면서 재판 끝에 1941년 7월 21일 무죄로 석방되었으나 일경의 고문을 견뎌내야 했다.

　정부에서는 1990년에 건국훈장 애족장(1968년 대통령표창)을 추서하였다. 망우리공원 솔밭약수터 위 망우산 제2보루 밑 유택에서 2006년 국립대전현충원 애국지사 3묘역 402로 이장하여 안장되었다.

　연보비 앞면. 말에는 본이 있고 글에는 법이 있다. 말과 글이 같은 민족의 사회에서 말의 본이 글의 법이오, 글의 법이 곳 말의 본이다. ─'고등 한국말의 본' 중에서

　문명훤의 연보비는 망우산 동쪽 구리시 동락천 근처 독립지사 유상규 연보비와 나란히 서 있다. 묘지 터와 묘비는 망우산 제2보루 망우전망대 밑 북서쪽 중랑구 솔밭약수터 사이 9부 능선에 남아 있다.

묘비 앞면. 남평문공명훤의묘.

묘비 뒷면. '고등한국말의 본' 저서 중에서 한문자 사용과 왜 생활 습속 등 노예 문화의 깔때기가 일소되고 자주문화가 수립되어야 곧 민족 문화가 순화되어야 민족성이 강대하여져서 민족적 긍지와 자부가 앙양되는 동시에 국제적으로는 화동협진하는 기품이 촉진되어서 사대숭외 등 비굴의 누습이 민족에게서 사라지는 것이다 一九八四년 六월 대한민국 정부 알선으로 이 비를 세우며 아들 요식 대동 요현 대성 장손 명유 가려 뽑고 혜촌 김학수 쓰다.

묘비 옆면. 예수께서 가라사대 나는 부활이요 생명이니 나를 믿는 자는 죽어도 살겠고 무릇 살아서 나를 믿는 자는 영원히 죽지 아니하리라. 요한복음 十一장 二十五. 二十六절 말씀.

1940년 평양에서 태어나 1959년 한국외국어대학교 스페인어과를 입학한, 미국 이민 1세대인 문대동 미국 삼문그룹 회장은 문명훤의 둘째 아들이다.

감리교 목사,
만주에서 조선기독교회 새 교단을 창립한 독립운동가

변성옥

邊成玉, 1892~1950

변성옥 묘비

변성옥 목사는 1892년 평양 수옥리 303번지에서 태어났다. 광성학교를 거쳐 1909년 숭실학교 6회로 졸업하고 1913년 평양 숭실전문학교를 졸업했다. 1923년 목사 안수를 받았다. 1926년 시카고대학 기독교 교육학을 전공하여 신학사 학위를 받았다.

1929년 귀국한 뒤 송도고보, 연희전문, 감리교 협성신학교 교수가 되었다. 이어 미감리회 조선연회의 종교교육부 간사로 시무했다. 1930년 12월에 남북감리교회가 합동하여 하나의 조선감리교회를 창립할 때 총회의 통역위원으로 유형기, 김성실 등과 간부로 활약했다. 그 뒤 조선감리회 선교연회의 감리교 선교사로 만주 하얼빈으로 파송되었다. 그가 하얼빈 교회 담임목사로 사역하던 1935년까지 5년이 그의 1차 선교 사역이다.

1935년 1월 조선감리회 북만지방회장 현성원, 한동규, 우인철, 박세평, 김병택 등과 함께 조선 감리교 총리원을 탈퇴하여, 그해 12월 장로교회의 몇몇 동지들과 함께 '조선기독교회'라는 새 교단을 창설하였다. 동시에 그는 길림성 경도선 강밀봉에다 '길림신학교'를 창설하고 그 교장이 되었다. 특히 그는 교역자들의 자급자족을 위하여, 여름에는 농사를 시키고 겨울에는 공부를 시켰으며, 이를 위하여 집단농장을 경영했다. 그 이유는 효과적인 만주지방의 선교를 위해서는 교파주의를 극복하여야 하고 외국선교사들의 선교비에 의존하지 않는 자립적인 행정을 하여야 한다는 것이었다.

변성옥은 외국 선교비에 의존하지 않는 자립적인 선교정신은 민족독립운동에 연결되어, 만주에 있는 독립운동가들과 긴밀한 관계를 맺게 되었으며, 1943년 길림에서 일경에게 붙잡혀 해방될 때까지 2년간 옥고를 치렀다.

시사구락부가 1925년 2월에 조직되었을 때 변성옥이 이창제, 이갑성, 현신덕, 조철호, 배집 등과 함께 전 민중의 도덕적 자각 촉구 및 반사회주의 운동에 뛰어듦으로써 사회 변혁에도 뜻을 두었음을 알게 된다. 그의 사회 운동은 8.15광복 후에도 계속되었다. 월남한 변성옥은 정계에 투신하여 대한독립 촉성국민회 청년부장과 조선 적십자사 비서장으로 피선되었고, 1946년 미국 군정하에서 민선 입법의원으로 활동하였으며, 1947년에는 법제사법위원과 민주 의원의 부회장을 역임하였다.

1946년 5월에 YMCA 무보수 총무로 피선되어 이호빈 목사와 김우현 목사 등과 함께 Y 재건 사업에 착수하던 변성옥은 1948년 대한민국 정부 수립 후 정계에서 떠난 후 YMCA에 온전히 헌신했다. 그는 Y의 협동 총무였던 죠지 A. 피취 선교사와 함께 전국을 순방하면서 지방 Y 재건과 간사 양성을 통한 지도력 개발에 주력하였다.

변성옥은 이호빈 목사가 1946년에 세운 초교파적인 중앙신학교(현 강남대)에서 1948년부터 1950년까지 초대 교장을 역임하였는데 만주 길림 신학교의 초교파 교역자 양성의 꿈을 버리지 않았음을 읽을 수 있다. 또한 재건파와 부흥파로 분열되었던 감리교회의 합동운동에 주력하여, 1949년 4월 기독교대한감리회로 통합하는 데 기여하였다.

중앙신학교를 거쳐 간 목사 이호빈, 변성옥, 이호운, 이환신, 김우현, 함석헌, 정일형, 안병무, 박재훈, 시인 황금찬 등이 이 대학 신학교육을 이끈 교계 지도자들이었다.

청주 YMCA 창립 2주년 기념식에 참석하고자 출장을 떠난 변성옥은 1950년 3월 5일에 59세를 일기로 급성췌장염으로 선종하였다. 장례식은 9일 오전 11시에 종로 YMCA 강당에서 양주삼과 정일형 등 사회 유지 다수가 참석한 가운데 엄숙히 치렀다. 장지는 망우리였다. 묘지번호 205301이었다.

한국인 최초 유아세례 받은 기독교 목사,
독립운동가

송암 서병호

松嵒 徐丙浩, 1885~1972

서병호 연보비

송암 서병호는 1885년 7월 7일 황해도 장연에서 태어나 1972년 6월 7일 선종한 목사이며 독립운동가이다. 1914년에 중국으로 건너가 남경 금릉대학에 유학하였다. 1918년에 제1차 세계대전이 종막을 고하여 11월에 세계대전의 휴전이 성립되고 새해 1월부터 파리강화회의가 개최된다고 알려짐에 따라 독립운동 지도자들은 상호간의 의견을 타진하고 긴밀한 연락을 취하기 위해 상해로 모여들었다.

그래서 1919년 초에 그는 신규식, 김규식, 여운형, 선우혁, 한진교, 장덕수, 조동호 등과 함께 상해 영국조계에서 조국의 자주독립을 위한 강력한 추진을 목적으로 신한청년당을 조직하였다. 이 단체에서는 기관지《신한청년보》를 발간하여 교포들에게 독립정신을 고취시켰다. 신한청년당의 당원수는 약 150명 정도였으며 당내에는 재무부·교제부·토론부·체육부·서무부 등의 각 부서를 두고 당원이 일심동력하여 독립운동의 선봉부대로서의 활발한 운동을 전개하였다.

신한청년당은 신규식이 중심이 되었던 동제사의 핵심 인물들이 결성한 조직 단체인데 이 당시 그는 신석우, 여운형, 선우혁, 조동호, 조소앙 등과 함께 동제사의 이사로서도 활동하였다. 신한청년당은 그 결성과 함께 김규식을 파리강화회의 한국 대표로 파견하여 대외적으로 민족대표기관의 임무를 실행하였으며, 동시에 국내 및 노령, 일본 등 각지 동포사회에도 세계 대세에 따르는 독립운동을 펼치기 위하여 당의 중요 인물들을 파견하였다. 즉 김규식의 상해 출발 직후인 2월 초에 그는 선우혁과 함께 국내로 파견되어 독립운동 전개 및 자금 갹출과 시위계획을 추진하도록 하여 3.1혁명의 기반을 조성한 후 상해로 귀환하였다.

상해에 도착한 그는 3월 하순경부터 신한청년당의 간부진인 여운형, 선우혁, 이광수, 김철, 현순, 최창식, 여운홍 등과 함께 프랑스조계의 보창로 329호에 독립임시사무소를 설치하고, 각국을 향하여 독립선언을 하면서 임시정부의 조직에 착수하였다. 1919년 4월 25일에는 이춘숙, 남형우, 장도 등과 함께 임시의정원법 심사위원이 되어 임시의정원법 전문 13장 57조를 가결·채택하였다. 이후 임시정부 의정원 의원, 내무부 지방국장, 대한적십자회 이사, 신한청년당 이사장, 대한인 거류민단 의사원 등으로 독립전선에서 적극 활약하였다.

또한 그는 임시정부의 황해도 장연군 조사원으로 임명되기도 하였다. 1920년에는 미국 의회에서 극동지역시찰단이 파견되어 중국과 한국의 여러 곳을 시찰하게 되었다. 이에 따라 임시정부에서는 6월 28일에 미국의원시찰단 환영준비위원회를 조직하고 위원장으로 안창호를 선임하였다.

이 당시 그는 정인과, 여운형, 이희경, 여운홍, 이유필, 김순애, 황진남, 신국권, 임춘희 등과 함께 위원으로 선임되어 8월 5일 상해에 시찰단이 상륙하여 중국에 머무는 동안 곳곳을 따라다니며 진정서를 전달하는 등 외교

공세를 전개하였다.

대한민국 임시정부가 초창기에 난항을 거듭하게 됨에 따라 1922년에는 독립지사들이 국민대표회를 개최하게 되었는데 그는 준비위원회 서기로 임명되었다. 그러나 이 회의도 별다른 효과 없이 해체됨에 따라 그는 김규식, 윤해, 고창일, 원세훈, 신숙, 도인권, 김철, 이청천, 최동오, 여운형, 정광호, 김상덕, 조동호 등과 함께 조선공화국을 새로이 조직하여 1922년 9월에 노령으로 가서 소련에 의탁하려 하였다.

그러나 레닌의 사망에 따라 소기의 목적을 이루지 못한 채, 1923년 3월에 다시 상해로 돌아왔다. 1925년 2월 21일에는 상해에서 신한청년회총회가 개최되어 임원 개선과 금후의 사업에 관한 새로운 계획이 결정되었다. 여기서 이사장에 김규식이 선임되었으며, 그는 여운형, 한진교, 김철, 정광호, 박진 등과 함께 이사로 선임되어 활동하였다.

1933년에는 인성학교 이사장에 취임하여 독립사상을 고취시키며 항일정신을 함양시키는 등 후진교육에 주력하였다. 그러나 일본이 일장기 게양을 강요하자 학교를 폐교시키고 새로운 활동 방안을 모색하던 중 광복을 맞이하였다. 정부에서는 고인의 공훈을 기리기 위하여 1990년에 건국훈장 애국장(1980년 건국포장)을 추서하였다.

호는 송암(松嵒). 한국 최초의 목사 7인 중 1명인 서경조 목사의 차남으로 송천교회에서 개척 선교사 언더우드 목사에게 한국인 최초로 유아세례를 받았다. 1906년 서울 경신학교의 유일한 1회 졸업생이다.

대한민국의 독립과 결혼한 김마리아(金瑪利亞, 1892~1944) 독립운동가는 서병호가 큰 고모부였다. 평북 의주 사람인 서상륜과 서경조 형제가 개신교 박해를 피해 소래마을로 들어와 이곳에 기독교를 처음으로 전하고 선교사 도움 없이 소래마을 사람과 함께 조선 최초의 자생교회를 세웠다. 김마리아는 이처럼 기독교가 굳건하게 뿌리내린 소래마을에서 부친 김윤방과 어머니 김몽은의 3녀 중 막내로 태어났다. 본관은 광산으로, 이름인 마리아는 독실한 개신교 신자였던 아버지가 지은 것이다. 본명은 김진상이었다.

1894년 마리아의 아버지가 죽자 장연군 향장이던 숙부 김윤오가 형의 식솔을 돌봐왔다. 김윤오 또한 기독교 신앙을 받아들이고 개화사상을 품고 있던 인사였다. 그의 가문은 숱한 독립지사를 배출했다. 1897년 김윤오의 누이동생 구례와 서경조의 둘째 아들 서병호가 혼인하여 소래마을을 두 가문이 맺어졌다. 서병호는 서경조의 둘째 아들이었으나 큰아버지 서상륜이 아들이 없자 양자로 입양됐다.

고모부 서병호와 그 아들 서재현(徐載賢, 1906~1999)은 대한민국 임시정부에서 일한 독립운동가였으며, 김규식의 부인이며 역시 독립운동가인 김순애(金淳愛, 1889~1976)에게는 김마리아가 나이 어린 종고모가 된다. 또 만주에서 활동한 독립운동가 김필순(金弼淳, 1878~1919)은 그녀의 삼촌이고, 1908년 세브란스(제중원) 의학교 1회 졸업생으로 우리나라 교육기관에서 최초로 의사가 된 일곱 명 중 한 사람인 김필순의 아들이 상해에서 1930년대 중국 영화의 황제로 활동한 미남 항일배우 김염(金焰, 본명 덕린, 1910~1983)이며 김마리아의 사촌동생이다. 서경석(徐京錫, 1948~) 목사가 서병호의 친손자이다. 3대가 기독교 목사로서 모범적인 목회와 사회활동을 이어가야 하는데, 진보와 보수 경계선을 넘나드는 손자 서경석 목사를 소개하면 함께하는 사람들이 아쉬워하는 경우가 많았다.

서병호 묘역은 2008년 11월 19일 대전현충원(독립유공자 2-1121)으로 이장하고 묘비만 남아 있다. 연보비의 서병호 호 송암(松嵒)의 바위 '嵒' 자를 한참 들여다보다 연보비 앞면을 소리 내어 읽는다.

"내가 있기 위해서는 나라가 있어야 하고 나라가 있기 위해서는 내가 있어야 하니 나라와 나와의 관계를 절실히 깨닫는 국민이 되자."(「좌우명」 중에서)

연보비를 뒤로 하고 오솔길을 50여 미터 올라가면 좌측의 넓은 묘역이 독립운동가 서병호 묘지 터이다. 묘지 터도 넓게 조성되고 잔디 상태도 좋은 편이다. 이곳에서 모임을 갖는 것도 의미가 클 것 같다. 특히 기독교 단체와 새문안교회에서 관심을 가졌으면 좋겠다. 묘지를 이장하며 묘비를 그대로 세워두고 묘비 앞면에 이장 날짜와 장소까지 새겨 넣은 경우는 망우리 공원에서 거의 유일하다. 대부분 이장할 때 묘비는 묻고 가는데 서병호 묘비는 그대로 두고 가 후학들의 교육의 장으로 널리 활용할 수 있어 좋은 선례이다.

독립지사 흥사단 결성.
대한민국장 서훈한 민족의 지도자

도산 안창호

島山 安昌浩, 1878~1938

도산 안창호는 1878년 11월 9일 평남 강서에 태어나 1938년 3월 10일 서울에서 서거했다.

　　일제강점기 애국계몽 활동을 전개하고 독립운동에 일생을 바친 독립운동가로 호는 도산. 가난한 농부의 집안에서 태어나 할아버지 밑에서 성장했으며 공부를 마친 뒤 1897년 독립협회에 가입하고 1907년 신민회를 조직, 1913년 샌프란시스코에서 흥사단을 결성했다. 1926년 2월 상하이로 돌아

안창호 변화 사진

와서 만주에 흩어진 군사 활동을 통일하여 대한독립당을 결성하고자 했다. 그러나 민족운동의 이념과 노선이 통일되지 못해 실패로 끝났다.

1932년 4월 29일 윤봉길의 홍구공원 의거에 따라 일경은 프랑스조계 경찰의 협조로 독립운동가의 일제 검거를 실시하였다. 그는 이러한 정보를 알고서도 어린 소년과의 약속을 지키기 위해서 상해 하비로에 있는 이유필의 집을 방문하였다가 잠복하고 있던 일경에게 체포되었다. 본국으로 압송된 그는 동년 12월 19일 경성지방법원에서 징역 4년형을 받았다.

"앞으로도 독립운동을 할 작정인가" 하는 일본 검사의 물음에 그는 "나는 밥을 먹어도, 잠을 자도 민족을 위해 먹고 잤으니, 앞으로 민족을 위해 일하고자 함은 변함이 없다"고 말했다. 기개가 꺾이지 않았다.

1935년 2월 대전감옥에서 출옥한 그는 일경의 감시를 받으면서도 지방을 순회하며 계몽 강연을 하였다. 평남 대보산에 은거하여 이상촌 건설을 계획하였으나 1937년 6월 수양동우회 관계로 다시 일경에 체포되어 옥살이를 하던 중 중병이 들어 동년 12월에 보석으로 출옥하였으나 건강을 회복하지 못하고 이듬해 3월에 서거하였다.

정부에서는 고인의 공훈을 기리기 위하여 1962년에 건국훈장 대한민국장을 추서하였다. 2005년 8월 이달의 독립운동가, 2019년 4월 이달의 독립운동가로 선정되었다.

도산을 임종한 흥사단 단우는 오기영, 이선행, 백관수 등이었으며 장례식에 참석한 단우는 오윤선이었다. 조카사위인 김봉성이 아버지를 모시려던 망우리의 묫자리에 도산을 모셨다(오기영의 증언). 도산이 고향 평양 선산에 가지 않고 망우리에 묻힌 이유가 있었다. 임시정부에서 도산의 수행비서와 같은 독립지사 태허 유상규 경성의전 강사가 1936년 환자를 치료하다 단독에 감염돼 운명하여 망우리공동묘지에 묻혔다. 장례식은 마침 대전에서 출옥하여 국내에 머물던 도산이 주관했다. 태허의 장례식에 불법집회로 의심할 만큼 많은 친지와 동지들이 모였다. 그의 은사 오사와 마사루 교수도 '슬픔에 떨리는 음성'으로 조사를 낭독했다. 도산이 병원에서, 죽으면 고향 평양 선산에 가기보다는 망우리에 상규 군 옆에 묻히겠다고 하였다. 63세를 일기로 봄바람이 아직도 찬 3월 10일에 경성제대병원 병실에서 도산은 이 세상을 하직했다. 도산은 운명하기 며칠 전에 이런 말씀을 하였다.

"나 죽거든 내 시체를 고향에 가져가지 말고." "그러면 엇더케 할래요." "달리 선산 가튼데도 쓸 생각을 말고." "서울에다 무더 주오." "……." "공동 묘지에다가……." "유상규군이 눕어잇는 그겻 공동묘지에다가 무더주오." 백씨와의 사이에 이런 대화가 있었다. 유상규란 경성의전 청년 교수로 상해 당시부터 도산의 가장 사랑하던 애제자인데, 그만 연전에 서울서 작고하였다. 그날 장례식은 춘원이 주재하였다. (1938. 5. 1. 《삼천리》 제10권 제5호, '도산의 임종, 서울 공동묘지에 묻어달라는 일언(一言)이 세상에 끼친 유언' 중에서)

그의 죽음이 알려지자 조선총독부는 헌병을 보내, 만일의 소요사태를 막는다는 이유로 망우리 묘소 장지의 출입을 통제하고 감시하였다.

1947년 5월 15일 《동광(東光)》 41호(속간본)에 동전 오기영이 쓴 도산 선생의 최후를 소개한다. "사흘째 되는 날, 전후에 경찰 자동차 경계 속에 모자 끈을 턱에 내린 경관들이 가로수 수효만큼 나열된 중에서 대학병원을 떠나서 망우리로 향하였다. 연도에는 역시 가로수처럼 경관이 늘어서고 망우리 쪽에서 시내로 들어오는 사람은 허락되었으나 시내에서 이 방향으로 나가는 통행을 금지했다. 망우리 묘지에는 옆구리에 권총을 찬 경관과 헌병 30여 명의 경계 속에서 오후 3시 선생은 지하에 들었다. 비석을 세우지 못한다는 명령과 함께 묘지에 심으려던 무궁화는 압수되고 그 대신 사쿠라를 가져왔기에 집어던지고 말았다."

1973년 강남구 신사동의 도산공원으로 이장되면서 그의 구 묘소가 있던 묘지 터는 아들처럼 여긴 비서 유상규 묘소 북동쪽에 원형 보존되고 있었다. 미국에서 별세한 아내 이혜련의 유골과 함께 서울특별시 강남구 신사동에 있는 도산공원으로 이장, 안장되었다. 미국 로스앤젤레스에는 그의 이름을 딴 인터체인지(2002)와 우체국(2004)이 세워졌다.

도산 안창호 묘지 터는 이인성 화백의 유택을 참배하고 망우산 제3보루 쪽으로 걷다 오른쪽 10미터 이영학 독립지사 묘역을 지나 10여 미터 지나 소나무 그늘이 좋은 왼쪽 나무계단을 내려서면 묘비가 서 있다. 묘비는 둘이다. 하나는 1973년 도산공원으로 이장하며 묘지 터라는 사실을 알리는 "島山安昌浩先生墓趾(도산 안창호선생 묘지)"라는 작은 비석이다. 또 하나는 "島山安昌浩先生之墓(도산 안창호선생지묘)"의 큰 비석이다. 큰 비석은 서울 강남구 도산공원으로 1973년 이장하며 옮겨져, 2005년 새 묘비가 설치되면서 도산기념관 지하에 보관되었던, 도산 안창호 선생의 옛 묘비가 43년 만에 원래 자리인 망우리공원으로 재이전하여 2016년 3월 1일 제막식을 거행했다. 춘원이 비분을, 비석의 앞면은 소전 손재형이 쓰고, 뒷면과 옆면은 원곡 김기승(흥사단 단우번호 1026번)이 썼다.

『그와 나 사이를 걷다』의 저자 김영식 작가의 발품과 한국내셔널트러스트와 서울시 시설관리공단 관계자들의 노력으로 도산공원 안에 보관되어

도산 안창호 이장지 묘비

있던 옛 묘비를 망우리공원 도산 안창호 선생 묘지 터로 옮겼다.

흥사단의 교육 시스템이 잘되어 도산 안창호 어록 쓰기 및 스티커 붙이기 등을 실시하고 있다. 필자는 학생들과 동아리 활동하면서 중랑구청 후원을 받아 2017년부터 구청 행사에 참가했다. 2019년 네 번째 구청 주최 행사에 참가한, 11월 9일 중랑교육혁신박람회에 '걱정없는동네상봉중

신현고연합동아리'도 망우리공원 인물들의 저서 및 평전 작품집 등을 수집하여 전시 및 학생들의 어록 쓰기를 실시했다. 망우리공원 인물들의 저서 및 작품집, 평전, 자료집 등 300여 권을 전시하고 질문지와 주요 어록 문장 등을 찾고, 쓰고, 붙이며 선인들의 정신과 사상을 청소년들에게 심어줬다.

가장 인기 있는 프로그램은 단연 흥사단의 도산 안창호 선생 어록 쓰기였다. 특히 초등학교 고학년과 중학교 학생들에게 폭발적이었다. 흥사단 서울지부에서 보내준 한 박스의 스티커가 부족할 정도였다. 중랑갑 서영교 국회의원은 우리 행사장에 들려 도산 선생의 어록 "낙망은 청년의 죽음이요 청년이 죽으면 민족이 죽습니다"를, 중랑구청 류경기 구청장도 "진리는 반드시 따르는 자가 있고 정의는 반드시 이루는 날이 있다고 나는 믿소!"를 힘을 줘 반듯하게 쓰고 봉사원들과 기념사진을 남겼다.

아버지와 2대 독립운동 집안.
《동아일보》선천지국 기자와 지국장

향산 이영학

香山 李榮學, 1904~1955

이영학 수형 사진

이영학은 1904년 평북 선천의 대지주 이창석의 3남으로 태어났다. 1922년 오산고보를 졸업하고 중국 남경 금릉대학에서 2년 수학하고 1924년 귀국하여 명신학교 교사로 근무했다. 1925년 미국으로 유학을 가 LA 모 하이스쿨에서 공부하다 5개월 만에 돌아왔다. 그해 10월 24일 《동아일보》 선천지국 기자로 임용되었다. 1928년 3월 20일 이영학은 선천지국장으로 임명된 이후 활약상은 눈부시다.

그해 7월 13일 신의주에서 열린 국경기자대회(남만주와 평북 일대 중심) 회장으로 피선됐다. 다음 해 7월 6일 선천체육회 창립 의원으로 참가하여 7월 26일 제1회 전조선개인 정구대회 대회장으로 우승기를 수여하였다. 7월 30일 선천에서 열린 제5회 전조선정구대회 대회장 1930년 평북소년육상경기대회 대회장을 지냈다. 1933년 8월 22일 선천군 신문기자단을 창설 회장에 피선됐다. 선천지역 문화체육활동을 이끌었다.

1935년 4층 건물 선천회관을 건립했다. 《동아일보》 기사 내용 "6년 동안 모은 선천지국 수입금 1만원을 기초로 사재 2만 원 의연금 1만 원 도합 4만원 예산으로 시작한다"는 착공 보도를 하였다.《조선중앙일보》회관 낙성식 기사(1935.1.11.)를 보면 "이영학 개인이 일금 5만 원 거액을 들였다."《매일신보》(1934.12.13.)는 "이영학이 6만 원을 희사했다"는 기사를 내보냈다.

이영학의 부친 이창석(1860~1941)은《동아일보》창간 시 선천지국 첫 지국장, 형 이영찬은 2대이고 이어 이영학이 3대 지국장이었다. 아버지 이창석은 29세에 무과에 급제하고, 38세에 개신교 교인이 되었다. 장로였던 51세 때 '105인 사건(혹은 선천사건, 데라우치 총독 암살미수사건)'으로 구속되어 3년간 복역했다. 평북도 평위원 등 각 방면의 공직에 있으면서 사회교육사업에 전력을 쏟았다. 고아원·유치원·양로원·보성여학교·명신학교·상업실수학교 등 설립자나 이사장을 지냈다. 지역 재해 때마다 거액의 기부를 하였다. 특히 선천회관 준공 시 토지 5만 평(당시 시가 62,000원)을 기부하여, 도합 12만 5,000원 재단법인으로 경영을 든든하게 뒷받침했다. 1941년 1월 19일 81세 일기로 별세하여 21일 선천회관에서 사회장으로 장례식을 거행했다. 형 이영찬도 망우리에 묻힌 사업가로 충추원참의로 친일인명사전에 등록됐다.

이영학은 수양동우회 사건을 치안유지법으로 피체되어 고등법원에서 문명훤 등 24명과 함께 '징역 2년에 집행유예 3년'을 선고받았다. 동사건 판결문에 이영학 관련 내용을 살펴보면, 이영학은 1924년 1월 중순 상해 홍사단 원동지부에서 홍사단에 가입하고, 다시 1월 말에 경성 이광수 집에서 수양동우회(홍사단 국내 조직)에 가입했다. 이광수·장리욱 등과 회원모집과 활동 방안 등 수차례 협의와 수행했다. 개인적으로 동우회 기관지《동광》을 출간하는 '동광사'에 100원을 기부했다. 그리고 선천의 목욕탕에 포스터를 붙여 민중을 선동한 사실 등이 적시되어 있다. 최종심에서 전원 무죄로 풀려났다. 부친과 아들 2대에 걸쳐 신민회 및 수양동우회 말살 사건으로 옥고를 치르며 독립운동을 한 집안으로 그동안의 어려움은 이루 말할 수 없을 것이다. 두 단체의 지도자인 도산 안창호 선생의 민족과 국가에 대한 사랑과 독립운동사에서 그 비중은 크다고 할 수밖에 없다.

해방 후 건국준비위원회(위원장 여운형)의 제1회 위원회 개최를 위한 초청장에 오세창 선생을 비롯한 135명 중 한 사람으로 이름을 올렸다. 한민당 발기인으로 동우회 회원들과 참여했다. 남북 분단으로 북한에서 어려움을 겪다가 1.4후퇴 때 단신 남하한 후 홀로 외롭게 생활하다 심장마비로 오류동 집에서 별세했다. 부인 강경신은 이화여전 문과를 졸업한 신여성이었다. 한국내셔널트러스트 망우분과에서는 이영학 독립운동가 서훈을 받기 위한 자료 찾기와 관계 기관 협조를 구하며 노력하고 있다. 묘지번호는 203566이다.

묘비 앞면. 香山李英學先生之墓(향산이영학선생지묘).

묘비 뒷면. 선생은 단기 4237년(1904) 3월 24일에 평안북도 선천군 선천면 창신동에서 나서 실업계와 사회사업에 허다한 공적을 남기고 4288년(1955) 11월 10일 (양력 12월 10일) 부천군 소사읍 오류리에서 별세하다. 단기 4289년(1956) 8월 추석 동지 일동.

망우리공원 도산 안창호 선생 유택 주변에는 홍사단 단우인 유상규(199), 문명훤(562), 조종완(563), 김봉성(554), 김기만(142), 허연(265), 나우(222), 이영학(1095) 등의 유택이 자리 잡고 있다. 문명훤, 조종완, 김봉성 묘지는 국립현충원으로 이장했다. 독립운동가 김봉성은《동아일보》선천지국 기자와 선천회관 초대 총무를 역임했다.

1970년대 말에 망우리 옛 도산 묘소 터 근처에서 연고가 없이 잠들어 있던 이영학(단우번호 1095, 1955.12.10. 서거)의 묘소가 발견되어 단우들이 정기적으로 이 묘소를 보살폈다.

2016년 3월 1일 도산 안창호 묘지 터에, 도산공원 도산기념관 수장고에 누워 있던 도산 선생 묘비를 다시 세우는 제막식이 거행됐다. 행사에는 많은 흥사단 단우들이 참가했다. 행사 후 몇몇 단우들이 도산 선생 묘지 터에서 1시 방향, 구리둘레길 제1길에 올라 이인성 화백 유택 방향 왼쪽 10미터에 자리 잡은 묘지에 올라 참배했다. 묘지는 관리하지 않은 지가 꽤 되었다. 잡목과 낙엽 등으로 잔디 한 뿌리 자리지 못했다. 소나무 아까시 밤나무 등 키 큰 나무들로 인해 햇빛이 들어오지 못해 떼를 입혀도 몇 년 못 가 다죽고 흙이 드러나고 봉분이 무너진다.

필자도 함께하며 흥사단 단우들이 향산 이영학 선생의 활동에 대해 대화하는 이야기를 들었다. 흥사단 단원으로 매우 부끄럽다며 북쪽 고향을 둔 인물들의 묘지가 상대적으로 관리가 안 된다고 안타까워하며 잡목과 낙엽을 치웠다. 필자도 그 뒤로 관심 없이 지나치며 마음으론 언제 봉사활동하면서 묘지를 정리하여야겠다고 다짐하였지만 실천하지 못했다.

묘지 관리는 한국내셔널트러스트 김국호 국장이 2018년 널리 알리고, 김영식 작가가 자료를 정리하여, 지금은 중랑구청 '영원한 기억 봉사단' 활동으로 조금은 나아졌다. 또한 독립운동가로 보훈처에 서훈 공적서를 제출하고 등록문화재로 등록하기 위한 준비를 하고 있다. 망우리공원 인물 중 북한 출신이거나 후손들의 형편에 따라 묘지 관리가 어려운 경우가 대부분이다. 필자도 최학송 묘지 관리인으로 등록한 이유는 우선 남쪽에 후손이 없고, 처가인 전남 영광 시조시인 조운 집안도 조운의 월북으로 연좌제의 상처를 입었다. 무연고 문제가 발생할 수 있으니 봉분을 세 번 작업하고 학생들과 봉사활동을 하였기 때문에 자격이 충분하다고 망우리공원 관리사무실 관계자들이 적극적으로 추천하여 묘적부에 등록했다.

묘지 관리에서 제일 중요한 것은 묘역 주변의 나무 문제이다. 나무가 자라면 햇살이 차단되고 비가 오면 빗방울이 나뭇잎에 뭉쳤다 떨어져 봉분을 무너뜨린다. 이영학 선생의 무덤은 소나무와 밤나무 숲속이라 어떤 식물도 자라지 못하고 잡목만 우거져 있었다. 박인환 묘지의 은사시나무와 아까시나무, 이중섭 묘지의 칡과 소나무와 아까시나무, 김석영 묘지의 개나리와 잣나무, 최학송 묘지의 아까시와 신갈나무, 김병진 묘역을 둘러싼 큰 나무들, 만해 한용운 묘지의 아까시나무, 함세덕 묘지의 큰금계국, 아사카와 다쿠미 묘지의 칡과 아까시와 소나무, 이인성 묘지의 소나무, 김상용 묘지의 벚나무, 유관순 합장묘의 잡목들 등이다. 필자는 늦가을부터 봄까지 망우리 공원 인물 묘역을 참배하며 아까시, 칡 등의 꼬투리와 은사시나무, 아까시나무, 참나무 등의 어린 싹들을 뿌리째 뽑지만 쉽지 않다. 중랑구청 '영원한 기억 봉사단'의 활동을 기대한다.

2020년 9월 중랑구청에서 유관순 열사 순국 100주기기념 이태원분묘합장이장묘역을 정비하며 김분옥과 이영학 독립운동가 묘역도 정리하였다.

1919년 광무황제 국장일 망우리고개 27결사대.
매국노 7적 주살 시도

동우 이탁

東愚 李鐸, 1889~1930

동우 이탁은 1889년 3월 18일 평남 성천군 영천면 노동리 석계촌에서 이용규와 김도성의 장남으로 태어났다. 본명은 제용(濟鏞), 호는 동우, 자는 태연(跆然)이다. 부친 이용규는 성천군을 비롯하여 개천군과 강동군에 대규모의 토지를 소유한 부농이었다.

　　5세 때부터 한학을 배운 뒤 1908년 평양 대성학교 속성사범과에 입학하여 안창호의 지도를 받았다. 재학 중 신민회에 가입하여 구국운동에 참가하였고, 남북만주 일대를 답사하며 독립군 기지를 물색하였다.

왼쪽부터 백범 김구, 도산 안창호,
동우 이탁

1910년 경술국치를 당하자 그는 남만주로 망명하여, 유하현 삼원보에서 이시영, 이동녕, 이회영, 이상룡 등 선배들을 도와 신흥강습소 설립에 참가하였다. 1912년에는 신흥학교의 유지를 위해서 피눈물 나는 노력을 기울였는데, 그는 여준과 같이 신흥학교유지회를 조직하고 각 지방으로부터 학교 유지를 위한 성금을 받아 학교의 발전을 지속시킬 수 있었다.

1911년 고향으로 돌아와 가산을 정리하고 아우 이석〔본명 이준용(李濬鏞)〕과 함께 재차 망명하여 류허현 야저구에서 토지개간사업을 벌였다.

1912년 경학사를 이은 한인 자치기관 부민단 결성에 참여하였고, 신흥학교유지회를 조직하여 운영기금을 조달했다. 1913년 류허현에 있는 일신학교 교장으로서 후진 양성에 주력하였다. 1914년 신흥무관학교 경영에 참여하다가, 1916년 퉁허현으로 이주하였다.

1917년 5월 의병장이던 이진룡이 관전현에서 일경에 체포되자 그 부하들을 재규합하여 독립군부대를 편성하고 무기구입 등에 노력을 경주하였다. 동년 6월에는 동생 이석을 만주로 불러 폭탄제조법을 배우도록 하였으며, 1919년에 이석을 국내에 파견하여 광무황제 국장일을 계기로 대대적인 독립운동을 전개할 계획을 세웠다. 한편 매국노 이완용을 비롯한 7적을 주살하기 위한 결사대를 조직하여 국내에 진입하였는데 모두 27명이 선발되어 3대로 편성되었으며, 1919년 2월 24일에 출발하였다. 이 의거는 그가 대장이 되어 27명으로 편성되었기 때문에 '27결사대'라고 명명하였다.

그는 제1대대 대원 8명을 인솔하고 2월 26일 서울에 도착하였으며, 여기서 이우영(이기원), 조규수, 양종환, 노윤선 등을 새로 결사대원에 가입시켰다. 그는 동년 3월 3일 광무황제의 국장일에 행렬이 통과하는 망우리고개에서 대원들과 매복하여 대기하고 있었으나, 매국노들이 융희황제의 어가와 너무 가까이 있었기 때문에 계획을 실행하지 못하였다. 그리하여 독립문에 퇴색된 태극기를 다시 칠하고, 성토문과 격문 등을 배포하면서 계속 매국노들을 암살한 기회를 엿보았으나 성공하지 못하고 이우영, 주병웅 등 동지들이 체포되고 말았다.

그는 다행히 남만으로 무사히 귀환하여 한족회 간부로 활약하였는데, 동년 9월에는 동생 이석과 전일이 봉천성내 중국인 경영 대성관에서 일제 요인 암살과 주요기관을 파괴할 목적으로 폭탄 100개를 제조하다가 불행히도 폭탄이 폭발하는 바람에 전일이 현장에서 즉사하는 변을 당하기도 하였다.

1919년 11월에 중국 관전현에서 대한청년단연합회에 가입하여 교육부장에 선출되었다. 1920년에 김승학과 대한민국임시정부에 파견되었고, 광복군사령부 참모장에 임명되어 국내진입 계획을 지도하였다. 동년 6월 임시정부 동삼성 외교위원부 위원장에 임명되어 동년 7월에 오동진과 협의하고 3개대의 결사대를 국내에 파견하여 서울, 평양, 선천 등지에서 무장항일 활동을 펼쳤다. 1921년에는 신익희, 김규식, 여운형, 오산 등과 함께 한중호조사를 조직하고 문서과 부주임에 선임되어 한국과 중국 양국의 상부상조와 항일투쟁의 공동보조를 모색하였다. 동년 8월 대태평양회의 외교후원회를 조직하고 간사가 되어 태평양회의 후원활동을 전개했다. 1922년 5월 국민대표회 준비위원회의 평남 대표로 참석하여 재정위원에 선출되었다. 1926년 중국 만주에서 대한독립맹진결사대를 조직하여 남북만의 각 독립단 수뇌들과 삼부통일안을 협의하고 무력항쟁을 계속할 계획을 세웠다. 1929년 12월 임시의정원 만주, 간도지방 대표 의원에 선출되어 독립을 위해 투쟁하였다.

1930년 5월 17일 상하이 하비로 소재 고려물산공사에서 심장마비로 쓰러져 조국 광복을 보지 못한 채 42세의 나이로 순국하였다. 장례는 임시정부와 대한교민단이 합동으로 사회장으로 치렀고, 정안사로에 있는 외국인 공동묘지에 안장하였다.

정부에서는 고인의 공훈을 기리기 위하여 1963년에 건국훈장 독립장을 추서하였다. 1969년 10월 20일 국립서울현충원(독립유공자 묘역 하단 85)으로 이장하여 안장했다.

"그는 키가 크고 뚱뚱하고 눈이 가늘고 얼굴이 검고 말이 적고 외양이 심히 온후하였다. 그는 한몸이 도시 의(義)요, 담(膽)이었다. 그는 동지를 지극히 경애하고 무슨 일에나 저를 내세우는 일이 없었다. 그가 유자(儒者)의 가정에서 생장한 것은 그의 독실하고 예절답고 근엄한 태도로 알 수 있었다"는 스승이자 동지인 안창호의 인물평은 그가 어떠한 사람인가를 잘 말해 준다. 동우 이탁은 흥사단 단원으로 단우번호 559이다.

망우리공원 안창호, 박찬익 두 분이 포함된 대한독립선언 39인 중 이탁(李沰) 독립운동가 행적을 찾다 이탁(李鐸) 이름과 같은 두 분이 관련이 있는지 찾아보았다.

망우리공원에 묻혔다 1992년 국립대전현충원으로 이장한 명재(命齋) 이탁(李鐸, 1898~1967)과 중국 상해공동묘지에서 1969년 국립서울현충원에 안장된 동우 이탁의 보훈처 독립유공자 공훈록, 공적조서, 이달의 독립운동가, 인명사전 등을 뒤졌다. 두 분 다 대한독립선언 39인 이탁(李沰)과 관련있다는 사실은 확인하지 못했다.

그러나 의미 있는 발견은 동우(東愚) 이탁(李鐸, 1889~1930) 독립운동가 활약 중에 "1919년 3월 3일 광무황제의 국장일에 행렬이 통과하는 망우리 고개에서 '27결사대(매국노 이완용을 비롯한 7적을 주살하기 위한 결사대)' 일부대원들과 매복하여 대기하고 있었으나, 매국노들이 융희황제의 어가와 너무 가까이 있었기 때문에 계획을 실행하지 못하였다"는 역사적 사실을 확인하였다. 13도창의군탑과 나란히 27결사대탑도 건립하여 나라사랑 마음을 기리고 이어가길 빌어본다.

숭실학교 교목. 연희동 교회 담임목사.
장준하 아버지

장석인

張錫仁, 1896~1966

장석인의 아버지 장윤희는 일찍 개명한 개화 인사로서, 기독교 사상을 받아들인 개신교 장로이다. 학문이 뛰어난 지식인으로 한학에 밝아 중국어를 구사하였으며, 한의사와 한학자로 활동했다. 고향 의주에 사립학교 양성학교를 세우고 교사가 되어 학생들을 가르치기도 했다.

장석인은 지식인으로 기독교 학교인 신성중학교를 졸업한 뒤 1926년 평양의 숭실전문학교에 입학하여 1930년에 졸업하였다. 조선예수교장로회신학교(평양신학교)를 졸업하여 장로교 목사 안수를 받았고, 숭실중학교의

장석인 묘비

교사로 부임하였다. 목사 안수를 받았던 아버지 장석인은 숭실학교 교목 외에도 후에 원동교회와 연희동교회, 감천중앙교회 등에서 담임목사로, 장로교신학대학의 강사를 지내기도 했다. 1920년 장석인은 독립운동에 가담했다가 일본 경찰의 추적을 받으면서 의주군을 떠나 삭주군으로 이사하였다. 교육자이기도 했던 장석인은 자신의 사재를 들여 대관유치원을 세우기도 했다. 훗날 리영희가 이 대관유치원을 다녔다. 장석인이 선천 신성중학교의 교목이 되자 장준하는 아버지를 따라 선천 신성중학교로 전학하였다. 1937년 신성중학교 교장 장이욱이 수양동우회 사건 관련자로 검거되자, 이에 장준하는 학생대표를 동원하여 교장 석방을 위한 동맹시위 운동을 전개했다가 유치장에 갇히기도 했다. 장석인은 기독교인의 양심으로 신사참배를 거부하여 신성중학교 교사를 사퇴했으며 전도사로 목회하였다. 1966년 6월 6일 선종하여 망우리에 묻혔다. 묘지번호는 109025이다.

장준하(張俊河, 1915~1975)는 일제강점기에 교육 활동을 하였고, 일본군 '쓰가다 부대'에 자원입대하여, 1944년 1월 제65사단 7991부대에 배치되었으나 그해 7월 장쑤성 쑤저우에서 탈출, 중국 중앙군관학교에서 훈련을 받고 중국군 중앙군 준위가 되었다. 1945년 중국 쓰촨성 충칭의 대한민국 임시정부를 찾아가 1945년 2월부터 한국광복군 소위로 복무하였다. 한국광복군으로 재직 중 미국 CIA의 전신인 전략첩보대(OSS)에서 활동하면서 3개월간 국내 진공작전에 가담하여, 국내 밀파 특수공작원으로 대기하던 중 8.15 광복을 맞이하였다. 1945년 11월 임정 귀국 제1진으로 귀국, 이후 김구의 비서로 있다가 이범석의 민족청년단에서 활동하기도 했다. 대한민국 정부 수립 이후 제1공화국에서 공무원에 채용되어 서기관으로 임용되었고, 1950년 문교부 국민정신계몽 담당관, 1952년 문교부 국민사상연구원 기획과장, 서무과장, 사무국장 등을 지내고 《사상계》를 창간하였으며, 1956년 동인문학상을 제정하였다. 《사상계》는 당시 자유당 정권을 규탄하며 4.19

혁명의 단초가 되었으며, 혁명 이후 제2공화국에서 장면 내각의 문교부 대학교육심의회 의원, 국토건설단 기획부장, 국토건설단장 등을 지냈다. 정부는 1991년에 건국훈장 애국장(1963년 대통령표창)을 추서하였다.

5.16쿠데타 이후 한일회담 반대운동, 베트남 전쟁 파병반대운동에 가담했다. 6대 대선에서 윤보선의 지지 유세 중 박정희의 친일파와 남로당 경력을 문제 삼았다가 선거법 위반으로 옥고를 치렀다. 1967년부터는 7대 국회의원(동대문구)을 지내 국방위에서 활동하였다. 1974년 대통령 긴급조치 1호 위반 혐의로 기소되어 징역 15년과 자격정지 15년이 선고되었고 2013년 1월 24일 서울중앙지법 형사합의에서 무죄를 선고했다. 1975년 박정희 정권에 대항하는 모종의 거사를 준비 도중, 8월 17일 경기도 포천 약사봉에서 의문의 최후를 맞았다. 며칠 전 망우리에 있는 부모의 산소에 다녀왔다며 벌초로 갈라진 자신의 손바닥을 펴 보이며 보여주기도 하였다. 하지만 벌초로 생긴 이 손바닥의 상처는 나중에 경찰에 의해 장준하가 산에서 추락하는 도중 소나무 가지를 붙잡아 생긴 것이라며 그의 추락사를 뒷받침하는 증거로 왜곡되어 발표되었다. 가명으론 김신철을 썼으며, 일본식 창씨개명 이름은 '장안준하'이다.

장준하 선생은 의문사를 당하여 상봉동 우거에서 장례식을 치렀다. 사고사 후 8년 동안 중앙정보부 요원들이 집 주변에서 감시하였다. 주민들이 쌀, 연탄, 국수 등을 놓고 가거나 값을 먼저 계산해주었다. 장준하 선생의 아들 둘은 대학을 중도에 그만두고, 딸 둘과 막내 아들은 장학금을 받으며 대학을 마쳤다. 익명의 기부자가 등록금을 대신 내준 적도 있다.

흥사단 단우. 수양동우회 사건.
군자금 모금. 독립운동가

조종완

趙鍾完, 1891~1945

조종완

조종완은 1891년 3월 15일 평남 강서에서 태어나 1945년 3월 5일 서거하였다. 1911년 대성학교를 졸업한 후 국권회복의 방안을 모색하던 중 1920년부터 상해 임시정부의 지원을 위하여 군자금 모집활동을 하였다. 이후 일경에 붙잡혀 1921년 6월 9일에 평양복심법원에서 징역 1년형을 언도받고 옥고를 치렀다.

출옥 후 1925년 평양에서 이윤재, 오경숙, 김찬종, 김항복 등이 중심이 된 동우구락부에 가입하였다. 동우구락부가 수양동맹회와 통합하여 결성된 수양동우회에 1926년 1월경 가입하여 민족의식 고취를 통한 독립운동에 참여하였으며, 1935년경 일경에 붙잡혀 예심에서 면소판결을 받았으나 다시 기소되어, 1936년 8월 21일 경성복심법원에서 징역 2년형을 언도받고 옥고를 치렀다. 정부에서는 1990년에 건국훈장 애족장(1968년 대통령표창)을 추서하였다.

1948년 8월 14일 망우리공동묘지(묘지번호 109831)에 묻혔다. 1995년 5

월 10일 국립대전현충원 독립유공자 2-367 구역에 안장되었다.

조종완 독립운동가의 묘지는 사색의 길 일방통행 반대로 걸어 올라 시인 김상용 묘지를 참배하고 200여 미터 굽이돌면 도로 아래쪽에 자리 잡고 있었다. 2000년 이후 유명 인사 묘역이 이장되었다. 특히 독립운동가 묘역들이 국립현충원으로 이장했다. 그 무렵 망우리공원 정비 사업 일환으로 이장을 권고하며 이장 비용도 서울시에서 대주었다.

2020년 4월 4일 토요일 한국내셔널트러스트 망우분과 위원들이 코로나19 팬데믹으로 열리지 못하는 '도전 러닝맨'을 대신하여 망우리공원을 한 바퀴 돌았다. 먼저 옥구 장해윤 군속 묘비를 찾아 읽었다. 일본 군속으로 중국 태항산 석가장전투에 통역관으로 참가하여, 일본군의 훈8등급을 받았다는 비문을 확인했다.

두 번째로 독립운동가 조종완 묘지 터를 확인했다. 다행히 묘비번호가 낙엽 위로 드러나 있어 쉽게 찾았다. 묘비는 묻고 간 것으로 생각하고 망우리공원에 묻고 간 유명인사 김영랑 시인, 나운규 감독, 김동명 시인, 김사국 독립운동가 등의 묘비를 다시 세우는 날을 기대하며 아사카와 다쿠미 묘역을 참배했다. 지난 4월 2일이 89주기였다. 코로나19 영향으로 추모행사는 갖지 않고 화환으로 헌화의식을 치렀다. 한국 측 아사카와 노리타카 다쿠미 형제 추모회, 문화재청장, 문화유산국민신탁 김종규 이사장, 수림문화재단 유진룡 이사장 등의 화환과 꽃바구니가 묘지를 지키고 있었다. 봉분을 한 바퀴 도는데 묘역 뒤 언덕에 두더지 구멍이 많이 보였다. 예년에 없던 현상이었다.

위창 오세창 선생과 호암 문일평 선생의 연보비와 묘지 안내석이 묘지 위치로 봐서 뒤바뀐 것을 확인했다. 김이석 소설가 묘비가 이제는 봉분과 떨어져 정상적으로 위치해 있다는 것도 확인했다. 또한 박순녀 소설가와의 소통을 통해 귀중한 자료를 중랑구 자료관에 유치하는 작업도 노력하기로 의견을 모았다. 서병호 연보비를 뒤로하고 구리둘레길 1길 능선을 넘어 솔 샘약수터 내려가는 오솔길 길섶에서 임숙재 초장지 묘지 터 묘비를 확인했다. 임숙재 묘지 터는 능선 너머 한강을 바라보는 곳에도 묘비가 남아 있다. 이곳에서 이장을 한 것으로 미루어 볼 수 있었다. 독립운동가 강학린 목사 추념비를 확인하며 똑바로 세우는 작업도 협의했다. 가수 강수지 본명이 증손녀 수지(修智)라고 비문에 새겨져 있었다.

망우리공원 인물들의 전수조사 필요성은 네 명의 망우리공원 전문가(?)들의 공통된 의견이었고, 내년 봄에 꼭 마무리 짓기로 다짐했다. 2020년 식목일 하루 전 망우리공원에서의 하루였다.

2021년 4월에서 5월까지 망우리공원 인물 전수조사를 한국내셔널 트러스트 망우분과에서 중랑구청 용역을 맡아 마무리 지었다. 2021년 중랑구청에서 망우리공원과를 개설하여 전국구와 세계화할 수 있도록 준비를 하고 있어 많은 이들이 기대하고 있다.

의명학교 출신 교육가. 수양동우회 사건 옥고.
'도산의 발자취에 묻어 달라'

추담 허연

秋潭 許然, 1896~1949

3.1혁명 제102주년을 지나며 독립유공자 발굴에 대한 사회적 목소리가 높아지고 있다. 순안 의명학교 출신의 교육가 허연 선생도 그 가운데 한 사람이다. 의명학교는 오늘날 삼육중·고등학교 및 삼육대학교의 전신이다. 제칠일안식일예수재림교회가 1906년 평안남도 순안에 설립했다. 삼육(三育)은 지·덕·체를 육성한다는 교육이념을 뜻한다.

1896년 평남 순안에서 태어난 허연 선생은 1908년 러셀 박사가 의료선교사로 봉사하던 순안병원(현 삼육서울병원)에 침식을 제공받는 급사로 들어

허연 묘비

가면서 재림교회와 인연을 맺었다. 그의 곁에서 조수로 일하며 영어와 병원 업무를 배우던 중 1926년 러셀 박사의 주선으로 20세의 늦은 나이에 의명학교에 입학해 학업을 병행했다.

1919년 3월 6일 의명학교 교사와 학생들이 주도한 순안 만세운동에서 독립선언문을 배포하며 시위에 적극 가담했다. 경찰의 체포를 피해 스승 김창세의 추천장을 들고 상해로 망명했으며, 그해 상해 삼육대학(중학부)에 입학했다. 역시 의명학교 출신인 김창세 박사는 도산 안창호 선생의 동서이자 주치의였다. 이즈음 일경의 추적을 피하기 위해 어릴 때 이름이던 용성 대신 허연으로 개명했다. 이름을 바꿔준 이는 파리강화회의에 한국 대표로 참석해 대한민국임시정부 명의로 된 탄원서를 제출하고, 「한국민족의 주장」, 「한국의 독립과 평화」 등의 민족선언서를 작성, 배포한 항일독립운동가 김규식 박사다.

1922년 상해 삼육대를 졸업한 그는 귀국해 연희전문에 입학했다. 2년 뒤 미국으로 건너가 과수원, 호텔 식당 등에서 일하며 학비를 모아 김규식 박사의 추천으로 로노크대학에 편입했다. 이 대학은 김규식 박사의 모교이기도 하다. 1929년에는 펜실베이니아대학 석사 과정에 입학했으며, 1932년 경제학 석사 학위를 취득한 후 뉴욕에서 흥사단에 가입했다. 그의 흥사단 입단을 권유한 것도 의명학교 동창인 한승인이었다. 1933년 귀국해 협성실업학교(현 광신고)에서 교사로 근무하다 이듬해 김귀애 여사와 결혼했다.

1937년 6월 10일 수양동우회 사건으로 누하동 자택에서 긴급 체포되어 서대문형무소에 수감되었으며 1년 2개월을 복역한 후 출소했다. 일경은 조서에 "조선 독립을 궁극적 목적으로 결성한 미국의 흥사단, 조선의 수양동우회에 가입해 수차례 회합하고, 협성실업학교의 상업전수과를 동우회 지도 아래 두는 등의 활동을 했다"고 적시했다.

허연 선생은 해방 후에도 흥사단 국내 위원부의 위원으로 참여하는 등 민족계몽을 위해 노력했다. 그러나 1949년 일제 때 옥고의 후유증인 폐렴으로 병석에 누웠으며, 그해 8월 12일 향년 53세를 일기로 별세했다. "도산 선생의 발치에 묻어달라"는 유언에 따라 가족들은 망우리에 묘지를 마련했다.

허연 선생은 뚜렷한 독립운동 족적에도 불구하고 여전히 애국지사 반열에 오르지 못하고 있다. 유족은 30여 년 전에 서훈을 신청한 적이 있었으나, 당시 보훈처의 심사 태도에 분개하여 이런 심사나 서훈은 돌아가신 분에 대한 모욕이니 받지 않겠다고 가족이 결의했다.

망우리공원 시인 김상용 묘역을 지나면 지석영 연보비가 나온다. 다시 순환로를 50여 미터 걸어가면 길가 왼쪽에 회양목이 20여 미터 폭으로 식재된 곳 직전에 아래로 내려가는 계단이 있다. 30여 미터를 내려가면 오른쪽 아래에 검정 사각 비석이 보인다.

추담의 3남 허달(1943~) 씨가 최근 부친이 남긴 자료를 근거로「소설 허연」을 블로그에 연재하고 있다.

나가는 말
기독교 정신을 바탕으로 사랑이 꽃피는 망우리공원

망우리공원에 묻힌 기독교인들은 대부분 독립운동을 하였다. 한반도를 가로질러 70년 이상 남과 북으로 갈라놓은 휴전선 위 북쪽을 고향으로 두고 있는 분이 많다. 후손들이 끊긴 유택도 있다. 국립현충원으로 이장하여 안장된 분들이 많다. 현재 망우리공원에 남아 있는 기독교인은 김기만, 이영학, 장석인, 나우, 허연 등이다. 이영학 묘지는 거의 관리가 되지 않고 있다. 1913년 흥사단을 결성한 도산 안창호 선생의 유택을 중심으로 흥사단 단우 및 기독교인들의 유택이 자리 잡았다. 그분들을 소개하면 다음과 같다.

- 함북 성진읍 욱정기독교회 목사로 3.1혁명 시위 주도 독립운동가, 가수 강수지 증조부 강학린
- 상해임시정부 독립단 단원 및 흥사단 단우번호 142번 김기만
- 3.1혁명 선천군 선천읍 만세 시위 주도한 김봉성과 숙부 안창호 선생의 가르침을 한평생 실천한 부부 독립운동가 안맥결 총경
- 제칠안식일재림교회교인, 중국 간도 훈춘현 3.1혁명을 주도한 애국지사 김정규
- 상해임시정부 보안책임자이며 아들 나성돈 2대 독립운동가 집안 나우
- 3.1혁명 맹산 시위 주도, 임시정부 내무부 서기, 독립운동가 지기 문명훤
- 감리교 목사로 만주에서 조선기독교회 새 교단을 창립한 독립운동가 변성옥
- 한국인 최초 유아세례 받은 기독교 목사이며 독립운동가 송암 서병호
- 독립지사, 흥사단, 대한민국장 서훈한 민족의 지도자 도산 안창호

- 아버지와 2대 독립운동 집안.《동아일보》선천지국 기자와 지국장, 독립운동가 이영학
- 1919년 광무황제 국장일 망우리고개 27결사대 매국노 7적 주살을 도모한 흥사단 단우, 독립운동가 동우 이탁
- 숭실학교 교목, 연희동 교회 담임목사이자 장준하의 아버지 장석인
- 흥사단 단우로 수양동우회 사건과 군자금을 모금한 독립운동가 조종완
- 의명학교(삼육중고) 출신 교육가, 수양동우회 사건 옥고, "도산의 발치에 묻어달라"고 한 허연

9부

망우리와 맺은 인연
뿌리 찾기

들어가는 말
낙이망우 망우리공원, 영혼의 안식처

낙이망우 망우리는 조선조 태조 이성계의 건원릉 조성으로 600여 년 조선의
최고 명당으로 관심이 집중되었다. 평민에게는 감히 넘보지 못하는 신성시되었던
곳이다. 양원샘 주변 동래 정씨 600년 주거지 능말과 평산신씨, 의령남씨,
경주임씨, 파평윤씨 집성촌을 이뤄 살았다. 왕릉 주변 사방 10리 안에는 묘를 쓰지
못하였다. 1933년 일제가 서울 도성 안 인구 집중으로 주변 19곳의 공동묘지를
정비하며 망우리를 공동묘지로 지정하였다. 일제가 한양을 경성부로, 망우리면을
망우리로 격하시켰다. 1973년까지 40년간 서울시 공동묘지로 미아리, 이태원,
수철리, 노고산 등 기존 공동묘지에서 이장하거나 새로 조성된 묘지는 약
5만여 기로 추정한다. 지금은 7,000여 기로 줄어들었다. 모든 망자는 망우리에
묻힌 사연이 있으나 그중에 교과서에서 뵐 수 있는 유명 인사나, 삶이 남달라
후손들의 모범이나 교훈으로 삼을 만한 인물들이 130여 분이나 되었다. 대한민국
개화기부터 동학, 일제, 3.1혁명, 관동대지진, 친일, 독립운동, 해방과 좌우이념대립,
6.25한국전쟁, 1공화국, 4.19혁명, 5.16군사쿠데타, 6.3항쟁, 군사 독재정권,
산업화 등의 역사적인 사건에 직·간접으로 활동하며 민족과 국가를 위해 헌신한
인물들의 행적을 밝혀 현대인들의 삶과 정신에 등불이 되길 바라며 당대 최초 최고
인물을 소개한다.

일제강점기 온 가족이 독립운동을 한 오기만과 유관순 일가의 피맺힌 이야기는
대하장편소설이다. 일제강점기 끝까지 지조를 지키며 단 한 편의 친일 시를 남기지
않은 시인 한용운, 김동명, 김영랑. 건국훈장 대한민국장 왕산 허위, 도산 안창호,
만해 한용운, 유관순. 서대문형무소 사형수 제1호 독립운동 5대 항일가문 왕산로

왕산 허위. 대한민국 최초 독립선언서 대한(무오)독립선언 39인 대표 도산 안창호. 남파 박찬익. 3.1혁명 민족대표 33인 위창 오세창. 만해 한용운, 박희도, 라용환, 박동완, 이종일, 홍병기. 3.1혁명 전날 6인 결사대, 초대 여자경찰국장 김분옥. 1930년대 최고의 인문학 강사 호암 문일평. 1920년 9월 13일 의열단 최초 무장투쟁인 부산경찰서 박재혁 의거의 숨은 조력자 준영 오재영. 관동대지진 참상 목격 후 귀국한 유학생들과 교류한 민족 영화의 선구자, 영화 〈아리랑〉의 나운규. 관동대지진 참상 목격 후 귀국, 독립운동과 시문학파, 남도정서 항일을 노래한 영랑 김윤식. 관동대지진 참상 목격 후 귀국, 한국 최초 영상민족학자, 1932년 조선민속학회 창립 초대 회장, 1945년 조선산악회 창립 초대 회장, 민속학 인류학 박물관 분야 선구자 석남 송석하. 관동대지진 참상 목격 후 국민 보건위생 계몽 활동, 경성의학전문학교(서울대 의대) 제1회 입학, 1930년 조선의사협회 조선위생협회 창설 주도 태허 유상규. 관동대지진 참상 목격 후 귀국, 독립운동, 대한민국 초대 농림부장관, 제헌국회의원 죽산 조봉암. 관동대지진 참상 목격 후 귀국, 한국 최초 월간 수필 전문 잡지《박문》편집 겸 발행인 영주 최신복. 관동대지진 소식 듣고 일기에 기록, 조선민족미술관 건립, 노천매장법, 조선의 선, 싸리나무 이름, 전국도요지 700여 곳 답사 및 정리 아사카와 다쿠미.《코리아타임스》의 주필과 초대사장 시인 김상용. 1931년 10월 우리나라 여성으로는 처음으로 철학박사 학위 수여 우월 김활란. 〈우리의 소원〉의 작사자, 한국 삽화계의 선구자, 한국 최초의 아동 만화로 알려진 『씨동이의 말타기』 저자 석영 안석주. 1911년 7월 육군중앙유년학교 예과 3학년을 수료하고 본과 1학년 편입, 당시 조선인과 일본인 학생을 통틀어 수석을 차지해 일본황태자상 수상과 은시계를 받았던 일본군 소좌 윤상필. 서라벌예술대학 영화과 초대 과장 온재 이광래. 1955년 숙명여자대학 초대 총장 임숙재.《동아일보》초대 주필 설산 장덕수 등이다.

갈 길이 바빠서 온 것은 아니런만
와노코 보니 한도 많다

갑남을녀 서민들의 비문

해주오씨 비문

• 해주오씨지묘, 갈 길이 바빠서 온 것
은 아니련만 와노코 보니 한도 많다.

• 고조재희군기념비, 오호라 활짝 피여
도 못보고 광풍에 쓰러진 님이여 얼마나 원
통하게 눈을 감으셨나이까. 그러나 생자필
멸은 만고불역의 진리이거든 인간의 생멸
도 앞가고 뒤서는 것뿐이오이다. 혁명정부
의 뜻을 받들어 청신한 역군이 되어 보려고
마치 니해를 뒤덮는 신조와도 같이 슬기롭
게 분투하든 님의 기상을 우리는 영원히 아

니 잊으오리다. 사바에 남은 벗들 가신 님 그리워 애곡하며 초라한 석비 세
워 재천의 영을 위로하노니 님이여 유택에서 고히 잠드소서. 서기 1962년
11월 18일 벗들.

1961년 8월 20일《경향신문》의 서울시 5급 공무원 임용시험 합격자 명
단에 있다. 과로로 순직한 것으로 추정된다. 벗들의 애타는 마음이 새겨진
비석이다. 묘를 바라보고 우측에 작은 비석(평양조공재희지묘)이 있고 좌측에

벗들이 세운 비석(고조재희군기념비)이 있다.

• 바람같이 오시어 아무 말씀 없으시고 못하시고! 구름같이 가오신 아버지 이제 엄마 그 구름에 태워 극락으로 가시어요. 못난 자식들 이제야 꽃 한 송이 놓고 왕생 정토 두 손 모읍니다. 그리웁고 고맙습니다. 2015. 4. 5. 막내 乙九가.

• 재천의 어버이같이 영겁의 영령을 위하여 삼가 사모의 정성 모아 머리 숙여 합장 추모하옵니다.

• 함흥명지이원땅에 호선이라이름짓고 신이선과짝이되니 김씨가에탄생하니 신문에 출가하여 천정배필이않인가 // 신의주에복음자리 8.15에부는바람 용산에 자리잡고 안락도 하였는데 한강으로인도하네 천수를 기약할제 // 매란국죽피를이어 어른이 먼저가고 그얼굴 그목소리 네자매 키울적에 뒤따라 또가시니 어느곳에든고볼까 // 한많은 이세상이 자녀들 애통하여 복원봉축비옵나니 어이그리 짧았던가 돌을 깎아 세워놓고 극락천국 드옵소서.

• 인자하신 할아버지 한윤설 평생을 일하시던 할머니 김금순 여기잠드시다.

• 사랑하는 어머니 손경주 집사 잠드신 곳 그는 선한 싸움을 싸우고 그의 달려갈 길을 마치고 믿음을 지키다가 이곳에 잠들다.

• 뜻을 못다 하고 가신 우리 엄마 여기 고히 잠드시다.

• 예수를 믿어 의심치 않으셨고 어려움을 당하셔도 낙심치 않으시어 오십여 년을 한날같이 믿어오신 우리 부모님 이제 우리들에게 유업으로 그 믿음을 주셨도다.

• 주와 같이 살다가 주를 따라가시다 내 영혼의 평화가 넘쳐남은 주의 축복을 받음일세 내가 주야로 주안에 동거하여 내 영혼이 편히 쉬네 평화 평화로다 하늘 위에서 내려오네 그 사랑의 물결이 영원토록 내 영혼을 덮으

할머니가 손자에게

소서.

• 너와의 이별이 너무도 안타까워 여기 작은 비나마 세워 너의 명복을 빌고 비노라. 1965년 9월 12일 할머니.

• 경인호 의사는 부성의원 원장으로 어려운 이들을 도우며 세상의 빛과 같이 사시고 그 부인 우순문 여사는 성암교회 집사로 분골쇄신 소금의 일을 다 하시고 가시다.

• 불러도 대답 없는 가엾은 님아 눈물도 한숨도 인생무상이여 천 번을 울어보고 만 번을 헤여 봐도 내일을 모르는 오늘의 허무였드요. 서로 헤어지는 인생고개에 별빛을 헤아리며 오늘 그대를 찾노라. 당신의 남편 올림.

• 고 장내원 선생은 일즉 북간도에서 민족정신을 세워 많은 인재를 양성하고 해방 후 서울에 와서는 유네스코 사무총장으로 국내외에 활약하여 공헌한 바 컸으며 세계에 자랑할 유네스코회관을 세움에 주야로 전심전력하던 중 애석하게도 그 준공을 보지 못한 채 1963년 6월 6일 순직하셨으니 이네 비록 작은 돌에나마 그 업적을 기념하고 우리의 슬픔을 함께 새겨 여기 이 비를 세우노라 서기 1964년 6월 6일 사단법인 한국유네스코후원회 건립.

• 여기 38 이북 고향을 애절히 그리던 혼이 잠들고 있다 무신 추석일 제.

• 어머님 아무 염려 마시고 고히 잠드소서.

• 하늘 문이 열리다 하늘 보좌로 빛나는 하늘나라 영원한 그의 나라 주 앞에 가셨으니 영생 복락 누리소서 갈린 몸.

• 삶이란 무엇인가?

• 열운김규현선생추모비, 민족 오천년의 얼을 말씀하시고 우리만은 부

디 국가의 간성이 되라고 말씀하시던 동양의 새로운 윤리로 새세를 건설하려든 교장선생님 선생님 선생님의 몸이 영원히 그리워 저희들은 이 비를 세웁니다 단기사천이백구십년이월십칠일 영공고제삼회졸업생일동.

• 하동정공춘산지묘, 원적 평안북도 철산군 서림면 향봉동 367번지 독립운동 옥살이 후유증으로 돌아가심.

• 여기에 한평생을 근면 노력 신용만으로 살아오면서 오직 자손들의 성공을 바라며 두고 온 산하와 망향의 한을 않고 돌아오지 않는 아들을 기다리는 노부부가 고히 잠들고 있노라.

• 살아서는 아버지라 불리우고 가시고는 더욱 우리 아버지라 불리우는 처사서광보의묘, 아버지 글을 본따서 아들이 쓰다 마음대로 곧게 살다가신 당신 착한 가장이었으나 보다 만인의 다 살아서는 자기와 사회를 이기고 가시고도 자식을 길렀다 58세로 서기 1965년 3월 2일 깨끗이 이곳에 잠들었다 우리는 '당신 자식이라는 것을 무엇보다도 자랑한다 당신의 말이 옳았고 의 아들의 지켜가고 있는 것, 그리고 꼭 아뢰드리고 싶은 간절한 아버지 잘못했습니다'.

수려동산 비문

• 서기 1966년 3월 2일 둘을 위하여 부르고 위하여 듣고 참으로 좋은 부부요 부모요 조부모요 사람이었다.

• 수려동산, 엄한 위엄 속에서 섬세한 애정으로 밥알 한 톨 아껴 남의 어려움 살피시다 싱그러운 젊음으로 여기 수려동산에 편히 잠드셨네 6월 어느 날 이른 귀향길에 오르심은 훗날 저희들 마중을 위한 등불의 준비 때문 아버지의 두 귀 잡고 뽀뽀하며 안녕을 빕니다.

• 수원백공윤진 문화유씨 명 지묘, 스치듯 살다간 젊은 기자와 반세기를 그리워하던 그의 아내, 여기눕다. // 오래 전, 칼보다 날카로운 펜으로 시대를 가르는 울림과 어려운 이들의 아픔을 전하며 어찌살아야 진전 아름다운 지를 일깨웠던 젊은기자…… // 그리하여 그늘이 없던 그이 시간 모두를 따뜻함으로 가득 채웠지만 그런 자신의 삶은 참으로 아쉽도록 짧았습니다 // 이제 반백의 시간을 건너 훌쩍 늙어버린 아들, 딸들이 기억마저 아스라한 아버지의 단상과 홀로 반세기를 이겨낸 // 어머니의 심정을 어찌해도 제대로 형언치 못할 미사여구가 못내 쑥쓰러워 그냥 이렇게 몇 자 적고 맙니다.

• 본적 경기도 개풍군 남면 창능리 고향에 모실 때까지 편히 계세요.

• 현요한 자는 곳 1932년 7월 5일 남 1950년 5월 13일 잠, 어여간 나의 마음 가르어간 나의 몸 어이고 가로니 가는 곳 그 어딘가 영화롭다 주 계신 곳 아버지 가신 곳 요한아! 계서 편히 쉬니 설레던 마음 맑이지다 엄마. 언니 봉학 세움. (봉학은 흥남철수 작전 영웅 현봉학 박사임)

• 광주이공병필지묘, 모진 풍상과 고난 속에서 굳굳 하시고 세속에 때묻지 않고 의연하셨던 착한 영혼이 여기 잠드시다.

• 약학사 황태옥지묘, 당신은 나와 주안에 영원히 함께하리 변상진.

• 송파김해김공종식지묘, 아버님! 불효 태선은 아버님 영전에 업데어 삼가 이글을 드리나이다. 살아실 제 모시지 못한 회한이 하늘같삼거늘 가실 제 어찌 말씀조차 없으시더이까 아버님 생전에 아버님 힘겨워하시던 짐 이제 소자가 자고 보니 한 짐이 아니고 두 짐이더이다. 못다 이루신 아버님의 크신 뜻 가녀린 소자가 다 이루기 버겁사오니 아버님 살아실 제처럼 매를 주시고 길을 밝혀주사이다. 서기 1965년 10월 16일.

• 조주환 손두용지묘 추모비, 여기 영원히 누우신 두 분 어버이 드높은 하늘이요 드넓은 품이셨던 몽매에도 잊지 못할 어버이 험한 세파 힘든 고난 모두 다 이기시며 낳으시고 길러주신 큰 은혜 만에 하나 갚지 못했으니 가

시고 없는 자리 참으로 허전하여 애달프고 애절함이 가이 없어라. 여기 영원히 잠드신 두분 어버이 부디 하늘의 복록을 누리소서. 건립일 2001년 4월.

• 고 연세대학교교수 공학박사김병욱묘, 진리의 선구자로 슬기로운 생애를 바치신 어질고 참된 우리의 스승 이제 여기 고이 잠드시니 뿌리신 자혜의 씨알은 찬란한 그 열매를 맺으리. 연세공영구락부 연세화공학회 1967년 11월 일 김충현 서 전화집석봉한공집자.

• 유인월성씨귀희지묘, 6.25사변 단기 4283년 9월 28일 어 서울 자택 횡피폭화여 3남 의식 급 2년 민자 동시 참서 임장 효창공원내 단기 4288년 4월 6일 개장우차립비이기지.

• 망국의 한을 품고 태어나 식민의 고통속에 신음 하면서도 자유를 꿈꾸던 당신의 꿈을 뉘라서 알리요 해방의 환희도 잠깐 분단의 통분 속에서도 평화를 갈망하던 당신의 뜻을 뉘라서 알리요 이제야 당신의 큰뜻을 기리다.

• 서기 1943년 10월경 홍제동 극락원에 봉안하였던 김해김공종한씨외제 현위패급 유골을 극락원 대재로 인하여 서기 1944년 5월 8일 천골취봉작업중 준비위원대표 김해김공종한씨장자 김흥열이노환별세 내위 6.25사변 발발하여 이재훼손으로 갱위중숭수립비함 서기 1975년 11월 10일 건립

망국·분단의 한 비문

김해김공종한 자 상열 덕성 인성.

• 공군중위 김동칠, 뜨고 참아 못볼 세상 감고나 보시려오. 말로 다 못하기 차라리 다무셨오. 귓전이 따갑던 소리 지금에서 어떻고 서기 4292년 12월 11일 영면 형 김동삼.

• 인동장씨명하지묘 배 진주강씨지묘, 어머님 살으실 제 뛰놀던 마음 하늘이 무너져도 아랑곳없고 기뻐도 골부리더니 망난이였오. 어머님 여의나니 무정한 세상 제 마음 매질하는 어머님 생각 내 평생 그 은혜 갚아드리리라. 1965년 8월 일 자 현욱.

• 한번 뜻한 마음 쓰러진들 내 어이 변할손가.

• 묘지에 계신 분 아버지 김혜칙씨, 삼 남매 중의 아들로(평안북도박천군청룡면광성동545번지출생지에서 1948년 지주라하여 제3차 몰수를 당하고 고생 고생 끝에 그해 가족들과 함께 월남하였다 성북구가 본적이 되었다 1918년 무오 11월 20일생 1961년 신축 11월 11일 졸).

• 신천강군승주지묘, 4263년 10월 19일 정주에서 출생 4291년 11월 24일 졸 청춘을 묻고가니 산도 惡하네 독자를 빼앗다니 하늘도 無心 못 이른 큰 뜻을 우리가 하리다. 울어도 무엇하리 安眠하소서 햇불동지 일동 서울대 법대 졸업 수복 당시 정훈요원으로 활약 육군 중위 전역.

• 송원섭 추모비, 6.25납북 거치른 풍운에 실린 바 되어 외로운 객향에 유하시오나 같은태양 같은달 바라보시며 피맺힌 분렬의 설움 다 잊으시고 어디에 계시든지 부디 평안하소서.

• 천심세계대선생 박진화묘, 中天大明 天地開闢으로부터 천지는 改闢 동시중천이 대명에서 상극과 모순은 영원이없어지고 온세계는 상생에 덕화로 천심기원6년 3월 15일 천심세계.

• 나는 가진 것 없지만 약산 진달래 지하금강 동룡굴을 어이 잊으리.

• 묘비 뒷면, 31세의 꽃다운 청춘을 안고 순직하여 가신 벗이여 그대

넋 우리와 함께 있으니 고이 잠드시라. 1962년 6월 15일 한일은행 직원 일동. 한일은행 직원으로 순직.

• 한국일보사순직사원묘, 여기 불의의 화재 속에 말하며 싸우다 숨진 한국일보사 순직 사우 7위가 고히 잠들었노라. 시민에게 뉴스를 전하는 외에 아무것도 생각잖고 불길 속에 재가 되었노라. 천지신명이여 비통하고도 거룩한 이 영혼들과 그 유족들을 길이 보살펴 주소서. 서기 1968년 3월 2일 한국일보사 사장 장기영.

김순금 여사 쉬는 곳

• 김순금여사 쉬는 곳, 1882년 함남 이원 곡구에서 나시고 1937년 서울에서 가시다 저 태양이 만물을 살리움 아는 한 저 화려한 꽃들은 그 뿌리의 역사로 피어났음을 아는 한 우리 가문에 불멸의 공을 쌓으시고 여기에 누우신 어머니의 거룩한 모습을 길이길이 찬양하리라. 1961년 4월 5일 작은 아들 주영하 최옥자(세종대 설립자 서울여자학원 대양학원).

• 너그러운 인품과 고고한 기개를 자손들에게 유산으로 물려주시고 하느님 뜻따라 여기 고이 잠드시다.

• 저 좋은 낙원 내 쾌락 일기가 화.

• 밀양박공해일지묘, 1906년 1월 3일생 1950년 9월 28일 서울명보극장 앞에서 엽총으로 인민군에게 대항하다 전사.

• 비문에는 "돌에 이름 새겨 여기 세우고 그리워라 부모님 영혼을 빕니다"가 새겨져 있음. 묘 근처 나무에 "고. 한명실 추모비"가 별도로 붙어 있음. "하늘에 별이 되신 어머니…… 그립습니다…… 아버님 곁에서 편히쉬세

요…… 고맙습니다…… 죄송합니다…… 어머니의 자손들 일동".

• 단기 4215년 1월 13일 평안남도 용강군 삼화읍에서 출생하시다. 단기 4231 영광 김씨와 결혼하시고 양친 슬하에서 학업을 전수하시다가 단기 4242년 뜻한 바 있어 조선 유일의 무역항인 진남포로 진출하시어 곡물 무역에 착안하시고 성심노력하신 결과 사계에서 굴지의 실업가가 되시었뿐 아니라 사회사업으로 특히 육영사업에 유의하사 종백 배형식 씨와 같이 서선에서 최초의 신교육 기관으로 진남포 사립 삼숭중학교를 창립하시고 육영사업에 주력하신 결과 금일의 삼숭학원은 기실 졸업생만도 수천에 달할 뿐 아니라 저명한 인사를 가장 많이 갖인 숭고한 존재이다 당신의 가야 정적으로는 재 형우 형태 한형 삼형제에 장형으로서 특히 민족적 이념하에서 자여제로 하여금 당시 최고 학부인 연희전문학교 보성전문학교에서 수학케 하시었으며 그 후 자여제 등이 각각 실업계로 진출하여 사계에서도 중진으로 활역케 되었으매 시역 당신 평소 자제 교육에 있어 엄격함과 무애로 편달과 지도하신 적공인 동시 선조에 후덕임도 상기하는 바이다. 단기 4288년 8.15 광복의 가인을 맞이하샤 즉시에 월남하시어 차자 동환과 동거하시다가 노환으로 단기 4288년 10월 15일 12시 45분 4자 3녀 8손을 남기시고 향년 74세에 서거하시다. (전 정통부장관 배순훈 할아버지 비문)

• 효자 강창룡은 진주인 은렬공의 후예로서 고 강복래씨와 고 이복례씨와의 1천일간의 정성어린 산신기도로 태생된 3대독자로 1915년 12월 3일 통천(고저)에서 출생 18세에 전가족이 금강산(백엽산)에 입산 수도생활 20여년간 강인한 의지와 체력연마로 힘이 장사이고 성격은 매우 온순 동정심 의협심이 강할뿐으라 효심은 남달리 높아 어려운 생활속에서도 극진한 공양과 정성어린 병간호며 "출필고 반필면"으로 부모를 항상 즐겁게 해드렸고 남의 부모도 내 부모와 같이 공경하므로 1956년 9월 10일 김태선 서울시장의 효자표창장을 받았고 그 후 부친 별세 후에는 일백일간의 시묘살이 등등

이 세간에 파급되어(돈암동 거주시) 1959년 10월 3일 이승만 대통령의 효자 표창장도 받은 바 있으며, 아울러 부인 안화춘은 순흥인 안문성공의 후예로서 6.25피란시 어려운 역경속에서도 홀시부 봉양과 병간호의 남다른 바 있어 1957년 10월 3일 김태선 서울시 시장으로부터 효부표창장을 받았으며 또 이 부부는 20년이 지난 오늘날까지 매월 삭망일에는 꼭 성묘를 하며 묘지의 벌초는 "맨손 풀뽑기"로 하는 등등 그의 효심은 후세 젊은이들에게 귀감이 되겠기에 우리 추진위원들은 이를 높이 찬양하여 이 비를 세워 영원히 (공개) 코자한다. 1986년 9월 6일.

서강대 진산인.
노고산 공동묘지 유골을 합장한 묘비

경서노고산천골취장비

京西老姑山薦骨聚葬碑

서울 서쪽 서강대 진산인 노고산 공동묘지 무연고 유골을 망우리공동
묘지 이곳에 이장하여 묻고 비석을 세웠다. 제자는 위창 오세창이 쓰고, 아
래 비문은 노고산장택지경영주식회사 사장 박보양으로, 전무 송달섭이 짓
고 김흡이 썼다. 박보양은 활발한 사업과 정치 활동으로 충주원 참의를 지
냈다. 친일인명사전 704명 참의원 부문에 포함되어 등재됐다. 박보양의 행
적을 추적하며 철원 지방의 유지로서 친일의 길을 걷는 과정을 통해 현재를
살고 있는 우리들은 민족과 나라를 위해 무엇을 해야 하는가 생각할 수 있

경서노고산천골취장비

길 바라며 소개한다.

박보양(朴普陽, 일본식 이름: 江原基陽, 1888.2.12.~?)은 일제강점기 관료로, 본적인 강원도 철원군 철원면에서 태어났다. 본관은 반남이다. 1904년부터 약 2년간 사숙에서 한문을 배웠다. 1910년 4월에 경성의 사립 보성학교를 졸업했다. 그해 4월 황해도 평산군 사립 사범강습소 교사를 거쳐 9월부터 3개월 경성 사립 태극학교 교사로 재직했다. 1911년 3월부터 10월까지 철원의 사립 배영학교 교사로 재직했다. 10월 철원공립보통학교 학무위원에 임명되었다. 1912년 9월 도로용지를 기부한 대가로 조선총독부로부터 목배 1개를 받았다. 1914년 3월 철원소방조합 평의원에, 1916년 3월 철원위생조합부장에 선출되어 1917년 4월까지 활동했다. 1917년 3월 철원금융조합 감사로 선출되었다. 1919년 1월 철원군 참사에, 4월 임시사무촉탁에 임명되었다. 1919년 11월 내선융화를 목표로 하는 철원동주회에 발기인으로 참여하고 간사로 활동했다. 1920년 12월 철원에서 민선 강원도 도평의회원에 선출되었다. 1921년 철원군 어운수리조합 조합장으로 재직하던 중 횡령사건에 연루되어 유죄판결을 받고 1923년 3월에 집행유예로 풀려났다. 1926년 9월 강원도농회 부회장, 1927년 4월 민선 강원도 도평의회원과 조선농회 통상의원에 선출되었다.

1928년 11월 쇼와 일왕 즉위기념 대례기념장을 받았다. 1929년 5월 조선박람회 평의원에 위촉되었다. 1930년 4월 강원도농회 부회장을 다시 맡았다. 1931년 5월 철원읍 읍회의원에 당선되었다. 1933년 5월 관선 강원도 도의회의원에 임명되어 6월 도회 부의장에 선출되었다. 1933년 10월 조선신궁 설립 10주년 기념사업을 진행하기 위한 조선신궁봉찬회 발기인으로 참여해 고문과 평의원을 맡았다. 1935년 2월 조선농회 평의원에, 5월 갱생수리조합연합회 위원에 선임되었다. 1936년 5월 노고산장택지경영 주식회사를 설립했다. 7월 경춘철도주식사 감사역을, 12월 강원미곡통제조합연합회 부회장을 지냈다.

1937년 5월 관선으로 강원도 도회의원에 다시 임명되었다. 같은 해 9월 '애국기 강원호' 제작 자금으로 100원을 헌납했다. 1938년 3월 도회 부의장에 선출되었다. 1938년 11월 철원주조주식회사 사장에 취임했다. 1939년 5월 국민정신총동원조선연맹 평의원을 지냈다. 같은 해 6월 조선 총독의 자문기구인 중추원의 주임관 대우 참의에 임명되어 1942년 6월까지 재임하면서 매년 600원의 수당을 받았다. 1939년 11월 조선축산주식회사 취체역을 지냈다. 1940년 10월 국민총력 강원도연맹 이사로 활동했다. 1940년 11월 열린 기원2600년축전기념장을 받았다. 1941년 3월 해군협회 강원도지부 평의원으로, 9월 전쟁협력단체인 조선임전보국단이 결성될 때 강원도지역 발기인으로 참여했다. 1941년 6월 12일 중추원 부여신궁 공사 근로봉사에 참여하기도 했다.

경서노고산천골취장비 아래 묘비는 떨어진 상태로 수십 년간 방치되었다. 중랑구청에서 묘비 주변을 정리하며 아래 비문을 2020년에 원래대로 붙였다. 망우리공원 사색의 길 삼거리에서 일방통행 길 반대편인 좌측으로 10분 정도 오르다 오른쪽에 있다.

경무대경찰서장. 4.19혁명 경무대 앞 발포책임자.
별명 부부통령 곽박사 정치경찰

곽영주

郭永周, 1924~1961

1960년 5월 8일 하야한 이승만 대통령 부부를 경호하는 곽영주

곽영주는 1924년 경기도 이천시 율현동 현풍 곽씨 집성촌에서 태어났다. 경성공립직업학교 기계과를 졸업하고 일본 육군 지원병으로 입대하여 병기 병과 군조에까지 올랐다. 8.15 광복 이후 고향 선배인 이정재의 도움으로 수도경찰학교에 입학했다. 그러다 당시 대통령 이승만의 눈에 띄어 이승만의 경호 일을 보게 되었다. 이때 뽑힌 일화는 당시 곽영주는 수도경찰학교를 졸업하고 경찰서의 보초로 근무하고 있었다. 이승만이 경찰서를 방문한 시간에 문 앞에 떡하니 버티고 있는 곽영주를 인상 깊게 보았다고 한다. 당시 기준으론 엄청난 덩치와 우렁찬 목소리, 강렬한 마스크가 눈에 확 띄어, 경무대 경호원으로 특채되었다. 그는 이승만의 총애를 받고 1950년 경무대경찰서의 경위로 승진했으며, 1951년 경무대경찰서의 경감으로 승진했다. 1955년에는 내무부 치안국의 경무과에 전보됨과 동시에 총경에 올랐다. 이듬해인 1956년에는 경

무대경찰서장에 임명되었다. 1957년에는 치안국으로 다시 전보되었다가 경무관에 승진하는 등 줄곧 출세 가도를 달렸다. 총경에서 경무관에 오르는 데도 보통 7년이 걸리는데, 곽영주는 이승만의 총애를 등에 업고 경위에서 경무관까지 7년이 걸렸다.

곽영주는 이승만의 빽을 믿고 대통령 경호 임무를 넘어서는 월권을 행사하며 이리저리 날뛰기 시작했다. 우선 이정재에 대한 은혜를 갚는답시고 깡패가 된 그가 어떤 문제를 일으키든 무조건 그의 편을 들어줬다. 이때 곽영주가 얼마나 설치고 다녔는지 부부통령 내지는 곽박사라는 별명을 얻었다. 재미있는 건 이런 안하무인 월권 행태는 훗날의 유신 시절 대통령 경호실장 차지철에게 충실히 계승되었다.

곽영주는 군 장교의 진급 심사에도 참견했다. 자기 나름대로는 기준선에서 불온분자 소탕에 적극적이었는지 해당 장교의 소양보다는 당사자나 가족의 사상 관계를 캐묻는 경우가 더 많았다. 이런 식으로 태클을 걸었던 사람이 아이러니하게도 김익렬과 박정희. 김익렬은 4.3사건 당시 무분별한 경찰의 진압에 회의를 느끼고 빨치산과 일시 휴전을 맺은 탓에 공개장소에서 면박당해서 끌려나갔다. 1950년대 내내 찬밥 신세였다. 박정희는 형 박상희가 사회주의자였으며 형이 죽은 후 남로당에 가입한 경력이 있으니 당연히 문제가 될 수밖에 없었다. 다만 김정렬 당시 국방부 장관이나 백선엽이 찾아와서 심사위원들을 일일이 설득시켜 기어이 진급시켰다. 그런데 곽영주는 박정희의 남로당 경력을 드러내도 먹히지 않자 빨갱이 색출에 실패했다고 생각했는지, 박정희와 김호남의 이혼 경력을 어디서 알아냈는지 들고 와 그의 여자관계가 굉장히 문란하다는 주장을 하였다.

서대문 앞 총격사건 이기붕 자택(현재 4.19혁명기념 도서관) 발포 사건은 그의 직접 명령에 의한 것으로 이승만이 4.19혁명으로 물러났다. 곽영주는 자신의 권력 기반을 잃게 되었고, 그대로 체포되어 장면 정권하에서 벌어진

재판 결과 단기형을 받았다. 하지만 그게 끝이 아니라 5.16군사쿠데타 혁명재판으로 곽영주는 최인규, 임화수, 조용수, 최백근과 나란히 1961년 12월 21일 교수형을 당했다. 당연히 호사가들 사이에선 과거 곽영주와 박정희의 갈등을 지적하며 곽이 박의 원한을 사서 사형을 당했다는 말도 나왔다. 이 튿날 망우리공동묘지에 묻혔다 고향의 산자락으로 이장했다.

대한민국이 건강하고 평안한
나라이길 바라며 쌓은 돌탑

국민강녕탑
國民康寧塔

국민강녕탑

아차산과 용마산과 망우산 산길과 산속의 쓰레기를 수십 년 주워 온 1927년생 최고학 옹이 낙이망우 망우리공원 사색의 길 위에 따뜻한 이야기의 한 자락을 펼쳐놓았다. 말년에는 거의 매일 오후 동락정 정자에서 최옹이 직접 그린 한북정맥의 수락지맥인 아차산·용마산·망우산의 산경도를 펼쳐놓고 실제로 본인이 걸은 걸음 횟수까지 적어놓은 곳곳을 설명하였다. 아차산에서 용의 머리는 용마산이고 중랑천 지류인 면목천 발원지의 계곡 중에 박인환 묘소와 관리사무실 사이에 흐르는 지점이 용의 배설구라 설명했다. 낙이망우 망우리공원 사색의 길 일방통행 전신주 21번 위와 솔샘약수터 아래에 본인이 이곳을 용의 배꼽에 해당하여 IMF사태 이후 국민의 행복을 바라며 10여 년 홀로 공들여 쌓은 탑이다.

2000년 이후 사색의 길을 걸은 또랑시인이 몇 번 최 옹과 이야기를 나눴다. 지금은 세상에 계시지 않지만 최 옹의 바람대로 대한민국이 건강하고 평안한 나라이길 빌면서 그 앞을 지나며 두 손 모아 합장하며 최 옹의 명복과 노고의 고마움에 대해 예를 표한다.

서울시시설관리공단에서 세운 안내문을 소개한다. "용마산 아차산 지킴이로 수십 년간 산속 쓰레기를 주워온 83세 최고학 옹이 국민의 행복을 위해 개인이 쌓은 탑입니다. 최 옹은 '우리 국민들이 욕심을 버리고 남을 미워하지 않으면 건강해지고 온 가족이 행복해질 것'이라며 7년 전부터 이 탑을 쌓으며 여생을 보내고 있다고 적은 탑입니다."

노인(老人)은 왜 탑(塔)을 쌓고 있습니까?

앞에 보이는 국민강녕탑(國民康寧塔)을 바라보고 지나다니는 전국민(全國民)들이여. 지나친 욕심(慾心)을 버리고 남을 미워하지 않으면 자살(自殺)하는 국민(國民)도 이혼(離婚)하는 국민(國民)도 결혼(結婚)을 못하고 늙어가는 처녀총각(處女總角)도 없을 것이오. 돈이 많으면 모든 것이 해결(解決)되는 것은 아닙니다. 마음이 맞으면 행복(幸福)을 만들어갈 수 있습니다. 우리 국민(國民)의 건강(健康)과 마음이 평안(平安)해지리라 하는 마음으로 국민강녕탑(國民康寧塔)을 쌓고 여생(餘生)을 보내고 있는 팔십칠세(八十七歲) 최고학(崔孤鶴)이라 합니다. 우리 국민(國民)들 소원(所願)이 꼭 이루어지기 바랍니다.

앞에 보이는 국민강녕탑(國民康寧塔)은 우리 국민(國民)들 행복(幸福)을 빌고 건강(健康)을 비는 탑(塔)으로 수천년(數千年), 수만년(數萬年) 보존(保存)될 것입니다.

— 국민강녕탑(國民康寧塔)을 쌓고 있는 팔십칠세(八十七歲) 최고학(崔孤鶴)

어느 분이 친절하게 하얗게 '2014'이라고 안내문 설치한 년도를 맨 아래 행 앞에 써놓았다. 또랑시인이 사색의 길 지나가며 보면 최 옹이 또 하나의 쌍둥이 탑을 세우려 허물고 있었다. 관리사무실에서 만류했다. 망우산 동쪽보다 서쪽에 바위와 돌멩이가 많지만, 주변 돌을 긁어 모으면 자연재해 우려가 있기 때문이다. 자신의 이름 그대로 외로운 작업이지만 탑은 천년을 산다는 학처럼 오가는 이의 마음에 스미어 최 옹의 바람대로 평안한 삶과 나라의 안녕을 빌어본다.

최 옹은 해방 후 국방경비대에 입대하여 군인으로 14년 근무했다. 제주 4.3항쟁과 6.25한국전쟁도 겪었다. 먼저 간 전우를 생각하며 자신의 장수를 미안하게 여겼다. 한때 의류제조업으로 동대문 평화시장에 납품하여 돈도 벌었다. 물을 많이 마시며 아차산을 돌아다니며 쓰레기를 줍는 것이 장수의 비결이었다. 최고학 옹은 거의 매일 사색의 길을 걸으며 오후에는 직접 제작한 아차산 산경도를 펼쳐 지팡이로 지점을 가리켜 설명하며 동락정 의자에 앉아 산책객과 담소로 소일했다. 가끔씩 자신의 건강을 자랑하며 제자리 돌기 시범을 보여주었다. 83세로 제자리돌기 600바퀴 돌기로 방송에도 출연했던 몸짱이었다.

순조와 순원왕후의 장녀.
남편은 장동김씨 선원 김상용 8대손 추증 영의정

명온공주, 김현근

明溫公主, 1810~1832. 金賢根, 1810~1868

명온공주는 1810년 순조 10년 음력 10월 13일 조선의 제23대 순조 (1790~1834, 재위 1800~1834)와 순원왕후(1789~1857)의 장녀로 태어났다. 익종 효명세자(1809~1830)의 친동생이며, 복온공주(1818~1832)와 덕온공주 (1822~1844)의 친언니이다.

덕온공주의 모후 순원왕후는 신안동 김씨, 일명 장동김씨 출신으로, 김조순(金祖淳, 1765~1832)의 딸이다. 순원왕후는 자신의 집안이 풍양조씨 가문과 함께 조선 말기 세도 정치의 절정기를 이끌어나가게 하는 데 중요한 역

혼유석 미군 낙서
6.25 망우산 전투

할을 한 왕비이기도 하다.

8세 때인 1817년(순조 17) 음력 5월 11일 정식으로 공주에 봉해져 명온공주라 하였다. 이후 1823년(순조 23) 음력 5월 10일 명온공주의 부마를 간택하기 위해 전국의 12세부터 15세까지의 남자들에게 금혼령을 내렸으며, 이해 음력 6월 2일 진사를 지낸 신안동 김씨 김한순의 아들이자 명온공주와는 동갑내기인 김현근을 부마로 정하고 동녕위(東寧尉)에 봉했다. 그리고 음력 7월 20일 명온공주와 김현근의 가례가 열렸다.

명온공주가 궁궐 바깥에 새로운 살림을 꾸리게 되자 1824년(순조 24) 음력 9월 8일에는 효명세자가 공주의 집에 다녀갔고, 1826년(순조 26) 음력 3월 28일에는 대신들의 만류에도 불구하고 순조와 효명세자가 함께 직접 공주의 집에 행차하였다.

1830년(순조 30) 음력 5월 6일 오빠 효명세자의 죽음에 이어 1832년(순조 32) 음력 5월 12일, 명온공주의 바로 아랫동생인 복온공주가 혼인 2년 만에 15세의 어린 나이로 사망하였다. 그리고 겨우 한 달이 지난 음력 6월 13일, 명온공주도 오랜 투병생활 끝에 23세의 나이로 사망하고 말았다. 당시 순조는 장례를 복온공주의 예에 맞춰 진행하도록 하고, 직접 명온공주의 집에 행차하였다. 명온공주의 남편인 김현근은 1868년(고종 5) 음력 8월 26일 사망하였다. 김현근에게는 사후 영의정이 추증되었다.

2016년 KBS 2TV 〈구르미 그린 달빛〉에서 효명세자 역을 맡은 박보검과 정혜성이 통뚱이 특수분장으로 명온공주 역을 맡아 열연하였다.

지금의 청와대 인근에 선원과 청음 두 형제가 살았던 지명인 장동김씨 청음 김상헌의 9대 외손인 명온공주와 청음의 형님인 선원 김상용의 8대손인 김현근과는 이성 친족으로 혼인하여, 현 서울 관훈동 194-35에 대궐을 지어 생활했다. 동녕위 김현근에게는 정신질환이 있었다. 의원들이 치료하지 못하여 무당들을 불렀는데, 밤낮으로 무당들이 대나무 칼춤을 추며 병이

낮기를 기원하는 소리로 시끄러웠다. 그래서 사람들이 죽도궁(竹刀宮)이라고 부르다가 죽동궁이 되었다고 한다. 그러나 이규태가 쓴 「이규태의 600년 서울」 글에 실려 있는 이야기로 출처가 명확하지 않고 다른 문헌에서는 찾아볼 수 없어 신빙성은 떨어진다. 명온공주는 부마의 질병으로 몸이 쇠약해져서 둘 사이에 자식도 없고, 시름시름 앓다가 꽃다운 나이 23세의 일기로 숨을 거두었다. 관훈동 센터마크 호텔 주차장 입구 모퉁이에 죽도궁터 표지석이 붙어 있다. 명성황후의 조카인 민영익이 살기도 하였다.

순조의 맏사위인 김현근은 종실의 일원으로 국가적인 행사에 많이 참여했다. 그는 헌종 대에 조선의 사절단을 이끌고 두 차례나 북경을 다녀왔다. 조선 정부는 매년 북경으로 사절단을 파견했는데, 국왕의 아우나 사위와 같은 왕실 인척이 대표가 되는 경우가 많았다. 조선 정부가 청과의 외교를 중시함을 보여주기 위해서였다. 1837년(헌종 3)에 김현근은 헌종이 국왕이 된 것을 확인받는 외교를 펼쳤고, 이를 성사시킨 공적을 인정받아 토지와 노비를 하사받았다. 또한 그는 철종이 사망했을 때 철종의 명정을 쓰고 왕릉의 제사를 주관했고, 대원군이 경복궁을 중건할 때에는 영건도감의 제조로 활동했다. 고종 대에 그는 판돈녕부사, 판의금부사와 같은 고위직에 임명되었다. 고종은 효명세자의 왕비인 조대비에 의해 효명세자의 양자가 되어 국왕 위에 올랐으므로, 김현근은 고종에게 고모부가 되는 존재였다. 1868년 김현근이 사망하자, 고종은 그에게 영의정 벼슬을 내리고 깍듯이 예우를 갖추어 장례를 치르게 했다. 김현근의 자손에 대한 예우는 이후에도 계속되었다.

원래 명온공주와 부마 김현근의 합장묘는 지금의 서울 종암동과 돈암동 경계 지점인 옛 서라벌중고교 뒷산에 묘역을 조성했었다. 1936년 일제가 토지구획정리사업을 시작하면서 망우리에 조성하고 이장 명령이 내려져 인근 묘와 함께 망우리공동묘지 묘역으로 이장하며 합장되었다. 묘지번호는 203747호이다. 이장 전에는 오석의 묘비와 장명등, 망주석, 문인상, 장명등, 혼유석, 향로석 등이 고루 갖추어져 있었다. 현재는 묘비와 장명등, 혼유석과 상석, 향로석만 남아 있다.

김현근의 묘표(墓表)는 1892년에 한장석이 작성했다. 이 해는 명온공주가 사망한 지 60주년이 되는 해였고, 한장석은 지금의 국립산림과학원 옛 홍릉 수목원인 청량산방에 별서를 짓고 그곳에서 초의선사와 녹차 부흥에 힘쓴 정조의 사위 홍석주의 외손자였다. 상석에 6.25한국전쟁 망우리전투에 참여한 미군들이 자기 이름을 새겨놓은 낙서가 보인다.

현재는 망우리공원을 역사문화공원으로 거듭나기 위해 중랑구, 구리시, 서울시 등이 나서서 진입로 및 묘역을 정리하고 안내문도 세웠다. 명온공주와 김현근 묘역도 진입로에 야자매트를 깔고 사색의 길 입구에 문중에서 안내석도 세웠다. 묘역이 좁고 경사가 있어 넓히는 데 한계가 있지만 그 범위 안에서 최선을 다해 종전과는 다른 모습을 보여 참배객들의 아쉬움은 상당히 줄어들고 있다.

망우리고개에서 기업가적 삶을 터득한
두산그룹 설립자

박승직

朴承稷, 1864~1950

박승직

1896년 8월 1일에 개점한 '박승직 상점'에서 출발한 기업이다. 두산그룹은 창업 CEO 박승직의 기여로 한국의 대표기업으로 발전했고, '한국 최초의 100년 기업'이 되었다.

두산그룹 창업주 박승직은 1864년 6월 22일에 경기도 광주 탄벌리의 가난한 숯가마를 일구는 가정에서 태어났다. 부친 박문회는 몰락한 양반 후손으로 8남매를 거느린 소작인이었다. 5형제 중 셋째인 박승직은 어려서 어머니를 잃고 할머니 밑에서 자랐다. 8세부터 한문 공부를 했고, 15세에 결혼했다. 12세 때 1876년 강화도조약이 이뤄졌지만, 시골에서 천자문, 4서5경 등 유학을 공부하며 유학적 테두리 안에서 자랐다.

박승직은 전통적으로 사농공상 세계관의 한계에도 불구하고 농촌의 좁은 세계에 갇혀서 자급자족에 안주하기보다 사람들에게 필요한 것을 가져다주는 시장봉사의 길이 더 낫다는 자각을 스스로 터득한 것 같다. 박승직이 '농사보다는 장사를 해야겠다'고 결심한 계기는 어린 시절 화전을 일구면서였다고 전해진다. 어느 날 박승직은 화전을 일구다 팽이에 튕긴 돌이 정강이를 때렸다. 아프기도 아팠지만 농사꾼의 운명에 대한 설움이 더 북받쳤다.

'언제까지 이렇게 희망 없는 농사만 지으면서 살아야 하나. 장사를 해보자. 젊은 몸 농사만 한 힘만 들인다면 무엇인들 못 이루랴.' 그런 생각이 불쑥 들었다.

그는 송파장을 오고 가면서 장사꾼들의 모습을 눈여겨보았다. 그는 송파장을 찾아가 뱃길로 활기를 띠고 있는 장터의 상거래를 눈여겨 보아두었다. 송파는 경부선 철도가 생기기 전까지는 안성과 함께 한양으로 유입되는 물건들의 집산처였다.

송파장에서 만난 김만봉의 소개로, 어느 날 가출하여 얼마 후 그는 어렵게 마련한 돈 75냥을 가지고 배오개로 갔다. 석유장사를 하기로 했다. 지게에 등잔용 석유와 됫박과 깔때기를 담고 망우리고개 근처의 집들을 돌아다니기 시작했다. 차마 입이 안 떨어져 머뭇거렸다. 사람들이 물어 석유라고 하니, 석유를 사려는 사람들이 골목 여기저기서 몰려나왔다. 석유가 금방 동이 나고 115냥이 수중에 들어왔다. 40냥의 이문을 남겼다.

박승직은 다시 석유를 떼 오기 위해 돌아가다가 망우리 고갯마루에 주저앉아 있는 가죽장수를 보았다. 그는 낙심하고 있는 것 같았다. 붙임성 있는 박승직은 그에게 사유를 물었다.

"발뒤꿈치가 곪아서 이런 다리로는 도저히 장까지 갈 수 없으니 미안하지만 내 물건 좀 사 주시오. 본전에 드리리다." 가죽장수가 사정했다. "그게 전부 얼마요?" 박승직이 가죽을 눈짐작으로 살피면서 물었다. "120냥이오." "가진 돈이 115냥뿐인데 괜찮겠소?" "할 수 없지, 그거라도 주고 가져가시오."

박승직은 그 가죽들을 빈 지게에 담아 배오개장으로 가져와서 팔았다. 운이 좋았다. 500냥을 받을 수 있었다. 다리가 아픈 사람에게는 짐이 됐던 가죽이 신발장수에게는 금 같은 존재였다. 장사는 사람들이 찾는 물품을 살 피면서 해야 할 것 같았다. 두 번의 거래로 하루 사이에 무려 425냥을 번 것이다. 그러나 곧 가출한 아들을 찾아 뒤쫓아온 아버지에게 붙잡혀서 비록 한 번의 사건으로 끝나고 말았지만, 소비자에게 상업적 봉사를 했던 보람이 박승직의 기업자적 삶을 규정하였다. 박승직이 이때의 경험을 되새기건대, 농사를 지어서 자급자족하며 가난하게 사는 것보다, 사람들의 필요에 부응하는 상업을 하는 것이 훨씬 생산적이고 보람도 있다고 보게 된 것이다. 직접 체험을 통해서 터득한 것이다. 젊어 고생, 초년고생은 일부러 사서도 한다는 말을 되새겨본다. 어릴 적 좀 더 넓은 세상 견문이 필요하다.

망우리고개에 두산그룹 시원이라는 박승직 표지비를 세우는 날이 오길 기원한다.

한성부 판윤, 숙부인, 육군 준장(대령),
서울여자학원 창립이사

길운 변원규, 양천허씨, 이양, 최경국

한성부 판윤 길운 변원규(卞元圭, 1837~1896)

　본관은 초계. 자는 대시(大始), 호는 길운(吉雲)·주항(蛛舡). 1855년(철종6년) 역과(전공 한학)에 장원으로 합격하였다. 개화기에 무비자강을 위한 청나라로 유학생 파견을 주선하기 위하여 청자문을 가지고 1880년(고종 17년) 별뢰자관으로 청나라에 파견되어 이홍장과 4개조로 된 조선국원변래학제조조련장정을 체결하여 성공적인 외교 교섭으로 유학생 파견을 가능케 하였다. 1881년 영선사 김윤식을 따라 별견당상으로 파견되어 군기제조 학습을 위한 유학생단을 인솔하고 청나라에 건너가 그곳에 머물며 3차에 걸친 김윤식과 이홍장 회담에 참석하였다. 귀국 후 1882년 통리교섭통상사무아문

길운 변원규 묘지

정각사의 참의를 거쳐 1884년 기계국방판이 되고 이어 지돈녕부사·한성부 판윤을 역임하였다. 시와 글씨에 능하였다.

양천허씨 숙부인 양천허씨 월탄 박종화 비문 지음

숙부인 양천허씨 묘비

망우리공원 사색의 길 동락정에서 구리 둘레1길을 따라 망우산 제1보루 오르다 좌측에 숙부인 양천허씨 묘지가 있다. 묘비는 월탄 박종화 소설가의 글로 다음과 같다.

"아아 어머님 어머님께서는 삼십 미만 28세 때 푸른 나이 아버님을 여의고 홀로 되시었습니다. 그때 불초자의 나이 겨우 여섯 살과 두 살이었습니다. 청상의 몸으로 소자들을 길러주셨습니다. 길러만 노셨습니까 글을 가르쳐 주셨습니다. 늘 불초자가 사람의 구실을 하게 된 것도 어머님의 백수정같이 맑으시고 난초같이 향기 높으신 그 자세로 인한 것이었습니다. 그뿐이오이까 해방 뒤 국토가 양단되어 고향 길주를 뒤에 남기고 남으로 내려오던 그 가시밭길 아직도 눈에 삼삼 어리옵니다. 어머님 어머님께서는 춘추 69세로 윤삼월 구일 합연 불초자를 이 진세를 떠나셨습니다. 어머님 호천망극 어머님을 주소로 생각하는 지극한 정을 이 빗돌에 새겨 후에 자손에게 전합니다. 1967년 4월 건립, 그 효심에 부쳐 월탄 박종화 지음, 사자 김시종 김백종."

육군 준장(대령) 이양(李亮, 1896~1955)

이양 대령 묘지

이양은 1896년 12월 9일 평양에서 태어났다. 1917년 일본 와세다(早稻田) 대학 노문과(露文科) 3년을 수료했다.

1949년 2월 24일부터 1949년 3월 22일까지 교육 기간인 육사8기 3차 병과 보병으로 1949년 3월 29일 임관했다. 군번은 13180, 키는 188cm, 몸무게는 78kg, 혈액형은 O형, 종교는 기독교였다. 임관근거는 국특 23호였다. 대위 진급은 1949년 5월 1일, 소령은 7월 15일, 중령은 1949년 8월 15일 진급하였다. 6.25한국전쟁 중인 1951년 3월 1일 대령으로 진급하여 부산 노무관리단 단장으로 복무했다. 1955년 12월 17일 뇌출혈로 사망했다. 1955년 12월 19일 망우리공원 소오 설의식 가족묘지 뒤 망우산 제2보루 가는 능선에 안장됐다. 1955년 1월 10일 충무무공훈장 1985년 4월 10일 화랑무공훈장을 수여했다.

필자는 2000년부터 만해 한용운 시인의 묘역을 거쳐 설태희 가족묘지 뒤 능선에서 새해 아침 해돋이를 맞이한다. 그 능선에 육군 준장 이양의 묘지가 있었다. 묘역도 좁고 묘비도 작았다. 왜 장성 묘역이 현충원에 있지 않고, 망우리에 있는지 궁금하여 여기저기 뒤적여도 자료를 찾지 못했다. 2013년 봄이 지나자 묘역이 사라졌다. 2020년 3월 31일 국립현충원 홈페이지에 들어가 '이량'이 아닌 '이양'으로 성명을 쳤다. 2013년 6월 2일 망우리에서 이장하여 6월 3일 국립서울현충원 제1충혼당 102실 088호에 안장됐다. 본적은 서울시 서대문구 미근동 14번지, 유가족인 부인 조순녀의 주소는 서울 중구 수표동 91-3번지였다.

서울여자학원 창립이사 최경국(1910~1953)

최경국 묘비

망우리공원 사색의 길 일방통행 망우리삼거리에서 동락정 정자 쪽으로 이병홍 묘역을 지나 조금 오르면 길 우측 아래 최경국의 묘가 있다.

묘비 앞면. 강릉인 최공경국 지묘.

묘비 뒷면. 일구일공년 경술 칠월 이일 북간도 용정에 나심. 일구이구년 경기고등학교 졸업. 일구삼이년 경성법학전문 졸업. 일구사공년 일본 명치대학 졸업. 일구사칠년 서울여자학원(세종대학교) 창립 이사. 일구오삼년 시월 일일 경남 울산에서 별세.

묘비 앞면 뒷면 모든 글씨를 한글로 쓰고 새겼다. 묘비는 상당히 크고 두텁다. 묘지는 둘레석으로 봉분도 작지 않다. 주변의 키 큰 나무들이 둘러싸 잔디나 떼가 살 수 없다. 묘역이 정리되지 않아 지나는 사람들이 왜 저렇게 넓고 큰 묘지가 관리가 되지 않을까 하는데, 자료를 찾기도 쉽지가 않다.

망우리공원 안 한 집안 가족묘지 중
가장 많은 25기 묘지 선영

충익공 신경진

忠翼公 申景禛, 1575~1643

평산신씨 문희공〔文僖公, 신개(申槩, 1374~1446, 세종 때 좌의정)〕과 문희공의 손자 전첨공(典籤公) 신말평(申末平, 1469~1494) 묘역과 그의 문중 선산 포함 8만 평이다. 전첨공파 묘역은 전형적인 명당이다. 풍수에서 중요시하는 순서는 용·혈·사·수·향 순이다. 망우산 제2보루에서 내려와 들어오는 용맥의 힘이 대단하다.

문희공파 후손으로 율곡 이이의 어머니이자 5만 원권 초상화 신사임당, 임진왜란 배수진의 신립, 인조반정 영의정 신경진과 신완, 조선후기 시·서·화 3절의 자하 신위, 구한말 의병 신돌석, 국회의장과 3대 대통령 후

신경진 유택

보였던 해공 신익희, 대한민국 록음악의 대부 신중현, 아나운서 신은경, 발라드 가수 신승훈 등이다. 신익희 묘소도 이곳에 정했다 수유리로 갔다.

묘역은 봉화중학교와 면북초등학교 사이에 자리 잡고 있다. 묘역 위에는 지금은 폐장된 '용마랜드'의 놀이기구가 오픈 스튜디오 역할을 하고 있다. 영화·드라마·뮤직비디오·광고·웨딩 등 아날로그 작업 최적의 장소로 뜨고 있다. 세계적인 아이돌 그룹 BTS도 이곳에서 뮤직비디오를 촬영했다.

신경진은 신립장군의 아들이다. 영의정 신완은 신경진의 증손이다. 신립장군과 그의 고손자인 영의정 신완의 묘역은 경기도 광주시 곤지암에 자리 잡고 있다. 신완 대장 묘역이 신립장군의 묘역 위에 있다. 충주 남한강 탄금대 배수진 패전으로 시신을 거두지 못한 신립장군의 묘는 초혼장이다.

신경진의 본관은 평산(平山), 자는 군수로 임진왜란 때 충주에서 왜적과 싸우다 패하자 자결했던 신립(申砬, 1546~1592) 장군의 큰아들이다. 부친의 공적으로 선전관에 기용되었고 무과에 급제한 뒤 경력으로 승진하였다. 태안군수, 담양부사를 거쳐 부산첨사로 발탁되나 왜인과 접할 수 없다고 하여 면직을 주청, 갑산부사로 체직되었다. 그 뒤 남도병영 우후, 경원부사, 벽동군수로 옮겨졌다. 1623년 인조반정 후 공조참의, 병조참지가 되었고, 곧 병조참판에 제수되어 훈련·호위·포도대장을 겸하였다. 얼마 뒤 정사공신 일등으로 책록되어 정헌대부 정2품에 오르고 평성군에 봉해져 비변사의 일을 겸하였다.

이듬해 이괄의 난 때 훈련대장으로 임금을 호위하고 적을 토벌하는 데에 공을 세웠으나 난이 평정된 뒤 이괄이 추대한 왕자 흥안군 제(瑅: 선조의 10남)를 마음대로 처형했다고 하여 탄핵을 받기도 했다. 그 뒤 형조판서가 되어 1627년 정묘호란 때 인조를 강화도로 호종했고 이듬해 부원군에 봉해졌다. 1636년 병조판서가 되었으나 병 때문에 체직되었고, 그해 겨울 오랑캐가 침입하자 남한산성으로 피난하는 인조를 따라 산성의 동쪽 문을 굳건히 지켰다. 이듬해 다시 병조의 일을 맡았고, 최명길의 추천으로 우의정이 되었다. 1638년 사은사로 청나라에 다녀온 뒤 좌의정에 승진하자 영의정 최명길과 논의, 승려 독보를 명에 은밀히 파견하여 청에 항복한 그간의 사정을 변명토록 하였다. 1641년 다시 사은사로 청에 다녀왔고, 1642년 영의정에 올랐다가 병으로 사퇴, 이듬해 3월 영의정에 재임명된 지 열흘이 못 되어 사망했다.

신경진은 인조반정을 처음부터 계획·주도하여 왕의 절대 신임을 받았고 친병을 장악하여 호위를 책임졌다. 청과의 외교에서 과도한 징벌과 잦은 내정간섭을 철회하는 성과를 올렸다. 또 김류, 이귀, 최명길 등 문인과 널리 사귀었는데, 특히 부친의 종사관으로 임진왜란 때 함께 자결한 김여물(金汝沕, 金汝岉, 1548~1592)의 아들 김류와 절친했다. 시호는 충익(忠翼)이며 효종 2년(1651) 인조의 묘정에 배향되었다. 묘소는 청주에서 이장하였다.

대한민국 조직폭력배.
이승만 정부 시기 정치깡패

도운 합당 이정재

都運 闇堂 李丁載, 1917~1961

이정재

한국의 조직폭력배로 이승만 정부 시기 정치깡패로 이름을 날렸다. 단성사 저격 사건 및 야당 정치인들을 향한 정치테러 등을 지시한 실질적인 배후이기도 하다.

경기도 이천시 호법면 유산리 광주 이씨 집성촌 출신으로 힘이 굉장히 셌다. 마을에서 씨름대회를 개최하면 그날 상품으로 걸린 황소는 전부 다 이정재의 몫이었다는 일화가 전해질 정도였다. 중앙고등보통학교를 거쳐 휘문고등보통학교로 전학해 졸업했다. 신흥대학 국어국문학과를 졸업했다고 알려지기도 했다.

처가살이로 동대문에서 광목 장사를 했으나 얼마 후 깡패와 시비가 붙자 그 깡패를 씨름 기술로 들어 메친 걸 계기로 김두한의 부하로 주먹 세계에 입문했다. 당시에 보기 힘든 고등보통학교까지 졸업한 엘리트로 김두한의 추천을 받아 경찰관이 되었다. 고향의 후배인 곽영주를 수도경찰학교에 입교시켜 경찰에 합격할 수 있도록 도움을 줬다. 이후 대한청년단 종로구

동부 단장직을 맡게 되면서 본격적으로 동대문 시장의 이권에 관심을 기울이게 된다.

김두한의 정계 진출로 말미암아 종로의 조직이 사실상 정리된 이후, 시장점포에 영향력을 가지고 있던 조열승과 차석환을 포섭하여 '가족회'라는 조직을 결성한다. 6.25전쟁 이후로 파괴된 시장의 중심지 일대 3,000평을 '광장주식회사'로부터 매입하여 점포를 짓고 상인들을 입주시키는 한편으로 상인들을 모두 '가족회'의 회원으로 가입시켰다. 이처럼 점차 자신의 세력을 강화시킨 이정재는 상인들의 인심을 얻기 위하여 과거 건달들이 폭력 행위 및 협박, 공갈로 상인들에게 금품을 뜯던 폐단을 없애고 상인들의 애로사항이 있으면 그것을 해결해주면서 한 번도 상인들의 원망을 산 적이 없다고 한다.

그러나 상인들의 원망을 사지 않는 한편으로 실은 절대 밖으로 노출되지 않는 방법으로 막대한 이익을 거두어들이고 있었는데, '광장주식회사'로부터 헐값에 거둬들인 땅을 상인들에게는 고가에 판매하여 폭리를 취한 것을 비롯하여 시장의 전기, 전화, 관리세에 자가발전을 구실삼아 당시 가구당 300환에 불과하던 관영요금을 2,000에서 2,500환까지 거출하고 전화기 교환을 핑계로 7,000환을 부과하는 등의 수법으로 막대한 이익을 취했다. 이러한 내막을 잘 모르는 상인들에게서 이정재의 평판은 좋을 수밖에 없었다. 즉 학력이 전무한 일반 조직폭력배들이 직접적인 방식으로 돈을 뜯었다면 이정재는 학식이 있는 인물답게 돌아서 돈을 뜯어온 것이다.

이러한 이정재의 세력은 날로 거대해지면서 경마장에까지 미쳤는데, 그가 체포되기 직전 시장의 규모는 종로4가에서 6가까지 이르는 7만 평 규모에 2,900여 점포를 아우르며 이정재의 영향력 아래에 있는 상인의 수는 무려 1만 2,000명이나 되었다고 한다. 이러한 거대한 규모뿐만 아니라 당시 혼란한 시대상으로 인하여 상당수의 총기 또한 보유하고 있었다.

이런 거대한 이권을 쥐게 된 이정재는 동대문 광장 입구에 1억 환(현 시가 50~100억 원)에 달하는 3층 건물을 짓고 옥상에 도장을 설치하여 부하들을 육성했다.

　　이 무렵 시라소니가 이정재에게 돈을 몇 차례 빌리고 살길이 막막한 전직 북파공작원 KLO 대원들에게 점포를 양도해줄 것을 요구했다. 그러다 마지막에는 50만 환(현 시가 5,000만 원 전후)에 달하는 돈을 요구하고 서북청년회 출신 상이군인들에게도 점포를 배당해줄 것을 요구하자, 동대문파 간부들은 분노한다. 특히 자존심이 상한 이정재는 시라소니를 제거할 계획을 세우고 좁은 사무실로 유인하여 둔기, 손도끼 등의 흉기로 난자한 '시라소니 린치사건'을 벌이기도 했다. 이 일이 계기가 되어 이화룡의 명동파와 치열한 전쟁이 벌어졌다.

　　또한 고향 후배인 곽영주가 경찰이 되고 싶다고 하자, 이정재는 경찰에게 엄청난 뇌물을 건네주고 곽영주를 경사로 임관시켰다. 이후 곽영주가 이승만의 눈에 띄어서 이승만의 경호를 담당하게 되면서 결과적으로 이승만의 측근이 되었고, 이정재의 위세는 자유당 이기붕의 위세와 권력을 업고 심지어 정계까지 월권을 행사하기도 하고 야당 인사들에 대한 집회 방해, 이기붕의 자유당 의장 취임 공작 등 수많은 정치테러를 벌였다. 이때 날아가는 새도 떨어뜨린다는 곽영주의 별명이 부부통령. 이후 곽영주가 경무관으로 승진하면서 경무대경찰서장이 되자 바로 이정재를 이승만에게 알현시켰고 이정재를 이승만의 양아들로 만들어줬다.

　　이때 이기붕을 부통령으로 만들기 위해서 수많은 야당 인사 및 기타 조직의 방해자들로 지목된 이른바 제3세력의 동시다발적 암살 기도를 획책하기도 하였음이 혁명재판 당시 밝혀졌는데, 당시 암살대상이 되었던 인물로는 김태선, 이순용, 신익희, 조병옥, 장택상, 김상돈, 백두진, 문봉제, 김기홍, 조희창, 이화룡 등 40여 명이라고 한다.

이 계획은 당시 이정재의 참모총장 격이었던 김동진이 경찰에게 밀고함으로 무마되었다고 하는데, 이 보복으로 김동진은 단성사에서 영화 〈형제는 용감하였다〉를 감상하고 나오던 도중 조직원 이석재에게 저격을 받고 복부 관통상을 입었다. 이 사건이 〈야인시대〉 등 드라마에서도 주요 사건으로 언급되는 '단성사 저격 사건'이다. 이 사건 역시 검찰의 수사 도중 자유당의 정치적 압력으로 인해서 이정재는 기소유예를 받고 풀려났다.

그의 야망은 여기서 그치지 않고 정계 진출까지 꿈꾸고 있었는데, 고향인 이천에서 민의원 출마를 계획했다. 이정재는 오래전부터 이천을 기반으로 정계 진출을 꿈꾸었는지 부하들에게 "길 가다가 이천 사람이 곤란을 겪고 있으면 발 벗고 도와줘라"라고 입버릇처럼 말했다고 한다. 그러나 서울시 내 지지율이 바닥이었던 이기붕이 수도권이면서 만만한 지역구를 물색하던 도중 하필 이천을 선택하게 되었고 이런 이기붕에게 이천 지역구를 반강제적으로 빼앗겼다. 이때 이기붕과의 마찰로 말미암아 이정재는 이기붕의 아내 박마리아의 미움을 사게 되었고, 치솟던 이정재의 권력도 이때를 기점으로 내리막길을 걷게 됐다. 이후 직함만 1인자 자리를 유지한 채 권력을 잃은 이정재는 자택에서 칩거하게 됐고, 이 틈을 타서 처세의 달인 임화수가 실질적인 동대문파의 1인자로 부상하는 계기가 됐다.

그러던 와중에 박정희가 5.16군사쿠데타를 일으키고, 군사정부의 조직폭력배 척결사업 대상으로 지목되어 체포되었다. 당시 군사정부는 시라소니 린치 사건, 단성사 저격 사건, 고대생 습격 사건 등 이정재가 관여한 수많은 범죄를 재수사해서 혁명재판에 넘겼다. 결국 1961년 5월 21일, 혁명재판부에서 특수범죄처벌에관한특별법 제7조 1항(단체적 폭력행위)외 11개 범죄행위로 기소되어 범죄단체 수괴로 인정, 사형 판결을 받는다.

판결 이후 공수특전단 대원들의 감시를 받으며 "나는 깡패입니다 국민의 심판을 받겠습니다"를 쓴 플래카드에 다른 깡패들과 함께 백주의 시내

조리돌림을 당하는
이정재

한복판에서 조리돌림을 당하는 치욕을 당해야 했다.

1961년 10월 19일 오후 3시에 서대문형무소에서 교수형으로 생을 마감했다. 향년 44세. 이날 형무소장 면회라는 명목으로 감방에서 나와서 이동 중에 교도관들이 사형장으로 방향을 틀자 이정재는 처음엔 흠칫했지만 바로 체념하면서 "오늘부터는 대접이 바뀌는구먼?"이라고 쓴웃음을 지으며 순순히 형장에 들어갔다고 한다.

"나도 잘못은 있기에 억울하다는 말은 안 한다. 그런데 죄다 나에게만 책임을 넘기고 자신은 억울하다는 이들이 있다. 그들에게 적어도 자기 잘못은 인정하라고 말하고 싶다."

10월 21일 유족들에게 인도된 이정재의 주검은 곧바로 망우리공동묘지에 묻혔다.

대한민국 정치깡패.
영화 제작에 관여한 연예계 황제

임화수

林和秀, 1921~1961

임화수

임화수는 대한민국의 정치깡패이다. 본명은 권중각이다. 이승만 정권 아래에서 정치깡패로 악명을 날렸다. 영화 제작에 관여하였고, 반공예술단 단장으로 '연예계의 황제'라는 별칭이 있었다.

이승만 정권의 비호 아래 온갖 악행을 저질렀고 연예인들을 선거 및 정치적 행사에 동원시키며 연예인을 정권과 여당인 자유당을 선전하고 표심을 얻는 도구로 사용하였다. 자유당 정권 말기에 이승만의 '대통령 4선 성공'과 이기붕의 '부통령 당선'을 위해 반공예술인단을 조직하여 연예인들을 자유당 선거 운동으로 내몰았다. 2008년 2월 3일에 국가기록원에 의해 공개된 자료에 따르면 대한반공청년단 종로구 단장이었던 임화수는 자신의 직위를 이용해 1960년에 발생한 3.15부정선거에 적극 개입했다가 공민권이 제한되었었다. 신도환이 단장으로 있던 대한반공청년단과 임화수가 단장으로 있던 반공예술인단은 1960년 3월 15일에 치러진 제4대 대통령 선거 및 제5대 부통령 선거에서 자유당 전위대였다.

1959년 11월, '합죽이'라는 별칭을 가지고 있는 배우 김희갑이 임화수에게 폭행을 당해 갈비뼈가 세 군데나 부러지는 사건이 발생하기도 하였다. 권력과의 유착을 위해 대한민국 내에서 처음으로 연예인들을 성 상납에 이용한 것으로 알려져 있기도 하다. 배우들이 정치깡패에게 부당한 대우를 받는 비참한 현실을 당시 신문들은 '권력 폭력 앞에 떠는 영화계'라는 머리기사로 보도했다.

임화수가 저지른 결정적인 정치테러는 1960년 4월 18일에 일어난 '고려대학교 학생 습격 사건'이다. 1960년 4월 19일에 발생한 4.19혁명 이후 정치테러 혐의로 체포되었고 징역 6개월만 받고 풀려났다. 1961년 5월 16일에 발생한 5.16군사쿠데타 이후 군부의 '연예계 정화 사업' 과정에서 척결 대상으로 꼽혀 체포되었다. 이후 재판에 회부되어 사형 선고를 받았고, 1961년 12월 21일에 교수형이 집행되었다.

임화수는 1921년 1월 10일 경기도 여주시 출신으로, 아버지가 죽고 어머니가 재가하자 의붓아버지의 성씨를 따라 이름을 권중각에서 임화수로 개명했다. 21세 때 소매치기로 개성형무소에서 2년, 24세 때 장물취득 혐의로 2년을 더 옥살이하였다. 학력도 없고 배운 게 없다고는 하지만 극장을 좋아하여 극장 주변에서 일을 하여 생계를 꾸렸다. 광복 후 그는 적산가옥으로 서울의 미나도극장(평화극장)을 인수받았으며 점차 영화계의 대부로 급부상하여 훗날 연예계의 대통령으로 군림하게 된다.

이정재와 더불어 동대문파의 2인자로 떠오른 임화수는 이승만의 경호책임자 곽영주의 비호 아래 1955년 한국연예(주)를 세우고 유명 배우들을 전속으로 묶은 뒤 대한민국 내 최초의 외국합작영화인 〈이국정원〉(1957)과 두 번째 합작영화인 〈천지유정〉(1958)을 홍콩과 합작해서 만들어냈으며, 또 〈길 잃은 사람들〉, 〈사람팔자 알 수 없다〉 등의 영화 15편을 제작했다.

임화수가 제작한 영화는 자유당과 이승만 정권을 찬양하는 관제영화가 대부분이었다. 대표적인 작품이 1959년에 제작한 〈독립협회와 청년 이승만〉이다. 이 영화를 제작할 당시 자유당으로부터 무려 4,000만 환이라는 당시로선 천문학적인 거액을 지원받았고, 감독도 영화계의 거물 신상옥이었으며 당대의 미남 배우이던 김진규가 연기한 이승만의 이미지는 결점이라곤 눈 씻고 찾아볼 수 없는 늠름한 우국청년의 모습이었다. 그런데 4.19혁명으로 자유당 정권이 무너진 후, 임화수는 〈아아, 백범 김구 선생〉이란 영화를 제작했는데, 여기서는 백범 김구를 찬양하고 이승만은 찌질한 인물로 바꾸어놓았다.

1959년 3월에 반공예술인단이라는 반공단체를 조직해 단장이 되어 자유당 정권과 더욱 밀착했으며 경무대에서 곽영주의 영향으로 이승만을 만난 자리에서 울면서 아버지라고 부를 정도로 이승만의 신임을 받기도 했다. 그러나 폭력을 함부로 행사하여 그에 대한 평이 매우 좋지 않았다. 특히 자신이 동대문사단의 회장으로 있던 1959년 11월 27일, 김희갑의 갈비뼈를 부러뜨린 합죽이 구타사건으로 언론의 화제가 되기도 하였다. 권력을 위해서면 출신지와 나이를 속이는 것은 물론, 예매표를 조작하여 부당한 이득을 챙겼으며, 남성 배우들에게 폭력을 가하고, 젊은 여성 배우들을 권력자에게 상납하기도 하였다.

또 그는 이정재가 은퇴하며 물러난 동대문 상인연합회의 회장 자리를 이어받고 신도환의 대한반공청년단에 가입, 대한반공청년단 종로구단 책임자가 되었으며, 유지광 등에게 제1공화국 자유당 정권반대를 외치는 야당 정치인들에 대한 공공연한 정치테러를 지시하였다.

1960년 4월 18일, 시위를 하고 돌아가던 고려대학교 학생들을 집단으로 구타, 많은 대학생들을 살상하게 하는 이른바 고대생습격사건을 지시하였다. 이 때문에 훗날 5.16군사쿠데타 후 그가 사형당하게 되는 데 결정적인 원인이 된다.

4.19혁명으로 제1공화국이 붕괴되자 고대생습격사건 등 정치폭력 혐의로 체포되었다. 그는 재판정에서 살아남기 위해서 이정재와 유지광 등에게 모든 책임을 떠넘기려고 하는 등 재판 내내 울먹거리며 갖은 잔꾀를 부렸다. 그가 폭로한 화랑동지회 사건으로 이정재는 범죄단체조직 등이 추가되어 사형당하는 결정적인 원인이 된다. 이는 훗날 유지광의 자서전『대명』에도 언급되는 내용이기도 하다. 사형수들이 마지막으로 가족 면회를 하던 날에 유지광은 임화수를 만나자 분노가 폭발하여 그에게 구타를 가하기도 했다.

재판에서 이정재, 유지광, 곽영주, 신정식, 최인규 등과 함께 사형을 선고받고, 1961년 12월 21일 40세에 사형집행 당일, 사형장에 끌려오면서도 살고 싶다며 몸부림을 치다가 사형장에 들어와서는 결국 모든 것을 포기하고 금강경 몇 줄을 읊은 후 곽영주(전 경무대경찰서장), 최인규(전 내무부 장관), 그리고 간첩혐의로 사형 선고를 받은 조용수(민족일보사 사장)와 최백근(사회당 간부) 등과 함께 사형이 집행되었다. 임화수의 시신은 일명 '눈물의 곡절'이라 불렸던 그의 수행비서 차민섭이 수습하여 곧바로 망우리 공동묘지에 묻혔다.

3.1혁명 민족대표 33인 중
유일한 순수 민간인 출신 이갑성의 부인

차숙경

車淑卿, 1889~1948

차숙경 묘비

망우리공원 사색의 길 동락정 정자 정면에서 구리시 쪽으로 난 오솔길을 30미터 내려가다 좌측에 민족대표 33인 중 순수 민간인으로 참여한 이갑성의 부인 차숙경의 묘지가 있다. 묘비 앞과 뒷면을 소개하면 다음과 같다.

묘비 앞면. 연안차씨 숙경지묘.

묘비 뒷면. 약력 경인 12월 2일 서울시 당인리에서 탄생 배화학당 수업 18세 결혼 생 2남 2녀 기미년 3월 1일 독립만세사건 당시 조선 민족대표 33인 중 1인으로 부군 투옥 독립운동을 부군으로부터 계승하야 비밀연락으로 필사의 노력과 아울러 부군의 감옥 바라지와 자녀교육에 주력하시다 부군 옥중생활 4년 망명 생활 10유여년 구금 감옥 3년 극빈과 일경의 박해와 품팔이로 생활을 유지하여 자녀를 최고학부까지 수업시키시다 계해년 경성여자기독청년회 이사에 피임 사회부구제부를 전담 을유년 8월 15일 해방 후 애국부인회중앙집행위원 여자기독청년회 이사 재 피임 절제회 이사 교회간부 양재학원원장 침식을 잊으시고 자조지석 활동하시다가 과로로 인하여 무자년 2월 한 번 병석에 누우시메 부군과 자녀의 지극한 정성도 효험을 얻지 못하시고 8월 18일 오후 한 시 40분 59세를 일기로 영면하시다. 단기 4281년 서기 1948년 8월 18일(묘지번호 109453).

차숙경의 남편 연당 이갑성은 1889년 대구에서 이기덕과 파평윤씨의 장남으로 태어났다. 7세 때부터 13세 때까지 고향에서 한학을 배웠다. 13~15세까지 대구에서 보통학교를 졸업한 그는 1904년경 서울로 올라왔다. 이후 경신학교와 세브란스의학교 약학과를 졸업하였으며, 세브란스의학전문학교 3학년을 다니다 중퇴하였다. 의전 재학시절 학비는 세브란스병원 사무원으로 근무하면서 받은 월급으로 해결했다. 그는 1915년부터 세브란스병원 제약주임으로 근무하였다. 세브란스병원 사무원으로 있던 이갑성이 민족진영에 가담하게 된 것은 기독교와의 인연에서 비롯된 것으로 보인다. 이갑성이 3.1혁명에 참여하게 된 직접 계기는 고종이 승하(1919.1.21.)한 지 2주 뒤 무렵 이승훈의 권유를 받고서였다. 두 사람은 같은 장로교파 소속으로 7~8년 전부터 알고 지낸 사이였다.

1920년 10월 30일 경성복심법원에서 열린 2심 재판에서 그는 징역 2년 6개월을 선고받았다. 감옥 안에서 그는 동지들과 함께 옥중투쟁을 벌였다. 그의 술회에 따르면, 구속된 지 1년 후 가출옥이 결정되었으나 이를 거부하고 3.1혁명 1주년 때 옥중에서 만세를 불렀다고 한다(《경향신문》, 1981.3.26.). 그는 1922년 5월 5일 경성감옥에서 오화영과 함께 만기로 출옥하였다. 출옥 후 고향으로 내려가자 대구 지역 유력자들이 성대한 환영회를 베풀어주었다.

민족대표 33인은 성직자이거나 혹은 종교계와 관련을 맺고 있는 인사들이다. 비성직자 가운데 이종일은 천도교의 비밀결사체인 천도구국단 단장, 천도교 계열 인쇄소 보성사 사장 출신이며, 최린은 천도교 산하의 보성고보 교장 출신이다. 기독교계 인사 가운데 박희도는 YMCA 간사로 있었으며, 박동완은 기독신보사 서기 출신이다. 순수 민간인 출신은 이갑성 한 사람뿐이었다. 3.1혁명 때 만 30세, 세브란스의전 부속병원 사무원으로 근무하고 있었다.

33인 가운데 제일 마지막까지 생존했던 그는 1981년 3월 25일 94세로 별세했다. 장례는 3월 29일 사회장으로 치러졌다. 1962년 정부는 건국훈장 대통령장(2등급)을 수여했다. 묘소는 서울현충원 애국지사묘역(183번)에 마련됐다. 이용희 전 통일원장관이 그의 차남이다.

낙이망우 사색의 길을 걷는다

- 6.25전쟁 이후 전후세대 베이비붐 세대들이 가장 많이 부른 동요 작사한 소천 강용율
- 1932년 부산 최초 신춘문예 당선, 1954년 최초 여성장로, 1957년 여성작가 최초 예술원 회원, 1937년 신문연재 『찔레꽃』 대중소설, '순수귀신을 버려라' 끝뫼 김말봉
- '어린이' 낱말 잡지 《어린이》 발행, '어린이날' 제정 소파 방정환
- 남한, 북한, 중국, 러시아 등 교과서에 수록된 신경향파, 경험하지 않은 것은 쓰지 않는다, 빈궁문학의 최고봉 서해 최학송
- 일제 국내에서 마지막까지 저항한 거의 유일한 근현대사 거인 만해 한용운
- 해방 후 최초 학생운동 학병동맹사건 삼학병
- 반민족행위특별조사위원회 제1조사부장 이병홍
- 4.19혁명 희생자 중 언론에 많이 기사화된 수송국민학교 6학년 전한승
- 한국 미술 3대 거장 권진규, 한국 최초 은지화 국민화가 대향 이중섭
- 한국 최초 조각연구소 설립, 비운의 조각가 차근호
- 한국 음악영화 선구자 영화감독 노필
- 한국 최초 현악4중주단, 민요채록 산남 채동선
- 1946년 9월 대한민국 최초 국정교과서 수록 동요 〈우리나라 꽃〉 작곡가 함이영
- 야구선수 스카우트 제1호, 동대문야구장 최초 홈런 타자 이영민
- 한반도를 울린 국악인 〈호남가〉, 〈쑥대머리〉 국악인 임방울
- 한국 근대미술 천재화가 아소(我笑) 이인성

- 최초 오빠부대, 〈낙엽 따라 가버린 사랑〉 가수 차중락
- 한국 최초 사진관 '천연당', 근대적 화랑 '고금서화관' 개관 해강 김규진
- 8.15광복 이후 최초의 미술그룹인 '단구미술원'을 창립하고 초대 회장, 한국화 청강 김영기화업 2대 부자
- 세종대왕 이래 최고의 기상학자, 한국기상학회 창립 초대 회장, 《한국기상학회지》창간 국채표
- 1949년 2월 정부 파견 제1호 유학생으로 도미, 예수그리스도후기성도교회 모르몬교 첫 침례신자 김호직
- 한국인 최초로 경성공업전문학교에 입학, 1941년 4월 14일 조선인 건축가에 의한 최초의 건축 잡지 타블로이드식 월간신문《건축조선》을 창간, 근대건축 기틀을 다진 건축가 박길룡
- 조선어학연구회 조직한 국어연구가, 조선축구협회 초대 회장 학범 박승빈
- 경기여자중학교 교장에 부임하여 1960년까지 15년간 교육, 은석초(동국대부설초등학교) 설립자 난석 박은혜
- 1898년(광무 2년) 최초의 한글 신문《제국신문》창간한 이종일
- 『난중일기』 최초 한글 번역, 충무공 전도사, 충무광 소오 설의식
- 《대한중석》초대 사장 안봉익
- 1917년 5월 전문학교로 승격된 세브란스의학전문학교에 피부과 교실을 신설하고 과장 겸 주임교수로 취임, 1919년 한국 최초 고아원, 1931년 경성(청운)양로원 설립, 피부과 의사, 1929년 세브란스 한국인 최초 교장 해관 오긍선
- 사연 깊고 높은 서민들의 비문
- 8대 역관 집안 최초 신문《한성순보》기자 위창 오세창
- 제헌국회의원 한국인 최초 동경제대 의학박사학위 행농 이영준
- 한국 최초 간호사, 해외 유학생 간호사 1호, 1937년 조선간호원협회 설립 초대회장, 1949년 이화여대 간호교육과 창설 초대 과장 이정애
- 1920년 청산리독립전쟁 항일투쟁, 서울대학교 사범대학 국어교육학과

교수 명재 이탁

- 1876년 종두법 실시, 1885년 한국 최초의 우두 관련 서적이자
  서양의학서인 『우두신설』을 저술, 1899년 의학교(현 서울의대) 초대 교장,
  5대 의사 집안 송촌 지석영
- 조선총독부 식산국 산림과 초대 과장, 미루나무 아까시나무 도입, 식목일
  제정, 영림창장 역임 사이토 오토사쿠
- 조선 식물분류학 선구자로 경찰 고문으로 죽은 장형두
- 한국 최초 목사 7인 중 1명인 서경조 목사의 차남, 송천교회 개척 선교사
  언더우드 목사에게 한국인 최초로 유아세례를 받았고 1906년 서울
  경신학교 유일한 1회 졸업생 송암 서병호
- 망우고개를 넘나들며 장사봉사를 결심한 두산그룹 설립자 박승직
- 3.1혁명 민족대표 33인 중유일한 순수 민간인 출신 이갑성 부인 차숙경

낙이망우 망우리공원 사색의 길을 걷는다. 대한민국 최초 당대 최고 인물들과
대화를 나누고 갑남을녀 묘지와 묘비를 답사하며 삶이란 무엇인가? 다시 새기며 한
발 더 깊이 들어가, 사람을 위한 길을 걷길 다짐하며 배움에 즐거움을 많은 이들이
함께 바란다.

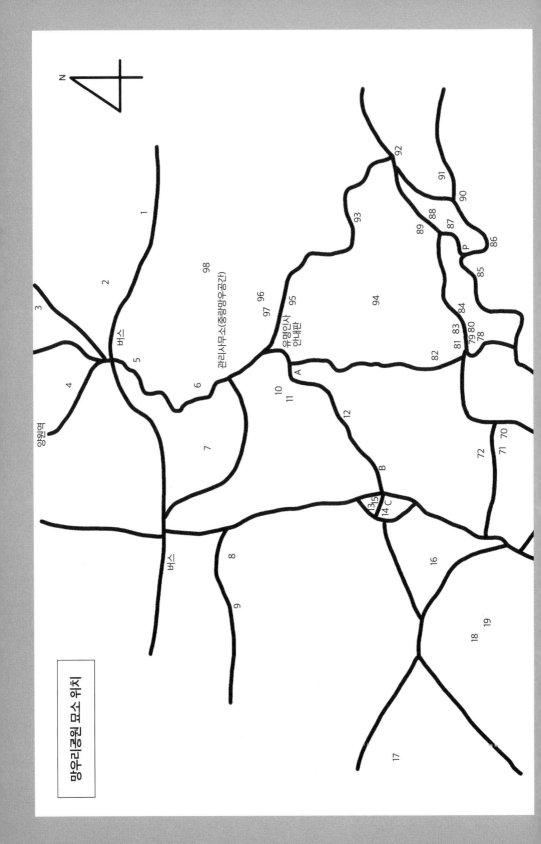

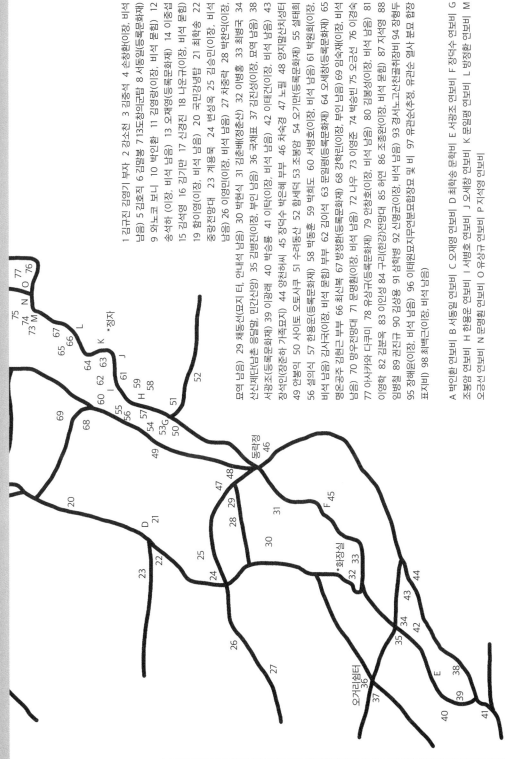

1 김규진 김영기 부자 2 강소천 3 김중서 4 손정환(이장, 비석 남음) 5 김동직 6 김명봉 7 13도창의군관 8 서동일(등록문화재) 9 와노코 보니 10 박인환 11 김영환(이장, 비석 묻힘) 12 송석하 (이장, 비석 남음) 13 오계영(등록문화재) 14 이종섭 15 김석영 16 김기만 17 신경진 18 나운규(이장, 비석 묻힘) 19 함이영(이장, 비석 남음) 20 국민강병탑 21 최하송 22 종량전망대 23 계용묵 24 변성옥 25 김승민(이장, 비석 남음) 26 이영민(이장, 비석 남음) 27 차중락 28 박천익(이장, 비석 남음) 29 제통선묘지 터, 안내석 (이장, 비석 묻힘) 30 박춘식 31 김준배(정춘산) 32 이병홍 33 최병두 34 산신제단(남촌 응달말, 민간신앙) 35 김병진(이장) 36 국제표 37 김진성(이장, 묘역 남음) 38 서광조(등록문화재) 39 이광해 40 박승룡 41 이타(이장, 비석 남음) 42 이태건(이장, 비석 남음) 43 장석인(정춘하 가족묘지) 44 양천하씨 45 장덕수 박은혜 부부 46 차숙경 47 노필 48 양지말산지성터 49 안형익 50 사이토 오토사구 51 수려동산 52 조봉암 53 조철영(등록문화재) 54 오기만(등록문화재) 55 설태희 56 설의식 57 한용운(등록문화재) 58 박동훈 59 박하도 60 서병호(이장, 비석 남음) 61 박원희(등록문화재) 62 김이서 63 문일평(등록문화재) 64 오세창(이장, 비석 남음) 65 명온공주 김한근 부부 66 최신보 67 방정환(등록문화재) 68 강원린(이장, 부인 납음) 69 임숙재(이장, 비석 남음) 70 망우전망대 71 문명훤(이장, 비석 묻힘) 72 나무 73 이영준 74 박순빈 75 오긍선 76 이경숙 77 이사가와 다쿠미 78 유상규(등록문화재) 79 안창호(이장, 비석 남음) 80 김봉성(이장, 비석 남음) 81 이영학 82 김분옥 83 이인성 84 구리(한강)전망대 85 허연 86 조종완(이장, 비석 남음) 87 지석영 88 임병철 89 권진규 90 김상용 91 삼학병 92 신명균(이장, 비석 남음) 93 경서노고선전문취장비 94 장형두 95 장혜원(이장, 비석 남음) 96 이태원묘지무연분묘합장묘 및 비 97 유관순(추정, 유관순 열사 분묘 함장 표지비) 98 최백근(이장, 비석 남음)

A 박인환 연보비 B 서동일 연보비 C 오세영 연보비 D 최하송 문학비 E 서광조 연보비 F 장덕수 연보비 G 조봉암 연보비 H 한용운 연보비 I 서병호 연보비 J 오세창 연보비 K 문일평 연보비 L 방정환 연보비 M 오긍선 연보비 N 문명훤 연보비 O 유상규 연보비 P 지석영 연보비

분야별 유명인사 묘소 현황 (2021년 10월 기준)

분야별	유명인사	묘번	생몰년도	기일	직업/상훈	현황	출신	비고
4.19열사	박동훈	109617	1941~1960	4.19.	서울대 법대 1학년	63, 국립4.19민주묘지	서울	경기고 56회
4.19열사	이종량		1942~1960	4.19.	경기고 2학년	'63, 국립4.19민주묘지	서울	친구 9명 새벽클럽
4.19열사	전한승		1948~1960	4.19.	수송초 6학년	63, 국립4.19민주묘지	서울	1961.3.6. 명예졸업식
4.19열사	진영숙		1946~1960	4.19.	한성여중 2학년	63, 국립4.19민주묘지	경기수원	숨지기 4시간 전 편지 유서
6.3항쟁	이윤식	713099	1945~1964	6.7.	민주화운동	무연고 처리	전남보성	1964.6.3항쟁 건국대1학년
가수	차중락	105689	1942~1968	11.10.	가수		서울신당동	오빠부대 원조 평화봉사단원 알렌
간호사	이정애	금란동산	1901~1954	5.8.	간호사/ 교수	가평 이화동산 이장	서울세문안	해외유학 및 간호사 1호
건축가	박길룡	109709	1898~1943	4.27.	건축가	05, 이장	서울	성북동 보화각 하신백화점 설계
교육자	김호직	개인묘지	1905~1959	8.31.	영양학자 공 박사		평북벽동	26직함 명함
교육자	김활란	금란동산	1899~1970	2.1.	교육자	가평 이화동산 이장	인천 배다리	이화여대 총장 친일인명사전 수록
교육자	민병덕	109419	1894~1957	11.2.	교육자/중추원 참의		황해재령	명신학교 설립자 친일인명사전 수록
교육자	박마리아		1906~1960	4.28.	이화여대부총장	76,0이장/고양시	강원강릉	친일인명사전 수록
교육자	박승빈	203610	1880~1943	10.30.	변호사		강원철원	한글학자 정음
교육자	박은혜	109257	1904~1963	10.31.	경기여고교장	합장묘	평남평원	장덕수 부인
교육자	임숙재	109335	1891~1961	6.8.	숙명여대초대총장	13,0이장	충남예산	남예산과부 친일인명사전 수록

국악인	임용율				국악인	88.이장 여주남한강공원	광주광산구	호남가. 쑥대머리
군수	홍재설	204814	1904~1961	5.10.	양구군수/노해면장			친일인명사전 수록
군인	윤성필	부인함장	?~1950	1.15.	일본군 소좌	일본육사수석입학	함남함주	친일인명사전 수록
군인	이양	204344	1887~1945?	행방불명	육군 대령	13,현충원봉안	평남평양	육사 8기 중무 화랑무공훈장
극작가	이광래	108899	1896~1955	12.17.	극작가	서리별예대(연영과조대과장)	경남마산	친일인명사전 수록
극작가	함세덕	109513	1908~1968	10.30.	극작가/영화 동승	가족묘지	인천화평동	인민군 선무반 친일인명사전 수록
기념비	경서노 고산천곡 취장비	201616	1915~1950	6.29.	추모비	무연분묘이전		박보영 사장 친일인명사전 수록
기념비	이태원지무연 분묘합장묘비	100036	1938		추모비	유관순 합장 추정		유관순 열사 분묘 합장 표지비
기념탑	13도창의군탑	동아일보	1936		기념탑	허위/이인영		조각가 김영중 고택 〈고향의 봄〉 꽃마을
기념탑	국민강녕탑	개인	1991		기원탑	최고학(1927)		망우리 선경표
기업인	이영찬	100291	1896~1959	5.5.	기업인/중추원참의	기자 사회사업	평북선천	이영학의 형님 친일인명사전수록
목사	변성옥	205301	1892~1950	3.5.	애국지사/목사		평양	만주 조선기독교회 창립
목사	장석인	109025	1896~1966	6.6.	교목/목사	가족묘지	평북의주	장준하 아버지
방송인	노창성	105601	1896~1955	1.12.	방송인		서울	최초 방송인 친일인명사전 수록

분야별	유명인사	묘번	생몰년도	기일	직업/상훈	현황	출신	비고
사회사업	오금선	203636	1878~1963	5.18.	이사/사회사업	+연보비	충남공주	최초 고아원양로원 친일인명 사전수록
사회사업	이경숙	203364	1924~1953	11.18.	여성운동가	성천 유일영 제자	개성	며느리 전사 사리가 나옴
서화 및 사진사	김규진	서섬묘지	1868~1933		서화가	서설가족묘지	평남중화	최초 사진관 근대 화랑 개설
선각자	설태희	204329	1875~1940	4.9.	유학자	설의식 부친	함남단천	우수한 DNA 후손들
선각자 의사 국어학자	지석영	202541	1855~1935	2.1.	의사	+연보비	서울낙원동	종두법, 5대 의사 집안
소설가	계용묵	105383	1904~1961	8.9.	소설가		평북선천	소설 「백치 아다다」
소설가	김말봉	100768	1901~1962	2.9.	소설가		부산	대중소설 여성 최초 장로 예술원 회원
소설가	김이석	203693	1914~1964	9.18.	소설가	소설가 박순녀 부부	평남평양	남과 북 경험 실비명 인력가 영화
소설가 삽화가	안석영(석주)		1901~1950	2.24.	만능 예술인	파주 청아공원	서울	〈우리의 소원〉 작사 친일인명사전 수록
소설가	최학송	205288	1901~1932	7.9.	소설가	+문학비	함북성진	남북한 중국 러시아 교과서 반공문학
스포츠	이영민	105595	1905~1954	8.12.	야구및 만능선수	이장; 불상	경북칠곡	이영민타격상 비석
시인	박인환	102308	1926~1956	3.20.	시인	연보비	강원인제	〈세월이 가면〉,〈목마와 숙녀〉
시인 교수	김상용	109956	1902~1951	6.22.	시인		경기연천	친일시 친일인명사전 수록
시인 애국지사	김영랑		1903~1950	9.29.	시인/독립지사	90,용인천주교공원	전남강진	재이장 추진

분류	성명	묘지번호	생몰년	날짜	직책	묘지	지역	재이장 추진
사인 정치인	김동명	204707	1900~1968	1.21.	시인/민의원	10,0.0장, 강릉	광주광역시	
식물학자	장형두	201271	1906~1949	10.23.	서울대 사범대 부교수	일본시 묘비		천재 식물분류학자 권위자 고문서
식민지 관료	사이토 오토사쿠		1866~1936	6.28.	총독부 조대선임과장		일본 니이가타현	염림창장장 산림수탈
실업인	박승직	망우리고개	1864~1950	12.20.	두산그룹설립	장사봉사 터득	경기광주	박승직상점 사장 친일인명사전 수록
실업인	안봉익	204419	1910~1957	9.9.	대한중석초대사장		함북경성	
아나운서	이윽경	105601	1901~1982	5.1.	최초 아나운서	노장성 부부 합장	서울	최초 패선디자이너 노라노가 둘째딸
아동문학가	강소천	개인묘지	1915~1963	5.6.	아동문학가	사설가족묘지	함남고원	동요 작사 동화 작가
아동문학가	최신복	203704	1906~1945	1.12.	아동문학가	동요 <오빠생각>의 오빠	경기수원	친일인명사전 수록
애국지사	강학린	204311	1885~1937	7.5.	애국지사/애족장	03.국립대전현충원	함북 성진	목사, 가수 강수지 증조
애국지사	김기만	104327	1892~1956	12.27.	독립지사		평남용강	흥사단 단우142 미서훈
애국지사	김명신	109461	1899~1974	8.14.	애국지사/교육자		황해해주	유한양행 창립 멤버 배화여교
애국지사	김병진	108076	1895~1964	8.25.	애국지사/대통령표창	이장, '20,현충원	경북안동	부인 모든 유지
애국지사	김봉성	203550	1901~1945	12.18.	애국지사/건국포장	이장, '16,현충원	평남강서	부인 안맥결 여자경찰서장 흥사단
애국지사	김문옥	203454	1903~1966	4.13.	6인 결사대		평남강서	초대 여자경찰국장
애국지사	김사국	109677	1895~1926	5.8.	독립지사/민의애족장	02.대전현충원	충남선산	사회주의자 부인 박원희 독립운동가
애국지사	김승민	205189	1872~1931	11.20.	애국지사/애족장	'94.대전현충원	함남함흥	묘지 비밀정원

분야별	유명인사	묘번	생몰년도	기일	직업/상훈	현황	출신	비고
애국지사	김정규	206177	1883~1960	9.14.	독립지사/애족장	11,대전현충원	함남함흥	제7안식일교인
애국지사	김종석	개인묘지	1883~1966	6.11.	애국지사/건국포장	서성가족묘지	함남함흥	목사 교육자
애국지사	김진성	비석	1892~1968	1.1.	애국지사/건국포장	95,대전현충원	평남덕천	참군 주역
애국지사	김준배	정춘산 묘지	1906~1942	7.8.	애국지사/독립장	19,대전현충원봉안	함북경흥	전북 완주 독립명가 허묘
애국지사	나용환		1864~1936	8.19.	독립지사/건국훈장	66,서울현충원	평남성천	민족대표33/천도교
애국지사	나우	203948	1885~1960	12.24.	독립지사		평남용강	대한독립선언 39인외 6인 중 1인
애국지사	문명훤	204082	1892~1958	10.23.	애국지사/애족장	연보비 '06, 대전현충원	평남평양	
애국지사	문일평	203742	1988~1939	4.3.	애국지사/독립장	연보비 '17,등록문화재	평북의주	역사인문학 강사
애국지사	박동완	108863	1885~1941	2.23.	독립지사/대통령장	66,서울현충원	경기양평	민족대표 33
애국지사	박승룡	109677	1892~1957	6.1.	애국지사/애족장	94,대전현충원	함남이원	묘비
애국지사	박원희	204934	1898~1928	1.5.	애국지사/애족장	'02,대전현충원	대전유성	여성운동가 김사국 부부
애국지사	박찬익	204934	1884~1949	3.9.	애국지사/독립장	'93,현충원	경기파주	대한독립선언 39인 비서 2
애국지사	박희도	109628	1889~1951	9.26.	중앙보육학교장	580[마리에서 이장	황해해주	민족대표 33인 친일인명사전 수록
애국지사	방정환	203703	1899~1931	7.23.	애국지사/애족장	연보비 '17,등록문화재	서울당주동	어린이 교육인 아동문학가
애국지사	백대진	204601	1892~1967	5.9.	애국지사/애족장	98,현충원	서울다동	문화평론가
애국지사	서광조	108919	1897~1972	7.10.	애국지사/애족장	연보비 '17,등록문화재	전남목포	조선국민회 결성 주도

구분	성명	번호	생몰년	날짜	서훈/직함	연보비	소재지	비고
애국지사	서동일	107266	1893~1965	4.26.	애국지사/애족장	연보비 '17,등록문화재	경북경산	부인묘비
애국지사	송진우		1890~1945	12.30.	애국지사/독립장	66,서울현충원	전남담양	《동아일보》사장 암살
애국지사	안창호	비석	1878~1938	3.10.	애국지사/대한민국장	'16, 비석 복귀	평남강서	흥사단
애국지사	오기만	204390	1905~1937	8.23.	애국지사/애족장	'17,등록문화재	황해연백	독립운동 명가 가족묘지
애국지사	오재영	103570	1897~1948	8.30.	애국지사/애족장	연보비 '17,등록문화재	부산	의열단 죄초 무장투쟁 박재혁의거
애국지사	유관순	함장묘	1902~1920	9.28.	애국지사/대한민국장	이태원묘지무연분묘 합장묘	충남천안	유관순 열사 분묘 합장 표지비
애국지사	유상규	203555	1897~1936	7.18.	애국지사/애족장	연보비 '17,등록문화재	평북강계	도산의 비서 유택 흥사단
애국지사	이병홍	201529	1891~1955	10.17.	민의원		경남산청	반민특위조사부장 모비신익희
애국지사	이영학	203566	1904~1955	12.10.	흥사단원	서훈 준비	평북선천	2대 독립운동 흥사단
애국지사	이종일	망우리고개	1858~1925	8.31.	애국지사/대통령장	66,서울현충원	충남태안	민족대표 33 천도교
애국지사	이탁	망우리고개	1889~1930	5.17.	애국지사/독립장	69,서울현충원	평남성천	고종황제 국장일 27결사대 흥사단
애국지사	이탁	비석	1898~1967	4.24.	애국지사/애족장	'92,대전현충원	경기양평	청산리전투 서울대국어과교수
애국지사	이태건	108957	1885~1958	5.13.	애국지사/애족장	94,대전현충원	평북위원	신민회 평북지회 105사건 3.1학명
애국지사	조종완	109831	1891~1945	3.5.	독립지사/애족장	95,대전현충원	평남강서	흥사단 단우
애국지사	홍병기		1869~1949	1.26.	독립지사/대통령장	66,서울현충원	경기여주	민족대표 33
애국지사 교육자	박현식	205118	1894~1954	3.9.	한글학자 교육자		평남대동	한영중고설립자 한글맞춤법사정위원

분야별	유명인사	묘번	생몰년도	기일	직업/상훈	현황	출신	비고
애국지사 교육자	허연	109805	1896~1949	8.12	교육자 경제학자	이명학교(삼육대학)	평남 순안	서훈받지 않은 총사단 단우265
애국지사 목사	서병호	비석/연보	1885~1972	6.7.	애국지사/애국옹	연보비 '08.대전현충원	황해장연	최초 유아세례
애국지사 목사	오기선		1877~1946	4.5.	목사/독립운동가	화도읍 가족묘지	평남 강서	강리교회 목사
애국지사 사회가	오세창	203369	1864~1953	4.16.	애국지사/대통령장	연보비 '17.등록문화재	서울	8대 역관 간송전형필멘토
애국지사 시인 승려	한용운	204411	1879~1944	6.29.	애국지사/대한민국장	'12.등록문화재	충남홍성	국내에 머물며 끝까지 저항한 거인
애국지사 정치인	조봉암	204717	1899~1959	7.31.	진보당 당수	+연보비	경기강화	사법살인
애국지사 한글학자	신명균	726048	1889~1940	11.20.	애국지사/애국옹	무연고 처리	서울 성수동	교육자 한글학자 자결
언론인	설의식	204325	1901~1954	7.21.	언론인	설태회 차남	함남단천	「난중일기」 최초 번역
언론인	임병철	202553	1906~1947	7.20.	《동아일보》 기자		함남함흥	손기정선수 일장기말소사건
언론인	조용수	109453	1930~1961	12.21.	민족일보		경남진주	5.16군사쿠데타 사형
여성운동	차숙경		1889~1948	8.18.	여자기독청년회	63,0l장 남한선성	서울당인리	민족대표 33인 이갑성 부인
영의정	신경진	평산신씨 선산	1575~1643		무관 영의정	평산 신씨 선영	서울	신립 장군 아들
영화인	나운규	105102	1902~1937	8.9.	영화감독/독립지사	93.대전현충원	함북회령	영화〈아리랑〉
영화인	노필	204942	1928~1966	7.29.	영화감독		서울화동	음악영화 1인자

이사 장관	순창환	비석			의사 장관	이장, 이승만 주치의	전남함평	이기붕 위 수술
일반인	양천허씨	109077	1909~1966	2.11.	어머니	월탄 박종화 비문		망우산 제1보루
작곡가	채동선	204936	1901~1953	2.2.	작곡가	12,이장 보성	전남보성	보성 벌교 채동선기념관
작곡가	함이영	728014	1915~1957	8.25.	작곡가	93, 이장, 비석	부산동래구	동요 〈우리나라 꽃〉
정치경찰	곽영주		1924~1961	12.21.	경찰관	이장 고향 선산	경기이천	경무대경찰서장 5.16사형
정치깡패	이정재		1917~1961	10.19.	건달/정치깡패	63,이장	경기이천	5.16군사쿠데타 사형
정치깡패	임화수		1921~1961	12.21.	정치깡패	사형, 이장	경기여주	본명 권중각 연예계의 황제
정치인	이기붕		1896~1960	4.28.	부통령 당선	76,이장/고양시	충북괴산	3.15부정선거
정치인	이영준	203620	1896~1968	8.18.	제헌의원 국회부의장	이사	서울	장덕수 암살 현장 목격
정치인 언론인	장덕수	109257	1894~1947	12.2.	언론인/정치인	+연보비	황해재령	친일인명사전 수록
정치평론	김석영	103459	1929~1966	12.20.	사회평론	오제도 검사 비석	함남 이원	경무대의 비밀
조각가	권진규	201720	1922~1973	5.4.	조각가	가족묘지	함남함흥	현대미술 3대 거장
조각가	차근호		1925~1960	12.19.	조각가	이중섭 함대정 묘비제작	평양	최초 조각연구소 설립. 지설
조선조	김현근	203747	1810~1868	8.26.	부마/영의정	명온공주 합장묘	서울	신안동 장동 김씨
조선조	명온공주	203747	1810~1832	6.13.	공주	김현근 합장묘	서울	종암동에서 이장 죽도궁
조선조	변원규	202727	1837~1896		한성판윤			역관 장원 합격
친한인사	아사카와 다쿠미	203363	1891~1931	4.2.	민예연구가	42이문동에서 이장함	일본 야마나시현	총독부 산림과 임업시험소 고원 기사

분야별	유명인사	묘번	생몰년도	기일	직업/상훈	현황	출신	비고
통역병	정해윤		1910~1940	4.14.	일본군 통역사	이장, 비석	서울	석가장전투 인국독 총대
통일운동가	최백근	111672	1914~1961	12.21.	독립지사 통일운동가	18,마석민주	전남광양	5.16군사쿠데타 사형
학병	상학병(3인)	109954	?~1946.	1.19.	학병동맹원		북간도용정	박진동 LG가 만사위
학원이사	최경국	205130	1910~1953	10.1.	경기고 경성법전	명지대학 총	북간도용정	서울여자학원 창립이사
학자	국채표	112731	1906~1967	2.5.	제2대 기상대장	가족묘지	전남담양	기상학 최초 이학박사 학위
학자	송석하	비석	1904~1948	8.5.	민속학자	95, 이장, '태안서통농장	경남안양	민속학의 태두 금관문화훈장
한국화가	김영기	개인묘지	1911~2003		한국화 화가	부감규진 서설가족묘지	서울	최초미술그룹 단구미술원 창립
화가	이인성	203574	1912~1950	11.4.	화가		대구	천재화가 화단의 귀재
화가	이중섭	103535	1916~1956	9.6.	화가	일본처가가족묘지에도 묘지 조성	평남평원	현대미술 3대 거장
화가	함대정		1920~1959		화가	개인묘지 이장	평북 박천	경제학에서 화가로

참고문헌

가람기획, 『반민특위: 발족에서 와해까지』, 가람기획, 1995.

강경석·김진호·김학재·백영서·오제연·이기훈·장영은, 『촛불의 눈으로 3·1운동을 보다』, 창비, 2019.

강덕상(옮김-홍진희), 『조선인의 죽음』, 동쪽나라, 1995.

강준만, 『한국현대사산책-1960년대』, 인물과사상사, 2004.

강판권, 『나무열전』, 문학동네, 2007.

강판권, 『선비가 사랑한 나무』, 한겨레출판, 2014.

고광석, 『시인의 가슴을 물들인 만남』, 북카라반, 2013.

고규홍, 『고규홍의 한국의 나무 특강』, 휴머니스트, 2012.

고규홍, 『나무가 말하였네 2』, 마음산책, 2012.

고영자, 『바로 잡는 국문학·詩』, 탱자출판사, 2004.

고은, 『韓國의 知識人』, 명문당, 1976.

고정일, 『춘원이광수 민족정신 찾아서』, 동서문화사, 2016.

고제희, 『21세기 신지식, 신문학 정통 풍수지리 교과서-양택 총괄·풍수 인테리어』, 대동풍수지리학회, 2009.

권기봉, 『서울을 거닐며 사라져가는 역사를 만나다』, 알마, 2008.

김경식, 『사색의 향기 문학기행』, 향기원, 2009.

김기빈, 『600년 서울, 땅 이름 이야기』, 살림터, 1993.

김두규, 『국운풍수』, 해냄, 2016.

김두규, 『김두규 교수의 풍수 강의』, 비봉출판사, 2008.

김두규, 『일터와 집터』, 포도원, 1993.

김두규·안영배, 『권력과 풍수』, 장락, 2002.

김명수, 『이육사』, 창작과비평사, 1985.

김병종, 『화첩기행 1~2』, 문학동네, 2014.

김상태, 『윤치호 일기 1916~1943』, 역사비평사, 2001.

김성동, 『꽃다발도 무덤도 없는 혁명가들』, 박종철출판사, 2014.

김영식, 『그와 나 사이를 걷다』, 호메로스, 2009.

김영식, 『망우리 언덕의 십자가』, 호메로스, 2021.

김완숙, 『먹골 이야기』, 목동 애향회&뒷먹골 애향회, 2018.

김완숙, 『면목동 이야기』, 청색시대, 2017.

김완숙, 『중화동 이야기』, 청색시대, 2019.

김용준, 『근원수필』, 범우문고, 1988.

김용진·박중석·심인보, 『친일과 망각』, 다람, 2016.

김정남, 『4·19 혁명』, 민주화운동기념사업회, 2003.

김정동, 『고종황제가 사랑한 정동과 덕수궁』, 발언, 2004.

미즈노 나오키·문경수(옮김-한승동), 『재일조선인-역사, 그 너머의 역사』, 삼천리, 2016.

민족문제연구소, 『친일인명사전』 1, 2, 3권, 민족문제연구소, 2009.

민족문제연구소, 『한국 근현대사와 친일파 문제』, 아세아문화사, 2000.

박상록, 『봉우재 이야기』, 2000.

박성혜, 『풍수인테리어』, 지훈출판사, 2012.

박시익, 『풍수지리와 건축』, 경향신문사, 1997.

박웅화, 『그리운 마음 표적 삼아』, 문연사, 1987.

박태호, 『세계묘지문화기행』, 서해문집, 2005.

반민족문제연구소, 『청산하지 못한 역사 2』, 청년사, 1994.

반민족문제연구소, 『청산하지 못한 역사 3』, 청년사, 1994.

반민족문제연구소, 『친일파 99인 1~3』, 돌베개, 1993.

백석, 『백석 시인 사슴 필사하기』, 도서출판 라이프하우스, 2009.

삼성출판박물관, 『여성이 쓰다-김일엽에서 최명희까지』, 삼성출판박물관, 2017.

서대숙, 『간도 민족독립운동의 지도자 김약연』, 역사공간, 2008.

서울대 고고미술사학과, 『이층에서 날아온 동전 한 닢』, 도서출판 예경, 1994.

서울역사박물관, 『동래정씨家 기증유물로 본 조선시대 서울 선비의 생활』, 서울역사박물관, 2003.

성북구청, 『삼선동·동소문동 잊혀져가는 우리동네 옛이야기를 찾아서』, 성북구청, 2015.

성북구청, 『성북, 다시 역사를 쓰다』, 성북구청, 2017.

성북구청, 『성북동, 잊혀져 가는 우리동네 옛이야기를 찾아서 1』, 성북구청, 2009.

성북구청, 『정릉동, 잊혀져 가는 우리동네 옛이야기를 찾아서』, 성북구청, 2013.

성북문화원, 『보문동·안암동』, 성북문화원.

성북문화원, 『성북에서 만나는 자연과 역사와 사람들』, 성북문화원, 2014.

소래섭, 『백석의 맛』, 프로네시스, 2009.

송수권, 『남도풍류정신·I 태산풍류와 섬진강』, 토우, 2000.

신경림, 『신경림의 시인을 찾아서 1』, 우리교육, 1998.

심옥주·박영하, 『여성독립운동가 사전 1』, 한국여성독립운동연구소, 2019.

안도현, 『백석 평전』, 다산북스, 2014.

역사문제연구소, 『인물로 보는 친일파 역사』, 역사비평사, 1993.

오영식,『화가 정현웅의 책그림展』, 소명출판.

오익환·김민웅·김언호,『반민특위의 역사적 의미를 다시 묻는다』, 한길사, 2019.

오홍석,『알기 쉽게 풀어쓴 땅 이름 나라 얼굴』, 고려원미디어, 1995.

오희숙,『작곡으로 보는 한국 현대음악사』, 대한민국역사박물관, 2019.

월간조선,『2019년 9월호, 월간조선』, 조선뉴스프레스, 2019.

유종호,『내 마음의 망명지』, 문학동네, 2004.

유홍준,『나의 문화유산답사기 4-평양의 날은 개었습니다』, 창비, 2011.

이규원,『조선왕릉실록』, 글로세움, 2012.

이문구,『이문구의 문인기행-글밭을 일구는 사람들』, 중앙출판문화, 1994.

이문호,『명당』, 엔자임하우스, 2014.

이문호,『재벌가 명당 탐사기』, 지식공방, 2014.

이상용,『왕릉』, 한국문원, 1995.

이소영,『식물산책』, 글항아리, 2018.

이승하,『진정한 자유인 공초 오상순』, 나남, 2020.

이영준,『김수영 전집1-시』, 민음사, 1981.

이영준,『김수영 전집2-산문』, 민음사, 1981.

이오장,『조선왕릉』, 하트코리아, 2009.

이용상,『용금옥 시대』, 서울신문사, 1933.

이용재,『한양 왕의 집 내 집처럼 드나들기』, 책이있는마을, 2012.

이유미,『생명온기 가득한 우리 숲 풀과 나무 이야기』, 지오북, 2004.

이윤옥,『사쿠라 훈민정음』, 인물과 사상사, 2010.

이이화,『빼앗긴 들에 부는 근대화 바람』, 한길사, 2004.

이이화,『역사는 스스로 말하지 않는다』, 산처럼, 2002.

이충렬,『간송 전형필』, 김영사, 2010.

이충렬,『그림으로 읽는 한국 근대의 풍경』, 김영사, 2011.

이호철,『우리네 문단골 이야기 1~2』, 자유문고, 2018.

임석재,『건축, 우리의 자화상』, 인물과 사상사, 2005.

임종국(엮음-반민족문제연구소),『실록 친일파』, 돌베개, 1991.

임종국,『친일문학론』, 민족문제연구소, 2013.

임헌영,『한국소설, 정치를 통매하다』, 소명출판, 2020.

전국역사지도사모임,『표석을 따라 경성을 거닐다-잃어버린 역사의 현장에서 100년 전 서울을 만
　　나다』, 유씨북스, 2016.

전명혁,『1920년대 한국사회주의 운동연구』, 선인, 2006.

전상국,『춘천 사는 이야기』, 연인M&B, 2017.

전영우,『송광사 사찰숲』, 모과나무, 2019.

전용재,『대한민국을 세운 위대한 감리교인』, KMC, 2016.

전우용,『서울은 깊다』, 돌베개, 2008.

정동주,『소나무』, 거름, 2000.

정병호·최가형,『간토 대지진과 작가들의 심상풍경』, 역락, 2017.

정운현,『3.1혁명을 이끈 민족대표 33인, 역사인, 2019.

정운현,『친일파의 한국 현대사』, 인문서원, 2016.

정재정·염인호·장규식,『서울 근현대 역사기행』, 혜안, 1998.

조양욱,『눈도 밝히고 귀도 밝히고』, 까치, 1993.

조영헌,『동양학을 읽는 아침』, RHK, 2017.

조용헌,『동양학을 읽는 월요일』, 알에이치코리아, 2012.

조용헌,『조용헌의 동양학 강의 1』, 알에이치코리아, 2010.

주영하·임경택·남근우,『제국 일본이 그린 조선민족』, 한국학중앙연구원, 2006.

중랑문화원,『중랑의 문화유산』, 중랑문화원.

중랑아트센터,『망우리 공원의 애국지사』, 중랑아트센터, 2019.

지중세,『조선 사상범 검거 실화집』, 돌베개, 1984.

최승만,『나의 회고록』, 인하대학교 출판부, 1983.

최정현·김창희,『오래된 서울』, 동하, 2013.

최창조,『한국의 풍수지리』, 민음사, 1993.

최하림,『김현승 詩가 있는 명상노우트』, 일월서각, 1987.

표정훈,『대한민국이 읽은 책-시대와 베스트셀러』, 대한민국역사박물관, 2018.

한국고전번역원,『횃불항쟁을 이끈 녹두장군 전봉준』.

한홍구,『특강-한홍구의 한국 현대사 이야기』, 한겨레출판, 2009.

함규진,『최후의 선비들』, 인물과 사상, 2017.

함동선,『함동선의 문학비 답사기』, 앞선책, 1997.

혜문,『우리 궁궐의 비밀』, 작은숲, 2014.

홍기원,『성곽을 거닐며 역사를 읽다』, 살림, 2010.

인물별 참고문헌

〈강소천〉 강소천,『나는 겹쟁이다』, 신구미디어, 1992. 박덕규,『강소천 평전』, 교학사, 2015.

〈계용묵〉 계용묵,『계용묵 전집1-소설』, 민음사, 2004. 계용묵,『계용묵 전집2-산문』, 민음사,

2004.

〈김동명〉 김동명학회, 『김동명문학연구』, 제1호 2014 가을~제5호 2018 가을, 김동명학회.

〈김말봉〉 마태 김정준, 『마태 김의 메모아』, 知와사랑, 2012. 김말봉, 『김말봉 애정소설-찔레꽃』, 知와 사랑, 2012. 이태숙, 『근대의 수정구슬-근대 여성과 한국문학』, 소명출판, 2016.

〈김사국〉·〈박원희〉 인석 김이건 여사 고회 기념문집 간행위원회, 『인석 김사건 여사 고희기념 문집』, 문경출판사, 1994. 인석 김사건 여사 회혼기념 문집, 『노을에 기대어 건져올린 세월』, 문성사, 2005.

〈김상용〉 『2017년 제15집 연천문학』, 한국문인협회 연천지부, 2017. 『2019년 제17집 연천문학』, 한국문인협회 연천지부, 2019. 『김상용 시선집』, 연천향토문학발간위원회, 2009.

〈김석영〉 김석영 편, 『폭정 12년 경무대의 비밀』, 평진출판사, 1960.

〈김영랑〉 허형만, 『영랑 김윤식 연구』, 국학자료원, 1996.

〈김정규〉 미디어오늘 다음 뉴스, 2019.3.4.

〈김춘배〉 황수근, 「김춘배의 군자금 모금 활동-함남 권총 의거를 중심으로」(석사학위 논문), 수원대학교 대학원 사학과, 2017. 이원규, 『암야의 총소리』, 대성서림, 1934.

〈문일평〉 박성순, 『조선심'을 주창한 민족사학자 문일평』, 독립기념관한국독립운동사연구소.

〈박승룡〉 국가보훈처, 『독립유공자공훈록 9권』, 1991. 동아일보, 1932.12.26. 조선일보, 1931.7.10.

〈박승범〉 서정곤, 『훈민정음을 사랑한 변호사』, 박이정, 2015.

〈박인환〉 김영철, 『한국 전후 문학의 기수』, 박인환, 2000. 박인환, 『검은 준열의 시대』, 스타북스, 2016. 윤석산, 『박인환, 지금 그 사람』, 영학출판사, 1983. 박인환, 『목마와 숙녀』, 신라출판사, 1987.

〈박희도〉 전봉관, 『경성기담』, 살림출판사, 2006.

〈방정환〉 이상금, 『사랑의 선물-소파 방정환의 생애』, 한림출판사, 2005. 민윤식, 『소파 방정환 평전』, 스타북스, 2014.

〈변원규〉 『승정원일기』, 『일성록』, 『음청사』. 권석봉, 「영선사항에 대한 일고찰-군계학조사를 중심으로」, 『역사학보』 17·18합집, 1962.

〈설태회〉·〈설원식〉·〈설의식〉·〈설정식〉·〈설도식〉 설정식, 『붉은 이가웨 열매를』 미래사, 1991. 설의식, 『소오문선』, 나남출판, 2006. 설희관, 『햇살무리』, 책만드는집, 2004. 설희관, 『설정식 전집』, 산처럼, 2002. 설희관 엮음, 『설정식 문학 전집』, 산처럼, 2012. 설희한, 『수선화-수선화를 닮은 아내에게……』, 2017.

〈아사카와 다쿠미〉 다카사키 소지(옮김-김순희·이상진), 『아사카와 다쿠미 일기와 서간』, 야마나시현호쿠토시, 2014. 윤용이, 『우리 옛 도자기의 아름다움』, 돌베개, 2007. 방병선, 『순백으로 빚어낸 조선의 마음, 백자』, 돌베개, 2002. 황정수, 『일본 화가들 조선을 그리다』, 이숲, 2018. 하정웅, 『부모님 전상서』, KOREA TODAY. 하정웅, 『심검당-기원의 미술』, 한얼사, 2010. 하정웅, 『염원의 美術』, 한일문화교류센터, 2006. 김현종, 『민족사랑 큰 빛 인간 김희수』, 수림문화재단, 2015. 유승준, 『배워야 산다』, 한국경제신문, 2017. 후지모토 다쿠미, 『내 마음속의 한국 1970-1990년대의 이웃 나라』, 눈빛출판사, 2016. 다카사키 소지(옮김-김순희), 『아사카와 다쿠미 평전』, 효형출판, 2005. 백조종, 『한국을 사랑한 일본인-아사카와 다쿠미의 삶과 사랑』, 부코, 2011. 에미야 다카유키(옮김-박종균), 『백자의 나라에 살다』, 유한회사 수림사, 2005. 에미야 다카유키(옮김-박종균), 『백자의 나라에 살다-조선의 흙이 되다』, 도서출판 만물상자, 2012. 아사카와 다쿠미(옮김-심우정), 『조선의 소반·조선도자명고』, 학고재, 1996. 『아사카와 형제와 경성』, 서울역사박물관, 2019.

〈안석영〉 신명직, 『모던보이 京城을 거닐다』, 현실문화연구, 2003. 김진송, 『서울에 딴스홀을 許하라』, 현실문화연구, 1999.

〈안창호〉 안병욱, 『민족의 스승 도산 안창호-그 생애와 인격과 사상』, 도산안창호선생기념사업회. 이광수, 『흥사단 창립 100주년 기념 도산 안창호』, 세시, 2013. 운정경, 『동해물과 백두산이 마르고 닳도록 시상(詩想)과 도산 안창호』, 흥사단, 2013. 이은숙, 『독립운동 지구 한 바퀴 도산 안창호』, 부산흥사단, 2018. 이영석, 『도산 안창호의 정치적 리더십』, 박영사, 2018.

〈오기만〉 오기영, 『동전 오기영 전집 1~5』, 모시는 사람들, 2019.

〈오재영〉 이원규, 『약산 김원봉』, 실천문학, 2005. 안덕자, 『부산경찰서 폭파의거 박재혁』, 호밀밭, 2018. 조선일보, 1924.4.18. 1929.2.16. 동아일보, 1928.1.3. 경향신문, 2005.8.15. 오마이뉴스, 2021.3.25. 부산역사문화대전 busan.grandculture.net.

〈유관순〉 이정은, 『유관순-불꽃 같은 삶, 영원한 빛』, 류관순열사기념사업회, 2004. 3·1문화재단, 『3·1운동 새로 읽기』, 예지, 2012.

〈유상규〉 유옹섭·유송민·유영삼, 『태허 유상규』, 더북스, 2011. 유상규, 유옹섭, 『애국지사 태허 유상규, 유고와 전기』, 흥사단출판부, 2007(전국 및 각 대학도서관 비치, 미국 및 일본 국회도서관 및 주요 대학 비치, 1.은 서점도 판매 중). 이광수, 『도산 안창호』, 흥사단, 1947. 주요한, 『안도산전』, 삼중당, 1975. 장리욱, 『도산의 인격과 생애』, 흥사단, 2006. 이미륵, 『압록강은 흐른다』, 범우사, 1973. 『흥사단운동 70년사』, 흥사단, 1986.

〈이중섭〉 이승원, 『구도 시인 구상 평전』, 분도출판사, 2019. 이재운, 『가짜화가 이중섭』, 책이있는마을, 2016.

〈장석인〉 장준하, 『민족주의자의 길』, 세계사, 1992. 정경모, 『찢겨진 산하』, 한겨레신문사, 2002. 박경수, 『장준하: 민족주의자의 길』, 돌베개, 2003. 김삼웅, 『장준하 평전』, 시대의창, 2009.

〈조봉암〉 정태영, 『조봉암과 진보당』, 한길사, 1991. 이영석, 『죽산 조봉암』, 원음출판사, 1983.

〈최서해〉 최서해, 『탈출기·홍염(외)』, 범우사, 1995. 곽근, 『최서해의 삶과 문학 연구』, 푸른사상, 2014. 『문학사상』 2010년 3월호. 최서해, 『호외시대』, 문학과지성사, 1994. 곽근, 『최서해의 삶과 문학 연구』, 푸른사상, 1994.

〈한용운〉임중빈, 『만해 한용운』, 범우, 2019. 최동호, 『사랑과 혁명의 아우라 한용운』, 건국대학교
　출판부, 2001. 김삼웅, 『만해 한용운 평전』, 시대의창, 2006. 증보판, 『한용운 전집』 1~6권, 신구
　문화사, 1980.

〈함세덕〉김만수, 『현실과 무대 사이에서 표류한 극작가-함세덕』, 건국대학교출판부, 2003. 한국
　극예술학회, 『함세덕』, 연극과인간, 2010. 김재석, 『함세덕, 그가 걸었던 길』, 역락, 2012.

참고사이트

공유마당 gongu.copyright.or.kr/

공훈전자사료관 http://e-gonghun.mpva.go.kr

국가기록원 www.archives.go.kr/

국가보훈처 www.mpva.go.kr/

국립4.19민주묘지 www.mpva.go.kr/419/index.do

국립대전현충원 www.dnc.go.kr/

국립서울현충원 www.snmb.mil.kr/

국립중앙도서관 www.nl.go.kr/

나무위키 https://namu.wiki/w/

네이버 뉴스 라이브러리 https://newslibrary.naver.com

독립기념관 i815.or.kr/

동학농민혁명 종합지식정보시스템 www.e-donghak.or.kr/index.jsp

민족문제연구소 www.minjok.or.kr/

보현당묘지기행 https://madangca.tistory.com/entry

연합아카이브 https://y-archive.com

좋은 터 길라잡이 https://blog.daum.net/yacho2011/1772

중랑구청 www.jungnang.go.kr/

한국내셔널트러스트 www.nationaltrust.or.kr/

한국학중앙연구원 www.aks.ac.kr/

한국학중앙연구원 인물사전 http://people.aks.ac.kr/index.aks

한민족문화대백과사전 encykorea.aks.ac.kr/Contents/Item/

향토문화전자대전 디지털구리문화대전 http://guri.grandculture.net/guri

망우리공원 인물열전

대한민국 근현대사를 꿰뚫는 낙이망우 사색의 인문학

초판 1쇄 2021년 10월 29일
지은이 정종배 | **편집** 북지육림 | **본문디자인** 운용 | **제작** 제이오
펴낸곳 지노 | **펴낸이** 도진호, 조소진 | **출판신고** 제2019-000277호
주소 서울특별시 마포구 월드컵북로 400, 5층 19호
전화 070-4156-7770 | **팩스** 031-629-6577 | **이메일** jinopress@gmail.com

ⓒ 정종배, 2021
ISBN 979-11-90282-28-4 (03910)